Environmental
Social
Governance

실전 ESG 공시

이것만은 알자

최신 ESG 공시 기준, 동향, 사례를
총망라한 종합서

KICPA 한국공인회계사회

ESG 공시의 도약

최근 ESG(환경, 사회, 거버넌스)는 기업 경영의 필수 요소로 자리 잡았습니다. 기업의 기후변화에 대한 대응과 사회적 책임이 더욱 중요시됨에 따라 기업들은 재무적 성과뿐만 아니라 비재무적 성과까지 고려해야 하는 새로운 경영 환경에 직면하고 있습니다. 이에 따라 ESG 정보의 투명하고 정확한 공시는 기업의 신뢰성 강화와 지속가능한 발전을 위한 중요한 요소로 부상하였습니다.

투자자, 소비자, 규제기관 등 다양한 이해관계자들은 기업의 ESG 활동과 성과에 대한 신뢰할 수 있는 정보를 필요로 합니다. 이러한 정보는 기업의 경영 전략과 지속가능성을 평가하는 중요한 기준이 됩니다. 또한 ESG 정보 공시는 기업이 ESG 역량을 스스로 점검하고 개선하는 기회를 제공할 뿐 아니라 이해관계자들과의 소통을 강화하는 데 중요한 역할을 합니다.

ESG 정보 공시의 중요성이 커짐에 따라 EU와 미국 등 주요 국가들은 지속가능성 공시를 의무화하고 있으며, 우리나라도 2026년 이후부터 지속가능성 보고서 공시를 의무화할 예정입니다. 이에 따라 각국에서 공시기준이 제정되고 있으며, 공시기준의 준수와 더불어 공시된 정보의 인증 역시 중요해지고 있습니다.

'실전 ESG 공시 - 이것만은 알자'는 기업들이 ESG 공시와 관련하여 반드시 알아야 할 내용들을 체계적으로 정리한 실무 지침서입니다. 책자는 ESG 공시의 기본 개념부터 보고서 작성 절차, 공시 방법 및 사례, 데이터 관리, 정보 인증 등 실무에 바로 적용할 수 있는 구체적인 내용을 담고 있습니다.

책의 첫 번째 장은 ESG 공시의 개념, 배경, 중요성 및 주요 공시기준에 대해 다루고 있으며, ESG 정보 공시 및 인증 현황에 대한 내용도 포함하고 있습니다. 두 번째 장은 ESG 공시 및 인증 기준의 제정 동향에 대해 설명합니다. 여기에는 각국의 지속가능성 공시기준의 기준선이 되는 IFRS 지속가능성 공시기준, 유럽연합의 ESRS, 미국 SEC 공시 규칙 등 글로벌 ESG 공시기준의 주요 내용을 다루고 있으며, 국내 지속가능성 공시기준의 주요 내용도 포함되어 있습니다. 세 번째 장은 탄소중립 전략 수립 및 성과 관리에 대해 다룹니다. 기후변화 대응의 중요성이 대두되면서 기업들은 탄소중립 목표를 설정하고 이를 달성하기 위한 전략을 수립해야 합니다. 이 장에서는 탄소배출량 관리 방법, 탄소중립 목표 설정 및 이행 공시 사례 등을 통해 기업들이 실질적으로 탄소중립 전략을 수립하고 성과를 관리하는 데 필요한 정보를 제공합니다.

또한 부록은 ESG 정보의 가치평가 기법 및 공시 사례, ESG 공시 택소노미, 생물다양성 관련 이니셔티브 등의 내용을 포함하고 있습니다. 이처럼 본 책자는 기업들이 실질적으로 ESG 공시 업무를 수행하는 데 유용한 정보를 제공합니다.

이 책의 저자들은 회계업계에서 ESG 실무를 담당하는 전문가들로 구성되어 있습니다. 저자들은 다년간의 현장 경험과 전문 지식을 바탕으로 ESG 공시 및 인증, 탄소중립 전략 수립 등 다양한 분야에서 기업들이 직면한 실무적인 문제를 해결하는 데 도움을 주고 있습니다. 이 책은 이러한 전문가들의 집필을 통해 실무자들에게 실질적인 도움이 될 것입니다.

한국공인회계사회는 ESG 관련 지식을 일반 대중과 공유하기 위해 다양한 책자를 발간해 왔습니다. 2021년 9월에 출간된 'ESG 바로보기 - 경영진을 위한 ESG 안내서'는 ESG에 관한 입문서로서, ESG의 기본 개념을 소개하고 경영진이 알아야 할 핵심 내용을 다루었습니다. 2022년 12월에 출간된 'ESG, 한 권에 담았다 - ESG 전문가의 핵심강의'는 기업 실무자에게 공시·보고, 평가, 인증 등 ESG 생태계 전반에 대한 지식을 전달하는 책이었습니다. 이번에 발간되는 '실전 ESG 공시 - 이것만은 알자'는 ESG 공시를 위해 반드시 알아야 할 사항들을 체계적으로 정리한 지침서로, 실무자들이 직접 활용할 수 있도록 구성되었습니다. 이러한 출판 활동은 공인회계사들의 전문 지식을 사회와 공유하려는 한국공인회계사회의 사회공헌 활동의 일환입니다.

뿐만 아니라 본회는 2021년부터 ESG 아카데미를 운영함으로써 ESG 전문가를 양성하고 있으며, 2022년부터는 ESG 인증포럼을 통해 ESG 공시 및 인증 등에 대한 회계업계와 다양한 이해관계자들의 지식과 의견을 공유하고 있습니다. 본회는 앞으로도 기업들의 ESG 경영의 성공을 위해 계속 노력할 것입니다.

끝으로 이 책이 국내 ESG 공시 실무의 정착에 이바지하기를 바라며, 집필에 참여해주신 저자분들과 자문단, 그리고 본회의 ESG 연구팀원들의 헌신과 수고에 깊은 감사의 말씀을 전합니다.

2024년 7월

한국공인회계사회 회장 최 운 열

CONTENTS

III 탄소중립 전략 수립 및 성과 관리

부록 1
ESG 정보의 가치평가 기법 및 공시 사례

부록 2
ESG 공시 택소노미

부록 3
생물다양성, 생태계와 생태계 서비스 관련 이니셔티브

I

ESG 공시

Environmental
Social
Governance

KICPA

I ESG 공시

01 | ESG 공시의 개념

1) ESG 공시의 배경

여기 특정 기업의 실명이 기재된 보고서가 있다. 특정 연도가 표시된 것으로 보아 정기적으로 발간하는 것으로 보이며, 분량도 적지 않다. 속을 들여다보면 상당한 양의 텍스트와 함께 독자의 편의를 고려하여 사진, 다이어그램, 그래프 등의 다양한 정보가 보기 쉽고 읽기 편하게 구성되어 있다. 내부 정보를 이렇게 상세하게 공개하고 있으니, 해당 기업을 이해하는 데 많은 도움이 될 것 같다. 업계 전문용어가 일부 사용되고 있지만 내용은 아주 어렵지 않은 수준이며, 신문 기사를 읽는 것처럼 사실을 기반으로 작성된 느낌이 든다. 누군가 지속가능성 보고서를 처음 본다면 이런 반응을 보이지 않을까 생각한다.

기업의 ESG 정보를 공개하는 대표적 커뮤니케이션 채널인 지속가능성 보고서에는 다음과 같은 몇 가지 특징이 있다.[1)]

(1) 지속가능성 보고서의 특징

우선 지속가능성 보고서는 기업이 주체가 되어 정보를 대외에 공개하는 것을 목적으로 발간된다. 제공되는 정보는 보고기간에 맞춰 보통 1년을 단위로 정기적으로(대부분 연 1회) 기재되며, 공시·보고를 위한 글로벌 기준(IFRS 지속가능성 공시기준, ESRS, SASB 기준, GRI 기준 등)에 따라 반드시 포함되어야 하는 정보와 기업이 임의로 공개하고자 하는 정보가 공존하고 있다. 그리고 기업과 연관된 이해관계자 모두가 쉽게 이해할 수 있도록 정보의 접근성 및 가독성 측면 등에서 최대한 편의를 제공하고자 노력하고 있다. 지속가능성 보고서에는 기업의 고유한 특성은 물론 산업적 특성도 반영해야 한다. 일반적으로 지속가능성 보고서는 신문 기사를 이해할 수 있는 사람이라면 어렵지 않게 이해할 수 있는 수준으로 작성하며, 외부 인증을 통해 보고서 내용에 대한 신뢰성을 확인받고 있다.

Environmental, Social and Governance의 약어를 따서 만든 합성어인 ESG는 투자자들이 기업에 대한 자원 제공과 관련된 의사결정을 할 때 유용한 세 가지 핵심요소를 일컫는 말이다. 즉, ESG는 지속가능성을 투자자 관점에서 해석해 정의한 개념이라 할 수 있으므로 통상 지속가능경영과 ESG 경영은 동의어로 사용되고 있다.

1) 국내에서는 '지속가능경영 보고서'라는 용어로 많이 쓰이고 있으나 지속가능성 보고서, 지속가능경영 보고서 모두 영어로는 Sustainability Report로 같은 의미이다. 최근 지속가능성 관련 정보의 구분이 ESG로 굳어지면서 'ESG 보고서'라는 제목을 사용하기도 한다.

(2) ESG 경영의 당위성

ESG 경영은 기업이 환경, 사회, 거버넌스 전 분야에서 지속가능한 발전을 위해 노력하는 동시에 의사결정에 따른 위험을 최소화하여 주주와 기업의 가치를 제고하는 것을 의미한다. ESG를 단순히 착한 기업, 좋은 기업이 되기 위한 새로운 기준이라고 설명하는 것은 옳지 않다. 그렇지만 ESG를 잘하면 착한 기업, 좋은 기업이 되는 것은 사실이다. 모순적으로 ESG의 당위성을 설명할 때 많은 사람들이 선한 영향력만을 고려해 답하는 경향을 보이는 것 같다. 하지만 기업은 선한 영향력만으로 의사결정을 하지 않으며, 이익 증대나 가치 향상 같은 실질적 성과를 목적으로 의사결정을 한다.

또한 중요한 것은 ESG가 기업의 사회적 책임을 넘어서 기업에 대한 중요한 평가이자 투자기준으로 고려되고 있다는 사실이다. ESG 경영이 잘 되는 기업은 위기관리를 할 수 있는 능력을 가진 기업이라고 할 수 있다. 더 나아가 ESG 관리는 향후 기업의 지속가능성 제고를 위한 요인이기도 하다. ESG 경영이 더욱 주목받고 있는 이유는 기후변화 위기와 코로나 팬데믹 등을 겪으면서 기업이 위기 상황을 보다 잘 극복할 수 있는 근본적 체질을 갖추는 것이 중요하다는 인식이 확대되었기 때문이다. 더불어 ESG를 고려하지 않을 때 발생하는 위험이 과거에 비해 훨씬 커졌기 때문이다.

(3) ESG 정보와 기업가치

경영활동 과정에서 기업이 창출한 환경·사회적 위험 및 기회는 단기적으로는 재무제표에 내부화[2]되지 않는 외부성[3]의 형태로 존재한다. 하지만 기업의 지속가능경영이 강조됨에 따라 환경·사회적 위험 및 기회가 주주, 임직원, 고객, 지역사회, 협력사 등 이해관계자의 영향에 따라 중장기에 걸쳐 기업가치에 내부화된다는 실증적 개념이 확대되었다. 특히 코로나 팬데믹 이후 지속가능성 성과 우수 기업의 주가 방어력 및 회복력이 상대적으로 높다는 연구결과들이 발표됨에 따라(Albuquerque et al. 2020, Diaz et al. 2021), 기업의 ESG 성과와 기업가치의 연계성에 재차 힘이 실리기도 했다. 이와 같이 기업가치를 구성하는 요소에는 사업의 수익성과 단기 영업성과 외에도 다양한 ESG 성과 및 위험의 내부화도 존재한다. 외부성의 내부화는 ESG 위험 및 기회의 재무적 영향을 측정할 수 있게 한다.

광의의 기업가치 구성 요소

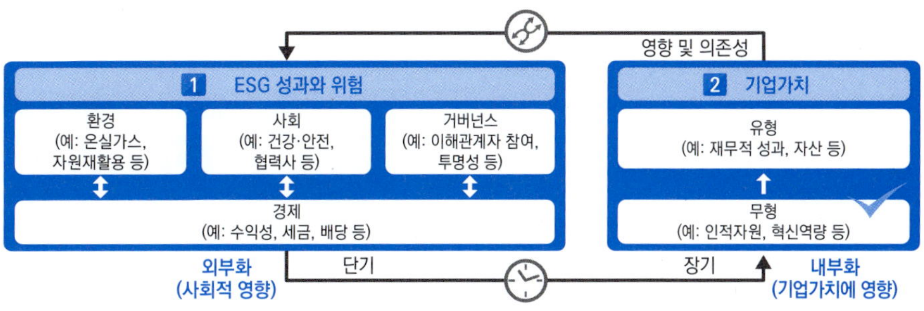

2) 내부화(외부성의 내부화)란 세금, 가격보조 정책, 이해관계자 요구 등에 따라 외부성이 기업가치에 반영되는 것을 의미한다.

3) 외부성(Externalities)은 어떤 시장 참여자의 경제적 행위가 사람들에게 의도하지 않은 편익이나 손해를 가져다주는데도, 아무런 대가를 받지도 지불하지도 않는 현상을 의미한다.

(4) ESG 임팩트 가치평가

기업이 실행하는 여러 사업활동의 산출물은 다양한 경로와 형태로 환경과 사회에 영향을 미친다. 재무·사업성과보다 중장기에 걸쳐 나타나는 기업의 환경·사회적 성과를 측정하기 위한 방법으로는 임팩트 가치평가가 있다. 임팩트 가치평가는 기업이 경영활동을 위해 투입하고 산출한 대상을 뛰어넘어, 이를 통해 창출 혹은 유발된 환경·사회적 영향을 식별하고 양적으로 측정하는 것을 일컫는다. 임팩트 가치평가는 무형적 가치라는 특성에 따라 표준이 존재하지 않고 결과를 표시하는 단위 역시 제각각일 수 있는 환경·사회적 영향의 측정을 '화폐화'하여 기업의 의사결정에 참고 및 반영될 수 있도록 한다. 임팩트 밸류에이션 방법론 정립을 위해 1990년대 이후 학계와 기업의 다양한 연구와 노력이 이루어지고 있다.

임팩트 가치평가의 의의

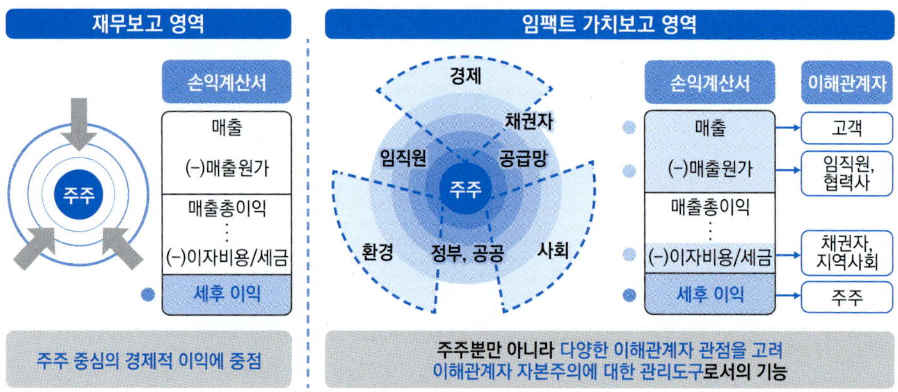

기업은 구체적인 임팩트 패스웨이(Pathway)를 수립하여 자사가 창출하는 가치를 재무적 언어로 확인하고 소통할 수 있으며, 투자자는 투자 의사결정과 기업을 평가할 때 객관적이고 정량적인 기준으로 가치를 분석하여 투자 효과를 확인할 수 있다. 임팩트 가치평가의 상세 내용은 '부록 1. ESG 정보의 가치평가 기법 및 공시 사례'에서 다루도록 하겠다.

임팩트 가치평가 과정

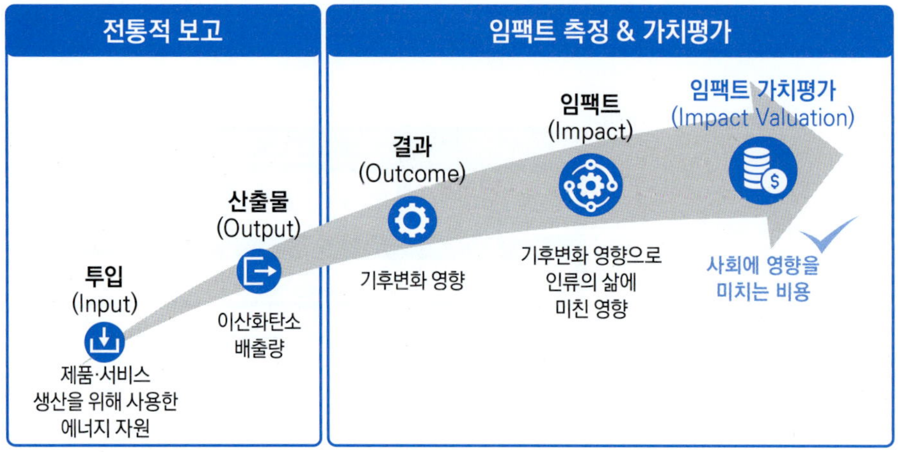

출처: VBA(2021), 저자 재구성

임팩트 가치평가 측정·관리 연혁

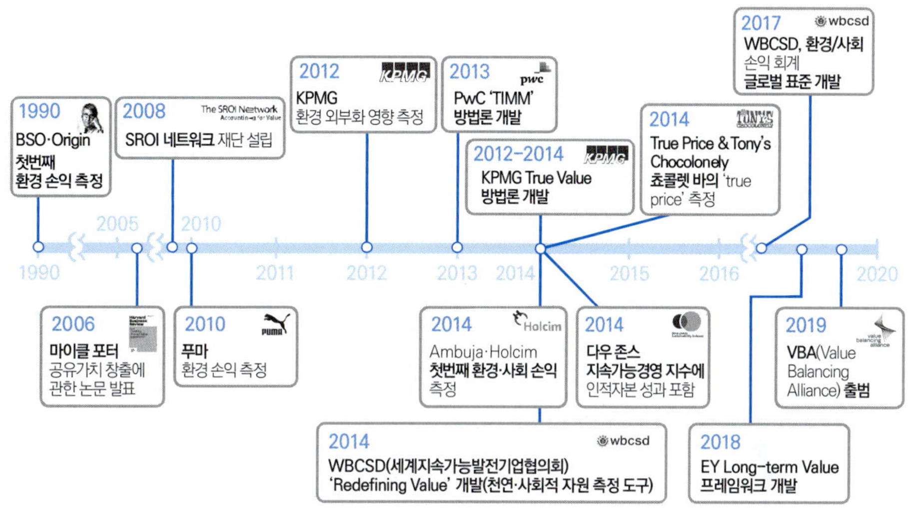

2) ESG 정보의 중요성과 공시

(1) ESG 정보의 중요성

이해관계자들에겐 기업의 ESG 경영이 자신들의 이익을 극대화하기 위한 것인지 알 수 있는 정보가 필요하다. 하지만 정보는 결국 기업을 통해서만 제공되기 때문에 기업과 이해관계자 간에는 정보 격차가 발생할 수 있다. 기업은 이러한 정보의 격차를 해소하기 위해 지속가능성 보고서를 발간함으로써 ESG 정보를 공시한다. 기업이 제공한 ESG 정보가 기대사항을 충족하는 수준이라면 이해관계자들은 기업의 ESG 경영이 자신들의 이익을 극대화할 수 있는지 평가할 수 있을 것이다. 그러나 공시 정보가 기대사항을 충족하지 못한다면 투자자 등의 이해관계자는 기업의 ESG 경영 및 공시에 관여하는 방식으로 정보 격차를 완화하고 위험을 관리하려 할 것이다. 이는 기업에 큰 부담으로 작용하게 된다. 따라서 기업은 이해관계자와의 정보 격차를 최소화하기 위해 보다 투명하고 정확하게 정보를 공개해야 한다. 아울러 국제적으로 통일된 공시·보고 기준에 따라 보고서를 작성하면 대외적인 공신력을 높일 수 있으며, 외부 이해관계자에게 비교가능성을 제공할 수 있다는 이점도 얻게 된다.

(2) 공시의 정의

공시란 사업 내용이나 재무 상황, 영업실적 등 기업의 내용을 투자자 등 이해관계자에게 알리는 제도이다. 특히 의무 공시는 기업의 주가에 영향을 미칠 만한 내용이 생길 경우 증권거래소가 이를 주주나 채권자 같은 이해관계자에게 알리도록 의무화한 제도로, 주식시장에서 가격과 거래에 영향을 줄 수 있는 중요 정보를 제공함으로써 올바른 투자 결정과 공정한 가격 형성을 돕는다. 의무 공시는 공신력이 매우 높으며, 기업을 평가하는 가장 좋은 방법으로 알려져 있다. 현재 의무 공시의 내용에는 사업보고서 등의 정기 공시, 지분증권 발행, 합병 등의 발행 공시와 주요 주주의 지분율 변동 등의 지분 공시 등이 있다. 또한 공시는 정기적으로 사업보고서와 분·반기보고서를 제출하는 정기 공시와 특별히 알려야 할 사항이 있을 경우 진행하는 수시 공시로 나뉜다. 주식시장에 도는 소문에 대해 증권거래소가 조회할 경우 사실

여부를 확인해 주는 조회 공시도 있다. 이밖에 공시의 유형에는 직접 공시와 간접 공시가 있다. 한편 자발적 공시는 의무 공시와 달리 기업과 이해관계자 간 정보의 격차를 해소하기 위해 기업이 자발적으로 관련 정보를 대외적으로 공개하는 것을 의미한다. 이에 따라 기존 ESG 정보 공개를 최근 의무 공시와 구별하여 자발적 공시라 표현하고 있는 것이다.

3) 자발적 공시 환경하에서의 주요 ESG 정보 공시기준[4)]

(1) GRI 기준

GRI(Global Reporting Initiative)는 지속가능성 보고서에 대한 표준을 제시하는 국제기구로, 미국의 환경단체인 세리즈(CERES)와 유엔 환경계획(United Nations Environment Program Finance Initiative, 이하 UNEP)이 협약을 맺어 1997년에 설립하였다. GRI는 세계 최초로 지속가능성 보고서 가이드라인을 발표하면서 기업에 보고서 작성을 권고하였다. GRI는 의무나 강제사항 부여 없이 기업의 자발적 참여를 독려하면서 발전하였으며, 현재 대다수의 지속가능성 보고서가 GRI에 의거하여 작성되고 있다. 한국공인회계사회 조사에 따르면 2023년 국내 발간 지속가능성 보고서 중 GRI의 사용률은 94%에 육박했다. 다만 IFRS 지속가능성 공시기준, 유럽연합 지속가능성보고기준(EU Sustainability Reporting Standards, 이하 ESRS), 미국 증권거래위원회(Securities and Exchange Commission, 이하 SEC) 기후 관련 공시 규칙 등 지속가능성 공시기준 및 요구사항이 속속 의무화되면서 기업들의 공시 관행에도 변화가 있을 것으로 보인다.

(2) SASB 기준

지속가능성회계기준위원회(Sustainability Accounting Standards Board, 이하 SASB)는 지속가능성을 기반으로 하는 회계 기준을 개발하기 위해 2011년에 설립된 비영리 단체로 2021년 국제통합보고위원회(The International Integrated Reporting Committee, 이하 IIRC)와 합병하여 가치보고재단(Value Reporting Foundation, VRF)으로 출범하였다가 2022년 국제회계기준재단(International Financial Reporting Standards Foundation, 이하 IFRS 재단)에 통합되었다. SASB는 11개 부문, 77개 산업에 대한 기준을 개발하여 제공하고 있다. IFRS 지속가능성 공시기준에서는 SASB 기준의 공시 주제를 참조하고 적용가능성을 고려하도록 하고 있으며, IFRS S2 기후 관련 공시의 부속지침인 산업기반 지침(별권 1~68)은 SASB 기준에서 도출되었다. 이와 같이 IFRS 지속가능성 공시기준에서 SASB 기준을 주요하게 고려하고 있으므로, IFRS 지속가능성 공시기준 도입이 본격화되면 SASB 기준의 활용도 더욱 활성화될 전망이다.

---

4) 지속가능성 공시기준은 크게 기존 자발적 공시 환경하에서의 공시기준과 의무 공시 환경하에서의 공시기준 두 가지로 분류할 수 있다. 기존 자발적 공시 환경하에서는 기업이 자율적으로 ESG 정보를 공개하므로, 공시기준도 자율적으로 선택이 가능했다. 공시기준 제정 주체는 주로 비영리 단체였으며, 해당 기준 준수에 따른 법적 의무사항도 존재하지 않았다. GRI 기준, SASB 기준, TCFD 권고안이 대표적이다. 한편 최근 세계 각국은 ESG 공시를 의무화하고 있다. 이러한 의무 공시 환경 하에서는 각국의 정부기관이 법·규정 등에 ESG 공시 의무 사항 및 기준에 대해 명시한다. 그리고 공시기준은 회계기준과 관련된 기관 또는 동 기관에 소속된 지속가능성 공시기준 제정 기구에서 제정하는 것이 전 세계적인 흐름이다(유럽연합, IFRS, 호주, 일본, 한국 등). '1장 ESG 공시'에서는 주로 자발적 공시 환경하에서의 공시기준에 대해서 다루며, '2장 ESG 공시 및 인증 기준 제정 동향'에서는 의무 공시 환경하에서의의 공시기준에 대해 다룬다.

한편 SASB 기준은 미국의 법률·규정을 참조하고 있어 미국 이외의 국가들은 해당 기준 적용이 어렵다는 우려가 있었다. 국제지속가능성기준위원회(International Sustainability Standards Board, 이하 ISSB)에서는 이러한 우려를 해소하고 국제적 적용가능성을 향상하기 위해 2023년 12월 SASB 기준을 개정하였다. 이번 개정으로 인해 SASB 기준 적용이 보다 용이해 질 것으로 보이며, SASB 기준의 활성화에도 일조할 것으로 기대된다.

(3) TCFD 권고안

기후 관련 재무정보 공개 태스크포스(Task force on Climate-related Financial Disclosures, 이하 TCFD)는 기후와 관련한 재무정보 공시를 촉진하기 위해 2015년 G20의 요청에 따라 금융안정위원회(Financial Stability Board, FSB)[5)]에 의해 설립된 태스크포스이다. TCFD는 기업이 기후변화 위험을 완화하기 위해 무엇을 하고 있는지에 대한 정보를 투자자에게 제공하고, 기업이 기후변화 관련 위험을 관리하는 방식을 투명하게 공개하기 위한 권고안을 마련하였다. TCFD 권고안은 기후변화와 관련한 거버넌스, 전략, 위험관리, 지표 및 목표라는 네 가지 핵심요소에 대한 정보 공개를 권고한다.

4) ESG 정보 공시 의무화

최근까지 ESG 정보는 주로 자발적으로 공개되어 왔으며, 공개된 정보에 대한 기업의 책임도 미미했던 것이 사실이다. 잘못된 정보가 공개되어도 이후에 사유만 간략히 기재하고 수정하면 되었다. 이는 공개된 ESG 정보에 대한 관심이 그만큼 높지 않았다는 방증이다. 따라서 정보에 대한 정확성과 신뢰성은 중요한 이슈가 아니었다. 하지만 ESG 정보 공시가 의무화되면 많은 것이 변할 것이다. 우선 정확하고 신뢰할 수 있는 ESG 정보의 제공이 무엇보다 중요해지면서 이를 뒷받침하기 위한 체계 변화가 요구될 것이 분명하다. 정확하고 신뢰할 수 있는 ESG 정보를 제공하기 위해서는 정보의 출처부터 계산 및 산정 산식에 대한 정의 등 정보를 산출하는 과정의 표준화가 가장 먼저 필요하다. 해당 정보가 표준화된 후에는 시스템 구축으로 이어질 수 있다. 또한 내부 프로세스를 구축하는 것도 중요한데, 우선 ESG 정보에 대한 책임이 적합한 부서에 부여되어야 할 것이다. ESG 정보에 관한 명확한 권한 설정 및 최종 확정 등 보고라인에 따른 프로세스 수립도 필요할 것이다. ESG 공시 의무화의 핵심은 정보에 대한 책임, 다시 말해 정확하고 신뢰할 수 있는 정보를 제공할 책임의 강화라고 할 수 있다.

5) 금융위기 예방 및 대처방안 연구, 국제금융시스템 안정성 강화에 대한 국제 협력 등을 위해 독일연방은행 총재의 제의로 1999년에 설립된 금융안정포럼(Financial Stability Forum)이 모태이다. 당초 G7 국가, 호주 등 12개 회원국 및 IMF, BCBS 등 10개 국제기구로 구성되었으나 2009년 우리나라를 비롯한 12개 국가 및 유럽위원회가 신규 회원국으로 가입하면서 금융안정위원회로 명칭을 개정하였다. 각국 중앙은행, 재무부, 감독기구 등이 회원기관으로 참여하고 있으며 우리나라에서는 한국은행과 금융위원회가 회원기관으로 활동하고 있다(이상현, 2022).

02 ESG 보고서 작성 절차

1) ESG 보고서 작성의 개념과 흐름

(1) ESG 보고서 작성의 개념

지속가능성 보고서는 기업 등 조직의 내·외부 이해관계자에게 ESG 성과 정보를 공개하는 보고서를 의미한다. 일반적으로 지속가능성 보고서는 조직의 환경, 사회, 경제 및 거버넌스와 관련 활동, 이슈, 성과에 관한 정보를 포함하는데, 대부분의 국가에서 기업 등의 조직이 자발적으로 준비하여 공개하고 있다.

기업 커뮤니케이션 측면에서 생각할 때 재무제표는 이해관계자와 재무정보를 소통하는 보고서이며, 지속가능성 보고서는 주로 비재무적 정보를 커뮤니케이션하는 보고서이다. 지속가능성 보고서는 재무와 관련 정보 위주의 종래의 커뮤니케이션에서 한 걸음 나아가 기업 참여와 투명성을 높이는 효과적 방법이다. 또한 사회적 책임 프로그램과 투명한 위험관리를 통해 기업이 소비자 신뢰를 구축하고 좋은 평판을 만드는 일을 지원한다.

(2) ESG 보고서 작성의 일반적 흐름

지속가능성 보고서는 1) 보고서 기획 및 작성, 2) 인증 및 디자인, 3) 최종보고서 발간의 세 과정을 거쳐 공개된다. 1단계인 보고서 기획 및 작성은 다시 보고서 작성 포인트 도출, 보고서 구성체계 수립, 보고서 작성의 순서로 구분된다. 2단계인 인증 및 디자인은 제3자 인증과 보고서 디자인 및 번역 과정으로 진행되고, 마지막 3단계에서는 최종 보고서를 발간하여 홈페이지에 공개하는데, 기업에 따라 전자공시시스템에 자발적으로 공시하기도 한다. 보고서 작성에 관한 구체적 내용은 다음과 같다.

지속가능성 보고서 작성 과정

보고서 기획 및 작성	인증 및 디자인	최종보고서 발간
1 보고서 작성 포인트 도출 • 글로벌 스탠더드 및 보고 동향 분석 • 미디어 분석 • 동종업계 보고 현황 분석 • ESG 평가기관 요구사항 분석	1 인증 • 인증기관 선정 • 인증기관과 인증 대상, 범위, 인증기준 협의 • 인증 대응	1 홈페이지 공개 • 외부 정보이용자 접근성 고려
2 보고서 구성체계 수립 • 중요성 평가 • 보고서 목차 기획 및 작성 방향 설정 • 양적·질적 템플릿 개발	2 보고서 디자인 • 보고서 디자인 업체 선정 • 보고서 표지, 간지 선정 • 보고서 디자인 버전 리뷰 및 확정	2 전자공시시스템 • ESG 보고서 자발적 공시
3 보고서 작성 • ESG 유관부서 인터뷰 • 중요 이슈 작성 • 보고서 초안 작성 및 유관부서 리뷰	3 번역 • 필요시 영문 및 기타 언어로 번역	

2) 보고서 기획

(1) 보고서 작성 포인트 도출

보고서 기획 단계에서 가장 먼저 수행해야 할 활동은 보고서 작성 포인트를 도출하는 것이다.

보고서 작성 포인트를 도출하려면 먼저 지속가능성 보고서의 작성기준을 결정해야 한다. 국내 대부분의 지속가능성 보고서 발행기업은 GRI 기준을 준용하고 있고, 발행기업에 따라서 SASB 기준, TCFD 권고안 등을 부가적으로 활용하기도 한다.[6)]

그다음으로 미디어 분석을 통해 보고서 발행기업이 외부에 어떻게 알려지고 있는지 확인하는 과정이 필요하다. 미디어 분석을 수행하면 이해관계자의 관심이 높은 정보들이 어떻게 알려지고 있는지 파악하는 데 도움이 된다. 특히 보고기준에 작성된 것처럼 균형성, 적시성 등의 준거 원칙 관점에서 보면 어떤 정보들을 균형 잡힌 정보로 시기적절하게 공개해야 하는지 이해하는 데 큰 도움이 된다.

동종업계의 다른 기업이나 우수한 지속가능성 보고서를 발행하는 기업의 보고서를 벤치마킹하는 것도 필요하다. 이를 통해 어떤 주제를 주의 깊게 다루어야 하고 정보 공개 방식은 어떻게 변화하는지 파악하여 공개하고자 하는 정보를 최신 트렌드에 맞춰 보고서에 담을 수 있다. 또한 동종업계에서 주로 다루어지는 내용과 최신 요구사항에 부합하는 정보를 보고 원칙에서 요구하는 비교가능성과 명료성의 원칙에 따라 공개함으로써 정보 이용자의 요구수준에 부합하는 보고서를 작성할 수 있다.

마지막으로 ESG 평가기관의 요구사항을 분석하여 최신 정보를 반영하는 것도 필요하다. ESG 평가기관들의 최근 평가 방식은 먼저 공개된 정보를 이용하여 사전 평가한 결과를 평가 대상 기업에 전달하여 사실 확인을 요청하는 절차를 따르고 있다. 이런 상황에서 보고서 발행기업이 ESG 평가기관이 요구하는 정보를 지속가능성 보고서에 포함하여 공개하면 보다 효율적으로 ESG 평가에 대응할 수 있다. 보고서 기획 단계에서 보고서 발행기업은 ESG 평가기관들마다 조금씩 다른 요구 정보들을 면밀하게 비교 분석한 뒤, ESG 평가 대응에는 필요했지만 전년도 보고서에 기재하지 않았던 정보들을 새롭게 추가하는 방안도 고려할 수 있다.

---

6) 2023년 발간된 지속가능성 보고서 중 일부(4개)는 IFRS 지속가능성 공시기준을 사용했다고 밝혔다. IFRS 지속가능성 공시기준은 2023년 6월 확정 발표되었으므로, 동 기준을 사용한 지속가능성 보고서 작성이 활성화되기까지는 준비 기간이 다소 필요할 것이다. 한국회계기준원의 KSSB(Korea Sustainability Standards Board)에서는 동 기준을 토대로 국내 지속가능성 공시기준을 제정하고 있다. 향후 ESG 공시 의무화 시 KSSB의 지속가능성 공시기준 사용도 의무화될 것으로 보인다. 따라서 ESG 정보 의무 공시 대상이거나 의무 공시를 대비하는 기업은 국내 공시기준에 따라 지속가능성 보고서를 작성해야 한다. 또한 유럽연합과 미국 등 해외에서 ESG 공시에 대한 규제를 시작함에 따라 ESRS, 미국 SEC 기후 관련 공시 규칙 등 해외 각국의 공시기준·규정을 준수하여 보고서를 작성해야 하는 기업들도 생겨날 것으로 보인다.
다만 향후 의무 공시가 시행된 이후에도 기업들이 자발적으로 발간해 오던 지속가능성 보고서와 의무 공시사항을 담은 지속가능성 보고서가 공존할 수 있으므로 기존 실무 관행에 대한 이해도 매우 중요하다. 여기서는 GRI 기준 등에 따라 작성된 자발적 공시 환경하에서의 지속가능성 보고서 작성 사례를 살펴보고자 한다.

(2) 중요성 평가 프로세스

보고서 구성체계를 수립할 때는 중요성을 먼저 평가한 뒤, 그 결과를 기반으로 보고서 목차와 작성 방향을 설정한다.

중요성 평가는 보고서 발행기업이 놓치지 않고 공개해야 할 중요한(Material) 이슈를 선별하는 과정으로 지속가능성 보고서 작성에서 가장 중요한 절차 중 하나이다. 특히 기업에서 사용하고 있는 주요 지속가능성 보고서 작성기준에서 중요성 평가를 필수적으로 요구하고 있는 만큼, 보고서를 발행하려는 기업은 면밀한 준비를 거쳐 중요성을 평가해야 한다.

❶ 재무적 중요성 평가

최근 지속가능성 주제의 중요성에 대한 기관투자자들의 인식이 확대되고 있다. 이에 따라 일부 기업은 공시 및 투자자 참여의 관점에서 ESG 주제를 다루고 있다. 특히 ESG 공시 규제는 투자자의 ESG 성과 반영에 대한 요구를 실질적으로 반영하고 있다. 현재 IFRS 지속가능성 공시기준, 미국 SEC 기후 관련 공시 규칙에서는 ESG로 인한 위험과 기회가 기업의 재무성과에 미치는 영향을 파악하여 공개할 것을 요구하고 있다. 즉, ESG 주제의 재무적 중요성(Financial Materiality)은 본질적으로 '외부에서 내부로' 접근하는 개념으로, 지속가능성 주제가 기업의 성과와 전망에 어떤 영향을 미치는지 평가한 뒤 중요한 ESG 주제를 선별하여 공개해야 하는 것이다.

❷ 영향 중요성 평가

기업의 ESG 활동이 이해관계자들에게 어떤 영향을 미치는지 평가하여 환경·사회적 측면에서 중요한 주제를 선별하는 방식이다. 예를 들어 보통 임직원들은 직장 안전, 공정한 임금 및 성장 기회에 대한 관심이 높은 반면 고객은 제품 품질, 윤리적인 조달 및 환경 영향을 우선순위로 둘 수 있다. 투자자들은 보고기업의 재무성과, 위험관리 및 기업 거버넌스에 관심을 가질 수 있고 지역사회는 사회적 책임, 지역사회 참여 및 환경 보호에 높은 가치를 둘 수 있다. 이처럼 이해관계자들이 각자 다른 방식으로 영향을 받을 수 있다는 점을 인식하여 환경·사회적 영향 중요성(Impact Materiality) 평가를 수행하는 것이 바람직하다.

❸ 이중 중요성 평가

중요성 평가의 최근 트렌드 중 하나는 유럽연합의 기업지속가능성보고지침(Corporate Sustainability Reporting Directive, 이하 CSRD)에서 요구하고 있는 이중 중요성(Double Materiality) 평가를 도입하여 중요한 ESG 주제를 선별하는 기업이 증가하고 있다는 점이다. 이중 중요성 평가는 보고기업이 환경·사회적 및 재무적인 측면에서 얼마나 영향을 받는지 평가하는 과정이다.

좀 더 자세히 설명하자면 이중 중요성 접근법은 조직이 환경과 사회에 미치는 영향뿐만 아니라 환경과 사회가 조직에 미치는 영향까지 고려하여 재무적 중요성이나 영향 중요성 등 단일의 중요성 평가보다 확대된 평가 영역이라고 할 수 있다. 즉, 기업 활동은 독립적인 것이 아니라 넓은 관점에서 기업 활동이 환경과 사회에 영향을 미치고, 다시 기업의 재무와 비즈니스에 영향을 받는 것을 의미한다.

이중 중요성 평가 과정은 보고기업과 연관되어 있는 ESG 주제를 식별하는 것부터 시작해야 한다. 예를 들어, IFRS 지속가능성 공시기준에서는 SASB 기준의 공시 주제를 고려하도록 하고 있고, ESRS에서는 세부주제 측면을 고려하여 ESG 주제를 식별하도록 하고 있다. 식별된 ESG 주제는 환경·사회적 관점을 적용한 영향 중요성 관점과 보고기업에 영향을 미치는 재무 중요성 관점에서 평가를 수행해야 한다. 예를 들면 온실가스 배출, 자원 소비, 폐기물 생성, 노동 관행, 인권, 지역사회 참여, 제품·서비스 제공 및 기업 거버넌스 관행 등 직간접적 영향을 모두 고려하여 평가해야 한다.

ESG 주제를 식별할 때는 보고기업의 가치사슬 전반에 걸친 인식이 필요하다. 즉, 기업의 영업 활동뿐만 아니라 공급망, 제품·서비스 및 소비자와 고객의 사용 단계를 검토하여 기업의 성과와 전망 혹은 환경·사회 및 정부에 어떻게 영향을 미치는지를 파악해야 한다.

또한 중요한 ESG 이슈는 시간 변화와 상관없이 고정된 것이 아니며 메가트렌드, 신흥 위험 또는 기회, 변화하는 이해관계자의 기대, 새로운 비즈니스 전략 등 새로운 ESG 도전에 따라 시간이 지나면서 변하므로 중요성 평가는 주기적으로 다루어져야 한다.

이를 통해 보고기업은 자신들이 영향을 받거나 영향을 미치는 다양한 영역을 식별하고, 이에 따른 위험과 기회를 파악하여 효과적으로 대응할 수 있다. 지속가능성 보고서에는 식별된 중요한 이슈를 보고 원칙에 맞춰 작성 및 공개해야 한다.

사 례 중요성 평가 프로세스: 삼성전자

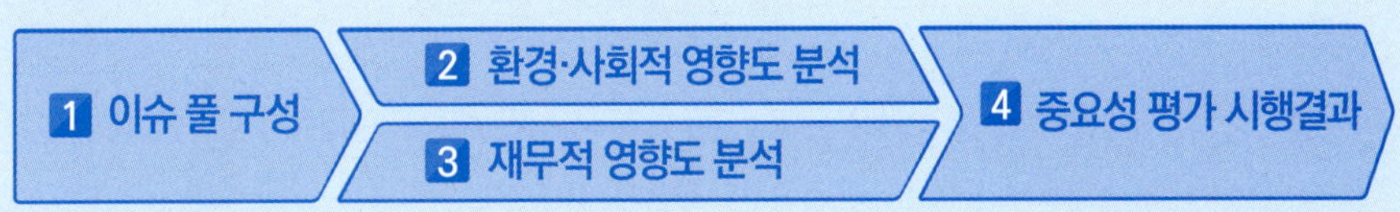

1) 이슈 풀 구성
- 지속가능경영 분야와 관련하여 2022년 지속가능성 보고서에 공개된 이슈 및 글로벌 이슈 등을 고려한 전체 이슈 리스트 나열
- 글로벌 지속가능성 공시기준(GRI 기준, TCFD 권고안, SASB 기준 등), 국내 지표(K-ESG 가이드라인, KCGS ESG 모범규준) 및 동종업계 이슈 분석을 통한 이슈 도출

2) 환경·사회적 영향도 분석
- 지속가능성 이슈로 인해 단기, 중장기적으로 환경 또는 사회에 미치는 긍정적·부정적 영향 파악
- 미디어에 공개된 지속가능경영 이슈, 동종업계 중요 이슈, 각종 글로벌 ESG 기준 분석 및 대내외 이해관계자 설문 결과 정량화

3) 재무적 영향도 분석
- 보고기업의 지속가능성 이슈가 해당 기업의 재무적 측면에서 영향을 미치는 수준 파악

- ESG 정보 관련 핵심 투자·평가기관의 분석 요인 및 주주·투자자 관심도, 내부 비용·수익 분석 결과를 기반으로 재무적 영향도 파악(투자기관의 ESG 관련 질의사항, ESG 투자·평가기관 요구사항, 내·외부 이해관계자 설문 등)

4) 중요성 평가 시행 결과

- 이중 중요성 평가 결과 도출된 중대 이슈는 인권경영, 지속가능한 공급망, 인재 개발 및 임직원 삶의 질, 기후변화 대응과 에너지 관리, 순환경제, 수자원 관리 등

출처: 삼성전자(2023), 저자 재구성

(3) 보고서 목차 구성

❶ 보고서 목차 기획 및 작성 방향 설정

중요성 평가 단계를 마치면 지속가능성 보고서 목차와 작성 방향성을 설정해야 한다. 보고서 목차는 보고기업의 ESG 성과를 잘 표현할 수 있는 방식뿐만 아니라 보고서를 읽는 이해관계자 관점에서 관련 정보에 쉽게 접근할 수 있는 방식으로 구성해야 한다. 최근의 보고서 목차는 크게 두 가지 방식으로 기획되고 있는 것으로 보인다. 먼저 보고기업의 ESG 전략을 기준으로 보고서 목차를 구성하고 관련 성과를 공개하는 방식이다. 물론 선별된 중요 이슈도 각 ESG 전략별로 매칭하여 정보를 공개하는 방식이다.

사 례 **ESG 전략과 보고서 목차 연계: SK렌터카**

출처: SK렌터카(2022), 저자 재구성

이와 같이 ESG 전략과 보고서 목차를 연계하는 방식은 보고기업이 탄탄한 ESG 전략을 보유하고 있으며 ESG 방향성을 이해관계자들에게 명확하게 설명하며 관련 실적을 공개하려는 의지가 강하다는 사실을 인식하도록 한다.

두 번째는 ESG 프레임워크를 준용하는 방식으로 다수의 국내 기업에서 활용하고 있다. 목차에 작성된 표현은 다소 상이하지만 환경, 사회, 거버넌스(또는 경제) 관점에서 주요 내용을 구성하고 그 앞에는 기업 소개와 중요 ESG 주제, 뒤에는 ESG 양적 성과와 함께 다양한 보고기준 및 인증보고서를 포함하는 방식이다.

이 방식은 보고서의 정보 이용자가 필요로 하는 정보가 어디에 있는지 직관적으로 확인하기 쉽지만 자칫 단조로울 수도 있다. 하지만 중요 ESG 주제 성과 등을 활용하여 보고기업이 드러내고 싶은 성과를 강조할 수 있기 때문에 다수 기업이 활용하고 있다고 할 수 있다.

사 례 **ESG 프레임워크 준용: 삼성전자**

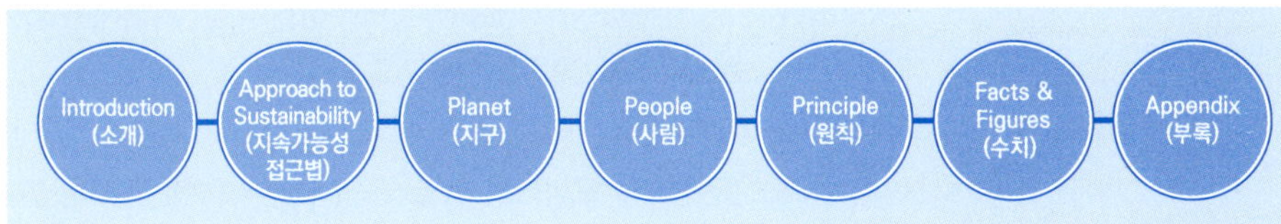

출처: 삼성전자(2023), 저자 재구성

❷ 보고서 작성 템플릿 개발

보고서 목차 및 작성 방향 설정이 완료되면 유관부서와의 효율적인 협업을 위해 보고서 작성 템플릿을 제작하여 활용하는 방안을 검토할 수 있다. 물론, 보고서 발행기업에 따라 템플릿 없이 유관부서에서 전달받은 자료를 취합한 뒤, 이를 GRI 등의 보고기준에 부합하게 수정하여 지속가능성 보고서를 작성할 수도 있다. 하지만 보고서를 처음 작성하거나 준비가 덜 되어 있는 기업이라면 보고서 작성 템플릿을 활용하는 것이 효율적이다. 템플릿을 활용하면 내부 유관부서에 필요한 정보를 전달하여 해당 정보가 ESG 보고기준 중 어디에 부합하는지 쉽게 확인할 수 있으며 관련 정보를 추적하는 일도 효율적이기 때문이다.

또한 지속가능성 보고서는 보고기업의 다양한 활동을 포함하고 있는 만큼, 대부분의 부서가 필수적으로 참여해야 하기 때문에 주관부서 입장에서도 템플릿을 활용하면 보고서 작성 진행 상황을 효율적으로 관리할 수 있다.

3) 보고서 작성

(1) ESG 유관부서 인터뷰

일반적으로 보고서 작성을 위해서는 우선 ESG 유관부서와 인터뷰가 필요하다. 유관부서 인터뷰는 지속가능성 보고서에 포함되는 콘텐츠 확보 차원에서 중요할 뿐만 아니라 ESG에 대한 전사적 이해를 높이고, ESG 실행을 독려하는 차원에서도 중요하다. 따라서 진행 전에 인터뷰의 목적과 활용 방안에 대해 해당 부서와 긴밀히 소통해야 한다.

실무적으로는 ESG 공통 질문과 부서별 질문으로 인터뷰 질의서를 작성한 뒤 최소 1주일 전에 유관부서와 공유하여 충실한 자료를 준비할 수 있도록 해야 한다. 인터뷰의 주요 내용은 발행기업의 현황이나 성과, 강조하고자 하는 부분 등에 따라 상이할 수 있으므로 보고서 준비 기업의 현황과 업종 특성에 맞춰 진행하는 것이 바람직하다.

예 시 **인터뷰 질의서**

- 공통 질문
  1. 보고기간 내 이뤄진 부서별 ESG 관련 업무와 주목받을 만한 성과가 있으십니까?
  2. 내·외부 이해관계자로부터 ESG 활동 및 성과와 관련된 요청을 받은 적이 있습니까? 요청을 받았다면 어떤 정보를 요구받았나요?
  3. 중요성 평가에 포함된 부서 관련 이슈 풀 중 좀 더 강조될 필요가 있는 ESG 이슈나 추가로 다뤄질 ESG 이슈가 있습니까?
  4. 전년 대비 개선된 ESG 관련 활동은 무엇입니까?

- 유관부서별 질문 - 인적자원·협력사 관리 관련 부서
  1. 여성 임직원 비율, 관리자 비율, 임원 비율, 연령대별 직원 분포에 대한 목표가 있습니까? 보고서에 공개할 수 있을까요?
  2. 여성 리더십 프로그램을 계획하고 있거나 실행하고 있습니까?
  3. 인권정책을 포함하여 책임 있는 사업에 대한 정책이 있습니까? 정책 이행을 위해 내부에 책임을 할당하는 방법이 규정되어 있습니까?
  4. 작년 대비 인권경영 정책을 새로 수립하였거나 업데이트한 내용이 있습니까?
  5. 공급업체 인권 영향 평가를 수행하고 있습니까?
  6. 고충처리 메커니즘에 대해 설명해 주십시오.

(2) 중요 ESG 이슈 작성

중요성 평가 결과, 인터뷰 내용, 보고서 기간 내 실적을 종합하여 보고기간 내 중요한 ESG 이슈를 작성하는 과정이다. 중요성 평가 결과에 따라 선별된 중요 ESG 이슈를 작성하는 보고기업들이 많이 있으며, 최근에는 IFRS S1 일반 요구사항, TCFD 권고안에서 정의된 거버넌스, 전략, 위험관리, 지표 및 목표의 순서로 보고하는 기업도 생겨나기 시작했다. 거버넌스, 전략, 위험관리, 지표 및 목표 관련 내용 작성 시 고려사항은 다음과 같다.

❶ 거버넌스 작성 시 고려사항

선정된 ESG 주제에 대한 거버넌스 내용을 작성하기 위해서는 먼저 해당 주제의 의사결정 프로세스를 파악해야 한다. 의사결정이 이루어지는 방법과 보고 주기 등도 작성해야 하며 선정된 ESG 주제와 관련된 위험과 기회를 어떻게 감독하는지도 포함해야 한다. 마지막으로 해당 ESG 주제가 어떻게 성과평가와 연결되는지도 설명해야 한다.

❷ 전략 작성 시 고려사항

선정된 ESG 주제에 대한 전략을 작성하기 위해서는 ESG 주제가 어떻게 기업의 단기, 중기 또는 장기에 걸쳐 비즈니스에 영향을 미치는지 파악해야 한다. 파악된 위험과 기회에 대응하기 위한 조직의 전략을 기술하고, 위험으로 인한 영향에 대비하여 보고기업이 어떤 준비를 하고 있는지 기술해야 한다.

❸ 위험관리 작성 시 고려사항

ESG 주제와 연계된 위험과 기회를 식별하는 과정을 기술해야 한다. 식별 방법, 식별 시 사용한 가정, 변수 등을 기술해야 하며, 보고기업이 우선순위를 선정하는 방법에 대한 기술도 필요하다. 끝으로 ESG 주제와 연계된 위험과 기회가 어떻게 기업의 전체 위험관리 프로세스에 통합되는지도 기술해야 한다.

❹ 지표 및 목표 작성 시 고려사항

ESG 주제와 연계된 위험과 기회를 관리 감독하는 데 사용하고 있는 성과지표를 공개하는 것이다. 국제적으로 통용되는 지표의 경우에는 해당 산출 기준을 그대로 활용하면 되지만, 기업이 직접 지표를 개발한 경우에는 지표의 정의, 변수, 산출식 등을 함께 공개해야 한다. 목표의 경우에는 지표, 목표 적용 기간, 기준 시점, 중간 목표, 추세 등을 같이 공개한다. 만약 지표 및 목표의 재정의 또는 변경이 필요한 경우라면 관련된 내용을 같이 공개하고 필요시 전기에 공개한 정보를 수정하여 공개해야 한다.

사 례 **ESG 중요 이슈 작성: HD현대인프라코어**

- 중요성 평가 결과

- 중요 ESG 이슈 작성 – 온실가스 및 에너지 관리

1) 거버넌스

- 이사회 역할과 책임: ESG 위원회, ESG 최고 책임자의 검토 및 의사결정 프로세스, ESG 위원회 보고 주기 등 기술
- 위험과 기회에 대한 검토 프로세스에 대한 설명, 주요 검토 내용 및 검토 부서 및 최고 검토 기구에 대한 설명

2) 전략

- 온실가스 및 에너지 관리가 해당 기업의 단기, 중기 또는 장기에 걸쳐 비즈니스에 어떻게 영향을 미치는지 파악하기 위한 방법 서술

- 문헌 분석, 동종업계 분석, 글로벌 이니셔티브 분석을 통해 기후변화와 관련된 위험 및 기회 요인을 식별하고 발생가능성과 매출 영향도가 높은 위험과 기회 요인에 대해 잠재적 재무영향 시나리오 분석 내용 기술
- 파악된 위험 및 기회와 관련된 비즈니스 영향과 이를 대응하기 위한 주요 전략 방안 및 탄소중립 전략과 탄소중립 달성을 위한 주요 활동 및 성과 기술

3) 위험관리
- 보고기업이 어떻게 온실가스 및 에너지 관리와 연계된 위험과 기회를 평가하는지 관련 내용 기술
- 주요 내용: 동종업계 분석, 글로벌 이니셔티브, 문헌 분석을 통해 도출한 위험 및 기회 풀을 기반으로 하는 유관부서 인터뷰, 전문가 분석, 제품 포트폴리오 분석을 종합하여 각 위험 및 기회 요인의 발생가능성과 매출액 영향도 등 분석

4) 지표 및 목표
- 온실가스 및 에너지 관리와 연계된 위험과 기회를 관리하기 위한 지표 및 목표와 해당 지표가 왜 중요한지에 대해서 기술
- 주요 내용: 최근 3년간 온실가스 스코프 1, 2 배출량 및 스코프 3 카테고리별 배출량 등

출처: HD현대인프라코어(2023)

(3) 보고서 초안 작성 및 유관부서 리뷰

중요성 평가, 목차 도출, 양적·질적 템플릿을 활용한 데이터 취합, 유관부서 인터뷰, 중요 ESG 주제를 작성한 뒤에는 보고서의 나머지 부분을 보고기준에 부합하는 방식으로 작성해야 한다.

국내외 주요 기업의 목차를 살펴보면 대략적으로 1) 기업 소개, 2) ESG 전략, 3) 중요 ESG 주제, 4) ESG 성과, 5) 부록(GRI 인덱스, SASB/TCFD 인덱스, 정량성과, 제3자 인증서 등)으로 구성함을 알 수 있다.

❶ 기업 소개

기업 소개 부문은 CEO 인사말을 통해 이번 보고서 발행 목적과 강조하고자 하는 내용의 기술로 시작한다. 이어서 기업의 주요 사업활동, 지역, 제품 등 기업의 비즈니스에 대해 기술한다. 보고서 발행기업에 따라 통합보고[7] 관점에서 발행기업의 비즈니스 모델을 소개하기도 하고, 재무와 비재무성과를 포함하여 창출한 가치를 소개하는 페이지를 넣기도 한다.

❷ ESG 전략

이 부문에는 통상 보고기업의 ESG 전략을 소개한다. 기업이 중점적으로 관리 또는 전략적으로 이행해야 할 ESG 전략, 해당 전략에 대한 설명, 전략과제 등을 포함한 ESG 전략체계를 기술한다. ESG 전략은 ESG 비전과 미션을 포함한다. 비전은 기업이 ESG 측면에서 미래에

7) 통합보고(Integrated Reporting)는 지속가능성 정보와 재무정보를 함께 제공하는 것을 의미한다.

달성해야 할 목표를 포함하며 미션은 ESG 측면에서 기업의 존재 이유를 설명한다. 많은 기업들은 이 섹션을 통해 ESG 전략, 과제, 지표 및 목표, 보고기간 내 달성 현황 등도 공개하고 있다.

❸ 중요 ESG 주제

보고기간 동안 ESG 측면에서 주목할 만한 성과를 기술한다. 중요성 평가 결과 도출된 중요한 ESG 주제를 주로 활용할 수 있으나 모든 보고기업이 선별된 중요 주제로 해당 섹션을 구성할 필요는 없다. 보고자의 판단에 따라 중요한 ESG 활동(예: 탄소중립 전략 수립 성과 등)을 기술하면 된다.

최신 지속가능성 보고서 동향을 보면 중요 ESG 주제 섹션의 보고 프레임워크로 IFRS S1 일반 요구사항을 준용하는 사례가 나타나기 시작했다. ESG 공시 의무화를 앞둔 가운데 사전 준비 차원에서 기업들이 해당 방식을 준용하여 정보를 공개하는 것으로 보인다.

❹ ESG 성과

보고기업에서 일반적으로 수행하고 있는 환경, 사회, 거버넌스 측면의 활동을 기술하는 섹션이다. 각 주제에 해당하는 관리 체계와 정책, 활동 등을 기술하는 것으로 국내 기업들이 주로 보고하는 ESG 주제별 내용은 아래와 같다.

- 환경: 환경경영 체계, 기후변화 대응, 폐기물 관리, 수자원 관리, 생물다양성[8], 친환경 기술 등
- 사회: 인권, 인재 관리, 다양성·형평성·포용성, 지역사회 공헌, 공급망 ESG 관리 등
- 거버넌스: 기업 지배구조(이사회 관련 내용 등), 윤리경영, 준법경영 등

각 ESG 주제에 대한 내용을 기술할 때는 보고기업이 활용하고 있는 보고기준을 준용해야 한다. 국내 기업들의 대부분은 GRI 기준 2021을 준용하여 지속가능성 보고서를 작성하고 있다.

(4) 인증

지속가능성 보고서를 발행하는 국내 기업 대부분은 제3자 기관으로부터 ESG 정보의 신뢰성을 확인받는 과정을 거치고 있으며, 해당 의견서를 지속가능성 보고서 마지막 부분에 첨부하고 있다. 최근에는 유럽연합의 CSRD 등 해외에서 도입하고 있는 ESG 공시제도에서도 ESG 정보에 대한 제3자 인증을 요구하고 있다.[9]

8) 생물다양성협약 제2조에 따르면 생물다양성(Biodiversity)이란 '육상·해상 및 그 밖의 수중생태계와 이들 생태계가 부분을 이루는 복합생태계 등 모든 분야의 생물체 간의 변이성을 말하며, 이는 종 내의 다양성, 종간의 다양성 및 생태계의 다양성을 포함'한다고 정의하고 있다.

9) ESG 정보 인증에 대한 상세 내용은 1장의 '(5) ESG 공시 정보 인증'에서 다루도록 하겠다.

4) 보고서 디자인, 번역 및 발간

(1) 보고서 디자인

보통 보고서 디자인은 외주기관을 활용한다. 지속가능성 보고서의 발행시점이 6월 말에서 7월 말 사이에 집중되는 만큼, 보고서 디자인 업체와 주기적인 커뮤니케이션은 필수라고 할 수 있다. 보고서 작성기업이 디자인의 방향성을 전달하면 디자인 업체는 이를 기반으로 표지와 간지 디자인 시안을 제출하게 된다. 보고서 작성기업이 준비된 디자인 시안을 검토하여 확정하면 디자인업체가 작성된 보고서 초안을 편집 및 디자인하여 대외적으로 공개되는 지속가능성 보고서를 완성하게 된다.

(2) 보고서 번역

번역은 영문 번역이 대부분이지만 상황에 따라 중문이나 일문 등의 번역 보고서를 발행하기도 한다. 보고서 번역에도 대부분 외주기관을 활용한다. 외주 번역기관 활용 시 발행기업이 주로 사용하는 용어, 업종 및 기업 특수성이 반영된 용어, 고유명사 등에 대해 사전에 번역사에게 요구사항을 명확히 전달하는 것이 바람직하다.

(3) 최종보고서 발간

❶ 홈페이지 공개

보고서 발행기업은 이해관계자의 접근성을 고려하여 지속가능성 보고서를 홈페이지에 공개해야 한다. 국내 기업들은 대부분 홈페이지에 지속가능경영 또는 ESG 관련 메뉴를 생성한 뒤 해당 메뉴에 PDF 형태의 지속가능성 보고서를 공개하고 있다. 또한 지속가능성 보고서 외에 ESG 관련 정책이나 원칙 등 보고서에 포함되지는 않았지만, 기업의 ESG 관리 수준을 판단할 수 있는 정보를 함께 공개하고 있다.

사 례 **홈페이지 공개: 삼성전자**

출처: 삼성전자 웹페이지

❷ 전자공시시스템 공개

2023년 1월 1일부터 9월 30일까지 전자공시시스템(Data Analysis, Retrieval and Transfer System, DART)에 '지속가능경영보고서 등 관련 사항(자율 공시)'을 공시한 기업은 총 166개 사(유가증권: 153개 사, 코스닥 13개 사)이다. 이와 같이 보고서 발행기업은 전자공시시스템에 자사의 지속가능성 보고서를 자발적으로 공시할 수 있다.

전자공시시스템 공시에 필요한 정보는 보고서 명칭, 인증기관, 작성기준, 공개 위치(홈페이지 등), 주요 내용, 제출일자 등이며, 발행한 지속가능성 보고서를 첨부하여 제출하면 된다. 전자공시시스템에 지속가능성 보고서가 등록된 뒤에는 등록된 보고서를 임의로 수정할 수 없고 정정 공시를 해야 하므로 작성자는 등록 이전에 정확하게 공시될 수 있도록 주의를 기울여야 한다.

전자공시시스템 공시

번호	공시대상회사	보고서명	제출인	접수일자	비고
1	코 엘앤에프	지속가능경영보고서등관련사항(자율공시)	엘앤에프	2023.10.05	코
2	코 에스엠	지속가능경영보고서등관련사항(자율공시)	에스엠	2023.09.25	코
3	유 HL만도	[첨부정정]지속가능경영보고서등관련사항(자율공시)	HL만도	2023.09.21	유
4	유 NH투자증권	지속가능경영보고서등관련사항(자율공시)	NH투자증권	2023.09.20	유
5	코 피에이치에이	지속가능경영보고서등관련사항(자율공시)	피에이치에이	2023.09.14	코
6	유 한국가스공사	지속가능경영보고서등관련사항(자율공시)	한국가스공사	2023.09.12	유
7	유 삼성증권	지속가능경영보고서등관련사항(자율공시)	삼성증권	2023.09.11	유
8	유 DL	지속가능경영보고서등관련사항(자율공시)	DL	2023.09.08	유
9	유 넥센타이어	지속가능경영보고서등관련사항(자율공시)	넥센타이어	2023.09.08	유
10	유 LG IR	지속가능경영보고서등관련사항(자율공시)	LG	2023.08.31	유
11	유 한진칼	지속가능경영보고서등관련사항(자율공시)	한진칼	2023.08.31	유
12	유 이마트 IR	지속가능경영보고서등관련사항(자율공시)	이마트	2023.08.31	유
13	유 금호타이어	[첨부정정]지속가능경영보고서등관련사항(자율공시)	금호타이어	2023.08.29	유
14	코 와이지엔터테인먼트	[첨부정정]지속가능경영보고서등관련사항(자율공시)	와이지엔터테인...	2023.08.29	코
15	유 쌍용씨앤이	지속가능경영보고서등관련사항(자율공시)	쌍용씨앤이	2023.08.25	유

출처: 전자공시시스템 웹페이지

03 | ESG 공시 방법 및 사례

1) ESG 공시 방법 및 채널

기업은 다양한 채널을 통해 ESG 정보를 공개할 수 있다. 지속가능성 보고서는 ESG 정보를 공개하는 방법 중 가장 잘 알려진 방법이다. 그리고 사업보고서, 별도 보고서, 웹 페이지를 통해서도 ESG 정보를 공개할 수 있다. ESG 정보 공개를 위한 네 가지 방법을 각각 살펴보겠다.

(1) 지속가능성 보고서

ESG, 지속가능성 정보를 공시하는 가장 일반적인 채널은 '지속가능성 보고서'이다. 또한 재무정보와 비재무정보를 합쳐서 보고한다는 측면을 강조하는 '통합보고서' 형태를 적용하기도 한다. 이러한 보고서들은 모두 '지속가능성' 전반에 대해 집중 보고하는, 일종의 ESG 정보 전용 보고서라고 할 수 있다. 국내에서는 2022 회계연도 동안 총 299개 지속가능성 보고서가 발간된 것으로 조사되었으며(유가증권, 코스닥 상장사), 보고서의 구성은 기업마다 조금씩 달랐지만 대부분 GRI 기준을 보고서 작성기준으로 적용했다.

(2) 사업보고서 공시

사업보고서 공시를 통해서도 ESG 정보를 공개할 수 있다. 온실가스 배출량과 에너지 사용량, 대외 후원 현황, 녹색기술 인증 현황, 가족친화기업 인증 등 지속가능성과 관련한 일부 정보를 사업보고서를 통해 공시한다. 이에 대한 자세한 내용은 사업보고서 'XI. 그 밖의 투자자 보호를 위하여 필요한 사항'에서 확인할 수 있다. IFRS 지속가능성 공시기준과 유럽연합의 CSRD 등 해외 주요 ESG 공시제도는 지속가능성 보고와 재무보고와의 연계성을 중시하고 있기 때문에 향후 ESG 정보의 사업보고서 공시는 더욱 확대될 것으로 전망된다.

(3) 별도 보고서

지속가능성 정보 공시 요건이 심화됨에 따라 기업은 이해관계자로부터 더욱 다양한 지속가능성 관련 이니셔티브의 참여를 요구받고 있다. 이러한 상황에서 많은 기업들이 특정한 지속가능성 관련 주제에 대한 기업의 계획과 이행 사항을 보고하기 위해 환경, 공급망, 인권, 생물다양성 등 특정 주제에 대한 별도 보고서(Special Report)를 발간하고 있다.

❶ 환경 보고서

환경 보고서는 지속가능성 이슈 중 이해관계자가 가장 큰 관심을 보이는 환경 분야에 대한 조직의 목표, 정책, 계획, 활동을 전달하는 보고서이다. 일반적으로 이 보고서를 통해 조직 운용상 발생할 수 있는 환경 영향, 제품·서비스 이용 과정에서의 환경 영향 절감 노력, 유해화학물질 등으로 인한 안전성 관련 위해 요소 관리 사항 등을 보고한다.

사 례 **환경 보고서: 애플**

출처: 애플(2023a)

애플은 환경 보고서를 통해 가치사슬 전반에서 발생하는 온실가스 및 폐기물로 인한 환경 영향을 관리하기 위한 활동을 보고하고 있다. 기후변화 주제에 대해 2030 넷제로(Net Zero) 달성을 위한 온실가스 스코프 1, 2, 3 배출원별 활동을 분류하여 각 배출원별 감축 전략 및 성과와 향후 운영 전략을 제시한다. 또한 제품 생애주기 과정에서의 환경 영향을 보고하기 위해 설계 및 조달 시 재활용 원재료 구매 현황과 친환경 인증 확대 현황을 기술하고 있다. 포장 시 플라스틱을 지양하는 부분, 사용 단계에서의 내구성 연장 노력, 폐기 시 재활용 극대화를 위한 활동도 보고하고 있다.

❷ 공급망 보고서

공급망 ESG 위험관리 및 인권 실사에 대한 규제 강화와 이해관계자들의 요구 증대 기조 속에 많은 기업들이 공급망 지속가능성 관리를 위한 상세 보고서를 발간하고 있다. 특히 유럽 기업을 중심으로 유럽연합 지속가능성 실사 지침에 대한 대응 차원에서 공급망 보고서의 별도 발간이 증가하고 있다. 보통 공급망 보고서를 통해서는 협력사의 노동 관행 및 안전보건 이슈, 온실가스 스코프 3 배출 경감을 위한 노력 등을 보고한다.

사 례 **공급망 보고서: 구글**

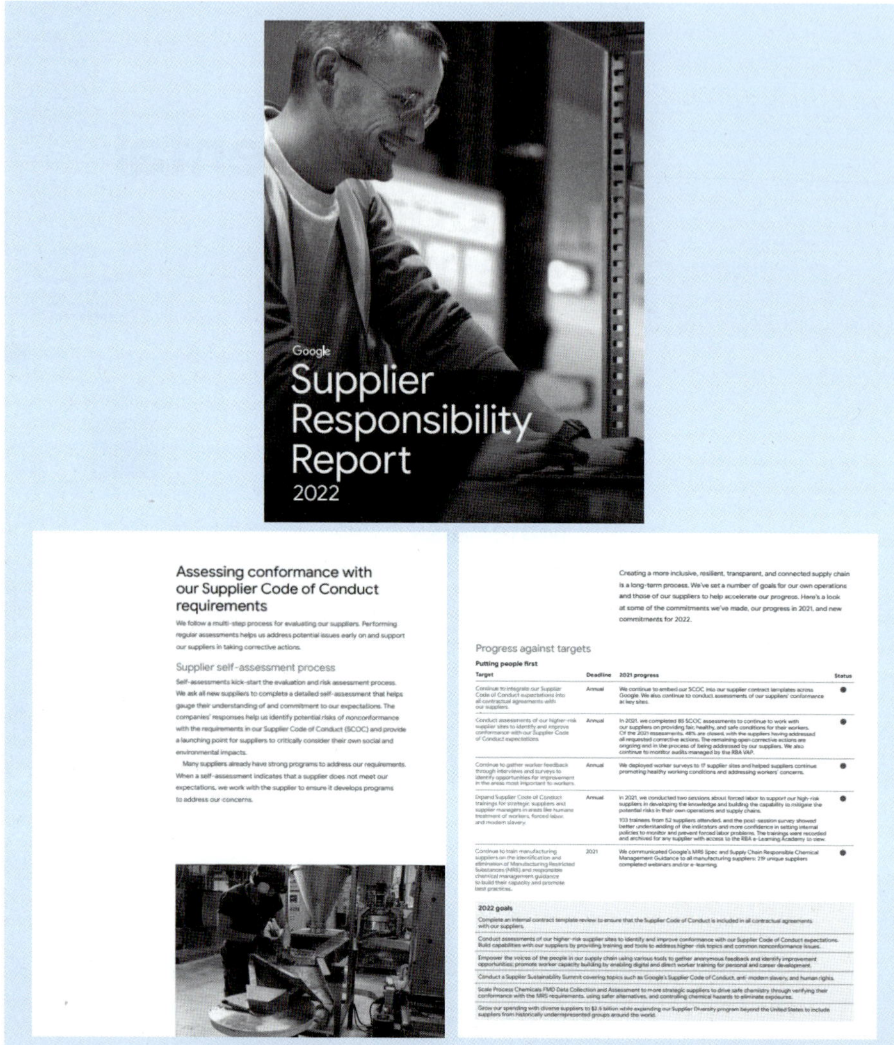

출처: 구글(2022)

구글은 자사의 공급망 위험 해결을 위해 공급망 보고서를 통해 사람 우선주의, 지역사회 강화, 환경보호라는 대 영역에 따른 대응 활동, 목표 대비 성과, 차년도 계획을 공개하고 있다. 더불어 3대 영역별 목표 달성을 위한 핵심 공급망 프로그램으로 ① 공급사 행동규범, ② 공급망 참여(자가 진단, 공급망 위험 평가, 현장 및 제3자 인증), ③ 지역사회 투자(분쟁광물 미사용, 지역사회 투자), ④ 파트너십 활동을 보고하고 있다.

❸ 인권 보고서

인권 문제는 기업에 심각한 위험을 초래할 수 있는 주제이다. 불공정 노동 조건, 강제 노동, 환경 파괴 등 인권 위배 사례는 기업의 평판은 물론 법적 문제나 재무적 영향 등을 야기할 수 있다. 인권 보고서는 기업의 사회적 책임과 지속가능경영을 위한 주요 요소로 인식되고 있다. 기업의 인권 보고서는 인권 위험을 식별하고 관리하기 위한 기업의 조치를 보여줌으로써 이해관계자들에게 신뢰와 투명성을 전달하는데 기여한다.

사 례 **인권 보고서: 마이크로소프트**

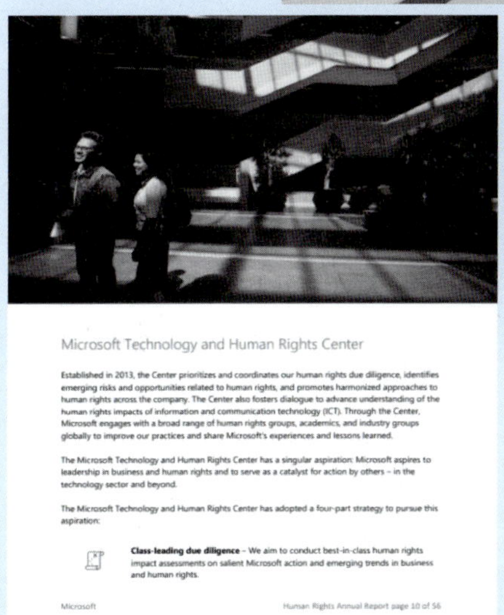

Microsoft Technology and Human Rights Center

Established in 2013, the Center prioritizes and coordinates our human rights due diligence, identifies emerging risks and opportunities related to human rights, and promotes harmonized approaches to human rights across the company. The Center also fosters dialogue to advance understanding of the human rights impacts of information and communication technology (ICT). Through the Center, Microsoft engages with a broad range of human rights groups, academics, and industry groups globally to improve our practices and share Microsoft's experiences and lessons learned.

The Microsoft Technology and Human Rights Center has a singular aspiration: Microsoft aspires to leadership in business and human rights and to serve as a catalyst for action by others – in the technology sector and beyond.

The Microsoft Technology and Human Rights Center has adopted a four-part strategy to pursue this aspiration:

Class-leading due diligence – We aim to conduct best-in-class human rights impact assessments on salient Microsoft action and emerging trends in business and human rights.

Microsoft Human Rights Annual Report page 10 of 56

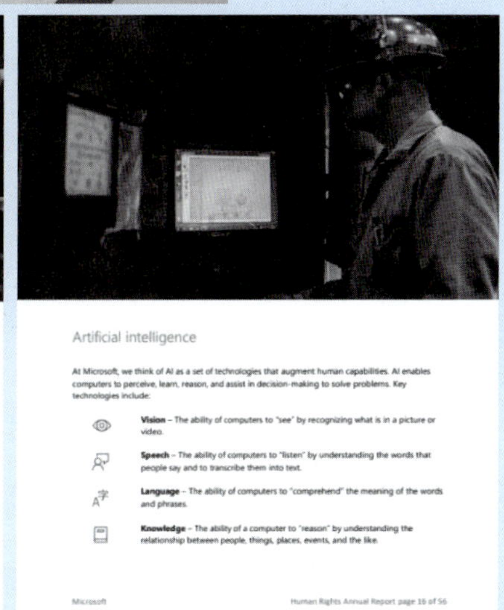

Artificial intelligence

At Microsoft, we think of AI as a set of technologies that augment human capabilities. AI enables computers to perceive, learn, reason, and assist in decision-making to solve problems. Key technologies include:

Vision – The ability of computers to "see" by recognizing what is in a picture or video.

Speech – The ability of computers to "listen" by understanding the words that people say and to transcribe them into text.

Language – The ability of computers to "comprehend" the meaning of the words and phrases.

Knowledge – The ability of a computer to "reason" by understanding the relationship between people, things, places, events, and the like.

Microsoft Human Rights Annual Report page 16 of 56

출처: 마이크로소프트(2021)

마이크로소프트의 인권 책임과 접근방식, 인권 영향 평가와 의사결정 과정을 보고하고 있다. 주로 자사 서비스의 특징에 따라 인공지능 기술에 대한 원칙과 인권 관점에서의 접근방식, 책임 있는 AI 기술을 위한 6대 원칙 관련 활동을 보고하고 있다. 또한 최근 글로벌 팬데믹 상황에서 인권 증진을 위한 자사의 활동과 '마이크로소프트 기술 및 인권 센터'의 역할 및 활동을 소개하고 있다.

❹ 생물다양성 보고서

지속가능성의 환경영역 주제 중 '생물다양성'과 '자연자본'[10] 이 중요한 주제로 대두되고 있다. 특히 자연 관련 재무정보 공개 태스크포스(Task force on Nature-related Financial

10) 자연자본(Natural Capital)은 경제 활동에 필수적인 자연자본과 생태계 서비스를 포괄하는 개념이다. 숲, 물, 토양, 공기 등의 자연자원뿐 아니라 탄소 흡수, 물, 정화, 생물다양성 유지와 같은 생태계 서비스도 자연자본에 포함된다.

Disclosures, 이하 TNFD)[11]가 주요 이니셔티브로 부상하면서 최근에는 TNFD 공시를 위해 LEAP 접근법[12]을 활용한 TNFD 보고서, 생물다양성 보고서를 발간하는 기업들이 등장하고 있다.

사 례 생물다양성 보고서: 신한금융그룹

생물다양성 보고서

* TNFD는 2023년 9월 최종 프레임워크를 발표할 계획이며, 본 보고서는 동년 3월 발표된 베타 버전 프레임워크(v0.4)를 기준으로 작성되었습니다.

생물다양성 거버넌스

생물다양성 관리를 위한 지배구조

신한금융그룹은 생물다양성과 관련된 리스크와 기회를 효과적으로 식별하고 관리하기 위해 이사회와 경영진, 실무진 간 유기적인 관리체계를 운영하고 있습니다. 이사회 내 ESG전략위원회에서는 생물다양성과 관련된 활동과 진행 상황을 보고 받고 주요 안건을 심의하며, 그룹전략/지속가능경영부문장(GCSSO)과 그룹 ESG CSSO협의회, 그룹 ESG 실무협의회를 통해 생물다양성을 포함한 지속가능성 이슈를 논의하여 관리하고 있습니다. 또한, 이사회 내 위험관리위원회를 통해 생물다양성 이슈를 검토하고, 그룹위험관리책임자(GCRO)와 그룹 리스크 협의회, 그룹 기후리스크 등 실무협의회를 통해 생물다양성 관련 이슈를 식별하고, 이에 대한 대응방안을 논의하고 있습니다.

2022년에는 ESG전략위원회를 통해 TNFD 이니셔티브 참여를 결의하였으며, 지속적으로 생물다양성과 관련된 위험과 기회요인을 찾아 관리하였습니다. 앞으로도 신한은 생물다양성을 그룹의 핵심 경영 고려사항으로 설정하고, 이에 대한 평가 및 관리체계를 고도화하며, 나아가 신한금융그룹의 경영전략에 반영해 나갈 예정입니다

	생물다양성 기회요인	생물다양성 위험요인	주요 역할 상세
이사회 내 위원회	**ESG전략위원회** 연 4~6회 정기보고	**위험관리위원회** 연 8~10회 정기보고연 4회 정기보고	• 생물다양성 관련 핵심 정책·사업·규정 결의 • 생물다양성 관련 리스크 안건 심의
CEO 협의체	**그룹 ESG 추진위원회** 매월 정기보고		• 생물다양성 관련 활동 추진 및 모니터링
업무집행 책임자	GCSSO 그룹전략/지속가능경영부문장	GCRO 그룹위험관리책임자전체	
그룹사 협의체	그룹 ESG CSSO 협의회	그룹 리스크 협의회	• 추진방향 및 그룹 공통 이슈 협의 • 생물다양성 리스크 관리 실행
실무단	그룹 ESG 실무협의회	그룹 기후리스크 실무협의회	• 생물다양성 대응 추진과제 발굴 • 관련 트렌드 분석 및 리스크 모니터링

* 신한금융그룹은 생물다양성 이슈를 기후변화 대응을 위한 거버넌스 체계 내에서 통합하여 관리하고 있음

출처: 신한금융그룹(2023)

11) TNFD는 자연자본 정보 공시에 관한 국제적 이니셔티브이다. UNEP, 유엔개발계획, 글로벌 캐노피, 세계자연기금 등 국제기구의 주도로 2021년 설립되었다. TCFD와 유사하게 지배구조, 전략, 위험 및 영향 관리, 지표 및 목표로 구성된다.

12) TNFD에서는 LEAP(자연과의 접점 식별(Locate), 의존성 및 영향 평가(Evaluate), 위험 및 기회 평가(Assess), 대응 및 공시 준비(Prepare)) 접근법을 활용한 내부 평가를 진행할 것을 제안한다.

신한금융그룹은 TNFD V0.4 프레임워크 기반 UNEP FI의 TNFD 파일럿(Pilot) 중 'Off-shore Wind Farm' 참여의 일환인 제주 한림해상풍력 발전 시범지구에 대한 LEAP 분석을 진행하여, 그 결과를 생물다양성 보고서를 통해 공개하였다.

(4) 지속가능성 정보 웹사이트

지금까지 지속가능성 보고는 주로 문서화된 보고서 형태로 이뤄져 왔다. 그러나 최근에는 정보 접근성의 확대, 연 1회가 아닌 반기 또는 분기별 정보 제공, 영상 등 도서 형태의 보고서로 제공하기 어려운 정보의 제공 등을 위해 기업의 지속가능성 정보를 한곳에 모아 제공하는 웹사이트 방식의 공시가 증가하고 있다. 웹사이트에 등재되는 내용은 지속가능성 보고서의 내용과 같다. 그러나 정보가 시각화되었다는 점과 기존 지속가능성 보고서에서 링크로 연결되던 지속가능성 관련 정책서를 한 번에 찾아볼 수 있다는 장점이 있다.

사 례 **지속가능성 정보 웹사이트: SK**

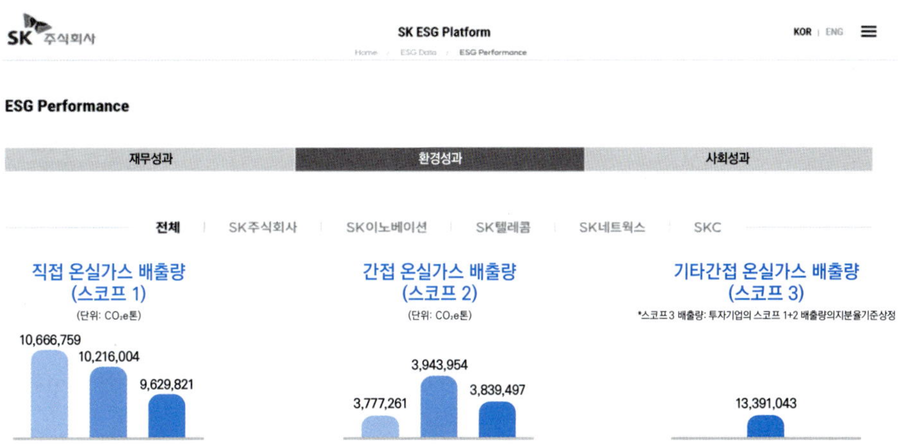

출처: SK ESG 플랫폼 웹페이지, 저자 재구성

2) SASB 기준에 따른 공시 사례

(1) SASB 공시의 이해

2023년 ISSB는 IFRS 지속가능성 공시기준(IFRS S1 일반 요구사항 및 S2 기후 관련 공시)을 제정하면서 여기에 SASB 기준을 통합하였다. IFRS S1 일반 요구사항의 지속가능성 관련 위험·기회 식별 시 'SASB 기준 공시 주제 및 지표' 등을 참조하고 적용가능성을 고려하도록 하였고, IFRS S2 기후 관련 공시 부속지침인 산업기반 지침(별권 1~68)은 SASB 기준에서 도출되었다. 이에 향후 IFRS 지속가능성 공시기준에 따라 지속가능정보를 공시하기 위해서는 SASB 기준과 공시 사례에 대한 이해가 반드시 필요하다.

SASB 기준의 구조

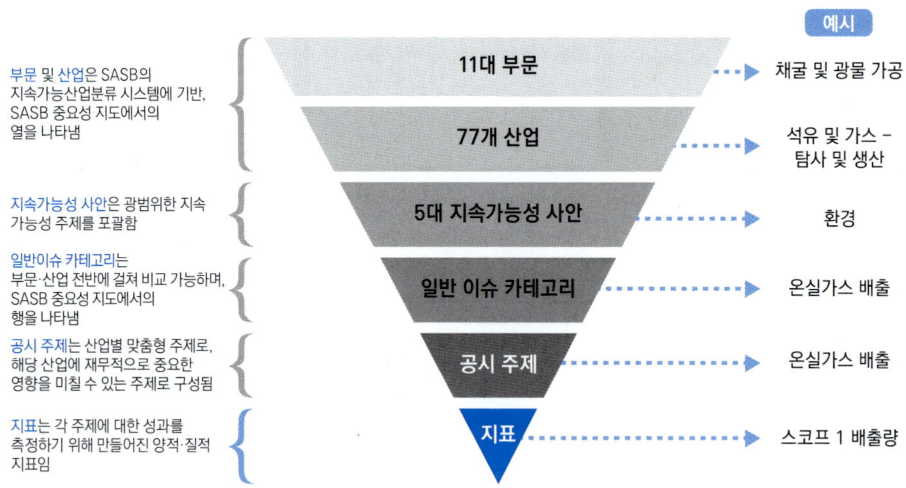

출처: SASB(2021)

SASB 기준은 11개 부문, 77개 산업별 지속가능성 공시기준으로 구성되어 있다. 산업별 공시 주제 및 회계 지표, 활동 지표로 구성되는 SASB 기준은 기업이 지속가능성 위험 및 기회를 식별하고 관리하는 데 유용한 기준을 제시한다. 또한 산업별로 공시기준을 제시하고 있으므로, 동종업계 기업 및 동일 산업 내 성과의 측정 비교가능성을 높여주는 특징이 있다(SASB, 2017).

SASB 기준 산업 분류표

부문	소비재	식음료	헬스케어	재생가능 자원 및 대체 에너지
산업	• 기정 및 개인용품 • 대형, 전문 유통 및 배급 • 전자상거래 • 의류, 액세서리 및 신발류 • 건축품 및 가구 • 가전제품 제조 • 완구류 및 스포츠용품	• 농산물 • 육류, 가금류 및 유제품 • 가공식품 • 비알코올음료 • 알코올음료 • 담배 • 식품 유통 및 배급 • 식당	• 바이오기술 및 제약 • 의료장비 및 용품 • 헬스케어 제공 • 헬스케어 유통 • 관리형 의료 • 약품 유통	• 바이오 연료 • 태양 에너지 및 프로젝트 개발자 • 풍력 에너지 및 프로젝트 개발자 • 연료 전지 및 산업용 배터리 • 임업 경영 • 펄프 및 종이 제품

부문	인프라	추출물 및 광물 처리	금융	서비스
산업	• 전력 및 발전 • 가스 유틸리티 및 유통 • 수자원 유틸리티 및 서비스 • 폐기물 관리 • 엔지니어링 및 건축 서비스 • 주택건설 • 부동산 • 부동산 서비스	• 석유 및 가스 -탐사 및 생산 • 석유 및 가스 -중류 • 석유 및 가스 -정제 및 판매 • 석유 및 가스 -서비스 • 석탄 사업 • 철강 제조 • 금속 및 채광 • 건축 자재	• 상업은행 • 투자은행 및 중개 • 자산관리 및 보관활동 • 소비자 금융 • 모기지 금융 • 증권 및 상품거래소 • 보험	• 교육 • 전문 및 상업 서비스 • 호텔 및 숙박 • 카지노 및 사행성 게임 • 레저시설 • 광고 및 마케팅 • 미디어 및 엔터테인먼트
부문	기술 및 통신	자원 변환	운송	
산업	• 제조전문서비스업(EMS) 및 제조자설계생산(ODM) • 소프트웨어 및 IT 서비스 • 하드웨어 • 반도체 • 통신 서비스 • 인터넷 미디어 및 서비스	• 화학 • 우주항공 및 국방 • 전기 및 전자장비 • 산업기계 및 제품 • 용기 및 포장	• 자동차 • 자동차 부품 • 차량 렌트 및 리스 • 항공 • 항공 운송 및 물류 • 해상 운송 • 철도 운송 • 도로 운송 • 크루즈선	

출처: SASB(2018), 한국회계기준원(2021)

기업이 SASB 기준을 적용한 공시 사례를 자세히 살펴보면 다음과 같다.

(2) 공시 채널별 SASB 공시

기업은 다양한 외부 공시 채널을 통해 SASB 기준 적용 현황을 공개하고 있다.
첫째, 지속가능성 보고서에 SASB 기준을 통합하여 공시하는 경우이다. 지속가능성 보고서 내에 관련 정보를 공시하는 것으로, 보고서 본문에 관련 내용을 기술하거나 별첨 목차 SASB 인덱스상 공시 정보를 직접 구성하여 정보를 제공한다. 현행 지속가능성 보고서가 여러 글로벌 지속가능성 기준들을 복합적으로 적용하여 기업의 지속가능성을 보고하고 있다는 점에서 보고서에 SASB 기준도 함께 통합하여 공시하는 경우는 지속가능성 정보 공시의 일반적인 사례라고 볼 수 있다. 다만, 일반적으로 지속가능성 보고서를 연 1회 발간하기 때문에 정보의 적시성에 제약이 있을 수 있다.

둘째, 기존 지속가능성 보고서 외 별도의 SASB 보고서를 발간하는 경우이다. 별도의 SASB 보고서를 통해 SASB 기준이 요구하는 산업별 주제, 회계 지표, 활동 지표에 대해 심층적인 정보를 전달할 수 있으며, SASB 기준 준수를 요구하는 이해관계자에게 관련 내용을 집중 보고할 수 있다. 하지만 별도 보고서를 발간할 수 있을 정도로 SASB 기준에 대해 충분히 이해하는 일이나 관련 인력의 확보는 쉽지 않다. 따라서 SASB 보고서를 별도로 발간하려면 SASB 지표에 대한 목표 설정과 이행 수준에 대한 관리를 위한 자원 투입이 선행되어야 한다.

셋째, 기업 공식 홈페이지를 통해 SASB 기준 관련 정보를 공시할 수도 있다. 홈페이지에 정보를 공시하면 이해관계자와의 소통을 강화하고 정보에 대한 접근 가능성을 높일 수 있다. 또한 경영활동으로 인해 지속가능성 정보가 변동할 경우에도 이를 비교적 적시성 있게 반영하여 공시할 수 있으며, 이해관계자에게 최신의 지속가능성 정보 제공도 가능하다. 이와 같은 공시를 위해서는 지속가능성 정보 공시를 위한 홈페이지 구축과 관련 공시 시스템 개선이 필요할 수 있다.

SASB 기준 공시 채널 유형별 특징

유형	지속가능성 보고서 내 공시	별도 SASB 보고서 발간	기업 공식 홈페이지 활용
특징	- 보고서 본문 내 SASB 기준 준수 내용 서술 또는 별첨 목차로 구성하여 SASB 인덱스 형태로 공시 - 지속가능성 보고 관련 기타 공시기준과 일관성 있게 보고 가능	- SASB 기준 내 주제, 회계 지표, 활동 지표에 대한 심층적 보고 가능 - SASB 기준 준수 내용을 이해관계자에게 집중적 보고 가능	- 이해관계자 소통 및 정보에 대한 접근가능성 강화 - 지속가능성 변동사항 반영한 즉각적 공시 가능
한계	- 연 1회 정기적인 보고서 발간 필요로 추가적인 정보 기술 필요 또는 수정 어려움	- 별도 보고서 발간 위한 추가적 자원 투입 필요	- 홈페이지 구축 및 관련 공시 시스템 마련 필요

(3) 주요 산업별 SASB 공시 사례

SASB 기준은 각 산업별 공시 주제, 회계 지표, 활동 지표의 공시를 요구한다. 산업별 공시 주제는 해당 주제의 관리 여부가 기업의 장기적 가치 창출에 미치는 영향에 대한 것으로, 산업별로 평균 5개에서 9개 정도의 주제를 포함한다. 회계 지표는 각 공시 주제의 성과를 측정하기 위해 표준화한 양적, 질적 지표를 의미한다. 활동 지표는 기업의 사업 규모 대비 성과를 측정할 수 있도록 도움을 주는 지표이다(SASB, 2020).

❶ 인터넷 미디어 및 서비스 산업

인터넷 미디어 및 서비스 산업의 경우, SASB 기준은 총 5개의 주제에 대한 공시를 요구한다. 각 공시 주제는 인터넷을 통해 콘텐츠를 제공 및 판매하는 산업 특성을 고려한 회계 지표로 구성되어 있다. 구체적으로는 하드웨어 인프라와 관련된 에너지와 물 사용량, 개인정보 유출 현황, 정보보안 관리 현황, 직원 채용, 지식재산권 보호 관련 회계 지표이다.

특히 '하드웨어 인프라의 환경 발자국' 주제로 데이터 센터의 에너지 효율성 및 재생에너지 사용을 통한 기업의 지속가능성을 평가하고 있다. 해당 지표를 기술한 사례로는 카카오가 있다. 카카오는 에너지 소비량, 그리드 전력 비율, 재생에너지 비율에 대한 각각의 회계 지표를 공시하고 있다. 나아가 에너지 소비량이 많은 데이터 센터의 환경 발자국 감축을 위해 고효율 에너지 설비 적용, 우수·중수·폐열 재활용 시스템 도입 등의 관리 접근 방식을 함께 설명하고 있다.

또한 해당 기업은 '개인정보보호, 광고 표준 및 표현의 자유' 주제 중 행동 광고 및 개인정보보호 관련 관행을 공시하고 있다. 이를 통해 국내외 법규 준수 현황을 비롯하여 이용자 정보보호 체계 구축, 정보보호 조직 운영, 정보보호 인증 취득 등 관련 활동을 질적으로 서술한 정보를 제공한다.

사 례 **인터넷 미디어 및 서비스 산업 SASB 공시 지표: 카카오**

주제	회계 지표	측정 단위
하드웨어 인프라의 환경 발자국	(1) 총에너지 소비량 (2) 그리드 전력 비율 (3) 재생 에너지 비율	기가줄(GJ), 백분율(%)
	(1) 총용수 취수량 (2) 총용수 사용량, 물 스트레스가 높은 수원 지역 비율	세제곱미터(㎥), 백분율(%)
	데이터 센터에 적용된 환경적 고려사항의 접근 방식	-
개인정보보호, 광고 표준 및 표현의 자유	행동 광고 및 개인정보보호와 관련한 정책 및 관행	-
	2차 목적으로 개인정보가 이용된 건수	수
	개인정보보호 관련 법적 절차로 인한 금전적 손실액	보고통화
	개인정보에 대한 (1) 법적 열람 요청 건수 (2) 정보가 요청된 사용자 수 (3) 요청으로 인한 공개 비율	수, 백분율(%)
	핵심 제품 및 서비스가 정부의 모니터링, 차단, 콘텐츠 필터링 또는 검열 대상이 되는 국가 리스트	-
	정부의 콘텐츠 제거 요청 건수, 요청에 대한 준수 비율	수, 백분율(%)
정보 보안	(1) 개인정보 침해 건수 (2) 개인식별정보 관련 침해 비율 (3) 정보침해로 인해 영향을 받은 사용자 수	수, 백분율(%)
	제3자 사이버보안 위험관리 표준을 포함한 정보보호 위험의 식별과 해결을 위한 접근 방식	-
직원 채용, 참여 및 성과	외국인 직원 비율	백분율(%)
	임직원 몰입도 비율	백분율(%)
	(1) 경영진, (2) 기술직, (3) 기타 직원에 관한 성별 및 인종·민족별 비율	백분율(%)
지식재산권 보호 및 반경쟁행위	반경쟁 행동 규정과 관련한 법적 절차로 인한 금전적 손실액	보고통화
활동 지표		**측정 단위**
이용자 활동에 관한 측정		월간 활성 이용자
(1) 데이터 처리 용량 (2) 외주 비율		페타바이트(PB), 백분율(%)
(1) 데이터 저장 용량 (2) 외주 비율		페타바이트(PB), 백분율(%)

출처: 카카오(2023)

사 례 SASB 지표(총 에너지 소비량) 공시: 카카오

성과 데이터

에너지 사용 현황[1) 8)]

구분			단위	2019	2020	2021	2022
에너지 사용량	직접 에너지	합계	GJ	4,377	3,875	3,532	4,125
		고정연소 (LPG, 경유)	GJ	1,596	2,002	2,317	2,243
		이동연소 (휘발유, 경유)	GJ	2,781	1,873	1,215	1,882
	간접 에너지	합계	GJ	1,331,131	1,581,492	1,779,828	1,405,129
		전기[9)]	GJ	1,318,190	1,571,936	1,772,532	1,395,932
		열	GJ	12,941	9,556	7,296	9,197
에너지 사용 집약도	에너지 사용량 합계		GJ	1,335,508	1,585,367	1,783,360	1,409,254
	에너지 사용 집약도 (직접, 간접, 외부 에너지)[7)]		GJ/억 원	43.5	38.1	29.1	57.4
	매출액[7)]		억 원	30,701	41,568	61,367	24,566
재생에너지 사용량	녹색프리미엄 구매량		MWh	-	-	2,978	-
	재생에너지 인증서		MWh	-	-	-	1,900

2022년 카카오 조직 및 운영경계 변동사항[10)]

- 2019~2021년 데이터센터의 온실가스 배출량은 연결 기준에 따라 카카오 및 타 공동체의 배출량을 포함하고 있음
- 2022년 데이터센터의 온실가스 배출량은 별도 기준에 따라 카카오의 배출량을 반영하였음
- 이에 따라 조직 및 운영 경계를 반영하여 온실가스 배출 집약도 산정 시에도 2019~2021년은 연결 기준 배출량 및 매출액, 2022년은 별도기준 배출량 및 매출액을 기반으로 산정하였음
- 이와 같은 조직 및 운영경계의 조정에 의하여 2022년 배출 집약도 및 에너지 집약도가 전년 대비 일부 상승함

1) 상기 온실가스 배출량 및 에너지 사용량의 합계는 정수 단위로 절사함
2) 조직 및 운영 경계 반영에 따라 임차 데이터 센터에서 공조 시설로 인한 배출량은 카카오 Scope 1 집계 범위에서 제외됨
3) REC(Renewable Energy Certificates) 구매에 따라 제주 오피스 Scope 2 배출량은 0으로 산정됨
4) 오프라인 판매시설 Scope 2 배출량은 2022년부터 집계하였으며, 카카오 프렌즈샵 등이 해당함
5) 카테고리 1~6, 9, 11~15는 2021년 배출량부터 집계되었으며, 괄호 안 수치는 Scope 3 배출량 내 비중을 의미함
6) 카테고리 7의 2019~2020년도 데이터는 판교 오피스 임직원 통근만 해당하며, 2021~2022년 데이터는 판교 오피스와 제주 오피스의 임직원 통근을 포함함
7) 2019~2021년의 경우 카카오 공동체 전력 사용량 합산에 따라 연결 기준 매출액을 사용하여 집약도를 산정하였으며, 2022년의 경우 공동체 사용량 배제에 따라 별도 기준 매출액을 사용하여 산정해 전년 대비 집약도가 상승함
8) 온실가스·에너지 목표관리제 명세서 작성 기준에 따라 소비 기준 환산 계수(9.6MJ/kWh)를 사용함
9) MWh 단위 기준 전기 에너지 사용량: 2019년 137,311MWh, 2020년 163,743MWh, 2021년 184,639MWh, 2022년 145,410MWh
10) 2022년 데이터센터의 타 공동체 온실가스 배출량 및 에너지 사용량은 5,450tCO_2e 및 113,885GJ으로 내부적으로 산정되었으며, 이를 반영하여 2019~2021년과 동일한 조직 및 운영경계로 계산된 배출 집약도는 2.0 tCO_2e/억 원, 에너지 사용 집약도 21.4GJ/억 원임(Scope 1, 2, 3 배출량 137,908tCO_2e, 에너지 사용량 1,523,138GJ, 연결 기준 매출액 71,071억 원)

출처: 카카오(2023)

사례 SASB 지표(개인정보보호와 관련한 정책 및 관행) 공시: 카카오

개인정보보호 및 정보보안

정보보호 정책 및 지침 마련

카카오는 이용자 보호 및 사내 정보보안 유지를 위해 정보보호 정책과 지침을 운영하고 있습니다. 지침은 카카오 임직원, 인프라 운영자, 서비스 운영자, 서비스 개발자, 정보보호 담당자별 업무 특성에 따라 필요한 원칙과 기준, 행동 수칙을 안내하여 데이터를 다루는 카카오 크루들이 안전하게 업무를 수행할 수 있도록 합니다.

카카오 정보보호 정책 및 지침

- 정보보호 정책
- 카카오 임직원을 위한 정보보호 지침
- 인프라 운영자를 위한 정보보호 지침
- 서비스 운영자를 위한 정보보호 지침
- 서비스 개발자를 위한 정보보호 지침
- 정보보호 담당자를 위한 정보보호 지침

개인정보보호 시스템

카카오는 이용자의 개인정보가 안전하게 처리될 수 있도록 다양한 개인정보보호 시스템을 갖추고 있습니다. 서비스 전 과정에서 이용자의 개인정보가 안전하게 처리될 수 있도록 개인정보 영향평가를 실시합니다. Privacy by Design 원칙을 기반으로 하는 개인정보 영향평가는 서비스 기획에서부터 변경, 종료에 이르는 전 생애주기에 걸쳐 개인정보보호법 등 관련 법령의 준수 여부를 점검하고 이용자 프라이버시 보호에 미치는 영향도를 면밀히 평가하여 위험을 사전에 제거합니다.

사후 점검 절차로 이용자의 프라이버시 보호 활동이 적절하게 이루어지고 있는지 평가하기 위해 '개인정보보호 점검 관리 시스템'을 구축하여 운영하고 있습니다. 서비스 점검 체크리스트는 개인정보보호법, 위치정보보호법 등 관련 법규는 물론 각종 정보보호 인증 및 이용자 프라이버시 보호를 위해 필요한 사항들을 포함하고 있습니다. 또한 '개인정보취급자 관리 시스템'을 통해 개인정보 처리시스템 현황, 개인정보 취급자 및 개인정보 처리 현황 등을 통합적으로 관리합니다.

개인정보 영향평가 단계 및 검토 항목

서비스 도입	서비스 운영	서비스 종료
서비스 출시에 앞서 기획단계에서 개인정보보호법 준수여부 및 개인정보 처리시스템의 보호조치 현황 검토	개인정보 수집, 이용 및 제공 등 개인정보 처리 변경 시 서비스 도입단계의 검토 사항을 재확인	이용 목적이 달성된 개인정보 파기 검토 및 개인정보 처리시스템 종료 확인
개인정보 수집 · 이용자의 명시적 동의 여부 · 필요 최소한의 수집 **개인정보 전송/저장** · 개인정보의 안전한 전송 · 패스워드, 금융정보, 위치정보 등에 대한 암호화 조치 · 접근 통제 및 권한 관리	**개인정보 이용** · 업무목적 내에서의 최소 이용 · 개인정보의 오남용 예방 **개인정보 처리 시스템 관리** · 개인정보 취급 내역 파악/취급 권한 검토 · 불필요한 개인정보 노출의 통제 · 개인정보 처리에 대한 로깅 **개인정보 제공** · 개인정보 제공 최소화 · 개인정보의 안전한 전송	**개인정보 파기** · 파기 대상, 파기 시점의 적정성 및 안전한 파기 여부 확인 **개인정보 처리 시스템 종료** · 개인정보 처리시스템 종료 및 자산반납 확인

수탁자 개인정보보호 현황 관리 및 점검

카카오는 개인정보 처리 업무를 위탁받아 처리하는 자회사, 공급업체 등 제3자(이하 수탁자)가 카카오 수준의 개인정보보호 조치를 수행할 수 있도록 관리합니다. 수탁자와 서면 계약을 통해 개인정보보호법 및 카카오의 개인정보보호 정책을 준수하도록 규정하고, 정기적인 수탁자 개인정보보호 점검을 실시하여 계약과 관련 법에 따른 정보보호 수준을 유지하고 있는지 확인합니다. 이를 위해 관련 법규에 따른 수탁자 점검 체크리스트를 마련하여 수탁자의 개인정보보호 정책 및 보호 활동을 확인하고, 위반 사항이 확인될 경우 개선할 수 있도록 조치합니다. 점검 후에는 개선 조치 이행 전·후의 수탁자 개인정보보호 수준을 비교하는 방법으로 개선 활동의 효과성을 평가하고 있으며, 필요한 경우 다음 점검 활동에 반영될 수 있도록 하고 있습니다. 2022년에 실시한 상품 배송 수탁사 대상 점검을 통해 도출한 취약점에 대해 개선 조치를 진행하여 점검 전 82%에서 개선 조치 후 90%로 개인정보보호 수준이 향상되었습니다.

수탁자 개인정보보호 활동 효과성 평가

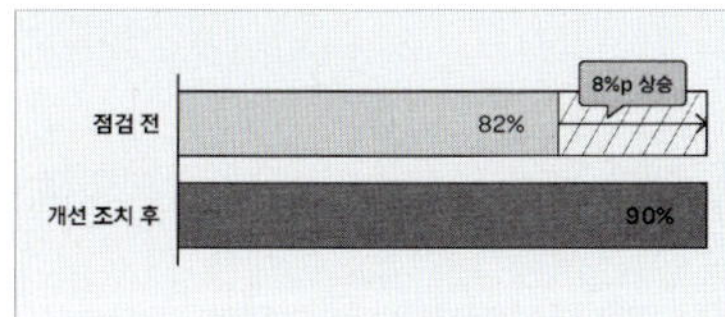

출처: 카카오(2023)

❷ 바이오기술 및 제약 산업

바이오기술 및 제약 산업의 경우, SASB 기준은 총 9개의 주제에 대한 공시를 요구한다. 각각의 공시 주제는 브랜드 약품과 제너릭 약품을 개발 및 제조하여 판매하는 산업 특성을 고려한 회계 지표로 구성되어 있다. 임상시험 및 의약품 안전성, 제품 접근성과 가격 적정성, 의약품의 품질 및 공급망 관리, 인재 채용, 사업 전반과 마케팅 윤리 관련 회계 지표 공시가 필요하다.

SK바이오팜은 SASB 기준이 요구하는 공시 주제에 대해 충실히 보고하고 있으며, 특히 '의약품 안전성' 주제를 상세히 기술하고 있다. '의약품 안전성'은 제품 안전과 관련된 우려나 제조 결함 문제가 제약 산업의 지속가능성에 영향을 미칠 수 있다는 점에서 중요한 주제이다. 이에 따라 해당 기업은 제품 안전성 감시체계 데이터베이스에 등록된 의약품 정보, 리콜 건수 및 총수량, 제품과 관련된 사망자가 없다는 내용을 공시하고 있다. 나아가 임상시험 참여자의 안전을 확보하기 위해 임상시험 관리 및 감독 방안 지침과 국가별 임상시험 실시 절차를 구체적으로 설명하고 있다.

또한 해당 기업은 '기업 윤리'와 '마케팅 윤리' 주제와 관련된 내용도 구체적으로 공시하고 있다. 제약산업은 소비자에게 의약품을 윤리적으로 광고하여 시장 점유율을 높일 필요가 있다. 해당 기업은 의약품 허위 마케팅과 남용을 한 사례가 없음을 공시함은 물론 내·외부 컴플라이언스 차원 관리, 윤리규범 제정 등을 통한 사례 방지와 국내외 법규 준수 방안을 설명하고 있다.

사 례 **바이오기술 및 제약 산업 SASB 공시 지표: SK바이오팜**

주제	회계 지표	단위
임상시험 참가자의 안전	임상시험 품질과 환자 안전을 보장하는 지역별 관리 프로세스 논의	–
	임상시험 관리 및 약물 감시 준수와 관련된 미국 식품의약국 실태조사가 자발적 조치 표시 혹은 공식적 조치 표시로 이어진 횟수	수
	개발도상국에서의 임상시험과 관련된 법적 절차로 인한 총 금전적 손실액	보고통화
의약품 접근성	의약품 접근성 지수에 따른 우선순위 질병과 우선순위 국가에서의 의약품 접근성을 촉진하기 위한 조치와 이니셔티브 설명	–
	WHO 의약품 준인증 프로그램의 일환으로 WHO 의약품 준인증 목록에 등재된 제품 목록	
가격접근성	승인된 제네릭 의약품의 출시를 정해진 기간 동안 지연시키기 위해 보상 지불 또는 협의한 제네릭 품목 약식 허가 신청 소송 해결 건수	수
	전년 대비 제품 포트폴리오의 정가, 순가격 평균 변동률 및 최대 변동률	백분율(%)
의약품 안전성	미국 식품의약국의 메드와치 약물 안정성 감시체계 데이터베이스에 열거된 제품 목록	–
	미국 식품의약국 이상 사례 보고 시스템에 보고된 제품과 관련된 사망자 수	수
	실시된 리콜 수, 리콜 요청된 총제품 수	
	의약품 수거, 재사용, 폐기가 승인된 총제품 양	톤(t)
	우수 의약품 제조 및 품질 관리 기준 가이드라인 위반으로 시행된 유형별 미국 식품의약국 집행 조치 건수와 이에 대한 설명	–
위조 의약품	공급망 전반에서 제품을 추적하고 위조를 방지하기 위해 사용되는 방법 및 기술 설명	–
	고객과 비즈니스 파트너에게 위조 의약품과 관련된 잠재적 또는 알려진 위험을 경고하기 위한 프로세스에 대한 논의	
	위조 의약품과 관련된 현장 조사, 압류, 체포 또는 범죄 고발로 이어진 조치 건수	수
윤리적 마케팅	허위 마케팅과 관련된 법적 절차에 따른 총 금전적 손실액	보고통화
	Off-Label(오프라벨) 의약품 프로모션 제한에 대한 윤리 강령	–

주제	회계 지표	단위
인재 유치, 개발 및 유지	과학자 및 연구개발 인재의 채용과 유지 노력 설명	-
	경영진·고위 관리자, 중간 관리자, 전문직, 기타 모든 임직원의 자발적 이직률과 비자발적 이직률	백분율(%)
공급망 관리	Rx-360 국제 제약 공급망 컨소시엄 감사 프로그램 또는 동등한 수준의 의약품 성분, 공급망 안전성을 위한 제3자 감사 프로그램에 참여하는 시설의 비율과 Tier 1 공급업체 시설 비율	백분율(%)
기업 윤리	부패 및 뇌물 수수와 관련된 법적 절차에 따른 총 금전적 손실액과 이에 대한 설명	보고통화
	헬스케어 전문가와의 상호 작용에 관한 윤리 강령 설명	-
활동 지표		
치료 환자 수		수
포트폴리오 내 의약품 수와 연구개발 중인 의약품		수

출처: SK바이오팜(2023)

사 례 SASB 지표 공시: SK바이오팜

임상시험 참가자의 안전

HC-BP-210a.1 임상시험 품질과 환자 안전을 보장하는 지역별 관리 프로세스 논의

SK바이오팜과 SK Life Science에서 진행 중인 임상시험은 한국, 중국, 일본의 임상시험 실시기관에서 각 국가의 임상시험 관련 규정 및 절차를 준수하여 안전하고 윤리적으로 실시되고 있습니다. 모든 임상시험은 각 국의 보건 당국과 IRB(Institutional Review Board)의 승인을 받으며, 국제의약품규제조화위원회(ICH,International Council for Harmonization)의 임상시험 관리 기준(GCP, Good Clinical Practice)을 준수하여 시행되도록 관리합니다. 임상시험수탁기관(CRO, Contract Research Organization)의 실험 윤리 규정 이행 현황을 모니터링하기 위해 CRO의 표준작업지침서(SOP, Standard Operation Procedure)를 제정하였으며, 전 유관부서가 CRO의 규정 이행 여부를 관리·감독하고 있습니다. SK Life Science는 임상시험 전 단계에 걸쳐 환자의 안전성을 보장하기 위해 사전에 수립한 임상시험 계획서에 따라 시험 대상자 선정 및 제외 기준을 엄격하게 준수하며, 의료 모니터링 계획에 의해 임상시험을 진행하고 있습니다. 아울러, 내부 감독 조직인 SK LSI Medical Monitor 및 Pharmacovigilance Group을 통해 지속적인 모니터링을 실시함으로써 임상시험에서의 품질과 환자 안전을 확보하고 있습니다.

HC-BP-210a.2 임상시험 관리 및 약물 감시 준수와 관련된 FDA 실태조사가 자발적 조치표시(VAI, Volunatry Action Indicated)[1] 혹은 공식적 조치표시(OAI, Official Action Indicated)[2]로 이어진 횟수

구분	단위	2020	2021	2022
VAI	건	0	1	0
OAI	건	0	0	0

HC-BP-210a.3 개발도상국에서의 임상시험과 관련된 법적 절차로 인한 총 금전적 손실액

보고기간 동안 SK바이오팜과 SK Life Science에서 개발도상국에서의 임상시험과 관련된 법적 절차로 인해 발생한 총 금전적 손실액은 없습니다.

의약품 접근성

HC-BP-240a.1 의약품 접근성 지수(ATMI, Access to Medicine Index)에 따른 우선순위 질병과 우선순위 국가에서의 의약품 접근성을 촉진하기 위한 조치와 이니셔티브 설명

의약품 접근성 지수에 따른 우선순위 질병에 포함되는 18대 비전염성 질병 중 뇌전증에 대한 치료제(세노바메이트)를 보유하고 있으며, 세노바메이트에 이은 신규 뇌전증 치료제(SKL24741), 조현병 치료제(SKL20540) 및 항암제(SKL27969) 개발을 추진하고 있습니다. 우선순위 국가에 대해서는 중국을 중심으로 아시아 시장 진출을 추진 중이며, 의약품 접근성 제고를 위해 중남미 국가 17개국에 2022년 7월 라이선스 아웃(License Out)을 실시하였으며, 제품 판매를 위한 상업화를 추진 중입니다.

HC-BP-240a.2 WHO 의약품 준인증 프로그램의(PQP, Prequalification of Medicines Programme)의 일환으로 WHO 의약품 준인증 목록에 등재된 제품 목록

보고기간 동안 WHO 의약품 준인증 목록에 등재된 제품은 없습니다.

가격 접근성(Affordability & Pricing)

HC-BP-240b.1 승인된 제네릭 의약품의 출시를 정해진 기간 동안 지연시키기 위해 보상 지불 또는 협의한 제네릭 품목 약식허가 신청(ANDA, Abbreviated New Drug Application) 소송[3] 해결 횟수

보고기간 동안 제네릭 품목 약식허가 신청 소송 관련 사건은 없습니다.

HC-BP-240b.2 / HC-BP-240b.3 전년 대비 제품 포트폴리오의 정가, 순가격 평균 변동률 및 최대 변동률

보고기간 중 XCOPRI® 1개 제품에 대해 판매가 이루어지고 있으며, 2021년 대비 2022년 정가는 3% 증가하였습니다.

1) 실태조사 결과 불합리한 사항들이 발견되었지만 위반 내용이 심각한 수준이 아닐 경우 부여되는 조치
2) 실태조사 결과 기준 위반의 범위가 심각하고 중대한 경우 부여되는 조치
3) 제네릭 의약품을 제조 및 판매하기 위한 약식 절차에 대해 기존 특허 보유자가 제기할 수 있는 소송 및 합의

의약품 안전성

HC-BP-250a.1 FDA의 MedWatch[1] 약물 안전성 감시 체계(Safety Alerts for Human Medical Products) 데이터베이스에 열거된 제품 목록

MedWatch는 의약품 유해사례를 수집 및 공개하는 채널로, 제약회사는 의무적으로 유해사례를 보고하도록 규정되어 있습니다. SK바이오팜은 자사 제품에 대한 모든 이상 사례 관련 정보를 MedWatch에 보고하고 있습니다. 2022년 12월 말 기준 MedWatch에 등록된 제품은 엑스코프리(XCOPRI®) 1건입니다.

HC-BP-250a.2 FDA 이상 사례 보고 시스템에 보고된 제품과 관련된 사망자 수

SK바이오팜은 FDA 이상 사례 보고 시스템에 제품과 관련된 사망자 수 정보를 공개하고 있습니다.

FDA 이상 사례 보고 시스템

HC-BP-250a.3 실시된 리콜 수, 리콜 요청된 총 제품 수

구분	단위	2020	2021	2022
합계	건	0	0	0
Class 1 리콜[2] 횟수	건	0	0	0
Class 2 리콜[3] 횟수	건	0	0	0

HC-BP-250a.4 의약품 수거, 재사용, 폐기가 승인된 총 제품 양

보고기간 중 엑스코프리(XCOPRI®) 1개 제품에 대해 판매가 진행 중이며, SK Life Science는 공급업체와 협력하여 의약품의 안전한 폐기를 위한 수거 사업을 포함한 약물 관리 프로그램(Drug Stewardship Program)을 관리 및 운영하고 있습니다. 2022년 12월 말 기준 폐의약품 수거 사업을 통해 회수된 총 미사용 의약품의 양은 약 0.1톤입니다.

HC-BP-250a.5 우수 의약품 제조 및 품질 관리 기준(cGMP, current Good Manufacturing Practice) 가이드라인 위반으로 시행된 유형별 FDA 집행 조치 건수와 이에 대한 설명

SK바이오팜은 의약품 제조시설을 소유하거나 운영하고 있지 않습니다. 또한 CMO의 주요 FDA 지적 사항에 대해서는 SK바이오팜에도 공지되며, SK바이오팜 제품의 품질과 관련이 있는 사항이라면 개선 계획을 함께 구축하고 관련된 개선 사항을 빈틈없이 점검하고 있습니다.

위조 의약품

HC-BP-260a.1 공급망 전반에서 제품을 추적하고 위조를 방지하기 위해 사용되는 방법 및 기술 설명

위조 의약품 관리는 제품에 대한 신뢰성과 고객의 건강과 직결되는 중대한 사안입니다. 이에 SK Life Science는 제품 출하 단계에서부터 시장에 공급되는 모든 제품에 일련번호를 부여(Serialization)하여 관리하고 있습니다.

HC-BP-260a.2 고객과 비즈니스 파트너에게 위조 의약품과 관련된 잠재적 또는 알려진 위험을 경고하기 위한 프로세스에 대한 논의

고객과 비즈니스 파트너에게 위조 의약품과 관련된 잠재적 또는 알려진 위험을 경고하기 위한 별도 프로세스는 없습니다.

HC-BP-260a.3 위조 의약품과 관련된 현장 조사, 압류, 체포 또는 범죄 고발로 이어진 조치 건수

보고기간 동안 발생된 위조 의약품 관련 사건은 없습니다.

윤리적 마케팅

HC-BP-270a.1 허위 마케팅과 관련된 법적 절차에 따른 총 금전적 손실액 및 이에 대한 설명

보고기간 동안 허위 마케팅 관련 법적 절차로 진행된 사건은 없습니다.

HC-BP-270a.2 Off-Label(오프라벨) 의약품 프로모션 제한에 대한 윤리강령

Off-Label(오프라벨) 사용은 특정 약물이 규제당국의 허가를 받은 내역 외의 적응증에 대해 처방하는 경우를 의미합니다. SK Life Science는 이러한 관행이 소비자의 건강에 악영향을 줄 수 있음을 인지하고, 오프라벨 프로모션 및 마케팅을 내외부 컴플라이언스 차원에서 제한하고 관련 규정을 준수할 수 있도록 관리함으로써 고객의 건강과 안전을 확보하고 있습니다. 제품을 판매하고 있는 SK Life Science의 경우, 윤리 강령 내 오프라벨 프로모션 제한을 포함하여 보다 엄격한 수준으로 관리하고 있습니다.

1) FDA의 안전 정보 및 유해 사례 보고 프로그램으로 약물의 유해 사례 또는 사건을 보고하는 약물 안전성 감시 체계
2) 제품의 사용 혹은 노출로 인해 건강에 심각한 악영향을 미치거나 사망에 이르게 할 합리적인 가능성이 존재하는 경우
3) 제품의 사용 혹은 노출을 통해 일시적으로 유해한 상황에 이를 수 있으나, 심각한 건강 유해 결과의 가능성은 희박한 경우

인재 유치, 개발 및 유지

HC-BP-330a.1 과학자 및 연구개발 인재 채용과 유지 노력 설명

SK바이오팜은 지속적인 회사의 성장 및 가치 실현을 위해 경영에 있어 요구되는 인재의 역량과 그 수요에 대해 예측하고 관련 계획을 수립합니다. 또한, 회사의 중점 연구 영역인 중추신경계, 항암 관련 전문 인력 유치를 위해 주요 대학원 연구실을 대상으로 긴밀한 소통을 지속하고 있으며, 인재 파이프라인 확대를 위한 인턴십 제도를 시행하고 있습니다.

HC-BP-330a.2 경영진/고위 관리자, 중간 관리자, 전문직, 기타 모든 임직원의 자발적 이직률과 비자발적 이직률[1]

구분	단위	2020	2021	2022
자발적 이직률[2]	%	44.5	4.9	8.4
비자발적 이직률[3]	%	0	0	0

공급망 관리

HC-BP-430a.1 Rx-360 국제 제약 공급망 컨소시엄 감사 프로그램 또는 동등한 수준의 의약품 성분, 공급망 안전성을 위한 제3자 감사 프로그램에 참여하는 시설의 비율과 Tier 1 공급업체 시설 비율

SK바이오팜은 2022년 4월 국내 제약기업 최초로 PSCI(Pharmaceutical Supply Chain Initiative)에 가입하였으며, 같은 해 10월 PSCI 감사 위원회의 멤버가 되어 활동 중입니다. 공급망 ESG 리스크에 대한 선제적 관리를 목표로 건강 및 안전, 환경, 관리 시스템 등 PSCI의 5대 영역별 원칙을 준수하고 투명하게 보고함으로써 공급망 전반의 지속가능성을 향상시키기 위해 노력하고 있습니다. 특히 PSCI 회원사로서 중장기적으로 모든 CMO 대상의 PSCI 감사를 실시하여 공급망 리스크 관리를 고도화해 나갈 예정입니다.

기업 윤리

HC-BP-510a.1 부패 및 뇌물 수수와 관련된 법적 절차에 따른 총 금전적 손실액과 이에 대한 설명

보고기간 동안 부패 및 뇌물 수수와 관련하여 진행된 법적 절차는 없습니다.

HC-BP-510a.2 헬스케어 전문가와의 상호 작용에 관한 윤리 강령 설명

SK바이오팜은 제약기업의 보건의료 전문가 대상 마케팅 관행을 규정하는 국내외 법규를 철저히 준수하고 있습니다. 또한 제품에 대한 고객 대상 직접 마케팅을 수행하고 있는 SK Life Science는 Code of Conduct를 통해 규제 당국의 마케팅 관련 법규를 철저히 준수하며, 보건의료전문가와 관계를 규정함으로써 전문가의 독립적인 판단을 보호하고, 제품의 부적절한 사용을 방지하고 있습니다.

SK LSI Code of Conduct(영문)

Activity Metrics

HC-BP-000.A 치료 환자 수

해당 데이터는 경영상의 민감 정보를 포함하고 있어 공개하지 않습니다.

HC-BP-000.B 포트폴리오 내 의약품 수와 연구개발 중인 의약품

SK바이오팜은 홈페이지에 포트폴리오 내 의약품 수와 연구개발 중인 의약품을 공개하고 있습니다.

1) 자발적 및 비자발적 이직률은 SK바이오팜 기준으로 작성되었으며, 2020~2021년 경영진/고위관리자, 중간 관리자, 전문직 유형에 해당하는 이직자는 없음. 2022년 중간 관리자 1명과 전문직 1명의 자발적 이직자가 발생함
2) 근로자 본인이 사직을 자원하여 퇴직하는 경우
3) 근로자의 의사에 반한 이직으로서 고용기간 만료, 징계해고, 통상해고, 또는 경영상 이유에 의한 정리해고 등의 사유를 포함

출처: SK바이오팜(2023)

❸ 복합산업 기업

국내 기업 중 2개 이상의 복수업종을 영위하고 있는 기업은 전체 산업 대비 매출액 점유율 약 58% 비중을 차지하고 있다(한국공정거래조정위원회, 2018). 따라서 복합산업 기업의 SASB 공시 사례를 살펴보는 일은 매우 중요한 의의가 있다.

KB금융그룹은 SASB 기준 공시를 위해 산업적 연관성을 고려하여 비즈니스 포트폴리오를 대표하는 5개 산업으로 상업은행, 소비자금융, 투자은행 및 중개, 자산관리 및 보유활동, 보험업을 선정하였다. SASB 기준 공시 정보의 전달력을 높이기 위해 해당 기업은 산업 간 중복되는 공시 주제 및 회계 지표는 통합하되, 그 외에는 각 산업별로 회계 지표를 구성하여 보고하였다. 이와 같은 방법을 통해 해당 기업은 5개 산업에 대해 모두 17개 주제의 회계 지표를 효과적으로 공시하였다.

금융은 개인과 기업을 대상으로 금융 서비스를 제공하는 산업으로 '데이터 보안' 관련 주제가 기업의 장기적 가치 창출에 미치는 영향이 매우 크다. 이에 따라 해당 기업은 데이터 보안 관리를 위해 매년 위험성 평가를 실시하여 위험을 식별하고 보다 강화된 보호 대책을 수립하는 등의 관련 내용을 질적으로 기술하고 있다. 또한 금융 기업은 환경·사회적 외부효과에 어떻게 대응하는지 평가하는 '신용분석에 ESG 요소 포함' 주제를 공시할 필요가 있다. 이에 따라 해당 기업은 기업 자체 환경·사회 위험관리 모범규준을 수립하여 투자의사결정 시 ESG 요소를 신용분석에 반영하고 있음을 기술하고 있다.

사 례 **복합산업(상업은행, 소비자금융, 투자은행 및 중개, 자산관리 및 보유활동, 보험) SASB 공시 지표: KB금융그룹**

산업	주제	회계 지표	측정 단위
5개 산업 공통	데이터 보안	데이터 침해 발생 건수	수
	기업 윤리	사기, 내부자 거래, 반독점, 반경쟁행위, 시장조작, 배임 또는 기타 금융업과 관련된 법적 절차의 결과 발생한 총 금전적 손실액	보고통화
	시스템적 위험관리	시스템적으로 중요한 글로벌 은행(G-SIB) 점수	BPS
	임직원 다양성 및 포용	임직원의 성별 및 인종집단별 비율	백분율 (%)
상업은행	금융 포용 및 역량 구축	중소기업·소상공인, 지역사회 발전을 촉진하는 프로그램에 대한 연체 및 부실 대출의 건수와 금액	수, 보고통화
	신용분석에 ESG 요소 포함	산업별 상업 및 산업 신용익스포저, ESG 요소를 신용분석에 반영하는 방식	보고통화
	이행 위험 익스포저	금융 배출량에 대한 산업별 총 익스포저 비율	백분율 (%)
소비자금융	고객 개인정보보호	개인정보가 2차 목적으로 이용된 고객 수	수
	판매 관행	영업직 직원의 총보수 중 상품과 서비스 판매량에 연계한 보수액의 비중	백분율 (%)
투자은행 및 중개	투자은행 및 중개 활동에 ESG 요소 반영	ESG 요소를 반영한 인수, 자문, 증권화 거래 수익, 투자 및 대출의 건수와 금액	수, 보고통화
	직무윤리	선관주의의무 등 직무윤리 실천을 위한 정책 및 프로그램	-
	임직원 인센티브 및 위험 감수	중요 위험 감수자로 분류되는 임직원의 총변동보수 비율	백분율 (%)
자산관리 및 보유활동	고객 대상 투명한 정보 및 공정한 자문 제공	고객에게 자산운용 상품 및 서비스를 설명하는 방식	-
	투자관리 및 자문에 ESG 요소 반영	ESG 요소를 투자 및 자산관리 프로세스와 전략에 반영하는 방식	-
	투자 관리에 ESG 요소 통합	산업 및 자산군별 총 투자 자산	보고통화
보험	책임 있는 행동을 장려하는 상품	건강, 안전, 환경적으로 책임 있는 행동을 장려하는 상품 특성에 대한 설명	-
	환경 위험 노출	기후 관련 자연재해로 인한 보험상품의 최대 추정 손실	보고통화

	활동지표	측정 단위
상업은행	다음 부문별 당좌예금 및 보통예금 계좌의 수와 금액 (1) 개인고객 (2) 개인사업자 (3) 중소기업	수, 보고통화
소비자금융	유효 고객 및 카드 계좌의 수 (1) 신용카드 (2) 선불/체크카드	명, 좌
투자은행	(1) 거래 건수와 금액(인수/자문서비스/증권화 거래 구분) (2) 자기자본 투자 및 대출의 건수와 금액 (3) 시장조성 거래의 건수와 금액(채권/주식/통화/파생상품/원자재 상품 구분)	수, 보고통화
자산관리 및 보유활동	(1) 운용 자산 중 등록·비등록 된 자산의 규모 (2) 총수탁 및 관리 자산 규모	보고통화
보험	보유 계약 건수 (1) 손해보험 (2) 생명보험 (3) 재보험 수재	수

출처: KB금융그룹(2023), 저자 재구성

사 례 SASB 지표(데이터 보안 리스크 식별 및 관리 방법) 공시: KB금융그룹

디지털 혁신

디지털 책임 및 정보보안

정보보안 관리 체계

KB금융그룹은 금융산업 내 디지털 전환(Digital Transformation)이라는 거대한 흐름 속에서 고객 정보를 보호하기 위해 사이버위협에 선제적으로 대응하고 있습니다 사이버보안과 관련된 IT경력을 가진 이사진이 사이버보안 전략 프로세스에 참여하고, 당사의 임원이 사이버 보안 전략을 감독하고 있습니다. 또한 이사회는 정보보호 관리 체계, 개인정보보호정책 등을 포함한 사이버보안 전략과 매분기 그룹사간 고객정보 제공 및 이용에 대한 점검결과를 보고 받고 있습니다.

KB금융그룹은 IT신기술 및 개인정보보호 규제의 변화에 따라 발생하는 보안 위협을 최소화하고 고객 신뢰 확보를 위해 KB금융그룹 정보보호 중장기 전략을 수립하였습니다. 정보보호 중장기 전략 목표 달성을 위하여 정보보호 관리체계 개선, 디지털/데이터 Innovation 보안대책 마련, 침해사고 대응능력 강화, 신기술 활용을 통한 보안업무 효율화, 개인정보보호 및 컴플라이언스를 강화하고 있습니다. 또한 대표이사는 매월 실시된 보안 점검에 대한 결과 및 보완 계획을 보고 받고, 그룹 차원의 정보보호 이슈에 대해 대응하고 있습니다.

8.59%

전체 IT 예산 대비 정보보호 예산 비중

* KB국민은행, 2022년말 예산 집행 기준

KB금융그룹은 KB금융지주 내 정보보호부를 별도 운영하여 그룹 정보보호 공동사업과 계열사 현장 점검 등 그룹의 정보보호 역량 강화에 집중하고 있습니다. 또한 독립적인 KB금융그룹의 사이버보안 체계 유지를 위해 KB금융지주를 비롯한 KB국민은행, KB증권, KB손해보험, KB국민카드 등 주요 계열사는 CIO(최고정보관리책임자)와 CISO(정보보호최고책임자)를 분리하여 임명하고 있습니다. 또한 KB국민카드는 정보보호 전담조직인 정보보호본부와 CISO를 위원장으로 하는 정보보호위원회를 운영하고, 정보보호통합관리시스템을 통해 고객정보 오남용/임의조회 및 정보보호정책 준수 상황 등을 철저히 모니터링하고 있습니다. 정보보안 관련 사항을 철저히 관리한 결과, 최근 3년간 정보보안 및 사이버보안 관련 위반은 없었습니다.

KB국민은행의 정보보호 전략 방향

① 사이버 보안 위협 고도화에 따른 정보보호 대응역량 강화
- 보안대응체계의 지능화·자동화 적용을 통한 강력하고 안정적인 보안환경 구성

② 디지털 전환 가속화 등 IT Trend 대응을 위한 탄력적 보안 환경 구성
- 취약 부분 보안 강화와 인가된 사용자의 업무 유연성 제고로 차별화된 정책 적용

③ 고객 신뢰 제고를 위한 '개인정보보호' 및 '금융 소비자 보호' 연구 지속

정보보안 체계 점검 및 외부 검증

KB금융그룹은 정보자산에 대한 위협이 발생할 경우를 가정하여 연 1회 전자금융기반시설 취약성 분석·평가와 연 2회 공개용 홈페이지 취약성 점검 및 침해사고 대응 훈련을 시행하고 있습니다. 또한 외부기관을 통해 홈페이지, 앱, 주요 업무시스템에 대한 취약성 점검을 정기 및 수시로 실시하고 있습니다. 전자금융감독규정에서 요구하는 전자금융기반시설에 대한 정기적인 취약점 분석 및 평가 업무도 매년 철저하게 수행하고 있으며, 발견된 취약점을 기반으로 보호대책 및 조치계획을 수립하고 조치완료 여부에 대한 사후점검을 이행하고 있습니다. 이 외에도 KB금융그룹은 정보보호 인증 갱신을 위해 계열사별로 외부 전문기관으로부터 정기적인 인증 심사를 받고 있습니다.

계열사별 정보보호 인증 획득 현황

KB금융지주	KB증권	KB국민은행
· ISMS[1]	· ISO 27001[2] · ISMS-P[3]	· ISO 27001[2] · ISMS[1] · ISMS-P[3] · ISO 20000[4] · BS 25999[5]
KB손해보험	**KB국민카드**	
· ISMS[1]	· ISO 27001[2] · ISMS-P[3] · PCI DSS[6]	

1) ISMS: 정보자산 보호를 위해 수립·관리·운영하는 정보보호 관리체계 및 보호대책에 대한 인증
2) ISO 27001: 정보보호정책, 정보접근 통제 등 정보보안 관련 항목에 대한 인증
3) ISMS-P: 정보보호 관리체계 및 보호대책, 개인정보 처리단계에 대한 인증
4) ISO 20000: IT 서비스 관리 체계 구축에 필요한 요건에 대한 인증
5) BS 25999: 비즈니스 연속성관리에 대한 인증
6) PCI DSS: 고객 결제정보 보호 등 지불결제산업 데이터 보안 표준

디지털 혁신

수탁업체 및 공급업체 보안 점검

KB금융그룹은 개인정보 처리 업무를 위탁 시, 기술적, 물리적, 관리적 보호 조치들을 준수하도록 보안관리 약정을 체결하고 있으며 수탁업체에 대한 주기적인 현장점검 및 정기적인 교육을 통해 안전한 개인정보보호 환경을 조성하기 위해 노력하고 있습니다.

개인정보보호

고객 개인정보보호 정책

KB금융그룹은 정부주도의 데이터 경제 활성화 정책 등 데이터 활용에 대한 요구증가와 함께 고객의 개인정보 안전성에 대한 우려가 증가하고 있음을 중요하게 인식하고 있습니다. 이에 KB국민은행은 안전한 개인정보 이용 환경 구축을 통한 개인정보 유출 및 법률 위반 방지를 위해 서비스를 이용하는 모든 고객의 개인정보를 '개인정보처리방침'과 '개인정보 관리 기본원칙'을 통해 관리하고 있습니다.

정보보호 사고 대응 프로세스

KB금융그룹은 고객 개인정보 유출 시 피해 확산을 방지하고 신속하게 대응하기 위해 개인정보 유출 대응 매뉴얼을 마련하고 있습니다. 유출 사고 발생 시, 해당 부서 또는 영업점은 내부 보고 절차에 따라 정보보호부서 등에 사고발생 사실을 통지하고 있습니다. 정보보호부서는 사고대응팀을 운영하고 비상임원회의를 소집하여 사고에 대응하는 한편, 고객에게 관련 사실을 통지하고 이에 따른 민원에 충실히 대응하여 고객의 불편을 최소화합니다. 정보보호부서는 보상기준(안)을 마련하는 등 피해 구제를 위한 실질적인 절차와 재발방지를 위한 사후관리를 진행하고 있습니다. 또한 KB금융그룹은 불미스러운 유출 사고에 대비하여 개인정보보호 배상책임보험에 가입하고 있습니다.

개인정보 관리 기본원칙

첫째, 개인정보의 수집을 최소화하고 목적 외에 정보를 이용하거나 제3자에게 제공하지 않습니다.

둘째, 개인정보는 법에서 허용하는 경우를 제외하고는 고객의 동의일로부터 정해진 기간까지만 보유 이용하며, 이용기간 경과 시 즉시 삭제하고 있습니다.

셋째, 개인정보의 열람청구·동의철회 등 정보주체의 권리를 보장하겠습니다.

고객 개인정보보호 환경 구축

KB금융그룹은 안전한 개인정보보호를 위하여 DB(Data Base) 및 데이터 전송 구간 내 주민등록번호 등 고유식별정보를 암호화하여 저장·관리하고 있으며, 문서 DRM(Digital Rights Management) 솔루션을 통해 임직원 PC 내 모든 문서를 암호화하고, 개인정보가 포함된 문서의 외부 반출 및 출력 시 무단으로 유출되지 않도록 사전 결재 및 사후 모니터링을 통해 철저한 보안 통제를 실시하고 있습니다. 또한 KB금융그룹은 침입방지시스템 운영, 24/365 KB금융그룹 통합보안관제 센터 운영을 통하여 침해사고 및 위협에 사전 대응하고 있습니다. 이 외에도 KB금융그룹은 개인정보처리시스템의 접근권한을 업무목적 범위 내에서 최소한의 임직원에게만 부여하는 접근통제 시스템을 운영하고 있으며, AI·빅데이터 기술을 적용한 개인정보 오남용 모니터링 시스템을 통해 개인정보 오남용·유출 위험을 탐지하고 예방하고 있습니다.

KB금융그룹 정보보호 사고 대응 프로세스

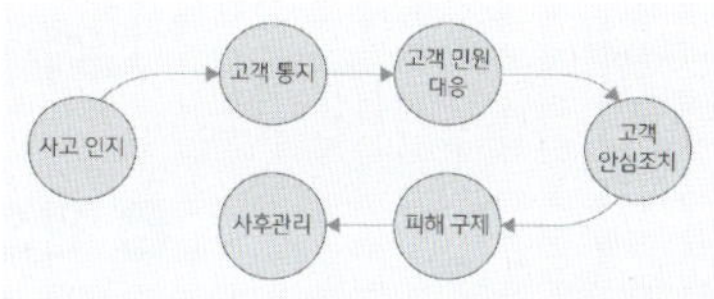

출처: KB금융그룹(2023)

사 례 SASB 지표(ESG 요소를 신용분석에 반영하는 방식) 공시: KB금융그룹

리스크 관리(RISK MANAGEMENT)

환경·사회 리스크 관리

환경·사회 리스크 관리 모범규준

KB금융그룹은 금융활동이 환경·사회에 미치는 리스크를 일관된 기준으로 관리하기 위해 2021년 환경·사회 리스크 관리 체계(ESRM, Environmental and Social Risk Management Framework)를 기반으로 '환경·사회 리스크 관리 모범규준'을 수립하였습니다. 환경·사회 리스크 관리 모범규준은 모범규준의 도입 배경, 목적 및 원칙, 정보 공개, 임직원 교육 및 역량 강화 등의 내용이 담긴 '모범규준'과 기후변화에 부정적인 영향을 미치는 사업 및 업종에 대한 선정 근거를 제시하는 '기후변화 관심 영역 정의서'로 구성되어 있습니다.

환경·사회 리스크 관리 체계(ESRM)

KB금융그룹은 '환경·사회 리스크 관리 체계(ESRM)'를 통해 금융활동으로 인한 기후변화 및 환경·사회 리스크를 철저히 관리하고 있습니다. ESRM은 산업별로 내재되어 있는 리스크에 따른 영역 관리, 대규모 프로젝트에 대한 환경·사회 리스크 리뷰, 기후변화 리스크 관리 체계 구축 방향성으로 구성되어 있습니다.

이를 기반으로 KB금융그룹은 환경 및 사회적 리스크가 높은 산업과 기업에 투자와 대출을 제한하고, 사회공익에 반하거나 탈법행위에 사용되는 자금 지원을 원천적으로 금지하는 등 그룹의 비즈니스 전반에서 환경·사회 측면의 위험 요인을 제한하며 모니터링하고 있습니다. 또한 KB금융그룹은 리스크 관리 영역을 '배제', '기후변화 관심', '녹색산업 지원'으로 구분하여 그룹의 비즈니스 활동이 환경과 사회에 미치는 영향을 체계적으로 관리하고 있습니다.

모범규준 및 기후변화 관심 영역 정의서

구분	모범규준	기후변화 관심 영역 정의서
정의	금융 서비스 제공 대상의 경제활동이 환경과 사회에 미치는 영향을 인식 및 평가하고 관리하는 활동을 포괄한 체계	온실가스 고배출 등으로 인해 기후변화에 부정적 영향을 끼칠 수 있는 사업 및 업종(관심영역)에 대한 선정 근거
주요 내용	• 모범규준의 목적 및 원칙 • 배제/관심/지원 영역 구분 및 관리방안 • 대규모 프로젝트에 대한 환경·사회 리스크 리뷰(적도원칙 기반) • 환경·사회 리스크 관리 체계(ESRM) • 정보공개 • 국제 협력 및 국제 모범기준 설정 기관 참여 • 임직원 교육 및 역량 강화 추진	• 환경 리스크(온실가스, 생물다양성 및 서식지, 유해화학물질) 및 사회 리스크(지역사회 인권, 근로자 인권)를 고려한 관심 영역 선정 • 관심영역별 정의 및 모니터링 항목

ESRM에 따른 리스크 관리 영역

리스크 관리 영역	내용
배제영역	**환경·사회적으로 부정적인 영향이 심대한 활동 또는 업종에 대한 금융지원 배제** • 해당 국가의 법률/규정에 따라 불법으로 간주되는 제품/활동의 생산 또는 거래 • 생산에 투입된 노동력이 (불법)아동 노동을 포함하는 경우 • 불법적인 도박/포르노 산업과 관련된 거래 • 적절히 보호되고 관리, 감시가 가능하다고 판단되지 않는 방사능 물질의 생산, 교역, 사용 거래 • 신규 석탄 채굴 사업 지원 또는 석탄 채굴 사업 확장에 관한 지원 • 신규 석탄 발전소 건설 또는 석탄 발전소 증축에 관한 지원
기후변화 관심영역	**온실가스 다배출 등 기후변화에 부정적 영향을 끼칠 수 있는 사업 또는 업종으로 탄소배출량 감축 및 관련 익스포저 관리가 중요한 영역** • 석탄 채굴업, 석탄화력발전업, 임업, 기타 고탄소 배출 산업
녹색산업 지원영역	**기후변화 대응 노력 및 친환경 신성장 업종 등에 대한 지원 가능성을 고려하여 금융지원을 우대하는 영역** • 환경부 주관 '한국형 녹색분류체계(K-Taxonomy) 및 적용 가이드'에서 지정하는 활동 등

출처: KB금융그룹(2023)

(4) SASB 공시의 실무적 고충과 발전 방향

기업의 SASB 공시 사례 분석을 통해 SASB 공시를 실무에 적용할 때 기업이 직면하는 어려움과 이를 극복하기 위한 향후 개선 방향을 다음과 같이 정리할 수 있다.

❶ 단위 적용의 비표준화

각 공시 주제의 성과를 측정하기 위해 SASB 회계 지표는 보고 단위를 함께 제시하고 있다. 그러나 SASB 기준이 요구하는 해당 회계 지표의 보고 단위를 기업별로 자율적으로 적용하는 경우가 다수 존재한다. 예를 들어 SASB 기준은 용수 취수량은 세제곱미터(m^3) 단위로 공시할 것을 요구하고 있으나, 이를 세제곱미터(m^3)가 아닌 톤(ton) 단위로 공시하는 경우가 있다. 또한 SASB 기준으로 톤(ton) 단위로 공시해야 하는 유해폐기물 발생량을 이산화탄소환산(CO_2e)톤으로 공시하는 기업도 존재한다.

SASB 기준은 기업 간 비교가능성을 중요시하므로 기업은 각 공시 주제를 가급적 SASB 기준에서 요구하는 단위로 환산하여 표준화된 공시를 해야 한다.

❷ 완전한 정보 공시 필요

일부 기업의 경우 SASB 기준에서 요구하는 정보 중 일부에 대해서만 공시하는 사례가 발견되었다. 현실적으로 해당 지표가 기업의 실정에 부합하지 않아서 생략하거나 기업 고유의 사유에 의해 미공시하는 경우가 있을 수 있다. 하지만 이와 같은 경우에도 정보 이해관계자에게 미공시 사유에 대해 설명할 필요가 있다. 불완전한 공시 또한 기업 간 비교가능성을 저해하는 주요 요인이 되기 때문이다.

❸ 미국법 준수의 어려움

SASB 기준의 전체 지표 중 약 20%는 미국의 법규와 관련된 지표로 구성되어 있었다. 이는 SASB 기준의 제정 자체가 미국의 기업정보 공시 관할기구로부터 시작되었기 때문이다. 따라서 미국 이외 지역의 국가에 주요 관할기구를 두고 있는 기업의 경우, 현실적으로 미국 법령 관련 지표를 공시하는 데에는 제약이 있을 수 있었다. 예를 들어 인터넷 미디어 및 서비스 산업의 경우, 일부 회계 지표는 미국 아동 온라인 개인정보보호법(Children's Online Privacy Protection Act, COPPA)의 규정을 포함하여 아동의 개인정보보호 정책 및 관행에 대해 서술하도록 요구하고 있었다. 이처럼 실무적 관점에서 SASB 기준이 요구하는 공시 지표가 국내 법규와 일치하지 않는 항목이 있을 수 있었다. 따라서 일부 지표에 미국 법규와 기준을 적용할 경우에는 이에 대응하는 국내 규정 및 제도 등을 차용하여 기술할 필요가 있었다. 왜냐하면 국가별로 적용해야 하는 법규가 상이한 경우가 많아 이를 보편적으로 적용하려면 서로 충돌하는 문제가 발생할 수 있었기 때문이다.

이러한 문제점을 잘 인지하고 있는 ISSB는 SASB 국제 적용가능성을 높인 일부 지표의 보완사항을 2023년 말 발표하였으며 앞으로도 기업들의 적용이 용이하도록 기준 개선 작업을 지속할 예정이다.

3) GRI 기준에 따른 공시 사례

(1) GRI 기준의 구성

GRI 기준 2021은 보편 기준(Universal Standards), 산업 기준(Sector Standards), 주제 기준(Topic Standards)의 세 가지 기준으로 구성되어 있다.

GRI 기준 2021의 구성

출처: GRI(2021)

❶ 보편 기준

GRI 보편 기준은 GRI 1, 2, 3으로 구성되며, GRI 기준에 따라 보고하는 모든 조직에 적용된다.

GRI 보편 기준

항목	내용
GRI 1: 기초	GRI 기준 소개 및 구조 등에 대한 개요 GRI 기준에 부합하는 보고를 위한 방식 설명
GRI 2: 일반 공시	모든 조직에 적용되는 일반적 거버넌스, 전략, 현황에 대한 공시 요건 세분화
GRI 3: 중요 주제	중요성 결정 프로세스를 4단계에 따라 구체적으로 설명 - 1단계: 조직의 맥락 이해 - 2단계: 실제 및 잠재적 영향 식별 - 3단계: 영향의 유의성 평가(중요성 평가) - 4단계: 보고를 위한 가장 유의한 영향의 우선순위화 - 중요 주제 결정 프로세스, 중요 주제 리스트, 중요 주제 관리 등을 공시

GRI 기준 사용을 위한 요구사항과 원칙을 설명하는 GRI 1은 GRI 전체를 포괄하는 일종의 기본서와 같은 개념의 문서이다. 30개의 지표로 구성되어 있는 GRI 2: 일반 공시 2021은 보고 조직의 성격과 거버넌스에 대한 정보 공개를 요구한다. GRI 3: 중요 주제 2021은 조직이 환경·사회에 미치는 다양한 영향 중 중요한 주제를 어떻게 선별하여 어떻게 보고할 것인지에 대해 알려준다.

❷ 산업 기준

GRI 산업 기준은 조직이 속한 산업에 대한 중요한 영향을 파악하고, 이해관계자가 지속가능성 보고서를 통해 기대하는 보고사항을 반영하여 보고할 수 있도록 설계되었다.

GRI 산업 기준

항목	내용	비고
GRI 10번 대	특정 산업 부문의 GRI 기준 적용 방법 설명 특정 산업 부문의 중요성 토픽 및 구체적인 공시 방법	11(석유 및 가스), 12(석탄), 13(농업, 양식업 및 어업), 14(광업) 등으로 총 40개 산업 부문으로 구성 예정

총 40개 산업으로 구성될 예정이며, 환경과 사회에 영향력이 큰 산업부터 개발하기 시작하여, 현재 GRI 11(석유 및 가스), GRI 12(석탄), GRI 13(농업, 양식업 및 어업), GRI 14(광업) 총 4개의 산업 기준이 공개되어 있다.

GRI 기준 2021 산업과 그룹

연번	산업	그룹
1	석유 및 가스	그룹 1. 기초 자원 및 필수 요소
2	석탄	
3	농업, 양식업 및 어업	
4	광업	
5	식품 및 음료	
6	섬유 및 의류	
7	은행	
8	보험	
9	자본시장	
10	유틸리티	
11	재생에너지	
12	임업	
13	금속 가공	
14	건축 자재	그룹 2. 산업용
15	항공우주 및 방위산업	
16	자동차	
17	건축	
18	화학	
19	기계 및 장비	
20	제약	
21	전자	

연번	산업	그룹
22	미디어 및 커뮤니케이션	그룹 3. 운송, 인프라, 관광
23	소프트웨어	
24	부동산	
25	교통 인프라	
26	선박운송	
27	트럭운송	
28	항공	
29	무역 유통 및 물류	
30	패키징	
31	호텔	
32	교육 서비스	그룹 4. 기타 서비스 및 경량 제조업
33	가정용 내구재	
34	관리형 의료서비스	
35	의료기기 및 서비스	
36	소매	
37	보안 서비스 및 교정시설	
38	요식업	
39	상업 서비스	
40	비영리 단체	

출처: GRI(2022)

❸ 주제 기준

GRI 주제 기준은 조직이 특정 주제와 관련한 영향에 대한 정보를 보고하기 위한 공개사항을 포함하고 있다. 2016년 공개된 GRI 기준과 일부를 제외하고는 동일한 주제 기준이 사용되고 있으며 크게 경제, 환경, 사회 주제로 구성되어 있다.[13] 경제 관련 기준에서는 경제성과, 구매 정책, 반부패, 세금 등 조직의 경제 영향 측면을 다룬다. 환경 관련 기준은 원재료 사용, 에너지, 용수, 생물다양성, 온실가스 배출, 폐기물 등 조직의 환경 영향 측면을 보고하도록 하고 있다. 사회 관련 기준은 고용, 노사관계, 안전보건, 다양성 등 조직의 인적자원 관리 측면의 영향을 보고하도록 구성되어 있다.

13) GRI 2016에서는 200번 대 기준은 '경제', 300번 대는 '환경', 400번 대는 '사회'로 구분하였으나, GRI 2021에서는 이와 같은 구분을 취하고 있지 않다.

GRI 주제 기준

항목	내용	비고
GRI 200번, 300번, 400번 대	주제별 기준으로 경제, 환경, 사회에 해당하는 항목들로 구성되어 있음	• 경제: 경제성과, 간접 경제 영향, 시장 영향력, 부패방지, 반경쟁행위, 세금 등에 대한 공시 방법 규정 • 환경: 중요성, 에너지, 수자원, 생물다양성[14], 오염물 배출, 폐기물, 공급망 환경평가 등에 대한 공시 방법 규정 • 사회: 고용, 노사관계, 교육 및 훈련, 다양성 및 평등기회, 차별 방지, 결사의 자유, 아동 노동, 강제노동, 보안, 원주민 인권, 지역사회, 공급망 사회평가, 공공정책, 고객 보건 및 안전, 마케팅, 고객 사생활 보호 등에 대한 규정

(2) GRI 기준의 보고 원칙

지속가능성 보고서는 정보 이용자에게 기업의 성과를 전달해야 하므로 기본적으로 지켜야 할 작성 원칙이 있다. 현재 가장 많이 사용되고 있는 지속가능성 보고서 작성기준인 GRI 기준은 보고 원칙을 공개하고 있으며, GRI 기준에 따라 지속가능성 보고서를 작성하는 기업은 다음의 8대 보고 원칙을 준용해야 한다.

GRI 기준 보고 원칙

정확성(Accuracy)	균형성(Balance)
명확성(Clarity)	비교가능성(Comparability)
완전성(Completeness)	지속가능성 맥락(Sustainability)
적시성(Timeliness)	검증 가능성(Verifiability)

출처: GRI(2021), 저자 재구성

❶ 정확성

정확성은 ESG 정보의 성격이 양적이냐 질적이냐에 따라 다르다. 양적 ESG 정보의 정확성은 데이터를 수집 및 분석하는 데 사용되는 구체적 방법에 따라 달라지는 반면, 질적 정보의 정확성은 상세 수준과 사용 가능한 증거와의 일관성에 따라 달라진다. 정확성 원칙을 준수하기 위해 기업은 다음의 내용을 고려해야 한다.

- 지속가능성 보고서에 포함된 질적 정보는 이용 가능한 증거 및 기타 보고 정보와 일관되어야 한다.
- ESG 데이터 산출 기준을 적절히 설명해야 한다.
- 지속가능성 보고서에 포함된 정보를 활용한 정보 이용자의 결론 또는 평가에 ESG 데이

14) 'GRI 304: 생물다양성 2016'의 개정안인 'GRI 101: 생물다양성 2024'가 2024년 1월 발표되었다.

터 측정의 오차 범위가 부적절하게 영향을 주지 않도록 보장한다.

- 어떤 ESG 데이터가 추정되었는지 표기하고, 추정에 사용된 기본 가정과 기술 및 추정의 한계를 설명한다.

❷ 균형성

보고서 발행기업은 편향되지 않은 방식으로 ESG 정보를 공개해야 하고 조직의 부정적 및 긍정적 활동, 영향, 결과를 공정하게 표현해야 한다. 균형성 원칙을 준수하기 위해 기업은 다음의 내용을 고려해야 한다.

- 양적 정보의 경우, 정보 이용자가 영향의 연간 부정적 및 긍정적 추세를 볼 수 있도록 연속된 정보를 제시해야 한다.
- 증명된 사실과 보고서 발행기업의 사실에 대한 해석을 구분하여 작성한다.
- 정보 사용자에게 중요한 정보일 경우, 부정적 영향에 관한 관련 정보를 생략하지 않는다.
- 긍정적인 뉴스나 영향을 지나치게 강조하지 않는다.
- ESG 정보 사용자의 결론이나 평가에 부적절하게 영향을 미칠 가능성이 있는 방식으로 정보를 제시하지 않는다.

❸ 명확성

보고서 발행기업은 ESG 정보를 정보 이용자가 이해하기 쉬운 방식으로 제시해야 한다. 명확성 원칙을 준수하기 위해 기업은 다음의 내용을 고려해야 한다.

- 조직과 조직의 활동에 대해 합리적 지식을 가진 정보 이용자가 이해할 수 있는 방식으로 정보를 제시한다.
- 목차, 공개 정보의 위치, 링크 등을 통해 정보 이용자가 과도한 노력 없이 원하는 정보를 찾을 수 있도록 제시해야 한다.
- 정보 이용자에게 익숙하지 않을 수 있는 약어, 기술 용어 또는 기타 전문용어를 피하고, 이러한 용어를 사용하는 경우에는 적절한 섹션 또는 용어집에 관련 설명을 포함해야 한다.
- 인포그래픽 및 데이터 표를 사용하여 정보를 접근 가능하고 이해하기 쉽게 만든다.

❹ 비교가능성

보고서 발행기업은 정보 이용자가 시간에 따른 조직의 변화와 성과에 대한 영향을 분석할 수 있도록 정보를 일관되게 선택, 편집 및 보고해야 한다. 비교가능한 방식으로 보고된 정보는 해당 조직뿐만 아니라 외부 정보 이용자가 조직의 ESG 성과를 과거 성과 및 설정된 목표와 비교하여 평가할 수 있도록 한다. 또한 외부 정보 이용자가 조직의 활동 평가, 투자 결정, 지원 프로그램의 일환으로 다른 기업의 성과와 비교 평가하고 벤치마킹하는 데 도움을 준다. 비교가능성 원칙을 준수하기 위해 기업은 다음의 내용을 고려해야 한다.

- 현재 보고기간과 최소한 두 개의 이전 기간에 대한 정보 및 설정된 목표와 성과를 공개한다.
- 공개되는 정보는 국제적으로 인정되는 단위(예: 킬로그램, 리터)와 표준환산계수 및 프로토콜을 사용한다.

- 데이터를 측정 및 계산하는 방법과 사용된 방법 및 가정을 설명하는 데 있어 일관성을 유지한다.
- 과거에 보고된 정보를 수정할 때는 현재의 정보 공시와 함께 과거 데이터의 재작성 내용을 제시해야 한다.

❺ 완전성

보고서 발행기업은 보고기간 동안 조직의 영향을 평가할 수 있도록 충분한 정보를 제공해야 한다. 완전성 원칙을 준수하기 위해 기업은 다음의 내용을 고려해야 한다.

- 보고기간 동안 발생한 활동, 사건 및 영향을 공개한다.
- 조직의 영향을 이해하는 데 필요한 정보를 생략하지 않는다.
- 조직의 특정한 이유로 ESG 정보를 생략 또는 누락하거나 정보가 불완전한 경우, 생략한 이유와 누락된 부분을 구체적으로 명시해야 한다.

❻ 지속가능성 맥락

보고서 발행기업은 지속가능한 발전이라는 넓은 맥락에서 ESG 활동의 영향에 대한 정보를 보고해야 한다. 지속가능한 발전은 '현재의 요구를 충족시키면서 미래 세대가 자신의 요구를 충족할 수 있는 능력을 저해하지 않는 발전'으로 정의된다. 조직이 ESG 정보 공개를 통해 지속가능한 발전에 기여하거나 기여하려는 방법에 대한 투명성을 제공하는 것은 지속가능성 보고의 중요한 목적 중 하나이다. 지속가능성 맥락 원칙을 준수하기 위해 평가하고 보고할 내용은 다음과 같다.

- 유엔 지속가능발전목표(UN Sustainable Development Goals, 이하 UN SDGs)와 관련한 기업의 활동을 공개한다(예: 파리협약에 제시된 목표와 관련하여 기업의 전체 온실가스 배출량 및 배출량 감소에 대한 보고 등).
- 전 세계적으로 인정받는 국제기구에서 제시한 사회적 기대와 책임에 대한 기준, 원칙 등에 대한 기업의 활동 및 영향을 보고한다(예: 경제협력개발기구(Organization for Economic Cooperation and Development, 이하 OECD) 다국적 기업 지침, 유엔 기업과 인권 이행지침(UN Guiding Principles on Business and Human Rights, UNGP) 등).
- 전 세계적으로 사업장을 보유한 기업은 사업활동이 이루어지는 지역에서의 ESG 활동 및 영향을 지역을 구분하여 보고할 수 있다(예: 총 물 사용량 및 사업장이 위치한 유역의 물 사용량을 별도로 보고).

❼ 적시성

보고서 발행기업은 정보 이용자들이 적시에 ESG 정보를 활용할 수 있도록 ESG 정보를 정기적으로 보고해야 한다. 이와 같은 적시성 원칙은 ESG 정보가 공개되는 주기와 함께 보고기간 후 얼마나 빨리 발표되는지에 관한 것이다. 적시성 원칙을 준수하기 위해 기업은 다음의 내용을 고려해야 한다.

- 보고 주기의 일관성을 유지해야 한다.
- 보고기간을 표기해야 한다.

❽ 검증가능성

보고서 발행기업은 공개되는 ESG 정보를 검토할 수 있도록 정보를 수집, 기록 및 분석해야 한다. 보고된 정보의 신뢰성을 확인하고 보고 원칙이 준용되었는지 확인하는 것이 중요하다. 검증가능성 원칙을 준수하기 위해 기업은 다음의 내용을 고려해야 한다.

- ESG 정보 관리를 위한 내부통제 체계를 구축한다.
- ESG 보고와 관련된 의사결정 프로세스를 문서화하여 주요 결정과 과정을 인증기관이 검토할 수 있도록 한다.
- 보고된 정보의 출처를 파악할 수 있도록 하고 가정 또는 계산을 뒷받침하는 신뢰할 수 있는 증거를 제공한다.

(3) GRI 기준을 활용한 공시의 구분

GRI를 활용한 보고는 'GRI 기준에 따른 보고(Reporting in accordance with the GRI Standards)'와 'GRI 기준을 참조한 보고(Reporting with reference to the GRI Standards)'로 구분할 수 있다.

❶ GRI 기준에 따른 보고

말 그대로 'GRI 기준에 따른 보고'라는 표현을 사용하기 위해서는 GRI에서 필수로 요구하는 지표에 대한 공개가 필요하다. GRI 2021은 'GRI 기준에 따라 보고했음'을 표기하기 위한 조건으로 9개 사항의 준수를 요구하고 있다.

GRI 기준 적용 요구사항

GRI 기준 적용 '~에 따라' 요구사항
1. 보고 원칙 적용
2. GRI 2: 일반 공시 2021에 따른 보고
3. 중요 주제 선정
4. GRI 3: 중요 주제 2021에 따른 보고
5. 개별 중요 주제의 GRI 주제 기준에 따른 보고
6. 준수할 수 없는 공개 및 요구사항에 대한 누락 이유 제시
7. GRI 콘텐츠 인덱스 공시
8. GRI 기준에 따른 보고서임을 제시
9. GRI 측에 공지

출처: GRI(2021), 저자 재구성

❷ GRI 기준을 참조한 보고

한편 GRI에서 요구하는 보고 방식을 따르지는 않지만, 조직의 지속가능성 정보 공개 시 GRI에서 요구하는 개별 지표를 참조할 수도 있다. 이 경우 'GRI 기준을 참조하여 보고'하였다고 표기할 수 있다. 이 표기를 위한 사용 요건은 사용한 GRI 콘텐츠 인덱스의 제시, GRI 기준을 참조한 보고서임을 명시, GRI 측에 사용에 대해 공지하는 것만으로 성립된다.

국내의 경우 GRI 기준을 참조 보고 형식을 사용하는 경우는 매우 드물며, 대부분 'GRI 기준에 따른 보고' 방식으로 발간하기 위해 노력하고 있다.

실질적으로 조직의 지속가능성 보고서가 GRI의 요구사항에 따라 공시되었는지 확인하려면 GRI 콘텐츠 인덱스를 확인하면 된다. GRI 2021에서는 GRI 콘텐츠 인덱스의 형태를 명확하게 제시하고 있으므로 보고 조직은 이를 준용하여 보고 조직의 GRI 콘텐츠 인덱스를 작성 및 공시하면 된다. 2023년에 보고된 국내의 일부 지속가능성 보고서에서 GRI 콘텐츠 인덱스의 사용 성명, GRI 1의 적용, 적용한 산업 기준, 보고 누락 항목에 대한 설명 등이 빠진 경우를 볼 수 있는데, 빠짐없이 정확히 보고할 수 있도록 각별히 유의해야 한다.

다음 그림은 GRI 콘텐츠 인덱스 적용 예시이다. 해당 예시는 'GRI 기준에 따른 보고' 방식을 취했으며, GRI에서 제시하는 콘텐츠 인덱스 표와 동일하게 최상단에 사용 성명, GRI 1의 적용, 적용한 산업 기준을 제시하였다. 산업 기준이 발표된 석유 및 가스 산업에 해당하는 기업을 가정하였으나 산업 기준이 미발표된 산업에 속하는 기업은 '해당 사항 없음'으로 표기하면 된다.

예 시 GRI 콘텐츠 인덱스(GRI 기준에 따른 보고)

사용성명	[기관명]은 [◦◦◦◦년 ◦◦월 ◦◦일부터 ◦◦◦◦년 ◦◦월 ◦◦일]에 대해 GRI Standards에 따라 보고하였습니다.
GRI 1의 적용	GRI 1: 기초 2021
적용한 GRI 산업 기준	GRI 11: 석유 및 가스

General disclosures

GRI	Disclosure	Reporting Page	Sector REF#	Explanation	Omission
GRI 2: 일반 보고 2021	2-1 조직 세부 정보	4~5			
	2-2 지속가능경영보고서에 포함된 기업 목록	173			
	2-3 보고기간, 주기 및 문의처	173			
	2-4 정보의 재작성	-		변경된 데이터는 관련 데이터 하단에 주석사항을 기재하였습니다.	
	2-5 외부 검증	169			
	2-6 활동, 조직의 가치사슬 및 기타 사업관계	5			
	2-7 임직원	133			
	2-8 임직원이 아닌 근로자	-		고용형태 공시제 포털을 통해 소속외 근로자에 대한 정보를 공시하고 있습니다.	
	2-9 거버넌스 구조 및 구성	62			
	2-10 최고 거버넌스 기구의 추천 및 선정	64~65			
	2-11 최고 거버넌스 기구의 의장	62~63			
	2-12 영향 관리를 위한 최고 거버넌스 기구의 역할	65~66			
	2-13 영향 관리에 대한 책임 위임	65~66			
	2-14 지속 가능 경영 보고에 대한 최고 거버넌스 기구의 역할	66			
	2-15 이해관계 상충	64			
	2-16 중요 사안에 대한 커뮤니케이션	67,123~124			
	2-17 최고 거버넌스 기구의 종합적인 지식	62~63			
	2-18 최고 거버넌스 기구의 성과평가	69~70			
	2-19 보수 정책	69~70			
	2-20 보수 결정 절차	69~70			
	2-21 연간 총 보상 비율	135			
	2-22 지속가능한 성장 전략에 대한 성명서	3			
	2-23 정책 공약	56~57, 90~92			
	2-24 정책 공약 내재화	56~57, 90~92			
	2-25 부정적 영향 완화 절차	123~124			
	2-26 제기된 우려사항 및 조언에 대한 메커니즘	102, 107, 120			
	2-27 법·규제 준수	130, 사업보고서 579			
	2-28 가입 협회(이니셔티브)	168			
	2-29 이해관계자 참여 접근방식	153			
	2-30 단체 교섭 협약	99			

Material Topic & Topic Standards

GRI	Disclosure	Reporting Page	Sector REF#	Explanation	Omission
GRI 3: Material Topics 2021	3-1 중대 이슈 결정의 절차	148			
	3-2 중대 이슈 목록	149			
중대이슈 1	**기후변화 대응**				
GRI 3: Material Topics 2021	3-3 중대 이슈 관리	19, 22, 77	11.1.1 / 11.3.1		
GRI 302: 에너지	302-1 조직 내 에너지 소비량	126	11.1.2		
	302-2 조직 외부의 에너지 소비	-	11.1.3		
	302-3 에너지 강도	126	11.1.4		
GRI 305: 온실가스	305-1 직접 온실가스 배출량 (Scope 1)	127	11.1.5		
	305-2 간접 온실가스 배출량 (Scope 2)	127	11.1.6		
	305-3 기타 간접 온실가스 배출량 (Scope 3)	127	11.1.7		
	305-4 온실가스 배출 집약도	127	11.1.8		
	305-7 질소산화물(NOx), 황산화물(SOx) 및 기타 중요한 공기 배출	128	11.3.2		
중대이슈 2	**저탄소 경제구조 전환에 따른 사업 및 투자 확대**				
GRI 3: Material Topics 2021	3-3 중대 이슈 관리	82~88	11.2.1		
GRI 201: 경제 성과	201-2 기후변화가 조직의 활동에 미치는 재무적 영향 및 기타 위험과 기회	82~88	11.2.2		
GRI 305: 온실가스	305-5 온실가스 배출 감축	19~24	11.2.3		
중대이슈 3	**폐기물 감축 및 순환경제 실현**				
GRI 3: Material Topics 2021	3-3 중대 이슈 관리	29~30, 74, 78	11.5.1 / 11.8.1		
GRI 306: Effluents and Waste	306-1 폐기물 발생 및 폐기물 관련 중대한 영향	29~30, 74, 78	11.5.2		
	306-2 폐기물 처리 및 영향 관리 프로세스	29~30, 74, 78	11.5.3		
	306-3 폐기물 정보(폐기물 총량, 구성, 데이터 정보)	128	11.5.4		
	306-4 미처분 폐기물(재활용 처리된 폐기물 총량)	128	11.5.5		
	306-5 처리 방식에 따른 폐기물 총량	128	11.5.6		
GRI 306: Effluents and Waste (2016)	306-3 중대한 유출 사고	79	11.8.2		
중대이슈 4	**윤리경영/공정거래**				
GRI 3: Material Topics 2021	3-3 중대 이슈 관리	122,38~39	11.19.1 / 11.20.1		

출처: SK이노베이션(2023), 저자 재구성

GRI 참조에 따른 보고 또한 GRI 인덱스를 작성하여 보고서가 GRI의 어떤 기준을 참조하여 작성되었는지를 밝혀야 한다.

4) TCFD 권고안에 따른 공시 사례

(1) TCFD 권고안의 중요성

ESG 정보 공시에 고려되는 ESG의 주제는 매우 다양하다. 그중 어떤 주제가 가장 중요할 것인지는 보고 조직에 따라 다르지만, 현재 다수의 이해관계자들이 가장 큰 관심을 갖는 주제가 기후변화임은 분명할 것이다. TCFD 권고안은 기후변화가 기업이나 기관에 미치는 재무적 영향을 평가하고, 그 내용을 공개하기 위한 공시 방법을 제시한다. TCFD는 기후변화에 대해 정보 공개 방식을 표준화하여 기후변화 대응에 대한 기업 간 비교가능성을 높였다. TCFD가 제시하는 네 가지 주제영역(거버넌스, 전략, 위험관리, 지표 및 목표)에 대한 정보 공개 방식이 이후 유럽연합 CSRD와 IFRS 지속가능성 공시기준과 미국 SEC 기후 관련 공시 규칙에도 사실상 동일한 방식으로 적용되어 있을 만큼 전 세계적으로 다양한 이해관계자들로부터 지지를 받고 있다.

(2) TCFD 권고안의 구조

TCFD는 네 가지 주제영역을 바탕으로 기후 관련 정보를 공개하도록 요구하고 있다.

❶ 거버넌스

기업의 기후 관련 의사결정 구조와 프로세스에 대한 정보를 제공한다. 기후변화에 대한 경영진의 인식과 관여 정도, 기업 내부에서 기후 관련 업무를 관리하는 방법, 기업의 기후 관련 책임과 역할 분담, 그리고 기업의 기후 관련 지표를 설정하고 감시하는 방법 등이 포함된다.

❷ 전략

기업이 기후변화로 인한 잠재적인 재무 위험과 기회를 어떻게 식별하고 관리하는지에 대한 정보를 제공한다. 이러한 위험과 기회의 관리로 기업의 기후 관련 목표와 전략, 투자 및 자본 배분 결정, 에너지 사용과 배출 관리, 공급망의 기후 영향 평가 등을 다룰 수 있다.

❸ 위험관리

기후변화와 관련한 위험을 파악하고 평가 및 관리하기 위해 기업이 사용하는 프로세스를 설명한다.

❹ 지표 및 목표

기업이 기후 관련 성과를 어떻게 측정하고 보고할 것인지, 관리하고 있는 목표수준은 어떠한지에 대한 정보를 포함한다. 기업은 기후 관련 지표와 성과를 제시하고, 이러한 정보가 기업의 기후 관련 목표와 전략에 어떻게 부합하는지 설명해야 한다. 또한 장기적인 기후 관련 목표와 중간 목표에 대한 정보를 제공해야 한다.

네 가지 주제영역의 하위 수준으로 거버넌스 2개, 전략 3개, 위험관리 3개, 지표 및 목표 3개의 공시 내용이 있으며, 각 하위 공시 내용에 대한 상세한 보고 가이드라인은 TCFD의 공식 문서로 제시되고 있다. 2021년 10월 발표된 'Implementing the Recommendations of the Task Force on Climate-related Financial Disclosures'의 경우 한국공인회계사회에서 번역한 한글 버전을 제공하고 있으므로, 실무적으로 이 문서를 참고할 수 있다.

TCFD 권고안 및 이를 뒷받침하는 권장 공시 내용

거버넌스	전략	위험관리	지표 및 목표
기후변화 관련 위험 및 기회를 관리하는 조직의 거버넌스 공시	기후변화 관련 위험과 기회가 조직의 사업, 전략 및 재무 계획에 미치는 실제 및 잠재적 영향 정보가 중요한 경우 해당 영향을 공시	조직이 기후변화 관련 위험을 식별, 평가 및 관리하는 방법을 공시	기후변화 관련 위험 및 기회의 평가와 관리에 사용하는 지표 및 목표 정보가 중요한 경우 해당 정보를 공시
권장 공시 내용	**권장 공시 내용**	**권장 공시 내용**	**권장 공시 내용**
1 이사회가 수행하는 기후변화 관련 위험 및 기회의 감독에 대해 설명	1 조직이 단기, 중기, 장기 기간에 대해 파악한 기후변화 관련 위험 및 기회에 대해 설명	1 조직의 기후변화 관련 위험의 식별 및 평가 프로세스를 설명	1 조직의 전략 및 위험 관리 프로세스에 따라 기후변화 관련 위험 및 기회를 평가하기 위해 조직이 사용하는 지표 공시
2 기후변화 관련 위험 및 기회의 평가와 관리에서 경영진이 담당하는 역할에 대해 설명	2 기후변화 관련 위험 및 기회가 조직의 사업, 전략, 재무계획에 미치는 영향에 대해 설명	2 조직의 기후변화 관련 위험관리 프로세스를 설명	2 스코프 1 및 스코프 2, 그리고 적절한 경우, 스코프 3 온실가스 배출량 및 관련 위험 공시
	3 2°C 이하 시나리오를 포함해 다양한 기후변화 관련 시나리오를 감안할 때, 조직 전략이 가지는 회복력에 대해 설명	3 조직의 전반적인 위험관리에 기후변화 관련 위험을 식별, 평가, 관리하는 프로세스가 어떻게 반영되어 있는지 설명	3 조직이 기후변화 관련 위험 및 기회를 관리하기 위해 사용하는 목표, 그리고 목표 대비 성과를 설명

출처: TCFD(2017a), 한국공인회계사회(2023a)

(3) TCFD 권고안의 공시 방식

다수의 이해관계자들이 기후변화 관련 주제를 TCFD 권고안에 부합되게 보고할 것을 요구하고 있으며, ESG 평가기관에서도 TCFD 권고안에 따라 성실히 보고했는지 여부를 중요한 평가 기준으로 제시하고 있다. 이에 따라 ESG 정보 공시의 주요 보고 자료인 지속가능성 보고서에 TCFD를 기후변화 보고 방식으로 사용함은 물론이고, 지속가능성 보고서의 주요 인덱스로 TCFD 인덱스가 삽입되고 있다. 또한 기후변화 대응 상황과 탄소중립, 넷제로 전략 등을 종합적으로 보고하기 위해 TCFD 권고안을 적용한 기후변화 보고서 또는 TCFD 보고서를 별도 보고서로 발간하는 기업도 증가하고 있다.

❶ 지속가능성 보고서를 통한 TCFD 공시

ESG 보고의 주요 항목으로 기후변화에 대한 내용을 보고하는 경우, 기후변화 주제의 소목차를 TCFD 권고안의 4대 카테고리로 나누어 보고할 수 있다. 이는 지속가능성 보고서의 한 목차로 TCFD 보고가 포함되는 형태이며, 일종의 스페셜 섹션으로 포함하기도 한다. 보고서 첨부(Appendix)에는 TCFD 인덱스가 삽입되어 TCFD 권고안에서 요구하는 공시 항목이 지속가능성 보고서 몇 페이지에 수록되어 있는지 확인할 수 있다. 또한 TCFD 인덱스에 보고 내용을 압축하여 서술하고, 각 항목별로 탄소정보 공개 프로젝트(Carbon Disclosure Project, 이하 CDP) 기후변화 질문 항목과 연계함으로써 관련 정보를 한눈에 파악하도록 표로 구성할 수도 있다.

사 례 TCFD 인덱스와 관련 내용의 CDP 답변 연계: 삼성전자

TCFD(기후변화 관련 재무정보공개 협의체) 대조표

TCFD 권고안		상세 답변	참고 페이지
거버넌스	a) 기후변화와 관련된 위험과 기회에 대한 이사회의 관리, 감독에 대한 내용	삼성전자는 기후변화 등 환경과 관련된 사항을 사업운영과 재무적 성과에 직결되는 중요한 분야로 생각하며, 최고 의사결정기구인 이사회에서 이를 관장하고 있습니다. 이사회는 환경경영과 관련된 회사의 전략과 목표를 수립하고, 주요 활동을 감독하며, 특히 사외이사들로 구성된 지속가능경영위원회에서 정기적으로 활동을 검토합니다. 2022년 9월에는 중장기 기후대응 및 자원순환 목표를 아우르는 전사 환경경영전략을 지속가능경영위원회에서 가결하였습니다.	P.20, P.96, P.124 CDP : C1
	b) 기후변화와 관련된 위험과 기회를 평가, 관리하는 경영진의 역할	기후변화 대응 전략 수립과 이행 과제 발굴, 투자 집행 등의 주요 사안에 대한 책임과 권한은 CEO에게 있습니다. 또한 실질적인 책임 이행을 위해 경영진의 KPI 항목 중 일부로 기후변화 관련 지표를 반영하였습니다. CEO는 주요 분야별 최고 책임자들과 함께 전사 지속가능경영협의회와 환경 분야 임원들로 구성된 전사 협의체를 운영하여 환경경영 계획을 수립하고 이행 성과를 검토합니다. 또한, 환경경영 TF는 기후변화 대응을 포함해 환경경영 실행과제를 수립하고 진행사항을 점검합니다. 사업 부문별 환경안전 회의에서는 기후변화를 포함한 사업장의 환경경영 이슈를 모니터링하고 주요 사안을 협의합니다. 에코협의회는 친환경 제품을 개발하기 위한 전략 수립 및 성과를 협의합니다.	P.20, P.96, P.124 CDP : C1
추진 전략	a) 단기·중기·장기 측면에서 기후변화 관련 위험과 기회 설명	기후변화로 인한 리스크와 기회는 제품과 서비스는 물론 제조공정, 공급망, 연구개발, 기타 영업 활동까지 영향을 주고 있습니다. 삼성전자는 환경안전, 기후변화 및 에너지, 컴플라이언스 등 각 분야의 리스크 관리 프로세스와 매뉴얼에 따라 글로벌 사업장에서 발생하는 리스크를 상시 모니터링합니다. 삼성전자는 기후변화로 인한 위험과 기회 요인의 재무적 영향력을 파악하기 위해 리스크 요인을 전환리스크와 물리적 리스크로 구분하고 이로 인한 위험과 기회요인을 분석하고 있습니다. 단기적으로는 탄소배출권 가격 상승과 기상이변, 고효율 기술 도입을 잠재적인 리스크로 보고 있으며, 탄소배출권 확보와 에너지 비용절감을 기회요인으로 인식하고 있습니다. 중기적으로는 소비패턴 변화와 재생에너지 사용 확대를 기회요인으로 예상하며, 기온상승과 같은 물리적 영향을 장기적인 리스크 요인으로 예상합니다. 특히, 장기 리스크는 파리협정에 따른 국가별 감축계획, 기후변화에 관한 정부 간 협의체(IPCC; International Panel on Climate Change) 평가보고서의 대표농도 경로(RCP; Representative Concentration Pathways) 시나리오 및 국제 에너지기구(IEA; International Energy Agency)의 에너지기술 전망 등을 고려하여 대응방안을 수립합니다.	P.22-23, P.124 CDP : C2

	기후변화 리스크·기회 요인		기후변화 리스크의 재무적 영향	기후변화 기회의 재무적 영향
전환 리스크·기회	① 온실가스 배출권 거래제도	단기 →	· 코로나 이후 경기침체로 배출권 가격 하락 중 (장중 11,550원까지 하락**) * 사업보고서 참고, **2023년 4월 27일 기준	· 온실가스 감축 활동으로 배출권 구매 최소화 · 외부 탄소배출권 확보로 탄소가격 민감도 완화
	② 고효율 기술 도입	단기 →	· 고효율 설비, 온실가스 감축 설비, 수자원 재활용 설비 등 투자 증가 · 신규 탄소감축 기술확보를 위한 R&D 투자 확대	· 사업장 온실가스 배출 저감 및 에너지 비용 절감 · 에너지 관리 시스템 등 사업기회 창출
	③ 소비자 행동 변화	중기 →	· 고효율·친환경 제품 인증 비용 증가 · 에너지 등급이 낮은 제품의 매출 감소 · 고효율·친환경 제품 R&D 투자 증가	· 고효율·친환경 제품 출시로 매출 증대 · 소비자 인지도 상승
	④ 재생에너지 사용 확대	중기 →	· 단기 전력비용 상승에 따른 생산비용 증가 · 고객의 재생에너지 사용 요구	· 재생에너지 공급계약 등 체결을 통한 전력비용 절감
물리적 리스크·기회	⑤ 태풍·홍수 등 자연재해	단기 →	· 자연재해 예방 환경·안전·방재 설비투자 증가 · 재해 발생시 복구 및 사업기회 손실 비용 증가	· 자연재해 대응을 위한 시설투자로 보험료 인하 · 국가 재난망, 안전 통신망 등 신규 비즈니스 기회 창출
	⑥ 기온 상승, 황사	장기 →	· 냉방, 난방 설비 등 사업장 운영 비용 증가 · 대기오염 방지설비 투자 증가	· 에어컨, 냉장고, 세탁기 등 사업확대 및 매출 증대

삼성전자 지속가능경영보고서 2023 Our Company Approach to Sustainability Planet People Principle Facts & Figures Appendix 124

TCFD(기후변화 관련 재무정보공개 협의체) 대조표

TCFD 권고안		상세 답변	참고 페이지
추진 전략	b) 기후변화 관련 위험과 기회가 기업의 사업, 전략 및 재무계획에 미치는 영향	기후변화는 세계 각지에서 발생하고 있으며 각국의 규제 역시 지속적으로 강화되고 있습니다. 자연재해로 인한 피해 복구 비용과 사업기회 손실 비용 발생이 예상되며, 기후변화 악화로 인해 이와 같은 비용이 증가할 것으로 예상됩니다. 삼성전자는 이런 자연재해로 인한 사업영향을 미연에 방지하기 위해, 환경, 안전, 방재 설비에 대한 투자를 지속하고 있으며, 이로 인해 보험료 인하가 예상됩니다. 글로벌 각 국가는 기후변화 대응을 위한 관련 규제를 강화하는 추세입니다. 삼성전자는 한국 온실가스 배출권거래제 규제 대상기업으로 규제 강화로 인해 온실가스 배출권 규제 대응 비용 및 재생에너지 구매 비용이 증가할 것으로 예상됩니다. 또한, 글로벌 기후관련 규제 위반 및 기후변화 대응 미이행에 따른 소비자 인지도가 하락할 경우, 매출에 직접적인 영향이 있을 것으로 예상됩니다.	P.124 CDP : C3.3, C3.4
	c) 기후변화 시나리오가 사업, 전략 및 재무 계획에 미치는 영향	기후변화 리스크는 파급 경로가 매우 복잡하며 광범위하게 영향을 미칠 것으로 예상됩니다. 삼성전자는 기후변화 시나리오에 따른 사회·경제적 변화로 인해 비즈니스에 미치는 영향력을 파악하기 위해 노력하고 있습니다. 시나리오는 정부, 고객, 투자자 등 글로벌 이해관계자가 적극적으로 기후변화에 대응하는 시나리오와 현재 수준을 유지하는 시나리오로 구분합니다. 적극적인 기후변화 대응 시나리오의 경우, 장기적으로 에너지 등급이 낮은 제품의 매출 감소가 예상되며, 고효율 에어컨, 공기청정기, 건조기 등의 친환경 제품의 매출 비중이 증가할 것으로 예상됩니다. 삼성전자는 이와 같은 시나리오에 대비하기 위해 초저전력 반도체 개발 및 제품 에너지 효율 개선을 위한 투자를 지속할 계획입니다. 또한 사업장 온실가스 배출 감축을 위한 투자와 재생에너지 전환을 적극적으로 이행하고 제품 에너지 효율 개선을 위한 투자도 지속할 계획입니다.	P.124 CDP : C3.2a, C3.2b
리스크 관리	a) 기후변화 관련 리스크를 식별하고 평가하기 위한 절차	삼성전자는 ISO 14001·50001 등 환경경영시스템을 기반으로 EHS, 마케팅, 영업, 컴플라이언스 등 유관 부서가 사업 운영, 제품 기획, 외부 동향 등 기후변화로 인한 리스크를 상시 평가하고 있습니다. 세부적으로 각 사업장들은 EHS시스템에 전력, 연료, 공정가스 등의 온실가스 데이터를 입력하며, 매월 사업장별 해당 트렌드 검토 및 증감 요인 분석을 진행합니다. 담당부서는 분석결과를 바탕으로 국내외 온실가스 배출량을 통합 관리하고, 매년 제3자 외부검증을 통해 배출량의 신뢰도와 정합성을 검토합니다.	P.20 CDP : C2.1b, C2.2
	b) 기후변화 관련 위험을 관리하기 위한 절차	기후변화 관련 위험을 관리하기 위해 전사 EHS 담당 부서는 에너지 사용, 온실가스 배출, 재생에너지 사용 및 기후영향 등을 모니터링합니다. 환경안전 회의 등 정기 회의체에서 글로벌 사업장에서 발생한 또는 발생이 예상되는 기후변화 이슈에 대해 논의하고, 관리 방안을 결정하여 실행합니다. 지속가능경영협의회에서 전사 측면의 기후변화 리스크와 기회에 대한 논의를 하고, 관련 의사결정을 합니다. 또한, 에코협의회에서는 기후변화로 인한 비즈니스 기회 관련 논의 후, 각 사업부 및 유관 부서로 이관하여 실행하고 있습니다.	P18, P.20 CDP : 2.2, 2.2a
	c) 기후변화 관련 위험을 식별, 평가, 관리하는 절차가 조직의 위험관리 절차에 통합되는 방법 .	전력사용량이 많은 반도체 업종에 있어서 온실가스 배출권 가격 및 재생에너지 가격은 사업의 경쟁력과 직결되는 요소입니다. 또한 기후변화 관련 국가별 규제는 사업활동과 평판에 영향을 미치는 요소로 전사 리스크 관리 체계에 포함하여 관리하고 있습니다.	P.20, P.124 CDP : 2.2
지표 및 감축 목표	a) 기후변화 관련 위험과 기회를 평가, 관리하기 위해 사용하는 지표	삼성전자는 기후변화로 인한 위험과 기회를 평가하고 관리하기 위해 사업장 운영 측면에서는 온실가스 배출량, 에너지 사용량, 재생에너지 사용량, 온실가스 원단위 배출량, 용수 사용량 등의 지표를 관리하고 있습니다. 또한 제품 측면에서는 재생원료 사용 비율, 폐전자제품 회수량, 제품 평균 소비 전력량 등의 지표를 선정해 관리하고 있습니다.	P.18, P.20-24 CDP : C6, C7, C8
	b) 직접(Scope 1), 간접(Scope2), 그리고 기타(Scope 3) 온실가스 배출량 및 관련 위험	삼성전자는 온실가스 배출량을 Scope 1, 2, 3 로 구분하여 산출하고 지속가능경영보고서, CDP 등을 통해 공개하고 있습니다.	P.108, P.112 CDP : C6, C7, C8
	c)기후변화 관련 위험과 기회 관리를 위한 기업의 목표와 목표 대비 성과	삼성전자는 기후변화 관련 위험과 기회 관리를 위한 기업의 목표와 목표 대비 성과를 지속가능경영보고서, CDP 등을 통해 공개하고 있습니다.	P.20 CDP : C4

삼성전자 지속가능경영보고서 2023 Our Company Approach to Sustainability Planet People Principle Facts & Figures Appendix 125

출처: 삼성전자(2023)

TCFD는 탄소배출 저감 노력 수준에 따른 온실가스 배출량과 이에 따른 지구 온도변화 시나리오를 2개 이상 적용하고 이에 따른 기업의 위험과 기회 요인을 검토, 재무영향을 산정하는 '시나리오 분석'을 적용할 것을 권고한다. 아래 사례에서 기업은 파리협약 준수 수준, 현재의 비즈니스 운영 수준, 탄소 배출 저감 노력을 전혀 기울이지 않는 수준의 3개 시나리오를 적용한 것을 확인할 수 있다. 또한 시나리오 별 2050년과 2100년 온도변화와 2050년 온실가스 배출량 결과를 공시하였다.

사 례 **시나리오 분석 결과 공시: 프레스닐로**

FRESNILLO

명칭	파리협약 부합(2℃)	기존정책 유지	최악의 경우
IPCC 시나리오	• RCP 2.6 • SSP 1(지속가능 발전)	• RCP 4.5 • SSP 2(중도 수준의 발전)	• RCP 8.5 • SSP 5(화석 연료 발전)
온실가스 배출량주1)	• 2050년: 25,000MT CO_2e	• 2050년: 56,000MT CO_2e	• 2050년: 103,000MT CO_2e
온도변화주2)	• 2050년: 1.6+/-0.3℃ • 2100년: 1.6+/-0.4℃	• 2050년: 2.0+/-0.3℃ • 2100년: 2.4+/-0.5℃	• 2050년: 2.6+/-0.4℃ • 2100년: 4.3+/-0.7℃

주1: 2050년 온실가스 배출량
주2: 시나리오별 2050년과 2100년의 온도변화

출처: 프레스닐로(2022), 심재경(2023)

시나리오 분석을 통한 기후변화에 대한 기업의 위험과 기회 요인을 이해하기 위해서는 해당 시나리오가 질적, 양적으로 어떠한 상황을 가정하고 있는지 이해해야 한다. 아래의 BHP 사례는 4개의 기후변화 시나리오에 대해 적용된 가정과 근거 데이터가 무엇인지 명확하게 설명하고 있다.

사 례 **시나리오별 가정 및 근거 공시: BHP**

BHP

시나리오별 가정 및 결과값

가정 및 결과값	중앙에너지 관점	저탄소 관점	기후위기 시나리오	1.5℃ 시나리오
	기존정책 유지	탈탄소화 가속화	경제성장 후 탈탄소화	파리협약 부합 탄소배출급감
인구 수(2050년)	98억	98억	98억	SSP2 기반
TPED 성장(2050년)[주1)]	1%	0.5%	1.7%/-1.7%	-0.2%
GDP 에너지 집약도	-50%	-60%	-50%	-97%
에너지 배출 증가율	0.3%	-0.6%	12%/-4.1%	-3.8%
탄소가격(2030년)	10~40 달러/CO_2e톤	25~110 달러/CO_2e톤	- 기후위기 전: 10 달러/CO_2e톤 미만, - 기후위기 후: 160 달러/CO_2e톤 (2050년 내)	160 달러/CO_2e톤(2030년), 280 달러/CO_2e톤(2050년)
1차 에너지 수요 내 화석연료 비중	-70%	-60%	76%/56%	-50%

포트폴리오 분석

지난 30년 대비 향후 30년간 누적수요(시나리오별)

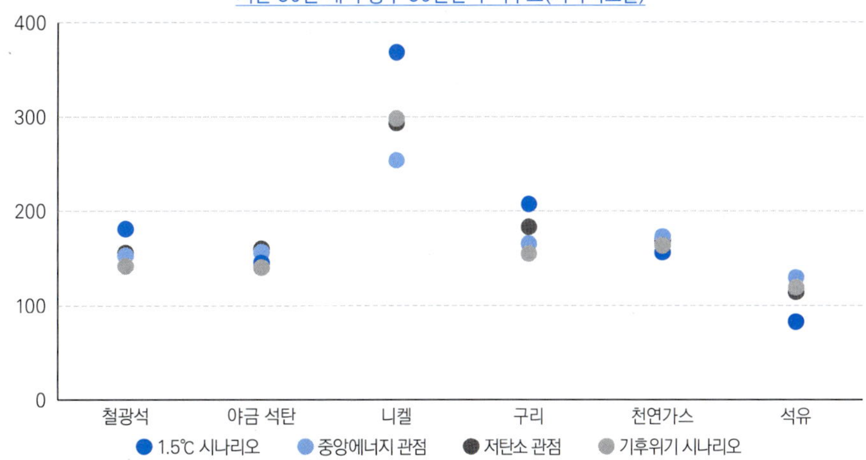

- 질적 시나리오 설명에서 제시한 가정과 결과값을 모델의 투입요소로 사용
- 향후 30년간 판매 제품별 누적 수요를 시나리오별로 정량화하여 제시

주1: TPED(Total Primary Energy Demand)는 총 1차 에너지 수요를 의미하며, 성장률은 연평균성장률(CAGR)을 사용하였다.

출처: BHP(2020), 심재경(2023)

❷ TCFD 별도 보고서 발간

기후변화 주제의 중요성을 반영하여 TCFD 권고안에 대한 별도 보고서를 발간하는 기업이 증가하고 있다. 이 경우, TCFD 권고안에 대한 보고뿐만 아니라 기업의 탄소중립이나 넷제로 전략까지 보다 상세히 보고하여 기후변화에 대한 기업의 입장과 주요 계획까지 확인할 수 있도록 하고 있다. 국내 기업은 2022년도를 기점으로 TCFD 별도 보고서를 발간하는 기업이 대폭 증가하였으며, 보통 매년 혹은 격년으로 발간하는 추세이다.

(4) TCFD 권고안 및 부속 발간물

TCFD는 권고안에 따른 보고를 안내하기 위해 홈페이지에서 관련 문서를 제공하고 있다. 주요 문서는 다음과 같다.

1) 주요 입문 자료

① Overview of the TCFD(2022): TCFD의 목적, 활동 개요를 제공

② Recommendations of the TCFD(2017a): TCFD 권고안에 따른 보고를 위한 TCFD 권고안 개요를 설명, 한글 버전 제공

③ Implementing the Recommendations of the TCFD(2021b): TCFD 권고안 이행에 대한 일반적 지침과 부문별 지침 제공, 한국공인회계사회 한글 버전 제공

④ Guidance on Metrics, Target, and Transition Plans(2021a): 지표, 목표, 전환 계획과 관련하여 저탄소 경제로의 전환을 위한 조직의 계획을 설명하기 위한 가이드, 산업 간 주요 기후 지표 설명 제공

2) 추가 지원 지침

① Guidance on Scenario Analysis for Non-Financial Companies(2020b): 태스크포스의 권고 사항을 구현하기 위한 노력의 일환으로 기후 관련 시나리오를 사용하는 데 관심이 있는 비금융 기업을 지원하기 위한 지침, 한국공인회계사회 한글 버전 제공

② Guidance on Risk Management Integration and Disclosure(2020a): 기후 관련 위험을 기존 위험관리 프로세스에 통합하고 태스크포스의 권장 사항에 따라 위험관리 프로세스에 대한 정보를 공개하는 데 관심이 있는 기업을 위한 지침

③ The Use of Scenario Analysis in Disclosure of Climate-Related Risks and Opportunities(2017b): 기업이 탄력성을 계획하는 데 도움이 되는 기본 TCFD 권장 사항인 기후 관련 시나리오 분석 수행에 대한 지침

TCFD 권고안 및 부속 발간물

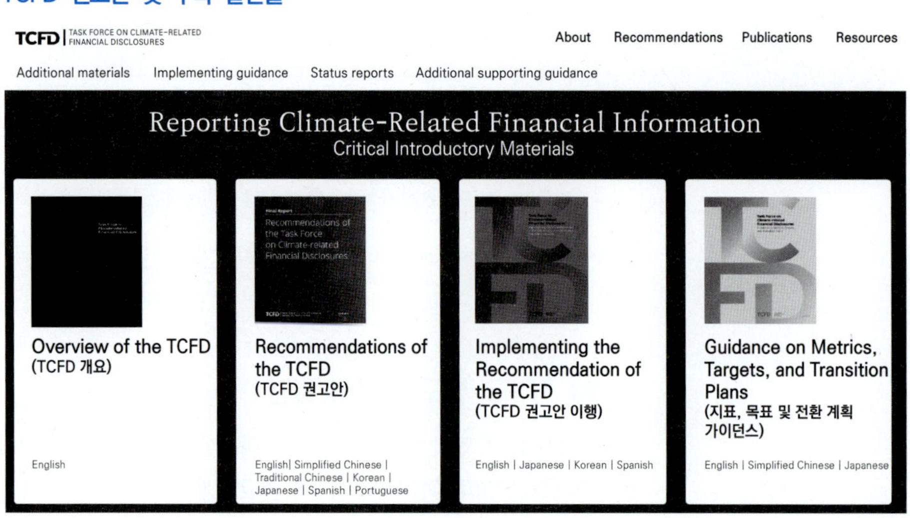

출처: TCFD 웹페이지

(5) TCFD 권고안 이행의 기대효과

TCFD 권고안의 이행은 기업이 마주하고 있는 기후변화 관련 위험과 기회를 공시한다는 일차적인 목표를 넘어, 기업이 기후변화에 대한 보다 체계적인 의사결정 시스템을 구축하게 한다. 또한 이를 통해 투자자에게 정확한 정보에 기반한 투자의사결정을 촉진한다.

TCFD 권고안 이행

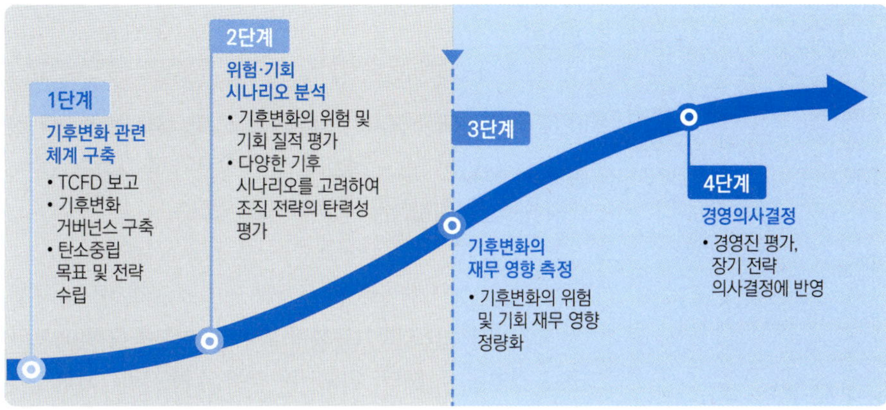

출처: 심재경(2023)

04 | ESG 공시 데이터 관리

1) ESG 데이터 관리의 필요성

글로벌 투자자 대상의 한 조사에서 응답자의 79%가 ESG 위험과 기회를 관리하는 방식이 투자의사결정에 큰 영향을 미치는 중요한 요소라고 답변하였다. 같은 조사에서 응답자의 69%는 데이터를 기반으로 하는 ESG 전략 수립에 대한 기대가 높다고 답변하였다(PwC, 2022).

ESG 정보에 대한 공시가 의무화되고, 이니셔티브와 평가기관 등 이해관계자들로부터 탄소배출량 등 다양한 ESG 정보에 대한 요구가 증가하고 있는 가운데 이에 대응하기 위한 기업 내의 논의가 활발하게 이루어지고 있다.

나아가 ESG에 대한 글로벌 투자자 및 이해관계자들의 기대 수준이 높아짐에 따라 정보제공뿐 아니라 실질적인 지속가능성의 확보가 더욱 중요한 과제로 부각되고 있다. 기업이 실질적인 ESG 경영을 수행하기 위해서는 전략 수립(전략), 체계적 실행 프로세스 관리(목표 및 실행), 그리고 투명한 보고 체계(평가 및 보고)를 갖추어야 한다. 이는 데이터를 기반으로 ESG 성과와 위험을 정량화하여 분석하고, 그 결과를 전략적 의사결정에 반영할 수 있어야 한다는 것을 의미한다.

ESG 정보에 대한 제3자 인증제도 추진, ESG 그린워싱 방지 등 법적 규제가 강화됨에 따라 공개되는 ESG 정보는 신뢰성을 확보하여야 하며 검증 가능해야 한다. 또한 투자자들은 ESG 관련 정보에 대한 표준화, 비교가능성, 일관성을 요구하고 있다. 이에 따라 기업은 외부적으로 공인기관의 인증을 획득하여야 함과 동시에 내부적으로는 재무정보에 준하는 품질관리 시스템을 갖추어야 하며, ESG에 대한 전문 지식을 보유한 조직에 의해 정보를 관리해야 할 것이다.

ESG 정보 신뢰성 증대에 따른 이점

내부적 이점	외부적 이점
• ESG 관련 프로세스 및 시스템 전반에 대한 신뢰도 상승	• 외부 공시에 대한 투자자와 이해관계자의 믿음 향상
• ESG 경영의사 결정에 활용되는 데이터의 정확성에 대한 확신	• 지속가능성정보 관리 컴플라이언스 준수
• 성과 및 보상에 영향을 미치는 정보에 대한 신뢰도 상승	• ESG 및 지속가능성에 대한 이행의 입증
• 시장·경쟁사와의 공통점·차이점 분석을 통해 잠재적 위험 식별 및 관리 가능	• 기업의 브랜드 및 평판 강화
• 내부 프로세스 검토 및 개선에 따른 효율성 향상	• ESG 평가 기관으로부터 점수 상승
	• 동종업계 유사기업과의 일관성 및 비교우위 유지

2) ESG 데이터 관리의 어려움

ESG 데이터 관리가 어려운 이유는 간단하다. 지금까지 ESG 정보에 대한 신뢰성을 요구받은 적이 없기 때문이다. ESG 관련 데이터들은 수익 창출이나 비용절감 같은 전통적 경영활동이 아니었기 때문에 기업 입장에서는 ESG 데이터에 대한 관리 필요성이 낮았던 것이 사실이다.

ESG 성숙도가 높은 기업의 경우에도 ESG 경영 추진이 어려운 원인으로 데이터 접근성 부족을 1순위로 꼽을 만큼 ESG 데이터의 관리는 매우 어려우며 준비를 위해서도 오랜 기간이 필요하다. ESG 데이터 관리를 위해서는 디지털 기술을 활용한 양질의 데이터 확보와 ESG 추진 과정을 모니터링 할 수 있는 기반 구축이 반드시 필요하다.

ESG 경영 추진이 어려운 원인

출처: PwC(2023c)

대부분의 기업이 공통적으로 겪고 있는 ESG 데이터 관리의 어려움은 다음과 같다.

첫째, ESG 데이터 정합성 부족이다. 대부분의 ESG 데이터는 일반적으로 수작업으로 관리하기 때문에 오류 발생가능성이 존재한다. 예를 들어 잘못된 최초값 입력, 단위 환산 실수, 데이터 누락, 평균·총량의 불명확한 구분, 계수 적용 오류 등 다양한 인적 오류를 발견할 수 있다. 또한 표준화된 산출 기준이 없어 사업장별 산출 방식이 서로 다르기 때문에 차이가 발생하기도 한다. 자발적이고 제한적인 현행 인증 방식으로는 정합성에 대한 실효성이 낮을 수밖에 없다.

둘째, ESG 데이터의 오너십 불명확이다. 현실적으로 사업장별 ESG 담당조직이 없거나 모호한 경우가 많다. 담당자가 ESG 지푯값 산출내역과 증빙을 개인 컴퓨터에 저장하여 관리하고 있으며, 담당자 변경 시 인수인계가 잘 이루어지지 않음에 따라 데이터 출처, 산출내역 등의 히스토리 관리가 어려운 경우가 많다.

셋째, 해외사업장 측정 어려움이다. 현재까지는 거의 모든 국내 기업이 주로 국내 사업장 중심의 지속가능성 보고를 해왔기 때문에 해외법인의 데이터 산출 체계는 이제부터 수립해야 하는 경우가 대부분이다. 또한 해외법인의 경우 지역 특성, 법인 규모, 관리 주재원 파견 여부에 따라 법인별 산출 가능 데이터 항목과 관리 역량에서 큰 차이를 나타낸다.

ESG 데이터 관리의 어려움

ESG 데이터 정합성 낮음	ESG 데이터 오너십 불명확	해외사업장 측정 어려움
• 대부분 수작업 관리로 오류 가능성 존재 • 사업장별 데이터 산출 방식 상이 - 화학 물질의 범주 정의, 측정 방식의 표준화 여부 - 산업재해의 범주 및 집계 방식 표준화 여부 등 • 현행 외부 인증의 실효성 낮음	• 사업장별 ESG 담당조직 부재·상이 - 사업장별 ESG 관련 담당 조직이 없거나 상이하여 역할과 책임 정의 어려움 • 데이터 원천, 산출내역 등 히스토리 관리 어려움 - 산출내역 및 증빙 담당자 개인 컴퓨터 저장 - 담당 변경 시, 산출 히스토리 및 노하우 유실	• 법인별 ESG 데이터 산출 가능 여부 및 관리 역량 상이 • 해외 사업장의 스코프 1, 2, 3 관련 원천 데이터 확보 어려움 • 국내 그룹사 공시의 경우 주로 국내 사업장 대상 - 화학물질 배출량 - 임직원 인권 교육 및 역량 개발

출처: 차경민(2023b)

3) ESG 데이터 관리의 4단계

ESG 공시 데이터를 효과적, 효율적으로 관리하기 위해서는 다음과 같은 4단계 접근이 필요하다.

1단계는 필요 데이터 정의(Understand what to report)이다. 먼저 어떤 데이터를 수집하고, 어떤 지표로 관리할 것인지에 관한 정의가 필요하다. 그리고 2단계는 정확한 데이터 수집(Collecting the right data)이다. ESG 데이터는 다양한 내·외부 원천으로부터 수집해야 하므로 필요 데이터를 어떤 원천에서 어떻게 정확하게 수집할 것인지 정의해야 한다. 3단계는 신뢰성 있고 투명한 데이터 관리(Embedding Processes)로 수집된 데이터가 보고되기까지 재무정보에 준하여 관리하는 내부통제 프로세스를 갖추어야 한다. 마지막으로 4단계는 시스템에 의한 관리(Data Management by System)이다. ESG 데이터 관리는 일시적인 프로세스가 아니므로, 지속적으로 운영할 수 있는 시스템 인프라를 갖추어야 한다.

ESG 데이터 관리를 위한 4단계 접근

① 필요 데이터 정의
• 어떤 데이터를 수집하고, 지표로 관리할 것인지 정의
- 공시기준 및 이해관계자 요구사항

② 정확한 데이터의 수집
• 필요 데이터를 내·외부 다양한 원천으로부터 어떻게 정확하게 수집할 것인지 정의
- 데이터 활용 체계를 정립하고, 신뢰성있게 산출될 수 있는 수집 프로세스 구축

③ 신뢰성 있고 투명한 데이터 관리
• 재무정보에 준하는 내부 통제 프로세스 구축 필요
- 데이터 관리 거버넌스를 정립하고, 데이터 수집부터 리포팅까지 운영 프로세스 구축

④ 시스템에 의한 데이터 관리
• ESG 데이터 관리가 지속적으로 운영할 수 있는 시스템 인프라 구축 필요
- 데이터 통합 관리, 글로벌 공시기준 연계 관리, 증빙 관리, 예외사항 모니터링 등

지속적인 교육 및 의식 제고 등 변화 관리를 통해 데이터 관리 및 해석 기술 함양

출처: 차경민(2023b)

(1) 1단계: 필요 데이터 정의

❶ 공시·평가 기준 확인

GRI, SASB, MSCI(Morgan Stanley Capital Investment) 등 국내외 다양한 이니셔티브에서 정의하고 있는 ESG 공시 및 평가항목과 동종업계 유사기업의 관리 지표 및 데이터를 벤치마킹하여 누락사항 없는 데이터 항목을 정의해야 한다. 한 조사결과에 따르면 투자자의 73%가 ESG 보고서 및 데이터는 공인된 지속가능성 공시 프레임워크(예: SASB 기준, TCFD 권고안, GRI 기준)에 따라 준비되는 것이 중요하다고 답변하고 있다(PwC, 2021).

ESG 지표 정의

주요 이니셔티브 분석, 내부 필요성 등을 고려하여 관리가 필요한 ESG 지표를 정의

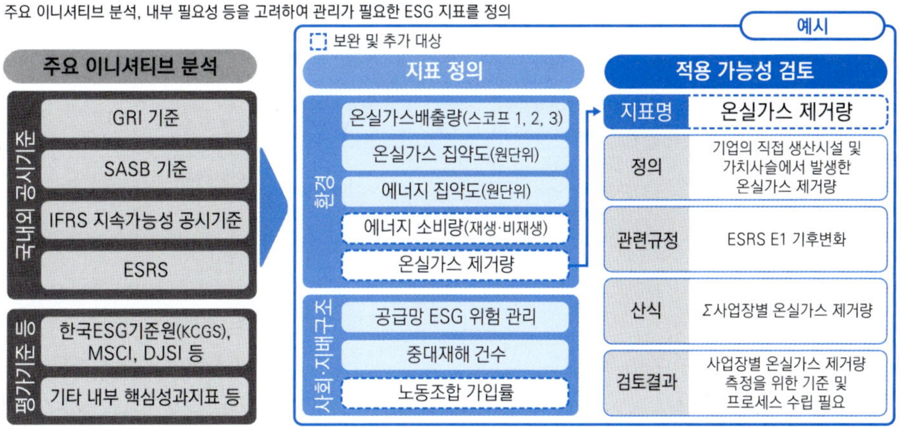

출처: 차경민(2023b)

❷ 이해관계자 요구사항 확인

ESG 공시기준은 계속해서 변하고 있고, 기준이 확정된다고 해도 필요한 정보를 확보하고 이해관계자와 소통하는 일은 여전히 어려운 일이다. 이에 선제 대응하기 위해서는 공시 규정에서 요구하고 있는 사항을 넘어 이해관계자에게 무엇이 가장 중요한 정보인지 파악해야 한다.

예를 들어 기후변화에 대하여 고객과 지역사회는 '기업의 탄소 발자국과 절감 노력'에 관심이 있는 반면, 투자자들은 '기후변화가 비즈니스에 미치는 위험'을 알고 싶어한다. 나아가 기업에 직접적으로 필요한 정보를 요구하기도 한다.
Apple의 경우 주요 파트너사에 대해 탈탄소화 성과에 대한 정보 제공 및 연 단위 감사를 요구하고 있다. 퀄컴의 경우 모든 제조 협력사에 책임감 있는 비즈니스 연합(Responsible Business Alliance, RBA)[15] 채택 및 제3자 감사(audited by third-parties)를 요구하고 있다.

이해관계자의 관심사를 파악하기 위한 최선의 방법은 직접 묻는 것이다. 필요한 정보와 왜 그런 정보가 중요한지 물어야 한다. 예를 들면 투자자와의 미팅, 고객 설문조사, 콘퍼런스

15) 책임 있는 비즈니스 관행을 촉진하기 위해 기업들이 만든 비영리 연합체이다. 회원사들이 윤리·환경·노동 기준을 준수하도록 지원하며, 공급망 전반에 걸쳐 지속가능한 사업행동을 촉진하는 것을 목표로 한다.

콜, 내부 회의 등을 통해 이에 대해 논의할 수 있다. 환경, 근로자 권리, 근무 환경 등 다양한 주제에 대해 논의하되, 중요성을 기준으로 폭넓은 주제에서 차근차근 논의 주제를 좁혀갈 수 있을 것이다. 또한 어떠한 정보가 누구로부터 요구되는지(또는 될 수 있는지)에 대해서도 모니터링을 지속해야 한다.

환경, 사회, 거버넌스 관련 이해관계자 요구 정보

환경				사회				거버넌스	
기후변화	자연자본	오염 및 폐기물	환경기회	인적자본	제품책임	이해관계자 반발	사회적기회	기업 거버넌스	기업행동
탄소배출	물 부족	유독성 물질 배출 및 폐기물	청정기술	임직원 관리	제품의 안전성 및 품질	논란의 여지가 있는 자원조달	커뮤니케이션에 대한 접근	이사회 다양성	기업윤리
제품탄소 발자국	생물다양성	포장재료 및 폐기물	친환경 건축	건강 및 안전	화학적 안전		금융에 대한 접근	임원 급여	반경쟁적 관행
환경 영향에 자금조달	토지 사용	전자 폐기물	재생 에너지	인적자본 개발	금융상품 안전		의료서비스 이용	소유권	부패 및 불안정
기후변화 취약성	원재료 조달			공급망 내 근로자	개인정보 보호 및 데이터 보안		영양과 건강의 기회	회계	금융 시스템 불안정
					책임 투자				조세 투명성

(2) 2단계: 정확한 데이터 수집

어떤 데이터가 필요한지를 명확히 한 뒤, 이를 수집하고 분석하는 메커니즘을 수립해야 한다. 그러나 지속가능성정보는 기업 전체에 산재되어 있으며, 기업이 모든 데이터를 소유하지 못하는 경우도 많기 때문에 이와 같은 작업을 수행하는 일은 항상 어렵다. 게다가 선의로 제공한 많은 분량의 정보에 부정확하거나 불완전한 데이터가 포함되면 투자자와 고객 모두에게 위험요소로 비춰질 뿐이다.

정확한 데이터를 수집하기 위해 필요한 질문은 다음과 같다.

- 데이터는 정보를 제공하는 과정에서 어떻게 활용되는가?
- 데이터는 어디에 존재하며 어떻게 수집해야 하는가?
- 데이터에 내재되어 있는 잠재적 품질 위험을 어떻게 식별하고, 또 줄일 수 있는가?

❶ 데이터 활용 체계 정립

데이터의 적절성은 그 활용을 고려하여 판단되어야 한다. 데이터 활용 체계는 산출된 데이터가 정보로써 제공되기까지 어떻게 활용되는지를 연계하여 관리하는 것을 의미한다. 데이터 활용 체계를 정립하려면 산출하고자 하는 지표, 관련 이슈 풀(Issue Pool), GRI 등 공시·평가 기준 및 공시, 공급망 평가, 내부 핵심성과지표 관리 등의 활용 목적을 중심으로 필요 데이터를 명확하게 정의하고 관련 항목들을 매핑 관리한다. 그렇지 않을 경우 범위가 넓고 대상이 많은 지속가능성정보가 중복되거나 활용되지 못할 수 있고, 또한 상호 참조되지 않는 정보가 집계될 수 있기 때문이다.

❷ 데이터 수집 원천, 역할과 책임 및 프로세스 정의

우선 내부 및 외부 데이터 수집을 위한 원천을 확인한다. ESG 주관부서를 기준으로 비즈니스 전반에 걸쳐 해당 데이터를 수집하기 위한 조직 체계를 수립하여 기업 내부에서부터 ESG 데이터를 수집한다. 내부 ESG 데이터는 기업의 업무, 활동 및 연간 보고서와 관련된 정보들이며 인사, 생산 및 운영 데이터 등을 포함한다. 이어서 외부 데이터 원천을 활용하여 보완적인 정보를 얻을 수 있다. 외부 데이터 원천으로는 ESG 리서치 기관, 지속가능성 평가기관, 정부기관, 비영리 단체, 산업 보고서나 업계 표준 등을 활용할 수 있다.

데이터 수집을 위한 원천을 정의한 이후에는 실제 수집을 위한 프로세스를 수립하여야 한다. 수집을 위한 데이터 항목은 활용 체계에 따라 중복 수집되지 않도록 특정 부서 및 담당자에게 역할과 책임을 부여하여 해당 부서 및 담당자의 주도로 수집하여야 한다. 특히 여러 리포트나 지표에 활용되는 동일한 데이터를 서로 다른 항목으로 수집하거나 반복적으로 수집하여 불일치한 데이터가 서로 다른 용도로 활용되지 않도록 주의하여야 한다.

❸ 신뢰성 있는 데이터의 산출

원천 시스템에서 데이터를 직접 수집하는 경우, 외부 원천에서 수작업으로 수집하거나 메일, 메신저 등 여러 경로를 통해 수집하는 경우, 시스템에서 결과값을 산출한 후 수집하는 경우, 특정 담당자가 원천 데이터를 내려받은 뒤 엑셀 프로그램 등으로 가공하여 데이터를 산출하는 경우 중 산출 데이터의 신뢰성이 가장 낮은 것은 무엇일까?

결론적으로 데이터가 시스템에서 산출되지 않을수록, 여러 단계 또는 다수의 담당자를 거칠수록, 추가적인 가공이 들어갈수록 데이터에 내재된 잠재적 품질 위험이 높아 신뢰성이 낮다고 판단할 수 있다.

원천 데이터와 공시 데이터를 비교하여 재검증을 해보면 예상보다 많은 오류가 발견될 수 있다. 따라서 지속가능성 보고서를 공시하고 있거나, 공시를 준비하는 기업들은 반드시 데이터의 정합성을 갖추기 위한 절차를 치밀하게 갖춰야 한다.

실제 사례에서도 다양한 오류가 발생되고 있다. 데이터 입력 과정에서 담당자가 오기입하거나 누락하는 경우, 톤(ton) 단위가 적합하나 킬로그램(kg)으로 수집하는 것처럼 단위를 혼동하는 경우, 환산을 잘못하는 경우, 평균과 총량을 혼동하는 경우, 계수를 잘못 적용하는 경우, 사업장별 산출 기준이 상이한 경우, 측정장비의 고장으로 잘못된 수치가 측정되는 경우 등 오류가 발생되는 지점은 수없이 많다.

그렇다면 이러한 데이터 산출 상의 품질 이슈가 발생될 위험을 줄이기 위해서는 어떻게 관리해야 할까?

첫째, 데이터 속성을 정의하고 문서화해야 한다. 데이터가 산출되는 원천, 담당조직 및 인력(역할과 책임), 산출 논리, 관련 증빙, 데이터 유효성 점검 방법 등을 정의하고 문서화한다.

이를 통해 산출 과정을 투명하게 관리하고 다수 관련자들에 의해 모니터링할 뿐만 아니라, 담당자 변경 시 누락 없이 인수인계되도록 해야 한다.

둘째, 측정단계에서의 관리가 필요하다. 데이터가 내부 측정장비를 통해 수집되는 경우 측정장비의 정확성을 확인하기 위한 통제절차를 구축해야 한다. 데이터가 외부 정보를 통해 수집되는 경우에는 관련된 증빙을 정의하고 대사하는(Reconciliations) 절차를 구축해야 한다.

셋째, 집계단계에서의 관리가 필요하다. 데이터는 가급적 시스템상에서 산출되고, 또 시스템으로 집계되어야 한다. 하지만 데이터 관리를 위한 시스템 인프라를 구축하는 일이 쉽지 않기 때문에 장기적 계획에 따라 단계적인 수행이 필요하다. 수작업으로 집계할 때는 정보 수집 시 정보의 수집·입력·검토 등을 책임지는 조직 및 담당자 정보와 활동 완료일을 관리하여야 한다. 또한 수작업 정보 입력 오류를 방지하기 위한 2차 검토 통제 절차도 구축해야 한다. 데이터를 가공하는 경우에는 적용된 가정과 추정을 문서화하고 적절성 여부를 주기적으로 검증하여야 한다.

넷째, 수집한 데이터를 정기적으로 검증하고 검토하여 오류를 수정하고 일관성이 유지될 수 있도록 하여야 한다.

마지막으로 지속적인 내부 교육 및 의식 제고 등을 통해 관련 인력의 데이터 관리 및 해석 기술을 길러야 한다. 데이터가 어떻게 기업의 ESG 전략에 활용되는지에 관한 데이터 수집 및 보고 과정을 이해하고 지지하며 준수하도록 해야 한다.

데이터 관리

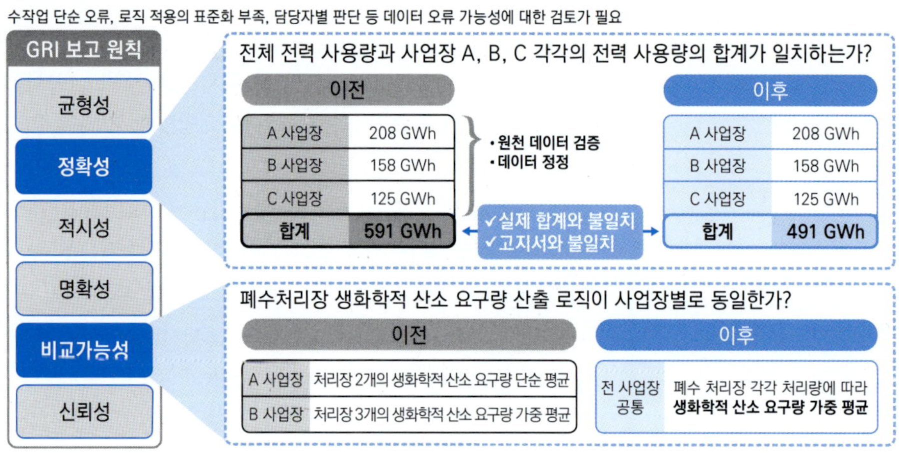

출처: 차경민(2023b)

데이터 검증

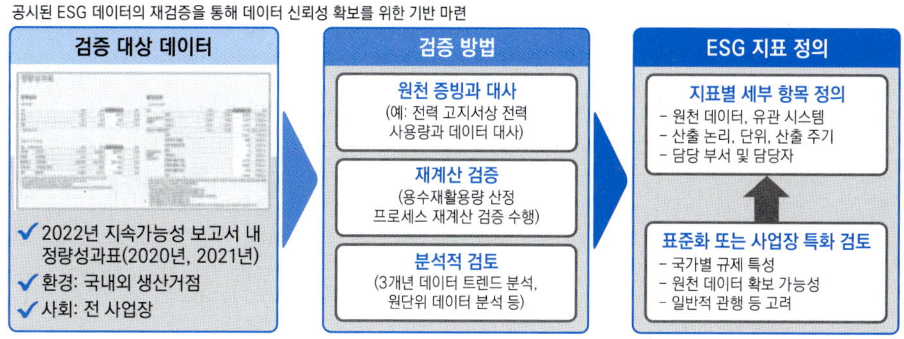

출처: 차경민(2023b)

(3) 3단계: 신뢰성 있고 투명한 데이터 관리

갈수록 높아지는 데이터의 신뢰성에 대한 요구 및 제3자 인증 등에 대응하기 위해서는 데이터가 산출된 후 공시 및 외부 이해관계자들에게 보고되기까지 일련의 데이터 관리 프로세스를 재무정보의 내부통제 프로세스에 준할 정도로 갖추어 나가야 한다. 이런 절차를 구축하기 위해서는 어떻게 해야 할까?

❶ 데이터 관리 역할과 책임 및 프로세스 정립

ESG 데이터 관리의 무결성과 투명성을 위해서는 관리 책임(거버넌스)을 명확하게 할당해야 한다. 즉, ESG 데이터 산출 프로세스상의 각 절차별 담당 조직에 오너십을 부여하고 적절한 통제 절차를 수립해야 한다. 절차별 오너십 부여 방법은 다음과 같다.

데이터 담당자는 데이터 원천의 정확성에 대한 관리 책임을 지며, 데이터 산출 시 증빙 대사 및 논리·결과값에 대한 검토를 수행하여야 한다(예: 총 전력사용량 및 설비별 사용량 합계 비교 검토, 전력고지서 대사 확인). 데이터 관리자는 데이터 적정성에 대해 검증하고 승인하여야 한다(예: 적정 증빙(고지서)과의 비교 검토, 사용량 변동 검토 및 승인). 그리고 데이터 활용자는 데이터를 분석 및 보고하고 내·외부 대응을 위해 활용한다. 수집된 데이터가 ESG 경영 활용이란 목적에 적합한지 지속적으로 검토하여야 한다(예: 기후 공시, 규제 대응 등 수행).

데이터 관리 거버넌스 구축

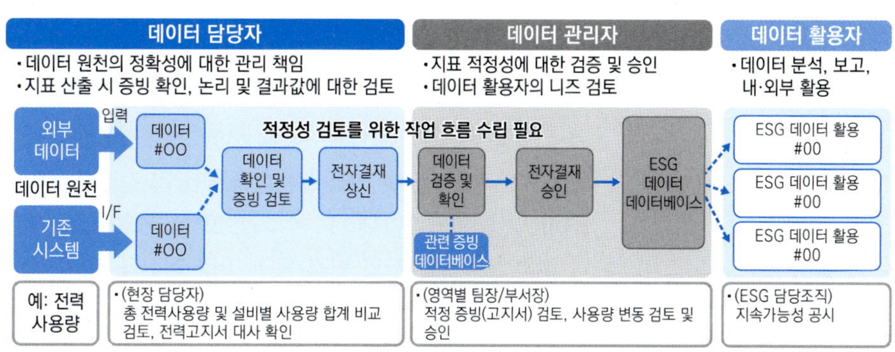

출처: 차경민(2023b)

❷ 데이터 통제 프로세스 구축

데이터 관리 프로세스상에서 데이터 통제를 위해 운영 가능한 예시적 절차는 다음과 같다. 이는 외부 인증 수준이 높을 경우를 전제로 한 대응방안이므로, 실제로는 요구되는 인증 수준에 따라 유연하게 적용할 수 있다.

- 데이터 원본 통제: 시스템에 의한 데이터 산출 및 정합성 확보, 수작업 조정 배제
- 승인 통제: 적절한 권한을 가진 승인권자에 의한 검증 및 확인절차 운영
- 주요 스프레드시트의 접근 통제: 수동 스프레드시트를 사용하여 ESG 정보를 준비하거나 유지해야 할 경우, 스프레드시트 접근을 제한하고 수식을 잠그기 위한 스프레드시트 통제 구현
- IT 시스템의 접근 통제: IT 시스템을 사용하여 ESG 정보를 준비하거나 유지해야 할 경우, 접근 제어 목록을 정기적으로 검토하여 무단 접근이 없는지 확인하는 통제 구현
- 수기 입력 정보에 대한 검토 통제 절차 운영: 증빙을 집계 및 보관하며, 데이터와 대사 검증하거나, 데이터 간 차이나 관계 및 트렌드 상의 특이점 검토 등 예외 사항 분석 등 수행

데이터 통제 프로세스 구축 목적

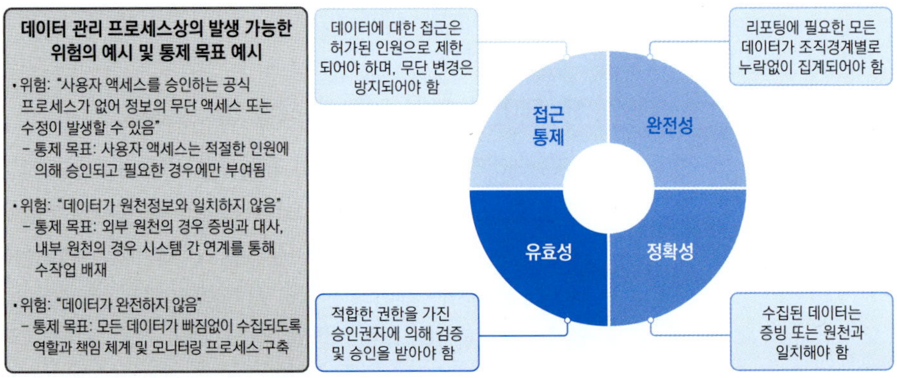

출처: 차경민(2023b)

(4) 4단계: 시스템에 의한 관리

1단계 필요 데이터 정의, 2단계 데이터 수집 및 리포팅까지의 거버넌스, 3단계 관리 프로세스를 수립한 이후에는 이를 효과적이고 효율적으로 운영할 수 있는 시스템 인프라를 갖추어야 한다.

수작업으로 집계를 내고 분석한 ESG 데이터를 내·외부 이해관계자들에게 제공하느라 대부분의 기업들은 많은 시간과 노력을 쓰고 있다. 이렇게 되면 비효율뿐만 아니라 실제적으로 데이터 오류도 상당히 많이 발생한다. 아무리 적절한 데이터를 수집 및 관리하는 프로세스를 올바로 수립하였다 할지라도, 수작업으로 수행하는 과정에서 오류가 발생할 수 있고 비즈니스나 환경 또는 담당자의 변경 등에 따라 데이터 산출 방식이 바뀔 수 있다. 이를 해결하기 위해서는 시스템 기반의 데이터 관리가 필요하고, 이를 통해 일련의 ESG 데이터 관리 프로세스를 신뢰성 있고 투명하게 갖출 수도 있다.

ESG 데이터를 시스템으로 관리하기 위해 필요한 기능들은 다음과 같다.

❶ ESG 데이터 기준정보 관리

- ESG 지표 프레임워크 관리: 프레임워크 기반의 지표 계층 및 이니셔티브 지표 레퍼런스 매핑 관리
- ESG 지표 속성 관리: 지표 정의, 단위, 주기, 산식 및 대상 사업장·담당자 매핑 관리
- 글로벌 ESG 공시기준과의 연계: 글로벌 기준에서 정의하고 있는 요구사항 제공, 주요 공시기준 제정 및 개정 시 업데이트 기능

❷ ESG 데이터 집계 관리

- 데이터 수작업 집계: 데이터 항목별 정의, 산식, 단위, 주기 등 속성 정보 관리 및 정형화된 입력 템플릿에 따른 입력 기능(입력 항목 간 산식 적용을 통한 지푯값 도출)
- 데이터 자동 집계: 대내외 ESG 원천 시스템으로부터 원천 데이터 수집을 위한 기능

❸ ESG 데이터 검토 관리

- ESG 데이터 정합성 고도화 지원: 증빙자료 첨부 및 검증 기능
- ESG 데이터 거버넌스 운영: 결재 시스템과의 연계를 통한 실질적인 ESG 데이터 거버넌스 체계 운영 기능
- 데이터 생애 주기를 고려한 변경·추적관리: 데이터 수집부터 최종 공시까지 데이터 병합·분리·변경 이력 관리, 이슈 관련 담당자 및 프로세스 추적 기능

❹ ESG 데이터 분석 관리

- ESG 지표 데이터 조회: 검토 완료 데이터 일괄 확인 가능, 사업장, 지표, 연도별 ESG 지표 데이터 조회 및 비교 기능(2개년 동시 비교 및 증감 추이 표시 등)
- ESG 데이터 예외사항 모니터링: 지표 추이 또는 연관 지표 비교를 통한 데이터 정합성 체크 기능

ESG 데이터 관리 시스템

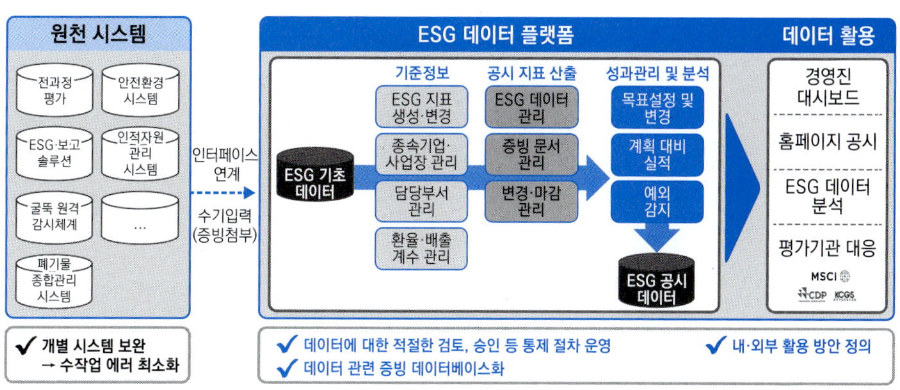

출처: 차경민(2023b)

ESG 데이터를 관리하기 위한 시스템 인프라를 구축하는 것과 병행하여 ESG 데이터가 산출되는 원천 시스템의 데이터 정합성 확보를 위한 개선 또한 중요한 과제이다. 실제로 원천 시스템에서 산출된 데이터가 부정확하여 수작업으로 조정하거나, 원천 시스템에서 일부 항목이 산출되지 않아 부득이 데이터를 재가공하여 필요한 ESG 데이터를 만드는 사례가 자주 발생된다.

무엇보다 원천 시스템 내에서 정합성 있는 데이터가 생성되고 관리되는 것이 중요하며, 수작업 취합이나 조정은 최소화하는 방향으로 원천 시스템에 대한 개선 투자를 병행해야 할 것이다.

ESG 시스템 인프라 구축에는 오랜 시간과 지속적인 투자가 필요하다. 하지만 재무보고에 대한 시스템 인프라 역시 오랜 기간 동안 꾸준히 구축하고 고도화해 왔듯, ESG 보고도 동일하게 장기 이행 로드맵을 수립하여 기본과 핵심이 되는 ESG 데이터 통합 관리부터 지속적으로 구축하고 확장해야 한다. 시스템에 의한 ESG 데이터 관리가 필수 불가결한 시대가 도래하고 있다.

4) ESG 데이터 관리 사례

ESG를 체계적으로 관리하기 위해서는 ESG 공시뿐 아니라 탄소국경세, 택소노미 등 한층 강화되고 있는 규제와 평가기관 및 글로벌 고객사 등 여러 이해관계자의 요구사항을 정확히 이해하여 올바로 대응하는 것이 중요하다.

이를 위해 ESG 데이터를 한곳에 모아 다양한 목적으로 활용하는 것이 바람직하며, 특히 'One Source of Truth'로서 통합된 데이터베이스를 기반으로 하나의 플랫폼에서 통합 운영해야 한다.

ESG 데이터를 시스템화하면 이를테면 탄소배출량, 용수사용량, 폐기물 발생량 등 여러 지표를 전사적으로 모아 주기적으로 관리할 수 있다. 어느 사업장의 배출량이 많은지, 여러 제품 중 탄소배출량이 가장 많은 것이 무엇인지, 어느 공정에서 배출량을 줄일 수 있는지 등 다양한 확인 작업을 통합함으로써 기업의 전체적인 탄소 배출을 감축하고 제품 경쟁력을 높일 수 있다.

또한 현재의 탄소배출량을 기준으로 해당 수준을 그대로 유지하면 어떻게 되는지, 또 연도별로 어떤 기술을 활용하여 언제까지 제로로 만들 것인지 등 분야와 항목별로 한눈에 비교하면서 목표 대비 실적 관리가 가능하다.

협력사 평가 역시 ESG 통합 시스템에서 전체적으로 확인할 수 있기 때문에 경영진의 의사결정에 도움이 된다.

예 시 ESG 통합 플랫폼

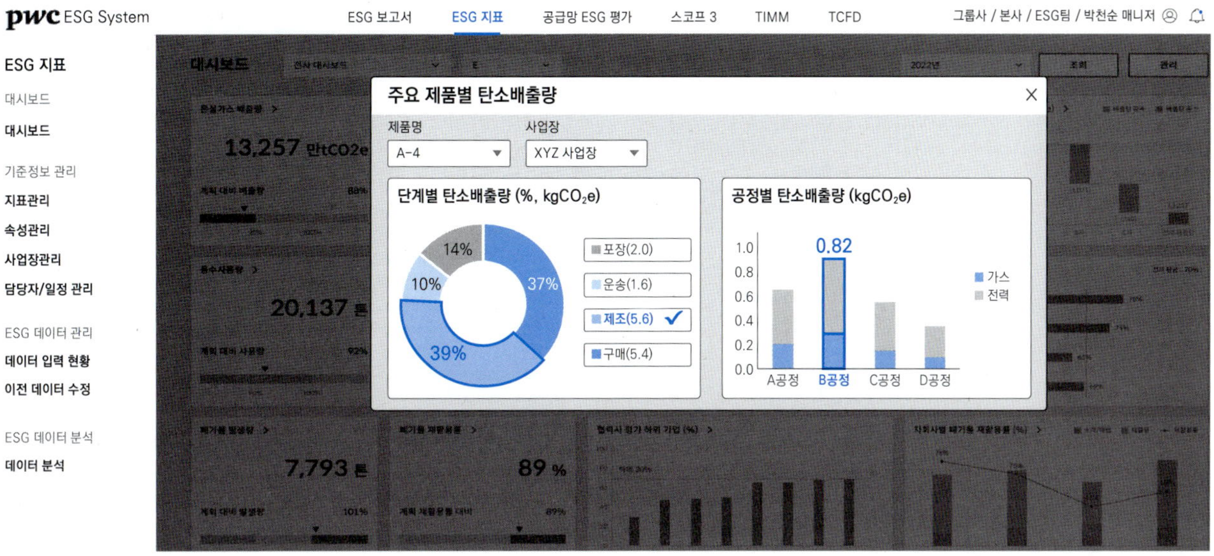

출처: 차경민(2023b)

5) ESG 통합 플랫폼의 관리 영역과 주요 방향성

ESG 통합 플랫폼에서 관리할 수 있는 영역과 주요 방향성은 다음과 같다. 먼저 주요 영역에는 ESG 공시, 협력사 관리, 탄소중립 이행 여부 및 제품별 탄소량을 측정할 수 있는 환경 관련 부분, ESG 전략 모니터링, 내·외부 대응 리포팅 등이 있다.

ESG 통합 플랫폼 기반의 다양한 영역 관리

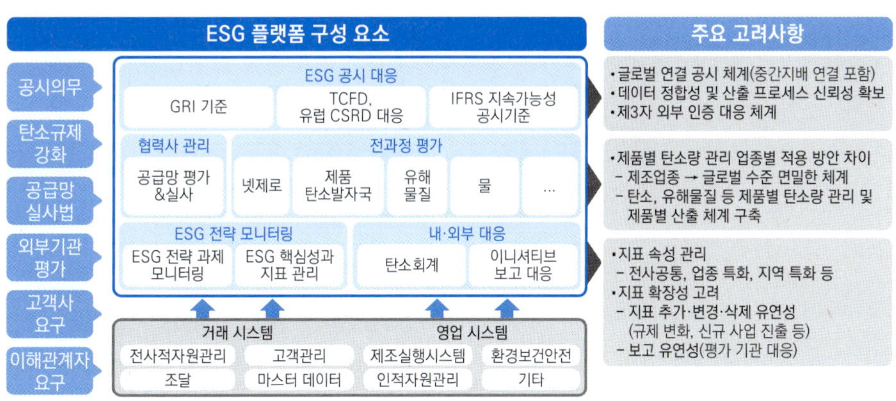

출처: 차경민(2023b)

ESG 공시 영역에서는 연결기준 공시를 위해 종속기업 및 관계기업의 데이터를 어떻게 취합할 것인지, 향후 공시 의무화에 따라 더욱 강화될 외부 공시 등의 인증에 대응하기 위해 데이터를 얼마만큼 정확하게 산출하여 산출 프로세스의 신뢰성을 어떻게 확보할 것인지에 대한 고민이 필요하다.

이와 더불어 시나리오 기반의 예외사항 탐지를 통해 데이터 신뢰성을 크로스 체크하는 것도 도움이 된다.

시나리오 기반 예외사항 탐지

출처: 차경민(2023b)

협력사 관리 영역에서는 공급망에 대한 평가와 실사를 수행하고 해당 결과를 축적함과 동시에 공급망 ESG 지표 관리를 통해 공급망 관점의 ESG 취약점에 대한 통합 개선과제를 관리하여야 한다.

탄소중립 및 환경 영역은 업종별 특성에 따라 다르지만 제조업의 경우에는 제품별 탄소량까지 산출하는 등 매우 면밀한(In-Depth) 범위까지의 체계가 필요하다. 더 나아가 스코프 3 업스트림의 벤더가 제조 과정에서 산출하는 탄소 정보를 잘 연계해서 구현해야 하므로 상대적으로 방대한 관리가 필요하다.

그리고 ESG 핵심성과지표 관리 영역은 대시보드를 통해 핵심지표 현황 모니터링, 사업부·부문별 ESG 평가 및 결과 관리를 할 수 있고 사업장 또는 종속기업의 업종·지역 특성을 고려하여 관리 지표의 표준화와 특화를 모색하며 운영하여야 한다.

외부 보고 관련해서는 향후 여러 이니셔티브가 요구사항을 변경하는 경우를 대비하여 지표를 유연하게 관리하여 확장성을 높일 수 있는 시스템이 필요하다.

ESG 통합 플랫폼 영역별 방향성

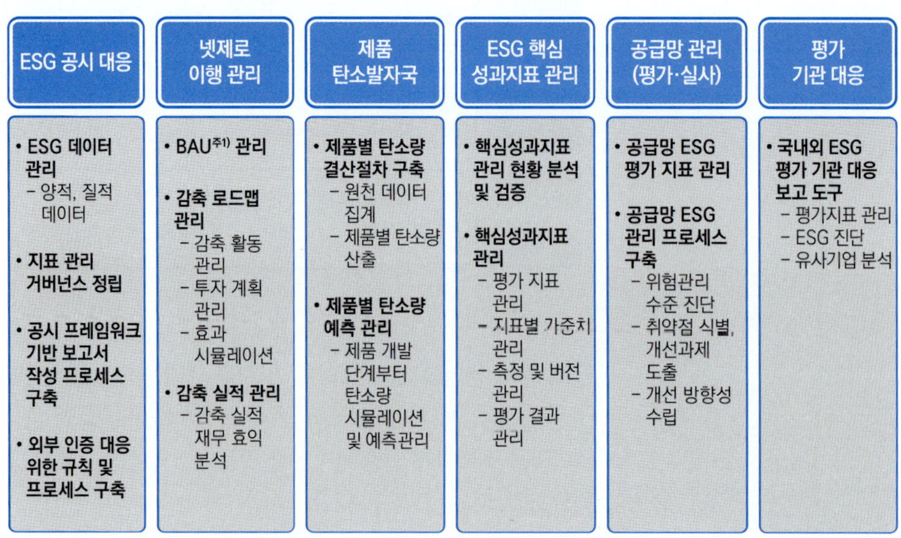

주1: BAU(Business As Usual)는 현재의 비즈니스 운영 수준을 유지할 경우 예상되는 온실가스 배출전망치이다.

출처: 차경민(2023b)

6) ESG 데이터 시스템의 추진 방향

아직까지 국내는 ESG 데이터 시스템이 초기 도입 단계임이 분명하다. 그럼에도 불구하고 선제적으로 ESG 데이터 시스템을 운영하거나 구축 중인 기업들은 ESG 공시에만 국한되지 않고 다양한 ESG 영역을 아우르는 통합 플랫폼을 지향하고 있다.

업종 특성에 따라 ESG 데이터 시스템의 시작과 방향성은 조금씩 다를 수 있으나 궁극적으로 통합을 지향하는 것은 동일하다. 많은 기업들이 글로벌 고객사들의 요구에 부응하기 위해 제품별 탄소량 측정을 우선과제로 설정하여 프로세스와 시스템 인프라를 구축하고 있다. 향후 공시 시스템으로의 확장을 염두에 두고 있으며 기초 데이터의 신뢰성 확보에도 역점을 두어 추진하고 있다. 또한 연결 지배기업 관점의 공시 체계와 시스템 구현을 위해 종속법인, 특히 해외 종속기업에 대한 데이터 확보 및 신뢰성 검증에 초점을 맞춰 프로세스와 시스템을 구축하기도 한다.

연결기준 종속기업 데이터 검토·확정 프로세스

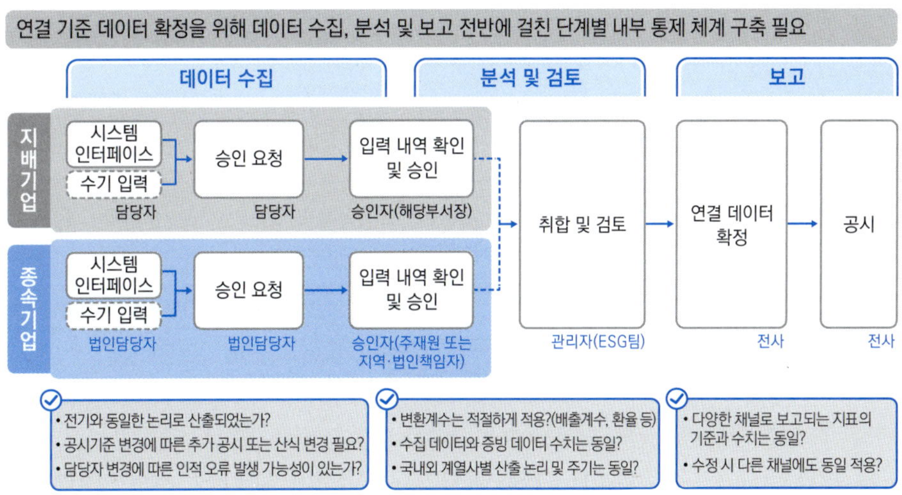

출처: 차경민(2023a)

대외 평가에 적극 대응하기 위해 지표, 공급망, 넷제로 관리 프로세스를 동시에 추진하면서 시스템까지 구현하려는 사례도 일부 존재한다.

다양한 사례에서 보는 바와 같이 업종 특성, 고객 특성, 재무 상황 등 기업이 처해있는 상황은 제각각이지만, '데이터 신뢰성 확보'와 다양한 활용을 위한 '통합 플랫폼 지향'이라는 공통된 방향성이 주는 시사점은 명확하다.

05 ESG 공시 정보 인증

지속가능성 보고서 인증이란 이해관계자의 신뢰 수준을 높이기 위해 지속가능성 보고서에 기술된 수많은 보고사항들이 적절한 준거기준(보고서 작성기준, 예: GRI, ISSB 등)에 따라 작성되어 있는지에 대해 질문, 분석적 검토, 문서검사 등의 충분한 인증 절차를 통해 확인하고 그에 대한 인증 의견을 도출하는 것이다. 여기서 말하는 적절한 준거기준은 GRI 기준이나 IFRS 지속가능성 공시기준 같은 보고서 작성기준을 말한다.

지속가능성 보고서 인증을 재무제표의 감사와 비교하면 다음과 같다.

지속가능성 보고서 인증과 재무제표 감사 비교

		비고	
준거기준	기초인증대상을 측정하거나 평가하는 데 사용되는 척도. "적용가능 준거기준"은 특정 업무를 위해 사용된 준거기준	IFRS, 일반기업회계기준	IFRS 지속가능성 공시기준, ESRS, GRI, SASB, TCFD
인증대상정보	준거기준에 따라 기초인증대상을 측정하거나 평가한 결과	재무제표	지속가능성 보고서
인증업무	인증대상정보에 대해 인증대상업무 책임자가 아닌 의도된 **이용자가 가지는 신뢰의 수준을 향상시킬 수 있게** 설계된 결론을 표명하기 위하여 충분하고 적합한 증거를 입수하는 것을 목적으로 하는 업무	역사적 재무정보에 대한 감사 또는 검토 기타 인증업무	기타 인증업무

최근 ESG 공시 의무화 흐름에 맞춰 ESG 정보 인증에 대해서도 의무화가 추진되고 있지만 국내의 경우 아직까지 지속가능성 보고서에 대한 인증의무는 없다. 그러나 투자자들을 포함한 많은 이해관계자들이 재무정보와 마찬가지로 각 기업의 ESG 정보에 대해서도 큰 관심을 기울이고 있고, 기업이 '신뢰성' 있는 지속가능성 보고서 공시를 통해 많은 이해관계자들과 적극적으로 소통하는 것이 매우 중요해졌다. 또한 ESG 정보 의무화는 기업 내부적으로도 비교 가능하고 일관성 있는 지속가능성 정보 관리 체계를 수립하는 데 도움이 된다. 이에 따라 재무제표 감사와 마찬가지로 ESG 정보에 대한 인증을 '신뢰성' 강화를 위한 필수 과정으로 받아들이는 인식의 전환이 이루어지고 있다.

ESG 정보 인증 절차는 다음과 같다.

ESG 정보 인증 절차

인증기관 선정 ▶ 인증 범위, 기준, 방식 협의 ▶ 인증기관에 ESG 보고서 제출 ▶ ESG 인증 질의서 수령 및 인증 대응 ▶ 인증기관으로부터 인증의견서 수취 ▶ ESG 보고서에 포함

지속가능성 보고서에 포함된 ESG 정보를 제3자로부터 인증을 받기 위해서는 가장 먼저 인증기관을 선정해야 한다. 유럽연합 국가들의 경우 ESG 인증 의견을 제시한 기관의 대부분이 회계법인인 반면, 국내의 경우 다양한 인증기관에서 지속가능성 보고서에 대한 제3자 인증 의견을 제공하고 있다.

인증기관을 선정함과 동시에 인증 범위와 기준 및 방식에 대한 협의가 필요하다. 즉, 지속가능성 보고서에 포함된 정보 중 무엇을 대상으로 인증을 받을 것이며 어떤 인증기준을 사용할 것인지에 대해 협의해야 한다. 국내에서 활용되고 있는 지속가능성 보고서 제3자 인증기준을 살펴보면, 영국 비영리 단체인 Accountability사의 AA1000AS[16]를 주로 사용하고 있다. 그리고 국내 지속가능성 보고서 발행기업의 10% 미만이 회계법인에서 주로 사용하는 ISAE 3000[17] 또는 KSAE 3000[18] 기준에 따라 제3자 인증받고 있는 것으로 나타났다.

제3자 인증기관과 인증대상의 범위 및 기준 등에 대한 협의 등 계약 절차가 완료되면 보고서 작성기관은 인증기관에 지속가능성 보고서를 전달하고, 인증기관은 전달받은 보고서에 포함된 ESG 정보의 신뢰성을 확인하기 위한 절차를 밟게 된다. 이때 제3자 인증인은 인증업무 수행을 위한 절차의 성격, 시기, 범위 등을 보고서 발행기업과 협의하여 결정하게 된다.

인증기관은 인증 결론을 도출하기 위해 다양한 방식으로 증거를 수집한다. 양적 정보의 경우 관련 증거 대사, 재계산 및 분석적 검토 등을 수행하며, 질적 ESG 정보에 대해서는 관련 문서 등을 확보하여 증거 상호 간의 일관성과 신뢰성을 확인하게 된다. 보고서 작성기업은 이 과정에서 인증기관이 필요로 하는 정보를 충실하게 제공하고 유관부서 인터뷰가 필요한 경우, 담당자를 지정하고 인터뷰 일정을 수립하는 과정을 거쳐 인증기관의 질의 사항에 대응해야 한다.

인증대상정보가 신뢰할 수 있는 정보로 결론이 내려지는 경우, 인증기관은 제3자 인증보고서를 보고서 작성기업에 제공하게 된다. 인증보고서를 수령한 보고서 발행기업은 아래의 정보가 인증보고서에 포함되었는지 확인해야 한다.

16) AA1000시리즈는 인증 원칙인 AA1000AP(Assurance Principle)와 2개의 표준(AA1000AS(Assurance Standard), AA1000SES(Stakeholder Engagement Standard)로 구성되어 있다.

17) ISAE 3000은 국제감사인증기준위원회(IAASB)에서 제정한 '역사적 재무정보에 대한 감사 및 검토 이외의 인증업무기준'이다.

18) KSAE 3000은 ISAE 3000을 그대로 도입하는 것을 원칙으로 하는 국내 인증업무 기준이다.

인증보고서의 내용

인증기준	AA1000AS	ISAE 3000
내용	• 인증보고서 이용자 • 기업 및 인증기관의 책임 • 인증기준 • 보고서 작성기준 • 인증의 범위, 대상, 유형, 수준 • 방법론에 대한 설명 • 제한 요소에 설명 및 제한 요소 완화를 위한 접근법 • 발견사항 및 결론 기술 • 인증기관의 독립성과 적격성에 대한 정보 • 인증기관명, 인증보고서 발행일 등	• 제목 및 수신인 • 기업 및 인증인의 책임 • 인증업무 기준 • 보고서 작성기준(준거기준) • 인증 수준 • 수행 업무 • 인증대상정보 • 인증인의 의견(결론) • 품질관리기준, 윤리적 요구사항(독립성) 준수 문구 • 인증인의 서명, 인증보고서일 등

지속가능성 보고서는 재무정보 이용자에 비해 광범위하고 다양한 유형의 의도된 이용자를 대상으로 하고 있으며, 각 기업의 성격에 따라 보고하는 주제가 다양하고 양적 정보 외에 많은 질적 정보도 포함하고 있다. 특히 질적 정보에 대한 인증을 위해 사용되는 중요성 결정에는 각각 의도된 정보 이용자들의 요구에 대한 이해와 전문가적 판단이 필요하다. 지속가능성 보고서에 담긴 양적 정보 역시 종종 화폐화로 측정되지 않고 상호 독립적이다. 이에 따라 합산하여 평가하기 힘들뿐더러 아직은 재무정보만큼 정교하게 고안된 시스템을 통해 산출되지 않거나 효과적인 내부통제 프로세스를 거쳐 생성되지 않는 경우가 많다.

ESG 정보 인증의 기대효과

구분	비고	
기대 효과	외부	투자자 등 이해관계자들의 의사결정에 중요한 영향을 미치는 지속가능성 정보에 대한 신뢰성 확보
		평가기관 등급 산정을 위한 공신력 있는 정보 제공 가능
		균형 있고 투명한 정보의 커뮤니케이션을 통한 기업 이미지 제고
		비교가능성 향상을 통한 동종업종 내 기업별 차이 분석 가능
	내부	경영 의사결정 과정에 신뢰성 있는 지속가능성 정보 활용
		방대한 지속가능성 양적 정보에 대한 관리 체계 확립
		정보 수집 범위 및 산정 기준에 대한 명확한 가이드 수립

06 ESG 공시 및 인증 현황

1) 해외 현황

국제회계사연맹(International Federation of Accountants, IFAC)은 2024년 2월에 발간한 지속가능성 공시 및 인증 현황(The State of Play: Sustainability Disclosure & Assurance) 보고서를 통해 2019 회계연도[19]부터 2022 회계연도까지 각 국가별 기업들의 지속가능성 공시 및 인증에 대한 동향을 공개하였다. 이번 보고서는 2021년에 발간된 첫 번째 보고서(조사대상: 2019 회계연도)에 이어 네 번째이다. 그 내용은 다음과 같다.

조사대상 권역 및 국가

아메리카	유럽, 중동 및 아프리카	아시아-태평양
아르헨티나	프랑스	호주
브라질	독일*	중국*
캐나다	이탈리아	홍콩
멕시코	러시아	인도*
미국*	사우디아라비아	인도네시아
	남아프리카공화국	일본*
	스페인	싱가포르
	튀르키예	한국
	영국*	

출처: 국제회계사연맹(2024)

조사대상 기업

조사대상	22개 관할권
기업 수	총 1,400개 기업

6개 관할권(*로 표시)의 경우 시가총액 상위 100위 기업(600개 기업)을 대상으로 하며, 그 외 16개 관할권의 경우 시가총액 상위 50위 기업(750개 기업)을 조사대상으로 하였다.

(1) 글로벌 공시 및 인증 현황 개요

조사대상인 각국의 대기업 중 지속가능성 보고서 발행기업은 2022 회계연도 기준 98%로 나타났으며, 그중 보고서 정보에 대한 인증을 받은 기업은 69%로 나타났다. 2019 회계연도 91%와 51%, 2020 회계연도 92%와 58%, 2021 회계연도 95%와 64% 그리고 2022 회계연도에 이르기까지 공시 및 인증 비율이 지속적으로 높아졌다.

19) 회계연도는 재무제표를 작성하는 데 사용하는 기간이다. 기업이나 국가별로 차이가 있으며, 우리나라에서는 주로 1월 1일부터 12월 31일까지의 기간을 회계연도로 한다.

조사 결과를 인증의 주체와 기준 및 인증기관 측면에서 살펴보면 지속가능성 보고서 인증의 58%를 회계법인 혹은 회계법인의 관계법인이 수행하였으며, 회계법인 중 92%가 국제인증업무기준인 ISAE 3000을 사용하였다.

글로벌 공시 및 인증 현황 개요

항목	2019 회계연도	2020 회계연도	2021 회계연도	2022 회계연도
ESG 정보 보고	91%	92%	95%	98%
ESG 정보 인증	51%	58%	64%	69%
회계법인으로부터 ESG 정보 인증	63%	61%	57%	58%
제한적 확신 수준의 인증	83%	82%	80%	82%
회계법인의 ISAE 3000 사용	88%	94%	95%	92%

출처: 국제회계사연맹(2024)

(2) 보고 및 인증 범위

조사대상 대기업의 대다수는 온실가스, 환경(온실가스 이외), 사회, 거버넌스 영역의 일부 지속가능성 정보를 보고하고 있었다. 이 중 ESG 전 영역을 보고하는 기업은 2022 회계연도 기준으로 97%였다. 지속가능성 정보 인증과 관련하여 온실가스(인증 비율: 98%)를 비롯한 환경(82%)에 집중하는 현상이 유지되고 있었지만, 사회(76%), 거버넌스(61%), ESG 전 영역(59%)의 인증 비율도 비교적 높게 나타났다.

ESG 영역별 보고 및 인증 비율

항목	2020 회계연도		2021 회계연도		2022 회계연도	
	보고	인증	보고	인증	보고	인증
온실가스	92%	95%	97%	94%	98%	98%
환경 영역 (온실가스 이외)	98%	78%	99%	82%	99%	82%
사회 영역	96%	68%	100%	74%	100%	76%
거버넌스 영역	95%	43%	100%	56%	99%	61%
ESG 전 영역	89%	43%	96%	53%	97%	59%

출처: 국제회계사연맹(2024)

(3) 보고 위치

지속가능성 정보의 보고 위치에 대한 조사 결과는 다음과 같다. 연차보고서와 통합보고서 내 지속가능성 보고는 2019 회계연도 이래 지속적으로 증가하였으며, 독립적인 지속가능성 보고서 발간은 감소했다. 이와 같은 추세가 반영되어 2022 회계연도 대상 조사에서는 연차보고서 내 보고(40%) 비중이 가장 높은 것으로 나타났다.[20] IFRS 지속가능성 공시기준, ESRS 등의 글로벌 지속가능성 공시기준들이 연차보고서 내 지속가능성 정보 공시를 요구하고 있으므로 연차보고서 내 공시 비중은 앞으로도 더욱 증가할 것으로 보인다.

지속가능성 정보 보고 위치

항목	2019 회계연도	2020 회계연도	2021 회계연도	2022 회계연도
지속가능성 보고서	57%	51%	50%	30%
연차보고서	18%	20%	24%	40%
통합보고서	16%	21%	21%	27%
보고서 없음	9%	8%	5%	2%

출처: 국제회계사연맹(2024)

(4) 적용 기준 및 프레임워크

재무적 중요성에 초점을 맞춘 TCFD 권고안과 SASB 기준의 적용 비율은 지속적으로 증가하는 추세이다. 글로벌 지속가능성 공시기준들이 TCFD 권고안을 준용하고 있고, IFRS 지속가능성 공시기준에서는 SASB 기준의 공시 주제를 참조하고 적용가능성을 고려할 것을 요구하고 있다. 이에 대응하기 위해 TCFD 권고안과 SASB 기준의 사용이 증가한 것으로 보인다. 기존에 우위를 점하였던 GRI 기준과 UN SDGs는 여전히 높은 적용 비율을 보였지만, 전년대비 증가 폭은 작았다. 또한 중복된 기준 및 프레임워크를 적용하는 경우도 지속적으로 증가하여 2022 회계연도 87%를 기록하였다.

적용 기준 및 프레임워크

항목	2019 회계연도	2020 회계연도	2021 회계연도	2022 회계연도
GRI 기준	69%	72%	74%	77%
UN SDGs	62%	76%	79%	83%
SASB 기준	15%	38%	49%	52%
TCFD 권고안	24%	48%	63%	71%
중복 적용	68%	80%	86%	87%

출처: 국제회계사연맹(2024)

20) 조사대상 전체에 대한 평균이며, 몇몇 국가는 다른 양상을 보이고 있었다. 한국, 캐나다, 미국, 중국, 홍콩, 아르헨티나는 지속가능성 정보를 주로 독립적인 지속가능성 보고서 형태로 발간하였으며, 이 중 아르헨티나를 제외한 5개 관할권의 독립적 지속가능성 보고서 발간 비율은 과반을 넘는다.

(5) 기후 관련 공시[21)]

많은 기업들이 기후 관련 공시를 하면서 탄소중립과 넷제로라는 용어를 사용하고 있으며, 이는 기업의 온실가스 배출 감축목표와 연계된다. 지난 2020 회계연도와 2021 회계연도의 조사대상은 다소 차이가 있지만 온실가스 배출 감축목표를 공개한 기업은 2020 회계연도 66%에서 2021 회계연도 67%로 소폭 상승하였다. 이 중 넷제로와 연계된 목표는 2020 회계연도 43%에서 2021 회계연도 49%로 증가하여 온실가스 배출 감축목표는 넷제로와 연계성이 점차 높아지고 있음을 알 수 있다.

온실가스 배출량 감축목표

항목	2020 회계연도	2021 회계연도
목표 없음	34%	33%
넷제로가 아닌 목표	23%	18%
넷제로 목표(스코프 1, 2)	27%	27%
넷제로 목표(스코프 1, 2, 3)	16%	22%

출처: 국제회계사연맹(2023)

넷제로와 연계된 온실가스 배출 감축목표를 공개한 기업은 권역별로 차이를 보이고 있는데 유럽연합 내 국가들이 가장 높은 58%로 나타났으며, 국가별로는 영국, 호주, 일본, 프랑스 순으로 나타났다. 또한 배출 목표가 있는 기업 중 87%의 기업은 목표 달성 방법에 대한 정보를 포함하고 있다.

(6) 글로벌 인증 현황

보고 위치에 따른 인증 비율은 통합보고서가 가장 높은 비율을 차지하였는데 2019 회계연도 64%, 2020 회계연도 70%, 2021 회계연도 77%로 지속적으로 상승하였다. 지속가능성 보고서와 연차보고서의 인증 비율도 마찬가지로 계속해서 상승하였다.[22)]

보고 위치에 따른 인증 비율

항목	2019 회계연도	2020 회계연도	2021 회계연도
지속가능성 보고서	52%	57%	65%
연차보고서	35%	45%	50%
통합보고서	64%	70%	77%

출처: 국제회계사연맹(2023)

21) '기후 관련 공시'는 2024년 국제회계사연맹 보고서(조사대상: 2022 회계연도)에는 포함되어 있지 않다. 따라서 해당 내용은 2023년 국제회계사연맹 보고서(조사대상: 2021 회계연도)에 제시된 결과를 이용하였으며, 2020년부터 2021년까지의 데이터를 제공한다.

22) 보고 위치에 따른 인증 비율은 2023년 국제회계사연맹 보고서에 제시된 결과를 이용하였다.

기준 및 프레임워크에 대한 인증 비율은 GRI 기준이 가장 높은 비율을 차지하였으며 2019 회계연도 37%, 2020 회계연도 38%, 2021 회계연도 39%, 2022 회계연도 40%로 매년 소폭의 증가세를 보였다. 반면 UN SDGs는 2022 회계연도 기준으로 83%의 보고서가 적용하고 있었지만 인증 비율은 0%였다. 또한 SASB 기준과 TCFD 권고안도 인증 비율이 낮았다. SASB 기준의 인증 비율은 2019 회계연도 4%에서 2022 회계연도 11%로 상승하였지만 여전히 낮은 수준이었고, TCFD 권고안의 인증 비율은 2%에 그쳤다. 보고서 작성기준 및 프레임워크에 대한 인증은 아직 미흡한 수준인 것으로 보인다.

기준 및 프레임워크에 대한 인증 비율

항목	2019 회계연도	2020 회계연도	2021 회계연도	2022 회계연도
GRI 기준	37%	38%	39%	40%
UN SDGs	2%	1%	1%	0%
SASB 기준	4%	9%	7%	11%
TCFD 권고안	3%	3%	3%	2%

주1: 기준 및 프레임워크에 대한 인증 비율은 인증보고서에 언급된 해당 기준 및 프레임워크 수를 지속가능성 보고서에 언급된 해당 기준 및 프레임워크 수로 나누어 계산하였다.

출처: 국제회계사연맹(2024)

ESG 정보 인증을 회계법인이 수행한 경우, 그중 회계감사와 ESG 인증을 동일한 회계법인에서 수행한 경우가 전 세계적으로 73%(2022 회계연도)를 차지하였다. 기업이 회계법인에서 ESG 인증을 받는 경우 법정감사인에 대한 선호도가 높은 것으로 보인다.

한편 감사보고서 발행 시점과 지속가능성 보고서의 인증보고서 발행 시점 간 격차는 2020 회계연도 54일에서 2021 회계연도 51일로 소폭 감소하였다. 권역별로는 유럽연합, 기타 유럽, 중동 및 아프리카, 아시아-태평양 권역에서는 발행 시차가 점진적으로 감소하는 것으로 나타났으나, 아메리카 권역은 2020 회계연도 92일에서 2021 회계연도 89일로 소폭 감소하였다가, 2022 회계연도 95일로 더 길어졌다. 특히 유럽연합은 5일의 시차를 가지고 있어 재무보고와 지속가능성 인증 시점이 근접하였으며, 미국은 118일로 조사대상 국가들 중 가장 긴 시차를 보였다.

(7) 국가별 현황

국가별 ESG 정보 보고, ESG 정보 관련 인증, 회계법인 인증에 대한 비율을 지난 3년간 비교한 결과, 조사대상 기업 전부가 ESG 정보 보고를 하고 있는 국가는 프랑스, 호주, 인도, 인도네시아 4개국(2020 회계연도 기준)에서 프랑스, 이탈리아, 스페인, 독일, 영국, 멕시코, 남아프리카공화국, 브라질, 호주, 홍콩, 인도, 인도네시아, 싱가포르 13개국(2022 회계연도 기준)으로 늘어났다. 보고 비율이 가장 낮은 국가는 2022 회계연도 기준으로 68%를 기록한 아르헨티나이다.

반면 ESG 정보 관련 인증은 국가별로 차이가 컸는데, 2022년 기준으로 인증 비율이 가장 낮은 국가는 사우디아라비아(8%)였으며, 가장 높은 국가는 프랑스, 이탈리아, 스페인(100%)으로 나타났다. 프랑스, 이탈리아, 스페인은 지속가능성 공시 정보의 인증이 의무화되었기 때문에 100%의 인증 비율을 가지는 것으로 보인다.[23] 그리고 2022 회계연도 기준으로 프랑스와 이탈리아의 회계법인 인증 비율은 100%였다.

대부분의 국가에서 회계법인 인증 비율이 높게 나타났으나, 우리나라와 미국은 다른 국가들과는 상이한 모습을 보였다. 우리나라의 경우 조사대상에 포함된 50개 기업 중 98%인 49개사가 지속가능성 보고서를 발간하고 있었다. 이 중 47개 사가 인증을 받았으나 회계법인 및 관계기업에 의한 인증 비율은 5%에 불과했다. 지속가능성 보고서의 발간 비율은 높으나 회계법인의 인증 비율은 조사대상 국가들 중 최하위로 나타났다. 미국도 회계법인 인증 비율이 23%로 낮은 수치를 보였다. 우리나라와 미국은 지속가능성 정보 인증에 회계법인을 선호하는 글로벌 관행과는 차이를 가지고 있음을 알 수 있다.

국가별 보고 및 인증 비율

국가	ESG 정보 보고			ESG 정보 관련 인증			회계법인 인증		
	2020 회계연도	2021 회계연도	2022 회계연도	2020 회계연도	2021 회계연도	2022 회계연도	2020 회계연도	2021 회계연도	2022 회계연도
프랑스	100%	100%	100%	98%	98%	100%	98%	98%	100%
이탈리아	98%	100%	100%	90%	94%	100%	98%	100%	100%
스페인	98%	98%	100%	86%	94%	100%	93%	98%	85%
독일	94%	99%	100%	70%	74%	85%	95%	96%	96%
영국	98%	99%	100%	68%	82%	84%	42%	36%	42%
미국	98%	99%	99%	81%	82%	88%	16%	15%	23%
캐나다	96%	98%	98%	58%	61%	82%	67%	61%	63%
멕시코	82%	86%	100%	51%	47%	50%	67%	85%	78%
러시아[주1]	86%	-	88%	43%	-	43%	100%	-	95%
사우디 아라비아	52%	76%	96%	12%	13%	8%	67%	71%	86%
남아프리카 공화국	96%	96%	100%	54%	63%	72%	65%	47%	53%
아르헨티나	60%	64%	68%	37%	25%	29%	92%	89%	90%
튀르키예	82%	88%	98%	44%	52%	61%	67%	69%	57%
브라질	92%	92%	100%	67%	72%	84%	77%	76%	74%
호주	100%	98%	100%	68%	69%	70%	100%	94%	89%
중국	80%	93%	97%	30%	37%	46%	52%	50%	56%
홍콩	98%	100%	100%	35%	52%	52%	29%	34%	32%
인도	100%	100%	100%	40%	49%	60%	44%	47%	57%
인도네시아	100%	100%	100%	26%	32%	40%	23%	50%	45%

23) EU 회원국들은 자국 내 법 또는 규제를 제·개정하여 NFRD를 자국 법률 체계에 통합하였다. 그 중 프랑스, 스페인, 이탈리아는 비재무정보의 공시뿐만 아니라 인증도 함께 의무화하였다.

국가	ESG 정보 보고			ESG 정보 관련 인증			회계법인 인증		
	2020 회계 연도	2021 회계 연도	2022 회계 연도	2020 회계 연도	2021 회계 연도	2022 회계 연도	2020 회계 연도	2021 회계 연도	2022 회계 연도
일본	99%	99%	99%	53%	69%	82%	61%	47%	43%
싱가포르	96%	100%	100%	25%	38%	48%	50%	57%	59%
한국	92%	92%	98%	98%	100%	96%	12%	8%	5%

주1: 러시아의 경우 기업 문서 및 웹사이트 접속 문제로 인해 2021년 조사에서 제외되었다.

출처: 국제회계사연맹(2024)

2) 국내 현황

(1) 국내 ESG 공시 및 인증 현황

한국공인회계사회는 매년 국내 기업들의 ESG 공시 및 인증 현황을 조사하여 발표하고 있다. 해당 조사의 개요는 다음과 같다.

조사대상

조사대상	유가증권 및 코스닥 상장사 2,500여 개 사의 2022 회계연도 ESG 보고서(지속가능성 보고서, 통합보고서 등)[24]
자료 수집 방법	DART 전자공시시스템 및 기업·기관 홈페이지를 통해 수집

(2) 보고서 발간 현황

2022 회계연도 국내 지속가능성 보고서 발간 건수는 299개로, 전체 유가증권, 코스닥 상장사의 12%이다. 유가증권과 코스닥을 나눠서 살펴보면 유가증권은 812개 기업 중 250개 기업(32%)이 발간하였으며, 코스닥은 1,690개 기업 중 42개(3%)로 상장시장에 따라 발간 비율 차이가 현저했다. 이는 코스닥 상장기업보다 유가증권 상장기업의 규모가 크기 때문에 지속가능성 보고서 발간에 사용할 수 있는 자원이 상대적으로 풍부하기 때문인 것으로 보인다. 또한 유가증권 상장사가 먼저 지속가능성 보고서 공시 의무화 대상이 될 것으로 예상되는바, 이에 대한 준비 차원에서 보고서 발간에 보다 적극적인 것으로 유추된다.[25] 연간 증가율을 보면 조사를 시작한 2015 회계연도를 기점으로 2016 회계연도 6%, 2017 회계연도 4%, 2018 회계연도 10%, 2019 회계연도 16%로 증가하다가 2020 회계연도 44%, 2021 회계연도 55%, 2022 회계연도 35%로 최근 3년간 대폭 증가했다. 2020년 이후 이해관계자들의 ESG 경영 및 정보 공개 요구가 높아짐에 따라 기업의 지속가능성 보고서 발간도 증가한 것으로 보인다.[26]

24) 특정 기준서 혹은 특정 주제에 관한 보고서(TCFD, SASB, 환경 보고서 등)는 조사에 포함하지 않았다.

25) 2023년 5월 여의도 한국거래소에서 열린 '금융투자업 글로벌 경쟁력 강화를 위한 제3차 릴레이 세미나'에서 자본시장연구원은 유가증권 상장 기업들은 2027년 자산 규모 2조 원 이상인 유가증권 상장사부터 공시가 단계적으로 의무화되어 2032년에는 전 유가증권 상장사로 확대되며, 코스닥 상장사의 경우 2029년부터 자산 규모 5,000억 원 이상인 기업을 대상으로 공시가 의무화되는 안을 제시하였다.

26) 세계 최대 자산운용사인 블랙록의 래리 핑크 회장은 2020년 신년 서한에서 기업들이 기후변화에 적극적으로 대응할 것과 공시를 확대할 것을 요구하였다. 이를 계기로 ESG 경영 및 공시에 대한 관심이 확대되었다.

보고서 발간 건수

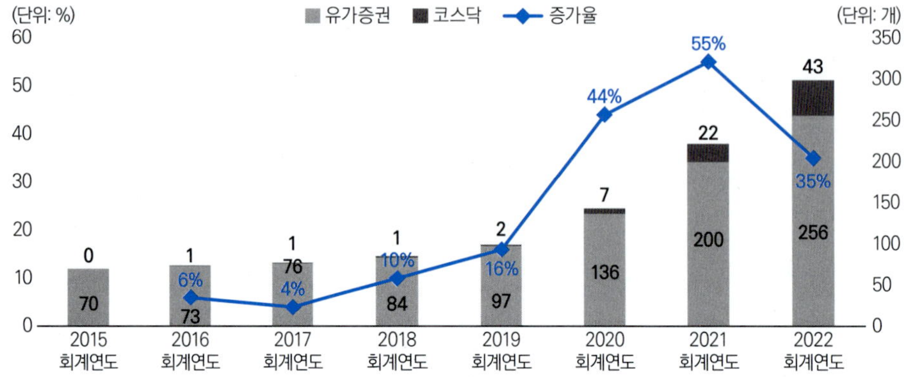

출처: 고정연(2024)

기업 규모를 고려해 살펴보면, 유가증권 상장사 가운데 자산 규모가 클수록 보고서 발간 비율이 높은 것으로 나타났다. 자산 규모가 2조 원 이상인 기업은 77%로, 10개 기업 중 약 8개 기업이 보고서를 발간하고 있었다. 자산 2조 원 이상부터 공시가 의무화될 것으로 예고되었던 점이 영향을 준 것으로 판단된다. 자산 규모가 작을수록 발간 비율이 낮았는데 1조 원 이상은 25%, 5천억 원 이상은 18%, 5천억 원 미만은 5%로 나타났다.

자산 규모별 발간 현황

	자산 규모(직전사업 연도)	보고서 발간 수(A)	총 기업 수(B)	비율(A/B)
유가증권	2조 원 이상	187	243	77%
	1조 원 이상 ~ 2조 원 미만	29	117	25%
	5천억 원 이상 ~ 1조 원 미만	25	138	18%
	5천억 원 미만	15	314	5%
	합계	256	812	32%
코스닥		43	1,690	3%
유가증권+코스닥		299	2,502	12%

출처: 고정연(2024)

(3) 산업별 발간 현황

산업별로 살펴봤을 때 정보통신업, 금융업, 사업시설 관리·사입 지원 및 임대 서비스업, 운수 및 창고업에서 높은 발간율을 보였다. 정보통신업의 경우 발간율이 전년 대비 40%p 증가하여 가장 높은 증가율을 보였으며 가장 많은 기업이 속해있는 제조업은 2023년에 30%의 기업들이 지속가능성 보고서를 발간한 것으로 나타났다.[27)]

27) 유가증권시장 상장기업의 약 60%가 제조업에 속한다.

산업별 발간 현황

산업	2019년	2020년	2021년	2022년
제조업	48(10%)	69(14%)	94(19%)	152(30%)
전기, 가스, 증기 및 공기조절 공급업	3(30%)	2(20%)	4(40%)	4(40%)
건설업	3(11%)	5(18%)	10(34%)	12(41%)
도매 및 소매업	6(9%)	9(14%)	15(23%)	18(28%)
운수 및 창고업	4(16%)	6(24%)	10(40%)	13(52%)
정보통신업	4(10%)	10(26%)	11(28%)	27(68%)
금융 및 보험업	18(32%)	22(39%)	28(49%)	33(62%)
전문, 과학 및 기술 서비스업	8(13%)	11(18%)	20(31%)	30(43%)
사업시설 관리, 사업 지원 및 임대 서비스업	-	1(11%)	4(40%)	5(63%)

주1: 연도별로 해당 산업에 속하는 기업이 5개 미만인 산업은 분석에서 제외하였다. 제외된 산업은 다음과 같다.
- 농업·임업 및 어업, 광업, 숙박 및 음식점업, 부동산업, 공공 행정, 국방 및 사회보장 행정, 교육서비스업, 보건업 및 사회복지 서비스업, 예술·스포츠 및 여가 관련 서비스, 협회 및 단체, 수리 및 기타 개인 서비스업, 가구 내 고용활동 및 달리 분류되지 않은 자가소비 생산활동, 국제 및 외국기관

주2: 산업별 발간 현황 통계에서 코스닥 상장사는 제외하였다.

출처: 고정연(2024)

(4) 보고서 작성기준 및 프레임워크

먼저 GRI 기준에 따른 보고서가 국내 기업의 대다수를 차지하고 있다. 2019 회계연도와 2020 회계연도에 대한 조사에서 99%였던 비율이 2021년에는 98%로, 그리고 2022년 조사에서는 94%로 감소했다. GRI 기준은 지속가능성 보고서 작성에 가장 빈번하게 사용되나, 사용 비율은 점진적으로 감소하는 것으로 보인다. TCFD 권고안과 SASB 기준의 적용 비율은 2019 회계연도 각각 19%, 20%에서 2020 회계연도 57%, 60%로 대폭 증가하였다. 2022 회계연도에도 56%, 68%로 2020 회계연도와 유사한 수준을 유지했다. 이처럼 2020 회계연도에 TCFD 권고안과 SASB 기준의 적용 비율이 크게 증가한 것은 보고서 발간 자체가 대폭 증가한 시점과 맥을 같이 하고 있다. TCFD 권고안에 따른 공시는 세계 여러 나라에서 이미 요구되는 것이라 ESG 공시 의무화에 대비하는 기업이 늘어나면서 보고서 발간과 TCFD 권고안 적용 비율의 증가 폭이 크게 동반 상승한 것으로 판단된다. 반면 통합보고 프레임워크(Integrated Reporting Framework, 이하 IR 프레임워크)의 적용 비율은 2019 회계연도 25%에서 2020 회계연도 16%, 2021 회계연도 8%, 2022 회계연도 5%로 점진적으로 감소하였다.

IFRS 지속가능성 공시기준을 사용한 기업은 4개(1%)로 조사되었으며, ESRS를 사용한 기업들도 2개(1%)로 나타났다. 일부 기업들은 글로벌 기준 제정 흐름에 발 빠르게 대응하고 있는 것으로 보인다.

그리고 기타 작성기준으로는 WEF-IBC(World Economic Forum-International Business Council)의 이해관계자 자본주의 지표, 한국거래소 ESG 정보공개 가이던스, 책임은행원칙(Principles for Responsible Banking, PRB), 책임투자원칙(Principles for Responsible Investment, PRI), 유엔 기업과 인권 이행지침 등이 사용되는 것으로 조사되었다.

보고서 작성기준 및 프레임워크

구분	2019 회계연도		2020 회계연도		2021 회계연도		2022회계연도	
	개수	비율 (기업 수)	개수	비율 (기업 수)	개수	비율 (기업 수)	개수	비율 (기업 수)
IFRS 지속가능성 공시기준	-	-	-	-	1	0%	4	1%
ESRS	-	-	-	-	0	0%	2	1%
GRI 기준	98	99%	142	99%	217	98%	282	94%
TCFD 권고안	19	19%	82	57%	127	57%	167	56%
SASB 기준	20	20%	86	60%	146	66%	204	68%
IR 프레임워크	25	25%	23	16%	18	8%	14	5%

주1: 복수의 작성기준 및 프레임워크를 사용한 경우가 존재한다.

출처: 고정연(2024)

(5) 가치측정 결과 공개

국내 보고서 중 비재무적 요소의 영향을 재무적 가치로 측정해 결과를 공개한 기업은 총 18개로 나타났다. SK그룹 계열사가 10개로 가장 많았으며, 그 외에 삼성전자, 삼성전기, HD현대건설기계, 엘지디스플레이, 신한금융그룹, 두산 등도 있었다. SK 계열사는 그룹 내 방법론을 적용하였고, 회계법인의 방법론을 적용한 기업은 3개로 나타났다.

(6) 보고대상 기간 및 발행시기

2022 회계연도 299개 보고서 가운데 288개(96%)는 보고대상 기간이 1년이었다. 발행시기는 72%(245개)가 6월에서 7월 사이에 발간되었으며, 3월 이전에 발간한 기업은 1%(3개), 9월 이후에 보고서를 발간하는 경우는 10%(22개)로 나타났다.

(7) 국내 보고서 인증 현황

인증기관을 살펴보면 회계법인의 지속가능성 보고서 인증 비율은 8%이다. 그리고 회계법인 이외 기타 인증기관의 인증 비율은 총 82%이다. 기타 인증기관 가운데 한국경영인증원(KMR)의 인증 비율이 31%로 가장 높았으며, 그 뒤를 BSI, 한국표준협회, 한국품질재단 등이 잇고 있다. 2024년 2월에 발표한 국제회계사연맹 보고서에 따르면 글로벌 평균 인증 비율은 69%로 나타났으며, 회계법인의 인증 비율은 글로벌 평균이 58%였다. 한국공인회계사회 조사결과에 따르면 국내 보고서 인증 비율은 90%, 회계법인 인증 비율은 8%이다. 국내 보고서 인증 비율은 글로벌 평균보다 상대적으로 높은 수준인 반면 회계법인의 인증 비율은 현저히 낮은 수준으로 나타났다. 국내에서 회계감사인이 해당 기업의 ESG 인증도 수행한 경우는 단 한 곳이었다. 이 역시 글로벌 동향과 대비되는 현상이다. 해외에서는 법정감사인으로부터 ESG 정보 인증을 받을 경우 재무보고와 ESG 보고와의 연계성을 고려할 수 있을 뿐 아니라 법정감사인이 이미 인증대상 기업을 충분히 이해하고 있으므로 기업과 인증기관 모두의 업무 효율이 높아진다는 점 등 많은 장점이 부각되고 있다. 따라서 회계감사인이 지속가능성 인증도 함께 수행하는 경우가 많다.[28] 이러한 글로벌 관행이 우리에게 시사하는 바가 크다고 할 수 있다.

인증기준 가운데 AA1000AS가 78%로 가장 큰 비중을 차지하였으며, 국제감사인증기준위원회에서 제정한 인증업무기준인 ISAE 3000과 이를 국내에 도입한 KSAE 3000의 사용 비율은 9%에 불과한 것으로 나타났다. 국내에서는 회계법인 이외 기타 인증기관의 인증업무 비율(82%)이 높은데, 이들 기관에서는 AA1000AS를 주로 사용한다. 그리고 회계법인은 주로 ISAE 3000 또는 KSAE 3000을 사용한다. 이러한 인증기관 분포 특성이 인증기준 사용 비율에도 영향을 미친 것으로 보인다. 또한 일부 인증기관은 자체 기준을 수립하여 운영하기도 하는데, 이 비율도 40%에 육박하는 상황이다.

국내 인증기관 현황

구분	2019 회계연도		2020 회계연도		2021 회계연도		2022 회계연도	
	개수	비율	개수	비율	개수	비율	개수	비율
회계법인	4	4%	7	5%	13	6%	24	8%
한국경영인증원(KMR)	32	32%	46	32%	78	35%	92	31%
BSI Group Korea	1	1%	18	13%	26	12%	59	20%
한국표준협회	5	5%	10	7%	20	9%	18	6%
한국품질재단	4	4%	13	9%	18	8%	17	6%
기타	43	43%	43	30%	51	23%	60	20%
미인증	10	10%	6	4%	16	7%	29	10%
총합계	99	100%	143	100%	222	100%	299	100%

출처: 고정연(2024)

국내 인증기준 현황

구분	2019 회계연도		2020 회계연도		2021 회계연도		2022 회계연도	
	개수	비율	개수	비율	개수	비율	개수	비율
ISAE 3000	9	9%	10	7%	15	7%	21	7%
KSAE 3000							6	2%
AA1000AS	70	71%	116	81%	176	80%	233	78%
SRV1000	32	32%	46	32%	78	35%	92	31%
VeriSustainTM1	16	16%	10	7%	13	6%	8	3%
기타	12	12%	15	10%	5	2%	10	3%
미인증	10	10%	6	4%	16	7%	29	10%

주1: 복수의 인증기준 및 프레임워크를 사용한 경우가 존재한다.

출처: 고정연(2024)

28) 국제회계사연맹(2024)의 조사결과에 따르면 회계법인이 지속가능성 인증을 수행하는 경우의 73%가 법정감사인이었다.

3) 국내 기업들의 주요 애로사항

대한상공회의소가 2023년 8월 실시한 국내 ESG 공시제도에 대한 기업 의견조사에 따르면 대부분의 기업, 특히 대기업조차 공시 의무화 준비에 어려움을 겪고 있는 것으로 나타났다. 해당 조사는 국내 기업 100개 사(대기업 59개 사, 중견기업 41개 사) ESG 담당 임직원을 대상으로 이뤄졌다.

먼저 국내 ESG 공시제도에 대한 의견을 보면 절반 이상인 56%가 기존안[29] 대비 완화된 연기안을 선호했다.

ESG 공시 의무화 일정 관련 기업 의견

항목	비율	내용
연기안	56%	ESG 공시 의무화 일정을 2026년 이후로 연기하고 일정 기간(2~3년) 책임면제 기간을 설정
기존안	27%	자산 2조 원 이상 기업은 2025년부터, 나머지 상장사는 2030년부터 의무화하고 코스닥 기업은 제외
신규안	14%	자산 1조 원 이상 기업도 2027년부터로 앞당기고, 자산 5천억 원 이상 코스닥 기업도 포함

출처: 대한상공회의소(2023)

여기서 책임면제 기간은 온실가스 배출량 측정과 인증에 필요한 명확한 기준이 마련되기 전까지 일정 기간 동안 ESG 공시 정보에 대한 기업의 책임을 면제해 주는 것을 의미한다. 공시 의무화에 대한 기업의 책임이 강화될 전망이지만, 기업들은 어려움을 호소하는 것으로 보인다.

ESG 공시와 관련한 준비사항을 보면 현재 ESG 자율 공시 중인 기업이 53%로 과반 이상을 차지하였고, 준비 중인 기업도 26%로 나타나 준비하고 있지 않은 21%보다 높은 것으로 나타났다. 결국 80%에 가까운 기업들이 이미 자율 공시 중이거나 이를 준비 중인 상태이다. 반면 ESG 자율 공시를 진행 중인 기업의 90.6%는 외부전문기관을 활용하고 있는 것으로 나타나 아직 기업 스스로 공시를 할 역량은 갖추지 못한 것으로 보인다. ESG 공시에 투자하는 비용은 1억 원 이상 2억 원 미만이 가장 높은 비율(50.9%)을 차지하였으며, 2억 원 이상을 집행하는 기업도 28.3%로 나타났다. 한편 ESG 전산 시스템을 보유한 기업은 14% 수준에 불과했다.

ESG 공시 준비 정도

항목	비율
ESG 자율 공시 중	53%
ESG 자율 공시 준비 중	26%
ESG 공시를 준비하고 있지 않음	21%

ESG 공시 외부전문기관 활용 여부

항목	비율
외부전문기관을 활용하고 있다	90.6%
내부인력만으로 공시	9.4%

29) 2021년 1월에 금융위원회에서 발표했던 안으로 2025년부터 일정 규모 이상의 상장사부터 ESG 공시를 의무화한다는 내용을 담고 있다.

ESG 전산시스템 준비 정도

항목	비율
ESG 전산시스템 보유	14%
전산시스템 준비 중	46%
계획 없음	32%
기타	8%

ESG 공시에 투자하는 비용

항목	비율
2억 원 이상	28.3%
1억 원 이상 2억 원 미만	50.9%
5천만 원 이상 1억 원 미만	11.3%
5천만 원 미만	9.5%

출처: 대한상공회의소(2023)

기후 공시와 관련해서는 가장 이슈가 되고 있는 스코프 3 배출량 공시에 대한 의견을 물었는데 68%의 기업이 스코프 3 배출량을 공시하고 있지 않는 것으로 나타났으며 이 중 준비 중인 기업은 24%로 나타났다. 현재 공시 중인 기업은 32%였다. 이로 인해 절반 이상의 기업인 61%가 스코프 3 배출량 공시 의무화 일정을 늦춰야 한다고 답했으며, 특히 대기업들도 현실적으로 스코프 3 배출량 공시가 어렵다는 점을 강조했다. 반면 스코프 3 공시를 2027년부터 모든 항목에 대해 의무화하자는 의견이 30%를 차지하였고, 업종별로 부담되지 않는 2~3개 항목들부터 도입한 뒤 점차 확대하자는 의견은 8%에 불과했다.

스코프 3 배출량 공시 여부

항목	비율
스코프 3 배출량 공시 중	32%
스코프 3 배출량 공시 준비 중	24%
스코프 3 배출량 공시하지 않음	44%

스코프 3 배출량 공시 의무화 일정에 대한 의견

항목	비율
전체 일정 충분한 연기	61%
2027년부터 모든 항목 의무화	30%
2027년부터 일부 항목 의무화	8%

출처: 대한상공회의소(2023)

IFRS 지속가능성 공시기준과 관련해서는 상장사 대상으로 전면 도입하자는 의견은 26%에 그친 반면 상황에 맞춰 기업 부담을 완화하는 방향으로 도입해야 한다는 의견이 대다수인 74%를 차지하였다. 특히 연결기준 공시에 대한 부담감이 큰 것으로 나타났는데, 개별기업 정보만 공시하고 추후 확대 검토해야 한다는 의견이 77%로 높게 나타났으며, 종속기업까지 모두 포함해 공시해야 한다는 의견은 22%에 그쳤다. 또한 기후 위험 시나리오 작성 항목도 기업 자율에 맡겨 달라는 의견이 65%로 높게 나타났다.

마지막으로 복수응답을 적용한 ESG 공시 관련 애로사항에 대한 의견을 보면 협력업체 데이터 측정 및 취합의 어려움이 63%로, 구체적인 세부 가이드라인 미비가 60%로 가장 높은 응답을 보였으며, 그 외에도 내부 전문인력 부족이 52%, 외부 전문기관 활용에 대한 비용 부담이 46%, 공시를 위한 IT·전문인력 양성 및 공급이 37%로 나타났다.

II

ESG 공시 및 인증 기준 제정 동향

Environmental
Social
Governance

KICPA

Ⅱ ESG 공시 및 인증 기준 제정 동향

01 | ESG 공시기준 개요

1) ESG 공시기준의 중요성 관점

ESG 공시기준은 중요성 관점에 따라서 각기 다른 특성을 가진다. 먼저 재무적 중요성(Financial Materiality)을 적용하는 경우가 있다. 재무적 중요성은 환경과 사회가 조직(재무)에 미치는 영향(아웃사이드-인)을 고려하는 것을 의미한다. 재무적 중요성을 적용한 공시기준은 일반목적재무보고 이용자 의사결정 활용을 최우선 목적으로 한다. 대표적으로 ISSB에서 제정한 IFRS 지속가능성 공시기준과 미국 SEC 기후 관련 공시 규칙의 요구사항들이 여기에 해당한다. 같은 방향을 지향했던 SASB의 기준과 TCFD의 권고안은 IFRS 지속가능성 공시기준으로 통합되거나 일부 내용이 반영되었다. 이러한 기준들은 주로 재무회계 및 금융 관련 기구 주도로 제정되었으며, 지속가능성과 관련한 재무정보에 초점을 맞추고 있다. SASB 기준의 경우는 기후변화 이외의 주제에 대한 공시 요구사항을 포함하고 있으며 미국 SEC 역시 기후 관련 공시 이외에도 인적 자본에 대한 공시를 요구하고 있다. 반면 IFRS 지속가능성 공시기준의 경우는 생물다양성, 인적 자본, 인권 등 기후변화 이외의 공시기준은 향후 제정이 예정되어 있다.

재무적 중요성과 상반된 개념으로는 영향 중요성(Impact Materiality)이 있다. 영향 중요성은 조직이 환경과 사회에 미치는 영향(인사이드-아웃)을 고려하는 것으로 다중 이해관계자를 위한 지속가능성 관련 정보에 초점을 맞춘다. 해당되는 기준으로는 GRI 기준이 있다.

그리고 이중 중요성(Double Materiality)은 재무적 중요성과 영향 중요성을 포괄하는 개념이다. 이중 중요성을 적용한 공시기준으로는 ESRS가 있다. ESRS는 기업이 환경, 사회 및 거버넌스 관련 지속가능성 사안에 대해 어떤 정보를 공개해야 하는지를 제시한다. 이처럼 어떠한 중요성을 적용하는지에 따라 공시기준의 특성이 상이하므로, 각 공시기준의 목적과 핵심 요구사항을 올바로 이해하고 이에 따른 대응 방안 수립이 필요하다.

ESG 공시기준의 중요성 관점

중요성	중점 보고·공시 내용	정보 이용자	기준명
재무적 중요성	- 기업의 전망(단기, 중기, 장기)에 중요한 영향을 미치는 지속가능성 정보 - '아웃사이드-인' 관점	일반목적 재무보고 이용자[주1)]	• IFRS 지속가능성 공시기준 • SASB 기준, TCFD 권고안
영향 중요성	- 보고 주체(기업 등)가 경제, 환경 및 사람에게 미치는 영향에 대한 지속가능성 정보 - '인사이드-아웃' 관점	다중 이해관계자	• GRI 기준
이중 중요성	재무적 중요성과 영향 중요성을 포괄	다중 이해관계자	• ESRS

주1: 일반목적재무보고의 주요 이용자는 현재 및 잠재 투자자, 대여자 및 그 밖의 채권자를 의미한다(IFRS 재단, 2023a).

2) 국제 ESG 공시기준 및 규제의 도입

ESG 공시에 대해 올바로 이해하기 위해서는 ESG 공시기준과 규제를 함께 이해해야 한다. 자국의 상황에 따라 특정 공시기준의 적용을 의무화하는 것이 각국의 공시 규제인 만큼 공시기준과 공시 규제 동향을 함께 이해해야 ESG 공시가 향후 어떠한 방향으로 나아갈지 올바로 내다볼 수 있다.

국제 ESG 공시기준 흐름

일반목적재무보고 이용자를 위한 지속가능성 관련 재무 공시기준

주도 기구 및 국가	국제재무회계 및 금융기구, 미국
1 IFRS 지속가능성 공시기준 [제정 주체] ISSB (국제 지속가능성 공시기준 위원회)	• 글로벌 기준이 되는 지속가능성 관련 재무 공시기준 ▶ 일반(S1) 및 주제별 요구사항(S2 등)으로 구성
2 SASB [제정 주체] SASB (미국지속가능성 회계기준위원회)	• 산업별 중요 ESG 이슈 공시기준 ▶ 투자자 관점에서 활용할 수 있는 77개 산업별 기준 제정 → IFRS S2 이행에 대한 산업기반 지침으로 활용
3 TCFD [제정 주체] TCFD (기후 관련 재무정보 공개 태스크포스)	• 기후 관련 재무정보 공시 권고안 ▶ 거버넌스, 전략, 위험 및 기회관리, 지표·감축 목표로 구성 → IFRS S1과 S2에 반영
4 SEC [제정 주체] SEC (미국증권거래 위원회)	• 기후 관련 재무정보 공시 규칙 ▶ 미국 증권거래소 상장사의 투자자를 위한 기후 관련 위험 및 기회에 대한 공시 요구

다중 이해관계자를 위한 지속가능성 관련 공시기준

주도 기구 및 국가	국제비영리기구, EU
1 ESRS [제정 주체] 유럽재무보고 자문그룹	• 환경, 사회, 거버넌스 관련 공시기준 ▶ EU의 ESG 공시를 위한 주제별 기준 ▶ 산업별, 기업 규모별 공시기준 공개 예정 • GRI 기준을 기반으로 개발해 유사도 매우 높음
2 GRI [제정 주체] GRI (글로벌보고 이니셔티브) ※미국의 환경단체 및 유엔환경계획(UNEP) 등이 주축으로 설립한 비영리기구	• 일반(공통), 경제, 환경, 사회 관련 공시기준 ▶ 모든 이해관계자들을 위한 지속가능성 관련 정보 기준 • 전 세계적으로 가장 많은 기업들이 활용 중인 공시기준

공시 규제의 도입도 공시기준과 연동되어 두 가지 방향으로 나뉘어 논의되고 있다. 일반목적재무보고 이용자를 위한 지속가능성 관련 재무정보 공시기준의 경우, 미국을 제외한 국가들은 IFRS 지속가능성 공시기준 도입을 우선적으로 검토하고 있다. 그리고 미국은 자체적으로 제정한 기후 공시 규칙을 도입한다. 한편 유럽연합은 다중 이해관계자를 위한 지속가능성

관련 일반 공시기준인 ESRS를 회원국들이 도입하도록 했다. 결국 유럽연합을 제외한 주요 국가들은 일반목적재무보고 이용자를 위한 재무정보에 초점을 맞추어 규제를 도입하고 있는 반면, 유럽연합은 일반목적재무보고 이용자와 그 외 이해관계자를 포함한 다중 이해관계자를 위한 정보에 대한 공시 규제로 방향을 잡고 있는 셈이다.

국제 ESG 공시 규제 흐름

지속가능성 관련 재무 공시기준 도입 현황

1	IFRS 지속가능성 공시기준
싱가포르	**회계기업 관리청** ▶ 2025 회계연도부터 IFRS 지속가능성 공시기준 반영 자체 기준 공시 의무화(계획)
일본	**금융청** ▶ 2023 회계연도부터 ESG정보 공시 의무화, IFRS 지속가능성 공시기준 기반 공시는 2026 또는 2027 회계연도부터 의무화(계획)
홍콩	**홍콩거래소** ▶ 2024 회계연도부터 IFRS 지속가능성 공시기준 공시 의무화(계획)
호주	**재무부** ▶ 2025 회계연도부터 ESG정보 공시 의무화(계획)
2	**SEC 기후 관련 공시 규칙**
미국	**SEC** ▶ 2025 회계연도부터 기후 공시 의무화 (상장 대기업부터)

지속가능성 관련 공시기준 도입 현황

1	ESRS
유럽연합	**유럽연합 집행위원회** ▶ 2023년 1월 발효된 CSRD 지침에 따라 2024 회계연도부터 ESG 공시 의무화 - ESRS를 공시기준으로 채택
	• **2024 회계연도부터 유럽연합 기업 공시 의무 적용** - 기업 규모에 따라 순차적으로 적용 확대 • **2025 회계연도부터 비유럽연합 지배기업 공시 의무 적용** **[유럽연합 소재 종속기업 소유 비유럽연합 지배기업]** → **2025 회계연도**부터 종속기업 정보 보고 (기업 규모에 따라 순차적으로 적용 확대) **[유럽연합 내 일정 매출액 초과 비유럽연합 지배기업]** → **2028 회계연도**부터 글로벌 전체 연결 기준으로 보고

국제 ESG 공시기준과 규제 현황을 고려할 때, 우리나라 기업은 IFRS 지속가능성 공시기준으로 대표되는 글로벌 공시기준의 도입을 우선적으로 준비해야 하며 유럽연합 비즈니스가 중요한 기업의 경우에는 유럽연합 ESRS 적용에 대한 검토가 필요하다. 또한 미국 SEC에 상장되어 있는 경우에는 SEC 기후 관련 공시 규칙 적용에 대한 검토를 하는 등 추가적인 검토가 필요할 것으로 보인다.

02 | 글로벌 ESG 공시기준

1) IFRS 지속가능성 공시기준

앞서 살펴본 것처럼 유럽연합 외의 국제적인 ESG 공시 규제는 일반목적재무보고 이용자를 위한 재무정보에 한정하여 도입이 검토되고 있으며, 이에 있어 국제 기준을 제시하는 것이 IFRS 지속가능성 공시기준이다. 실제 ISSB도 IFRS 지속가능성 공시기준의 역할을 ESG 의무 공시의 국제 기준선으로 정의하고 있으며, 보다 일반적인 ESG 정보의 경우 국가별 기준 제정 및 규제 도입을 통해 다루어야 함을 제시하고 있다.

IFRS 지속가능성 공시기준의 역할

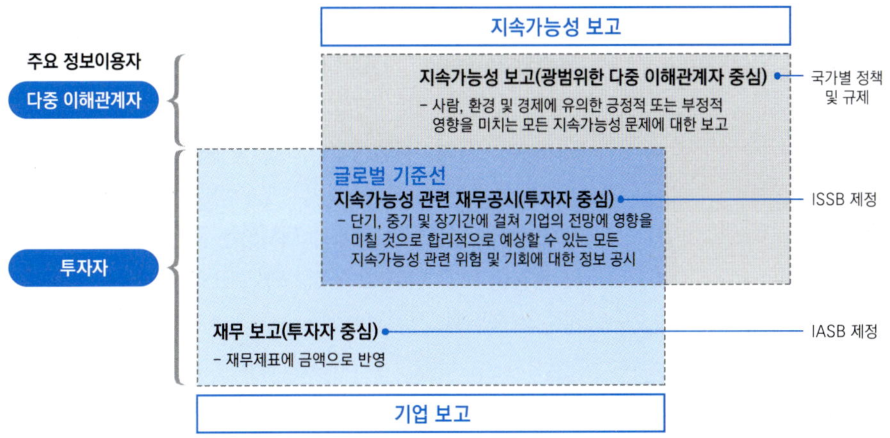

출처: 이웅희와 윤나영(2021), 저자 재구성

2023년 6월 말 최종안이 발표된 IFRS 지속가능성 공시기준은 현재 S1 일반 요구사항, S2 기후 관련 공시 두 개의 기준서로 구성되어 있다. 그중 S1이 일반 요구사항을 제시하고 있는 만큼 실질적으로 공시에 활용 가능한 기준서는 기후변화 공시를 다루고 있는 S2가 유일하다.

IFRS 지속가능성 공시기준 개요

항목	내용
기준명칭	IFRS S1 지속가능성 관련 재무정보 공시를 위한 일반 요구사항(General Requirements for Disclosure of Sustainability-related Financial Information, 이하 일반 요구사항) IFRS S2 기후 관련 공시(Climate-related Disclosures)
IFRS S1 일반 요구사항	일반목적재무보고 이용자의 의사결정에 유용한 모든 지속가능성 관련 위험 및 기회 정보 공시에 필요한 일반 요구사항 규정
IFRS S2 기후 관련 공시	기후 관련 위험 및 기회에 대한 공시를 요구하며 산업전반 및 산업기반 공시 요구사항 규정(TCFD 권고안 준용)
시행일	2024년 1월 1일 이후 최초로 시작하는 회계연도부터 유효

항목	내용
주요 경과규정	IFRS S1·S2 기준 적용 첫해, 다음 경과규정 제공 ① 비교 정보의 미공시 허용 ② 기후 외 지속가능성 관련 사안에 대한 정보는 미공시 허용 ③ 관련 재무제표와 동시가 아닌, 차년도 반기 재무제표 발표 시점에 공시 허용 ④ 스코프 3 온실가스 배출량 정보에 대한 미공시 허용

출처: 한국회계기준원(2023)

(1) IFRS S1 일반 요구사항 주요 내용

IFRS S1 일반 요구사항의 목적은 일반목적재무보고의 이용자가 기업에 자원 제공을 위한 의사결정을 할 때 유용한 모든 지속가능성 관련 위험 및 기회에 대한 정보 제공을 요구하는 것이다. 적용범위의 경우 단기, 중기 또는 장기적으로 기업 전망에 영향을 미칠 것으로 합리적으로 예상할 수 있는 지속가능성 관련 위험 및 기회이며, 이와 관련하여 네 가지 핵심요소인 거버넌스, 전략, 위험관리, 지표 및 목표에 대한 정보 공시를 요구하고 있다.

IFRS S1 일반 요구사항에서 제시하는 근본 개념과 일반 요구사항은 아래와 같으며, 재무제표와 동일한 보고 범위(보고기업)와 보고 시기를 요구한다는 점에서 지속가능성 관련 재무정보 기준의 특징을 가지고 있다.

IFRS S1 일반 요구사항의 주요 내용

근본 개념	
중요성	누락, 오기 또는 불분명하여 정보 이용자의 의사결정에 영향을 미칠 것으로 합리적으로 예상되는 정보를 의미하며, IFRS 회계기준에서의 정의와 일관됨
공정한 표시	지속가능성 관련 위험 및 기회에 대하여 목적 적합한 정보를 제공
보고기업	관련 재무제표의 보고기업과 동일
연계된 정보	① 지속가능성 관련 위험 및 기회 간, ② 지속가능성 관련 재무공시 내, ③ 지속가능성 관련 재무공시와 재무제표 간 연계된 정보 요구
일반 요구사항	
지침의 원천	① 지속가능성 관련 위험 및 기회의 식별 및 관련 정보를 제공하는데 ② 적용 가능한 공시 요구사항 식별에 고려
공시 위치	재무제표를 포함한 일반목적재무보고의 일부로서 공시
보고 시기	재무보고기간과 동일 보고기간에 대하여, 재무제표와 동시에 보고
비교 정보	보고기간에 공시하는 모든 값에 대한 비교 정보 공시
준수 문구	기준의 모든 요구사항을 충족하는 경우 준수 사실을 기재할 수 있음
판단, 불확실성 및 오류	기업이 내린 유의적인 판단, 보고된 수치에 영향을 미치는 가장 유의적인 불확실성과 관련된 정보 공시 및 이미 보고된 수치에 오류가 있는 경우 비교 정보의 재작성 필요

출처: 한국회계기준원(2023)

(2) IFRS S2 기후 관련 공시 주요 내용

IFRS S2 기후 관련 공시의 목적은 일반목적재무보고 이용자가 기업에 자원을 제공하기 위한 의사결정을 할 때 유용한 기후 관련 위험 및 기회에 대한 정보를 제공하도록 요구하는 것이다. 적용범위는 단기, 중기 또는 장기적으로 기업 전망에 영향을 미칠 것으로 합리적으로 예상할 수 있는 기후 관련 위험 및 기회이다.[30] 일반목적재무보고 이용자를 위한 정보 제공을 목적으로 하므로 IFRS S2 기후 관련 공시에 재무영향 분석에 대한 공시 요구사항이 다수 존재한다.

IFRS S2 기후 관련 공시는 TCFD 권고안과 유사한 기준서이다. TCFD는 2015년에 금융안정위원회가 설립하고, 글로벌 유수의 은행, 증권사, 보험사, 자산운용사 등 금융기관들이 참여한 태스크포스이다.

당시 금융기관들은 기후변화가 세계 경제와 기업에 미치는 영향이 심상치 않음을 감지하였으나, 투자자로서 기후변화가 피투자 기업에 미치는 영향을 평가할 수 있는 정보가 부족하였다. 이에 따라 각 기업이 기후변화로 인한 위험과 기회에 대해 비교 가능하면서도 일관된 정보를 공개하도록 하는 권고안을 개발하였고, 현재 이 권고안이 글로벌 3대 공시기준의 제정 근간이 되었다.

IFRS S2 기후 관련 공시기준은 TCFD와 유사하게 네 가지 핵심요소로 구성되어 있다. 각 핵심요소별 공시사항은 다음과 같다.

IFRS S2 기후 관련 공시기준 핵심요소별 공시사항

구분	핵심요소	공시사항
1	거버넌스	기후 관련 위험 및 기회를 모니터링·관리·감독하는 의사결정기구와 경영진의 역할
2	전략	기후 관련 위험 및 기회가 기업의 사업모형·가치사슬, 전략·의사결정, 재무상태·재무성과·현금흐름에 미치는 영향, 기업의 전략·사업모형의 기후 회복력
3	위험관리	기후 관련 위험 및 기회를 식별하고 평가하는 데 사용하는 프로세스와 정책, 이러한 절차가 기업 전체 위험관리 프로세스에 통합되는 방식
4	지표 및 목표	산업 특성과 무관한 산업전반 지표, 산업 특성별로 달라질 수 있는 산업기반 지표, 기업의 기후 관련 목표와 목표의 진척도

출처: 한국회계기준원(2023)

네 가지 핵심요소 중에서도 특히 양적 정보 공시가 요구되는 전략과 지표 및 목표 관련 공시 요구사항을 주의 깊게 살펴봐야 한다. 전략의 경우 5개 사항(위험과 기회, 사업모형과 가치사슬, 전략과 의사결정, 현재 및 예상 재무적 영향, 기후 회복력)에 대한 공시를 요구하는데 이 중 현재 및 예상 재무적 영향에 대해서는 질적 정보와 함께 양적 정보 공시를 요구한다.

30) IFRS S2 기후 관련 공시의 첫 번째와 두 번째 문단은 기후 관련 공시의 목적을 다음과 같이 정의하고 있다.
1. IFRS S2 기후 관련 공시의 목적은 일반목적재무보고서의 주요 이용자가 기업에 자원을 제공하는 것과 관련된 의사결정을 할 때 유용한 기후 관련 위험 및 기회에 대한 정보를 기업이 공시하도록 요구하는 것이다.
2. 이 기준서는 단기, 중기 또는 장기에 걸쳐 기업의 현금흐름, 자금조달 접근성 또는 자본 비용에 영향을 미칠 것으로 합리적으로 예상할 수 있는 기후 관련 위험 및 기회에 대한 정보를 공시하도록 요구한다. 이 기준서의 목적상, 이러한 위험 및 기회를 '기업 전망에 영향을 미칠 것으로 합리적으로 예상할 수 있는 기후 관련 위험 및 기회'라고 통칭한다.

즉, 해당 정보의 경우에는 기후 관련 위험 및 기회가 보고기간 및 단기·중기·장기에 걸쳐 기업의 재무상태·재무성과·현금흐름(재무제표)에 미치는 영향에 대한 양적 및 질적 정보를 공시해야 한다. 양적 정보를 제공하지 않을 수 있으나 이때는 재무적 영향을 질적 정보로 제시하고 그 이유를 설명해야 한다.

양적 정보 중심으로 구성된 지표 및 목표의 경우 7개 산업전반 지표(① 온실가스 배출량, ② 전환 위험에 취약한 자산 또는 사업활동, ③ 물리적 위험에 취약한 자산 또는 사업활동, ④ 기후 관련 기회에 부합하는 자산 또는 사업활동, ⑤ 기후 관련 자금 조달 및 투자, ⑥ 내부탄소가격, ⑦ 기후 관련 경영진 보상), 산업별로 상이한 산업기반 지표, 그리고 기후 관련 목표와 목표 검토에 대해 공시하도록 요구하고 있다. 이 중에서 7개 산업전반 지표는 모든 기업이 의무적으로 공시해야 하는 정보인 만큼 기업은 해당 양적 정보에 대한 공시를 최우선으로 준비할 필요가 있다.

IFRS S2 기후 관련 공시의 주요 내용을 거버넌스, 전략, 위험관리, 지표 및 목표로 구성된 네 가지 핵심요소별로 살펴보도록 하겠다.

❶ 거버넌스

'거버넌스'에서 핵심적으로 요구하는 정보는 기업이 처한 기후 관련 위험 및 기회를 감독하고 관리하는 과정과 통제 및 절차이다. 거버넌스 항목에서는 기업의 최종 의사결정권을 가지고 있는 이사회 및 경영진 등의 리더십 수준에서 기후 관련 이슈의 중요성을 얼마나 인지하고 있으며, 이를 어떻게 관리·감독하고 있는지 확인할 수 있다.
따라서 거버넌스 항목에서는 다음 사항을 공시하도록 요구하고 있다.

- 기후 관련 위험 및 기회를 감독할 책임이 있는 의사결정기구(예: 이사회, 위원회 등)의 역할과 역량
- 거버넌스 프로세스, 통제 및 절차상에서 경영진의 역할

일반적으로 기업에서는 ESG 관련 의사결정기구인 ESG 위원회를 이사회 산하 조직으로 별도로 신설하여 운영하고 있다. 거버넌스 항목에서는 이와 같은 ESG 위원회의 기후 관련 위험과 기회에 대한 책임과 권한이 무엇이며, 그러한 내용이 정책에 어떻게 반영되어 있는지 공개해야 한다.

또한 ESG 위원회 멤버들이 기후 관련 위험 및 기회에 대응하기 위한 전략을 감독할 수 있는 적절한 역량을 갖추었는지, 기업의 전략 및 주요 거래에 대한 의사결정 등을 감독할 때 기후 관련 위험 및 기회를 어떻게 고려하는지도 공개해야 한다.

❷ 전략

'전략'에서 핵심적으로 요구하는 정보는 기업이 기후 관련 위험 및 기회에 대응하기 위해 어떤 전략을 취하고, 이러한 전략들이 기업의 재무 현황에 어떠한 영향을 미치는지에 대한 것이다.

먼저 기업은 단기·중기·장기적으로 기업에 영향을 미칠 기후 관련 위험과 기회를 파악하고, 해당하는 위험과 기회가 기업의 사업모형과 가치사슬에 미치는 영향, 전략과 의사결정에 미치는 영향, 재무상태와 재무성과 및 현금흐름에 미치는 영향도 설명해야 한다. 기업은 수립된 전략을 실행하기 위해 필요한 지출 및 수익의 변화와 함께 기후 위험과 기회가 집중된 지역의 시설을 변경할 경우 발생하는 감가상각비의 변화까지 포함하여 설명할 수 있어야 한다. 요컨대 기후 관련 위험과 기회에 대한 기업의 전략 수립과 실행에 있어 합리적으로 예상 가능한 기업의 재무 현황 정보를 공시해야 한다.

특히 재무상태와 재무성과 및 현금흐름에 미치는 영향과 관련해서는 다음의 정보에 대한 공시가 필요하다.

- 기후 관련 위험과 기회가 당기 재무제표 및 차기 재무제표에 미치는 영향
- 기후 관련 위험과 기회가 미래 재무상태, 재무성과 및 현금흐름에 미치는 영향
- 기업이 기후 관련 위험과 기회에 대한 전략을 이행하는 경우 미래 재무상태, 재무성과 및 현금흐름에 미치는 영향

또한 기후 관련 위험과 기회에 따른 사업모델의 변경이 요구될 때, 기업이 자금조달 계획을 포함하여 어느 정도 유연성 있는 대처 능력을 갖추고 있는지를 판단하는 '기후 회복력[31)]' 평가 결과를 공개하여 해당 기업의 기후 관련 이슈 준비상태를 파악할 수 있도록 해야 한다. 더불어, IFRS S2 기후 관련 공시는 기후 회복력 평가를 할 때 기업의 상황에 적합한 시나리오 분석 방법을 이용할 것을 요구하고 있다.

❸ 위험관리

'위험관리'에서는 기업에 영향을 미치는 기후 관련 위험 및 기회의 파악, 평가, 관리 방법에 대한 정보를 요구한다. 이에 따라 기후 관련 위험 및 기회의 식별 방법, 위험 및 기회의 성격, 발생가능성과 중요도 평가, 모니터링 절차와 정책을 시나리오 분석을 통해 공시해야 한다. 또한 해당 절차와 정책이 기업의 전체 위험관리 과정에 통합되는지 여부를 확인하고 그 방법에 대하여 공개해야 한다.

❹ 지표 및 목표

'지표 및 목표'는 기업의 기후 관련 위험 및 기회에 대한 성과를 확인할 수 있는 정보로 이해할 수 있다. '지표 및 목표'에서 요구하는 사항은 산업의 종류와 무관하게 모든 기업이 공통적으로 공시해야 하는 '산업전반 지표'와 산업별로 선택적으로 공시하는 '산업기반 지표', 그리고 '기후 관련 목표'의 3가지로 구성되어 있다.

---

31) 기후 관련 불확실성에 대응할 수 있는 전반적인 역량을 의미하며 자금 조달, 기존 자산의 재배치, 용도 변경 능력, 기후회복력을 위한 투자 등이 포함된다.

• 산업전반 지표

산업에 상관없이 모든 기업이 공시해야 하는 항목으로, 산업전반 지표의 핵심은 기후 관련 정보와 재무제표 공시 정보 간의 연계성이다.

7개 산업전반 지표(필수 공시)

1	온실가스 배출량	스코프 1, 2, 3으로 분리하여 이산화탄소환산량(CO_2e)으로 표시
2	전환 위험	기후 관련 전환 위험에 취약한 자산 또는 사업활동의 금액 및 비율
3	물리적 위험	기후 관련 물리적 위험에 취약한 자산 또는 사업활동의 금액 및 비율
4	기회	기후 관련 기회에 부합하는 자산 또는 사업활동의 금액 및 비율
5	자본 배치	기후 관련 위험 및 기회에 관련된 자본적 지출, 자금조달 및 투자액
6	내부탄소 가격	(1) 기업이 탄소가격을 의사결정에 활용하는지 여부와 그 방법 (2) 온실가스 배출 원가를 평가하기 위해 기업이 사용하는 온실가스 배출량 1톤당 가격
7	보상	(1) 기후 관련 사항이 경영진 보상 책정에 활용되는지 및 그 방법 (2) 기후 관련 사항에 연계된 경영진 보상의 당기 인식 비율

먼저 기업들은 온실가스 프로토콜(Greenhouse Gas Protocol, 이하 GHG 프로토콜)[32)]에 따라 스코프 1, 2, 3[33)]에서 배출된 온실가스 양을 측정하고 그 값을 이산화탄소환산톤으로 공개해야 한다.[34)] 여기에는 배출량을 계산한 방법과 해당 방법을 선택한 이유도 함께 설명해야 한다. 또한, 스코프 1, 2 배출량은 '연결기준(지배기업 및 종속기업)' 정보와 '관계기업, 공동기업, 비연결대상 종속기업 등'을 구분하여 별도 공시할 것을 요구하고 있다.

스코프 3 배출량은 GHG 프로토콜의 '기업 가치사슬(스코프 3) 회계 및 보고기준'이 제시하는 스코프 3 온실가스 배출량 카테고리 15[35)]개를 고려하여, 15개 카테고리 중 기업에 중요하다고 판단되는 항목에서 발생하는 온실가스 배출량을 공개해야 한다.

다음으로 기후 관련 전환 위험과 물리적 위험의 영향을 받거나, 기후변화 이슈가 오히려 기업에 새로운 기회를 창출하는 활동으로 연결된다면 그 금액과 비율을 공개해야 한다. 기후 관련 위험과 기회에 대비한 자본 배분 즉, 자본 지출, 자금조달, 투자액까지 모두 공개가 필요하다.

---

32) 세계자원연구소(WRI)와 세계지속가능발전기업협의회(World Business Council for Sustainable Development, WBCSD)가 제시한 온실가스 기업 회계 및 보고에 관한 기준이다. 온실가스 배출량을 배출원에 따라 스코프 1, 2, 3으로 나눈다.

33) 스코프 1은 기업이 직접 배출한 온실가스 배출량을 의미하고, 스코프 2는 기업이 전기, 스팀 등을 구매하여 발생하는 간접 배출량을, 스코프 3은 협력사의 탄소배출량, 임직원의 출퇴근, 소비자의 제품 이용 등을 모두 포함하는 탄소배출량을 의미한다.

34) 온실가스는 다음의 일곱 가지를 의미한다. 이산화탄소(CO_2), 메탄(CH_4), 아산화질소(N_2O), 수소불화탄소(HFCs), 삼불화질소(NF_3), 과불화탄소(PFCs) 및 육불화황(SF_6)이다.

35) 스코프 3 온실가스 배출량 카테고리 15개는 다음과 같다. 1. 구매한 상품과 서비스, 2. 자본재, 3. 연료 및 에너지 관련 활동(스코프 1, 2 외 배출량), 4. 업스트림 운송 및 유통, 5. 사업장 발생 폐기물, 6. 임직원 출장, 7. 임직원 통근, 8. 업스트림 임차 자산, 9. 다운스트림 운송 및 유통, 10. 판매제품의 가공, 11. 판매제품 사용, 12. 판매제품 폐기, 13. 다운스트림 임대 자산, 14. 프랜차이즈, 15. 투자

기업이 탄소배출량 관리를 위해 내부 비용을 부과하거나 신규 투자, 사업 계획 및 전략에 따라 예상되는 배출량에 대한 비용을 고려하는 방식의 내부탄소가격에 대한 정보도 공개 대상에 해당한다. 기업들은 기업이 설정한 온실가스 배출량 1톤당 내부탄소가격과 기업이 탄소가격을 주요 의사결정에 어떻게 적용하고 있는지에 대해 설명해야 한다.

마지막으로 기업들은 기후 관련 사항이 경영진 보상 정책에 활용되는 방법과 기후 관련 성과가 경영진의 보상에서 차지하는 비율에 대해서도 보고해야 한다.

• 산업기반 지표

IFRS S2 기후 관련 공시에서 요구하는 산업기반 지표는 'IFRS S2 이행에 대한 산업기반 지침(이하 산업기반 지침)'을 참조하도록 하고 있다. 이 산업기반 지침은 SASB가 제정한 산업별 ESG 정보 공시기준을 기반으로 만들어졌다. IFRS S2 기후 관련 공시의 산업기반 지침은 총 11개 부문의 68개 산업별 공시 주제, 지표, 지표의 세부 공시 지침, 활동 지표에 대한 내용으로 구성되어 있다. 산업별로 기후 관련 위험 및 기회에 대한 정보와 공시 주제가 다르기 때문에 기업들은 먼저 IFRS S2 기후 관련 공시가 제시하는 산업기반 지침의 내용을 확인해야 한다. 예를 들어, 소비재 부문에서 화장품, 비누 및 세제, 주방용품 등의 기업들로 구성된 '가정 및 개인용품' 산업군에서 중요하게 여겨지는 주제는 '물 관리'와 '팜유 공급망의 환경적·사회적 영향'이다. 반면, '철강 제조' 산업군에 속하는 기업들의 주요 주제는 '온실가스 배출량', '에너지 관리', '공급망 관리' 등이다. 다만 산업기반 지침의 공시 주제 및 연관 지표가 완전한 것은 아니다. 따라서 기업은 정보 이용자에게 유용한 정보를 제공하기 위해 해당 지침에 포함되지 않은 추가 지표를 공시해야 할 수 있다.

예 시 **산업기반 지침**

가전제품 제조

• 산업 설명

가전제품 제조산업은 가정용 가전제품과 수공구의 설계 및 제조 관련 기업을 포함한다. 이 산업은 전 세계적으로 제품을 판매 및 제조하며, 주로 소매점을 통해 소비자에게 제품을 판매한다.

• 지속가능성 공시 주제 및 지표

주제	지표	범주	측정 단위	코드
제품수명주기의 환경적 영향	에너지 효율 인증을 받은 적격 제품 수익 비율	양적	백분율 (%)	CG-AM-410a.1
	환경 제품수명주기 기준의 인증을 받은 적격 제품 비율	양적	백분율 (%)	CG-AM-410a.2
	제품의 수명 만료 후 영향을 관리하기 위한 노력에 대한 설명	논의 및 분석	–	CG-AM-410a.3

• 활동 지표

활동 지표	범주	측정 단위	코드
연간 생산량	양적	수	CG-AM-000.A

IFRS S2 기후 관련 공시 산업기반 지침상 산업 구분

구분	산업
소비재 (6개 산업)	① 의류, 액세서리 및 신발류, ② 가전제품 제조, ③ 건축물 및 가구, ④ 전자상거래, ⑤ 가정 및 개인용품, ⑥ 대형 및 전문 유통·배급
추출물 및 광물 처리 (8개 산업)	① 석탄 산업, ② 건축 자재, ③ 철강 제조, ④ 금속 및 채광, ⑤ 석유 및 가스: 탐사 및 생산, ⑥ 석유 및 가스: 중류(운송 및 저장), ⑦ 석유 및 가스: 정제 및 판매, ⑧ 석유 및 가스: 서비스
금융 (5개 산업)	① 자산관리 및 보관활동, ② 상업 은행, ③ 보험, ④ 투자은행 및 중개, ⑤ 모기지 금융
식음료 (7개 산업)	① 농산물, ② 알코올 음료, ③ 식품 유통 및 배급, ④ 육류, 가금류 및 유제품, ⑤ 비알코올 음료, ⑥ 가공식품, ⑦ 식당
헬스케어 (5개 산업)	① 약품 유통, ② 헬스케어 제공, ③ 헬스케어 유통, ④ 관리형 의료, ⑤ 의료장치 및 의약품
인프라 (8개 산업)	① 전략 및 발전, ② 엔지니어링 및 건축 서비스, ③ 가스 유틸리티 및 유통, ④ 주택 건설, ⑤ 부동산, ⑥ 부동산 서비스, ⑦ 폐기물 관리, ⑧ 수자원 유틸리티 및 서비스
재생가능 자원 및 대체에너지 (6개 산업)	① 바이오 연료, ② 임업 경영, ③ 연료 전지 및 공업용 전지, ④ 펄프 및 종이 제품, ⑤ 태양 에너지 및 프로젝트 개발자, ⑥ 풍력 에너지 및 프로젝트개발자
자원 변환 (5개 산업)	① 우주항공 및 국방, ② 화학, ③ 용기 및 포장, ④ 전기 및 전자장비, ⑤ 산업기계 및 제품
서비스 (3개 산업)	① 카지노 및 게임, ② 호텔 및 숙박, ③ 레저시설
기술 및 통신 (6개 산업)	① 전자제조전문서비스업(EMS) 및 제조자설계생산(ODM), ② 하드웨어, ③ 인터넷 미디어 및 서비스, ④ 반도체, ⑤ 소프트웨어 및 IT 서비스, ⑥ 통신서비스
운송 (9개 산업)	① 항공 운송 및 물류, ② 항공, ③ 자동차 부품, ④ 자동차, ⑤ 자동차 렌트 및 리스, ⑥ 크루즈, ⑦ 해상 운송, ⑧ 철도 운송, ⑨ 도로 운송

• 기후 관련 목표

이 부분에서는 기업의 기후 관련 목표와 목표 달성을 위한 이행 방안 등의 구체적 내용을 공시하도록 요구하고 있다. 먼저 기업들은 설정한 목표와 법률 또는 규제에 따라 충족해야 하는 목표(온실가스 배출량 목표 포함)를 공시해야 한다. 더불어 목표 적용 기간과 함께 사업장 범위가 기업 전체인지, 특정 사업장만을 포함되는지에 관한 목표 대상 범위를 지정해야 한다.

단순히 목표 설정에서 끝나는 것이 아니라 목표 달성을 위한 진척 사항을 모니터링하는 방법과 목표 대비 성과, 성과의 추세나 변화 분석에 대한 정보도 공시해야 한다.

온실가스 배출량 목표와 관련해서는 해당 목표가 어떤 온실가스를 다루는지, 온실가스총배출량 또는 순배출량[36] 목표, 순배출량 목표 달성을 위한 탄소 크레딧[37] 사용 계획(탄소 배출권 제3자 인증, 탄소배출권 유형 및 의존도 등) 정보도 공시 대상이다.

36) 순배출량은 총배출량 목표에서 탄소배출권 사용 등으로 인한 탄소상쇄량을 제외한 값이다.

37) 탄소 크레딧 프로그램에 의해 발행되며, 온실가스 배출량 감축 또는 제거를 나타내는 배출량 단위. 탄소 크레딧은 전자 등록부를 통해 고유하게 일련번호가 할당되고, 발행, 추적 및 취소된다(IFRS S2 기후 관련 공시 부록 A).

(3) IFRS 지속가능성 공시 택소노미

ISSB는 IFRS S1 '지속가능성 관련 재무정보 공시를 위한 일반 요구사항' 및 S2 '기후 관련 공시'를 반영한 'IFRS 지속가능성 공시 택소노미(IFRS Sustainability Disclosure Taxonomy)'를 2024년 4월 30일에 발표하였다.

IFRS 지속가능성 공시 택소노미는 XBRL(eXtensible Business Reporting Language)[38] 분류 체계이다. XBRL 택소노미는 공시 정보를 컴퓨터가 읽을 수 있는 형태로 만드는 데 필요한 태그를 제공한다. 각 공시 항목에 태그를 적용하면 공시 정보를 디지털화할 수 있다. 이처럼 표준화된 택소노미를 바탕으로 보고서를 디지털화하여 공시하는 방식을 디지털 ESG 공시라 한다. 디지털 ESG 공시는 투자자, 규제 기관 및 기타 이해관계자들에게 기업의 다양한 ESG 성과를 보다 효율적으로 평가하고 비교할 수 있도록 한다. 특히 디지털 ESG 공시는 XML(eXtensible Markup Language) 언어를 사용하기 때문에 공시된 ESG 보고서를 빠르게 구조화하여 AI를 통해 학습할 수 있고, 투자의사결정 과정에 ESG 보고서를 더 효과적으로 활용할 수 있도록 돕는다.

XBRL의 전산화된 보고서 형태의 특성은 빅데이터와 인공지능을 결합하여 혁신을 추구하는 시대 변화에 맞물려 더욱 주목받고 있다. 기존의 HTML 또는 PDF 형태의 공시자료를 활용하기 위해서는 해당 정보를 수작업으로 데이터베이스화하여야 하지만, XBRL은 공시되는 정보에 표준이름을 붙여(Tag) 문서를 작성하는 제도로서, 컴퓨터에서 인식되므로 사람의 수작업 없이 필요 정보를 자동으로 데이터베이스에 입력할 수 있다. 이러한 장점으로 인해 재무정보뿐만 아니라 비재무정보에 대한 공시에 대해서도 XBRL 적용을 확대하고 있다. IFRS를 비롯한 유럽연합, 미국 SEC는 XBRL 기반의 지속가능성 공시를 앞두고 있다. IFRS 지속가능성 공시 택소노미의 상세 내용은 '부록 2. ESG 공시 택소노미'에서 다루도록 하겠다.

2) 유럽연합 CSRD 및 ESRS

(1) 지속가능성 정보 품질 제고를 위한 유럽연합의 지속가능성 공시 규제 동향

기업의 사회적 책임에 대한 인식 변화와 개념의 재정의[39], 기업과 이해관계자 간 기업의 사회적 책임 관리와 평가에 대한 새로운 정보 수요, 그리고 시장 정보 투명성을 확보하기 위한 정책적 노력의 결실로, 유럽 집행위원회는 2014년 10월 비재무보고지침(Non-Financial Reporting Directive, 이하 NFRD)을 제정하였다. NFRD는 세계 경제의

38) XBRL 기업재무정보의 생성·보고·분석 등을 용이하게 하기 위해 만들어진 국제표준 전산언어이다. XBRL은 1998년 미국 Charles Hoffman에 의해 시작되었다. Charles Hoffman은 미국 공인회계사로 회계적인 지식뿐만 아니라 기술적인 문제에 대해서도 충분한 지식을 보유하고 있어 XBRL 기반 디지털 재무보고를 활용하려는 소프트웨어 개발자를 지원할 수 있었다.

39) 유럽연합 집행위원회는 2001년에 발표한 '유럽 기업의 사회적 책임 프레임워크 촉진을 위한 녹색 페이퍼'에서 기업의 사회적 책임(Corporate Social Responsibility, CSR)을 '기업이 자발적으로 환경 및 사회와 관련된 문제를 사업 운영과 이해관계자와의 상호작용 과정에 통합하는 개념'으로 정의하였다. 그로부터 10년 후인 2011년에 유럽연합에서 새로운 기업의 사회적 책임 전략 보고서를 발표하면서 재정의되었다.
이 전략 보고서가 기업의 사회적 책임을 '기업이 사회에 미치는 영향을 관리하는 책임'으로 재정의함으로써, 기업의 사회적 책임은 사회 전반에 미치는 영향을 관리하는 기업의 책임인 기업 경영 이슈로 명확하게 정의되었다. 따라서 기업 경영진은 2001년의 정의를 뛰어넘어 환경 문제, 사회적 문제, 기업 윤리, 인권, 소비자 보호 등과 관련된 사회적 우려 사항을 사업 운영, 사업 모델, 핵심 사업 전략과 적극적으로 통합해야 한다는 요구를 인식하게 되었다.

약 22%를 차지하는 유럽연합에서 신성장 동력을 확보하기 위한 선도 조치로서 비재무정보 보고를 의무화하는 측면에서 중요한 역할을 하였다.
NFRD의 적용에 있어 유럽연합 회원국들은 공시 내용과 관련하여 NFRD에서 제시한 내용적 범위를 완화하거나 축소할 수 없지만, 보고 내용의 인증 및 미준수에 따른 제재에 대한 자율 규정 권한을 개별 유럽연합 회원국에 부여함으로써 기업 규모와 시장 수용성을 고려할 수 있도록 제도적 유연성을 강화하였다. 이에 따라, 2016년 유럽연합 회원국들은 자국 내 법제를 제정 또는 개정하여 NFRD를 자국 법률 체계에 통합하였으며, 대상이 되는 유럽연합 기업들은 2018년부터 자국법에 따라 2017년 회계연도에 해당하는 비재무정보를 공개하였다.

NFRD에 따른 의무 공시 대상은 '유럽연합 회원국 내 공익실체(Public-interest Entity, PIE)[40)]' 중에서 '근로자가 500명 이상'이며 '자산 총액이 2천만 유로 이상 또는 순매출이 4천만 유로 이상'인 기업이다. 이는 유럽연합 회원국 내 약 11,700개 기업을 포함하며, 매출액 기준으로 유럽연합 전체 유한책임회사(Limited Liability Companies)의 약 47%에 해당하는 기업이 보고 의무 대상에 해당함을 의미한다.

NFRD는 기본적으로 원칙준수, 예외설명(Comply or Explain) 원칙에 기반한 공시 체계를 도입하고 있다. 보고기업은 사업 보고서(Management Report)나 별도 보고서를 통해 1) 환경 문제, 2) 사회책임 및 직원 관리, 3) 인권 존중, 4) 반부패 및 뇌물 문제, 5) 이사회 다양성 및 전문성으로 이루어진 5대 지속가능성 이슈와 관련된 기업 정책(실사 절차 포함), 정책 시행 결과, 해당 이슈와 연계된 위험, 특정 영업 활동과 관련된 비재무 핵심성과지표 등의 중요한 정보를 공시해야 했다. 정보 공시에는 처음으로 이중 중요성 평가 개념이 도입되었으며, 이는 지속가능성 문제가 기업의 성과 및 재무상태에 미치는 영향(아웃사이드-인 관점)과 기업의 활동이 사람 및 환경에 미치는 영향(인사이드-아웃 관점)을 포함한 기업 보고를 의미한다. 또한 면책조항을 도입하여 특정 조건에 해당하는 경우 자국법에 따라 감독기관과의 협의를 통해 공시를 배제할 수 있도록 하고 있는데, 여기서 말하는 특정 조건은 NFRD에서 요구하는 정보를 공시하는 것이 기업의 경쟁력을 심각하게 손상할 때 또는 해당 정보가 누락되어도 기업의 성장과 성과를 충분히 이해할 수 있는 경우를 의미한다.

보고 방식 측면에서 기업은 자체적인 적정성 평가에 따라 다양한 보고기준을 활용할 수 있었다. 예를 들어 국제 기준(GRI, UNGC, ISO 26000 등), 유럽 기준 및 개별 회원국 가이드라인(The German Sustainability Code 등) 등을 포함하며 기업은 다양한 기준 중에서 자체적으로 가장 적합한 기준을 선택할 수 있었다.

NFRD는 대기업 및 상장기업을 대상으로 기업이 환경과 사회에 미치는 위험과 기업 활동이 환경과 사람에 미치는 영향에 대한 정기적인 공시를 요구하는 법적 기반을 마련하고 있다. 이러한 규제를 통해 법적 책임이 있는 공시된 정보를 기반으로 투자자, 시민사회 기관, 소비자 및 기타 이해관계자들은 공시 기업의 지속가능성 성과를 이해하고 평가함으로써, 유럽연합 내 시장 자본을 지속가능한 금융 체계의 기반에서 활용할 수 있는 기회를 제공받게 된다.

40) 공익실체는 상장기업, 비상장 은행 및 보험사, 그리고 유럽연합 회원국에서 공익실체로 지정한 기업(사업의 성격, 규모 또는 직원 수로 인해 공익적 관련성이 큰 기업)을 의미한다.

유럽 집행위원회는 2017년 6월에 NFRD에 따른 정보의 일관성과 비교가능성을 높이기 위한 자발적 가이드라인을 발표했으며, 2019년에는 기후 정보 보고를 위한 가이드라인도 추가로 발표했다. 그러나 이러한 노력에도 불구하고 NFRD에 따라 공시되는 기업 정보의 질이 충분히 개선되지 못한 것으로 평가되었으며, 이러한 평가 내용은 NFRD의 개정 및 유럽연합 CSRD 제정 과정에 반영되었다.

(2) NFRD와 CSRD의 주요 차이점

CSRD는 기존의 NFRD를 대체하는 지침으로 2023년 1월 발효되었다.[41)]

CSRD는 2014년에 제정된 NFRD가 유럽의 신성장 전략을 위한 지속가능한 공시 강화 및 지속가능한 거버넌스 구축을 목표로 한 것과 부합되어야 함을 더욱 강조하고 있다. 특히 이 지침은 비재무정보를 기업의 지속가능성 정보로 명명함으로써 환경 및 사회적 측면을 포함한 정보가 재무정보와 동등한 중요성이 있다는 점을 강조하고 있다. 결과적으로 CSRD는 2014년 이후 유럽연합에서 강화 및 발전해 온 지속가능 경제 및 금융 시스템으로의 전환을 지원하는 ESG 정책과의 연계성을 강화하며, 지속가능성 정보의 신뢰성, 일관성, 접근성, 비교가능성을 강조한다고 볼 수 있다.

NFRD와 CSRD의 주요 차이점

분류	NFRD	CSRD
명칭	Directive 2014/95/EU on the Disclosure of Non-Financial and Diversity Information	Directive 2022/2464 on Corporate Sustainability Reporting
적용 대상	- 유럽연합 역내 임직원 500명 이상이고 자산 총액 2천만 유로 또는 순매출 4천만 유로 이상인 공익실체 - 약 11,700개 기업이 보고 의무 대상으로 유럽연합 유한책임회사 전체 매출의 약 47%	- 기존 NFRD 적용 대상 기업[42)] - 유럽연합 규제시장 상장(Regulated market) 비유럽연합 지배기업 - 유럽연합 내 설립 대기업[43)](비유럽연합 기업의 유럽연합 소재 종속기업 포함) - 유럽연합 내 상장 중소기업(초소형[44)] 기업 제외) - 유럽연합 내 일정 요건 충족 비유럽연합 지배기업[45)] - 약 49,000개 기업이 보고 의무 대상으로 유럽연합 유한책임회사 전체 매출의 약 75%
적용 시점	2018 ~ 2023 회계연도	2024 회계연도부터 단계적 적용[46)]
보고기준	국가별 자체 선정	ESRS

41) 유럽연합 회원국들은 2024년 7월 6일까지 CSRD를 자국법으로 입법화해야 한다.

42) NFRD(2014/95/EU) 의무 공시 대상 중 유럽연합 역내 임직원 500명 이상이고 자산 총액 2천5백만 유로 또는 순매출 5천만 유로 이상인 공익실체

43) 대기업은 다음 세 가지 요건 중 최소한 두 가지를 2년 연속으로 충족하는 기업을 의미한다. ① 총자산 2천5백만 유로 이상, ② 순매출 5천만 유로 이상, ③ 직원 수 250명 이상

44) 초소형기업은 다음 세 가지 요건 중 최소한 두 가지 요건을 충족하는 기업을 의미한다. ① 총자산 45만 유로 이하, ② 순매출 90만 유로 이하,

분류	NFRD	CSRD
공시 내용	환경보호, 사회책임과 직원 관리, 인권 존중, 반부패·뇌물, 이사회 다양성 및 전문성 이슈를 포함하고 상기 5대 이슈에 대한 사업모델, 실사 절차를 포함한 기업정책, 정책 시행 결과, 해당 이슈와 연계된 위험, 특정 영업 활동 관련 비재무 핵심성과지표를 공시할 것	지속가능성과 관련한 사업모델 및 전략, 목표 및 성과, 경영진 및 자문의 역할, 가장 중요한 부정적 영향(이중 중요성 평가), 주요 지속가능 위험 및 상기 요소 측정을 위한 지표 공시하고 지적, 인적, 사회적, 관계 자본에 대한 정보 및 단기·중기·장기적 관점을 고려한 정보 식별 절차 등을 보고할 것
제3자 인증	인증을 요구하지 않지만 이탈리아, 프랑스, 스페인 등 일부 국가에서는 의무 적용	보고된 정보에 대한 인증 필요
보고 양식	기본 보고 양식은 사업보고서에 포함 또는 각국에서 제정된 법에 따라 별도 보고서 발간 등을 규정할 수 있음	기본 보고 양식을 사업보고서로 단일화하고, 보고의 디지털화를 통해 보고서의 접근성을 제고하고자 함

위의 표를 살펴보면 CSRD의 주요 개정 사항은 몇 가지 중요한 방향성을 갖고 있다. 먼저 의무 보고대상 기업을 11,600여 개에서 49,000여 개 사로 대폭 확대하였다. 이로써 전체 유럽연합 시장 매출의 75%에 해당하는 유럽연합 내 유한회사가 규제 대상이 됨에 따라 유럽연합 시장 전반으로 규제 규모가 확대되었다. 또한, 지속가능성 정보에 대한 제3자 인증 여부를 개별 회원국에서 결정하도록 하는 NFRD의 유연성 조치를 삭제하고 이를 법적 의무사항으로 강화하였다. 이러한 조치는 지속가능성 관련 정보의 질을 향상하는 제도적 기반을 마련하였다는 점에서 큰 의의가 있다.

그 뿐만 아니라 CSRD는 기업이 보고해야 할 정보를 더 자세히 명시하고, 의무적인 ESRS에 따라 보고하도록 함으로써 지속가능한 공시 정보의 비교가능성을 제고했다. 이전의 NFRD가 다양한 보고기준을 활용할 수 있는 유연성을 제공한 반면, CSRD는 표준화된 기준을 따르도록 하는 방향으로 진화하였다. 또한 CSRD는 모든 정보를 기업의 사업보고서 일부로 게시하고, 이를 디지털 기기를 활용하여 판독 가능한 형식으로 공개하도록 규정했다. 이는 보고서의 접근성과 재무정보와의 연계성 및 비교가능성을 개선하고자 하는 취지를 나타낸다.

(3) ESRS 세부 내용

CSRD가 사용을 의무화하고 있는 보고기준은 ESRS이다. 유럽연합 집행위원회는 2023년 7월 31일 유럽연합의 독자적 지속가능성 공시기준인 ESRS First Set을 확정하였다. 유럽연합 집행위원회는 기준을 확정하면서, 지속가능성 정보 공시에 대한 기업의 부담을 완화하면서도 유럽 그린딜(European Green Deal)[47] 의제를 달성하기 위해 노력하는 기업들이 지속가

③ 연간 평균 직원 수 10명 이하

45) 비유럽연합 지배기업 공시 의무 조건은 다음과 같다. 유럽연합 역내 순매출액이 1억 5천만 유로 이상이고, ① CSRD 적용 대상 종속기업 보유 또는 ② 순매출액 4천만 유로를 초과하는 지사가 있는 기업

46) 대상별 적용 시점은 2장의 '(4) ESG 인증기준 및 제도'를 참고하기 바란다.

47) 2050년까지 역내 탄소중립 달성을 목표로 하는 유럽연합의 정책 이니셔티브이다.

능 금융자본에 보다 손쉽게 접근할 수 있도록 기준을 제정했다고 밝혔다.[48] 특히 ESRS는 유럽 환경목표에 대한 기여도를 알 수 있도록 제시하고 있고, 다른 국가에 비해 유럽연합이 환경 목표를 보다 도전적으로 강화하고 있기 때문에 이에 대한 각 국가별 세부 지침이 어떻게 구체화되는지 지속적으로 확인해야 한다.

ESRS 구조

포괄적 기준	환경(E)	사회(S)	거버넌스(G)
ESRS 1 일반 요구 사항	ESRS E1 기후변화	ESRS S1 전 종업원	ESRS G1 사업행동
ESRS 2 일반 공시	ESRS E2 오염	ESRS S2 가치사슬 내 근로자	
	ESRS E3 물과 해양자원	ESRS S3 영향을 받는 지역 사회	
	ESRS E4 생물다양성과 생태계	ESRS S4 소비자와 최종 사용자	
	ESRS E5 자원사용과 순환경제		

ESRS는 2개의 포괄적 기준(ESRS 1 일반 요구사항, ESRS 2 일반 공시)과 10개의 주제별 기준으로 구성되어 있다. ESRS 1은 핵심 개념과 원칙을 규정하고 있으며, ESRS 2는 포괄적 공시 요구사항을 규정한다. 또한 주제별 기준은 환경(E1 기후변화, E2 오염, E3 물과 해양자원, E4 생물다양성과 생태계, E5 자원사용과 순환경제), 사회(S1 전 종업원, S2 가치사슬 내 근로자, S3 영향을 받는 지역사회, S4 소비자와 최종 사용자), 거버넌스(G1 사업행동) 이슈를 다루며, 각 주제에서 공시해야 할 내용을 담고 있다.

ESRS에 따라 지속가능성 보고서를 준비할 때 다음과 같은 시간 범주를 사용하여 보고한다. 보고기간 종료일을 기준으로, 단기 시간 범위는 기업이 재무보고서에서 채택한 보고기간이 기준이 된다. 중기 시간 범위는 단기 시간 범위의 보고기간 종료일부터 5년까지, 장기 시간 범위는 5년 이상이 기준이다. 기업은 장기 시간 범위에서 영향 또는 조치가 5년 이상 소요되며 그 사이의 시간 차이에 대해 추가적인 시간 간격의 분할이 필요한 경우, 정보 이용자에게 관련 정보를 제공하기 위해 추가 분할해야 한다.

48) ESRS는 유럽재무보고자문그룹(European Financial Reporting Advisory Group)이 개발하였다.

ESRS에서는 이해관계자를 두 개의 그룹으로 정의하고 있는데, 각 이해관계자 그룹은 다음과 같다.

- 영향을 받는 이해관계자 그룹: 해당 사업의 활동 및 가치사슬 기반에서 설정되는 직간접적인 사업 관계에 연관된 개인 또는 그룹들의 이해에 긍정적 또는 부정적 영향을 받는 이해관계자 그룹
- 지속가능성 보고서의 이용자: 일반목적재무보고 주요 이용자로 현재 및 잠재 투자자, 대여자 및 그 밖의 채권자, 자산 관리자, 신용기관 및 보험 기업. 또한 기업의 사업 파트너, 노동조합 및 사회 파트너, 시민사회 및 비정부기관, 정부, 분석기관 및 학계를 포함하여 일반목적재무보고의 주요 이용자의 범위를 넘는 정보 이용자

ESRS는 이와 같은 두 그룹이 포함하고 있는 이해관계자 외에 더 넓은 범위의 이해관계자를 포함할 수 있음을 명시하고 있다. 이들은 일반적인 의미의 이해관계자 범주에 속하는 직원 및 그 외 노동자, 공급업체, 소비자, 고객, 최종 사용자, 지역 커뮤니티 및 취약 계층, 규제 당국자, 감독기관 및 중앙은행을 비롯한 규제기관 등을 포함한다. 나아가, 자연 또한 조용한 이해관계자로 간주하여 생태학적 데이터와 종 보존에 관한 데이터를 통하여 자연을 이해관계자로 보는 관점에서 사업의 중요성 평가를 수행할 수 있음을 분명히 하고 있다.

중요성 평가는 영향을 받는 이해관계자와의 협력 과정을 통하여 이루어지며, 기업은 이해관계자 또는 노동조합과 같은 이해관계자 대표, 그리고 지속가능성 보고의 이용자 및 다른 전문가와의 협의를 통하여 중요한 영향, 위험 및 기회와 관련한 결론에 대해 피드백을 제공받아 반영할 수 있다.

ESRS에서 요구되는 주요 지속가능성 사안을 기준으로 이중 중요성 검토를 거쳐 공개된 정보는 해당 주제들에 대한 기업의 영향 및 그 영향이 기업의 발전, 재무성과 및 재무상태에 어떻게 영향을 미치는지를 이해할 수 있도록 제공되어야 한다. ESRS에서는 이중 중요성 원칙에 따라 지속가능성 문제를 보고할 것을 명확히 하고 있다.

(4) ESRS에 따른 두 가지 차원의 중요성 평가

보고기업은 환경, 사회, 거버넌스 문제와 관련된 영향, 위험 및 기회에 관한 모든 중요한 사항을 ESRS에서 요구되는 주요 지속가능성 사안에 따라 공개하여야 한다. 이는 중요성 평가의 검토 대상으로, 기업은 공개 요구 목록을 기반으로 기업 자체의 특정 상황을 고려하여 이해관계자 중심의 중요성 평가를 수행하여야 한다. 필요한 경우 기업은 ESRS에서 다루지 않는 중요한 영향, 위험 및 기회에 대한 공시 목록을 개발하여 추가 기술할 수 있다.

ESRS에서는 이중 중요성을 영향 중요성 및 재무 중요성이라는 두 가지 차원으로 나누어 중요성 평가에 대한 구체적 접근 방안을 제시하고 있다. 두 가지 차원은 상호 의존적이며 서로 관련성을 갖는 바, 중요성을 평가할 때는 이러한 특성이 반영되어야 한다. 일반적인 중요성 평가의 시작점은 영향 평가로서 지속가능성 영향은 처음부터 재무적 중요성을 갖는 경우도 있다. 더불어 현금흐름, 재무성과 또는 재무상태에 단기, 중기, 장기적 관점에서 영향을

줌으로써 점진적으로 일반목적재무보고 이용자에게 중요해지거나 재무적 중요성이 증가할 수도 있다. 그러나 지속가능성에 대한 영향은 재무 중요성과 관련 없이 일차적으로 포착되어야 한다.

먼저 지속가능성에 대한 영향 평가는 주요 지속가능성 사안을 기준으로 개별 사안이 해당 기업의 단기, 중기 및 장기적 시간 범위 동안 사람 또는 환경에 대한 실제적 또는 잠재적인 영향(긍정적, 부정적 영향 모두 포함)과 관련이 있는 경우, 중요한 영향을 준 것으로 판단한다. 부정적 영향에 대한 중요성 평가는 '유엔 기업과 인권 이행지침'과 'OECD 다국적 기업 지침'에서 정의하는 지속가능성 실사 절차를 참고하여 진행할 수 있다.

ESRS에서 제시하고 있는 영향 관련 중요성 평가 절차는 다음의 4단계로 수행된다.

1. 해당 기업의 활동, 사업 관계, 지속가능성 맥락 및 이해관계자를 포함한 영향과 관련한 맥락의 이해
2. 관련 이해관계자 및 전문가들과 협력을 통한 실제 및 잠재적 영향 식별(부정적 영향 및 긍정적 영향 모두 포함). 지속가능성 사안에 대한 영향을 주제로 과학적이고 분석적인 연구에 기반하여 식별 가능
3. 실제 및 잠재적 영향에 대한 중요성 평가
4. 중요한 사안을 결정하는 단계로 기업은 지속가능성 보고에 포함할 영향을 결정할 수 있는 임계치를 채택하여 지속가능성 사안의 보고서 포함 여부 결정

중요성 평가 절차 예시

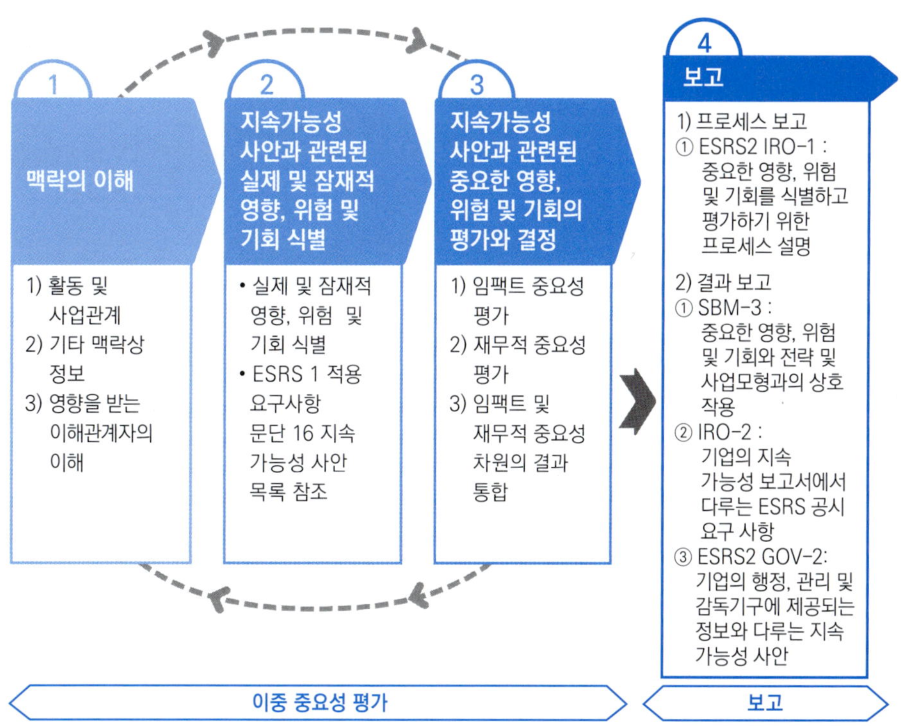

출처: 유럽재무보고자문그룹(2024)

지속가능성 주제의 선정에는 ESRS1 부록 A 적용 요구사항 문단 16(AR 16)의 지속가능성 사안 목록을 참조할 수 있다. 기업은 적용 요구사항 문단 16 및 기업의 특성을 고려하여 중요성 주제를 선정하게 된다.

ESRS1 부록 A 적용 요구사항 문단 16: 주제별 ESRS에서 다루는 지속가능성 사안

주제		하위주제	세부주제
E1	기후변화	• 기후변화 적응 • 기후변화 완화 • 에너지	-
E2	오염	• 대기 오염 • 물 오염 • 토양 오염 • 생물과 식품 자원 오염 • 우려물질 • 고위험 우려물질 • 미세 플라스틱	-
E3	물과 해양자원	• 물 • 해양자원	• 물 소비 • 물 취수 • 물 방류 • 해양에서의 물 방류 • 해양자원의 추출 및 이용
E4	생물다양성과 생태계	• 생물다양성 감소의 직접적인 영향 요인	• 기후변화 • 토지이용 변화, 담수 이용 변화 및 해양 이용 변화 • 직접적인 착취 • 침입외래종 • 오염 • 기타
		• 종의 상태에 미치는 영향	예시: • 종의 개체군 규모 • 종의 전 세계적 멸종 위험도
		• 생태계 범위와 상태에 미치는 영향	예시: • 토양 황폐화 • 사막화 • 토양 밀폐
		• 생태계 서비스에 대한 영향과 의존성	-
E5	자원사용과 순환경제	• 자원 사용을 포함한 자원의 유입 • 제품 및 서비스와 관련된 자원의 유출 • 폐기물	-

주제		하위주제	세부주제
S1	전 종업원	• 업무환경	• 고용 안정 • 근로 시간 • 적정 임금 • 사회적 대화 • 결사의 자유, 근로자 대표회의 존재, 근로자 정보, 협의 및 참여 권리 • 단체 협상(단체 협약에 따른 근로자 비율 포함) • 일과 삶의 균형 • 건강 및 안전
		• 모든 이에 대한 동등한 대우와 기회	• 성평등 및 동일 가치 노동에 대한 동일 급여 • 교육 및 기량 개발 • 장애인의 고용 및 포용 • 직장 내 폭력과 괴롭힘에 대한 조치 • 다양성
		• 기타 업무 관련 권리	• 아동 노동 • 강제 노동 • 적절한 주거 • 개인정보보호
S2	가치사슬 내 근로자	• 업무환경	• 고용 안정 • 근로 시간 • 적정 임금 • 사회적 대화 • 결사의 자유(근로자 대표회의 존재 포함) • 단체 협상 • 일과 삶의 균형 • 건강 및 안전
		• 모든 이에 대한 동등한 대우와 기회	• 성평등 및 동일 가치 노동에 대한 동일 급여 • 교육 및 기량 개발 • 장애인의 고용 및 포용 • 직장 내 폭력과 괴롭힘에 대한 조치 • 다양성
		• 기타 업무 관련 권리	• 아동 노동 • 강제 노동 • 적절한 주거 • 물과 위생 • 개인정보보호
S3	영향을 받는 지역사회	• 지역사회의 경제, 사회 및 문화적 권리	• 적절한 주거 • 적절한 식품 • 물과 위생 • 토지 관련 영향 • 보안 관련 영향
		• 지역사회 시민으로서의 권리와 정치적 권리	• 표현의 자유 • 결사의 자유 • 인권 옹호자에 대한 영향
		• 원주민 권리	• 자유로운 사전 동의 • 자기 결정권 • 문화적 권리

주제		하위주제	세부주제
S4	소비자와 최종 사용자	• 소비자 및/또는 최종 사용자에게 미치는 정보 관련 영향	• 개인정보보호 • 표현의 자유 • (양질의) 정보에 대한 접근성
		• 소비자 및/또는 최종 사용자의 개인적 안전	• 건강 및 안전 • 개인의 보안 • 어린이 보호
		• 소비자 및/또는 최종 사용자의 사회적 포용	• 차별 금지 • 제품 및 서비스에 대한 접근성 • 책임감 있는 마케팅 관행
G1	사업행동	• 기업문화 • 내부 고발자 보호 • 동물 복지 • 정치적 참여 • 지급 관행을 포함한 공급업체와의 관계 관리	-
		• 부패 및 뇌물수수	• 교육을 포함한 예방 및 탐지 • 사건

출처: 유럽재무보고자문그룹(2023), 한국회계기준원(2024)

실제 부정적 영향의 경우의 중요성은 영향의 심각도를 기반으로, 잠재적 부정적 영향의 경우에는 심각도와 영향의 발생가능성을 기반으로 판단하며 심각도 판단 기준은 다음과 같다.

1. 영향의 규모: 부정적 영향이 얼마나 심각하며 긍정적 영향이 사람들이나 환경에 얼마나 유익한가?
2. 영향의 범위: 부정적 또는 긍정적 영향이 얼마나 널리 퍼져 있는가? 환경 영향의 경우는 환경 파괴 정도나 지리적 범위로, 사람들에게 미치는 영향의 경우는 부정적 영향을 받는 사람들의 수로 범위를 이해할 수 있음.
3. 영향의 회복불가능성: 부정적 영향을 어느 정도로 해소할 수 있는지 여부, 즉 환경이나 영향을 받은 사람들을 이전 상태로 복구할 수 있는 정도

심각도에 대한 세 가지 판단 기준은 복합적으로 작용하여 부정적 영향을 심각하게 만들 수 있으며, 잠재적 부정적 인권 영향과 관련해서는 영향의 심각도가 영향의 발생가능성보다 우선한다.

실제 부정적 영향 중요성 평가 예시

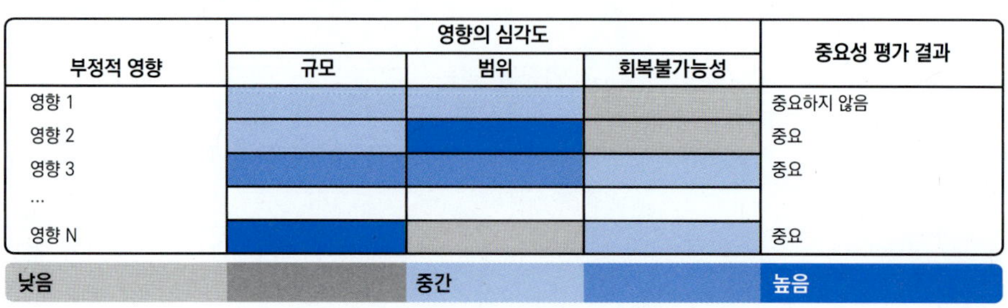

출처: 유럽재무보고자문그룹(2024)

지속가능성 보고에 있어 재무 중요성의 범위는 보고기업의 재무제표에 포함해야 할 정보를 결정하는 프로세스에서 사용되는 중요성 범위의 확장으로 볼 수 있으며, 일차적으로 포착되어야 하는 영향 중요성과 함께 이중 중요성 평가의 중요한 한 부분을 구성한다. 영향 중요성 평가가 기업 활동이 사람 및 환경에 미치는 영향인 인사이드-아웃 관점에서 지속가능성 사안에 대한 중요성 검토를 의미한다면, 재무 중요성 평가는 지속가능성 사안이 기업의 현금흐름, 발전, 재무성과, 재무상태, 자본 비용 또는 자본 조달에 미치는 영향을 아웃사이드-인 관점에서 실행하는 중요성 평가를 다루고 있다.

재무적 중요성 평가는 투자자, 대여자 및 기타 채권자를 포함하는 일반목적재무보고 주요 이용자에 유용한 정보를 식별하는 것을 목적으로 한다. 특히 해당 정보를 누락하거나 잘못 기재하거나 불분명하게 하여 그 정보를 기반으로 한 결정에 영향을 미칠 가능성이 합리적으로 예상될 수 있을 경우, 이 정보는 일반목적재무보고 주요 사용자에게 중요하게 간주된다.

재무적 중요성 관점에서 지속가능성 사안은 그 기업에 중요한 재무적 영향을 일으킬 때 또는 일으킬 가능성이 있을 때 중요한 것으로 본다. 이는 해당 사안이 단기, 중기 및 장기라는 시간적 범위에서 기업의 현금흐름, 발전, 재무성과, 재무상태, 자본 비용 또는 자금조달에 중요한 영향을 미치거나 또는 중요한 영향을 미치는 것으로 예상되는 위험과 기회를 발생시켰거나 발생시킬 수 있을 때 해당된다.

지속가능성 사안의 재무적 중요성은 기업의 통제 범위 내에 있는 사안으로 국한되지 않으며, 재무제표 작성 시 사용하는 연결기준을 넘어 다른 기업 및 이해관계자와의 사업 관계에 기인한 중요한 위험 및 기회에 대한 정보를 포함한다.

지속가능성 사안의 영향 및 기업의 의존성은 재무적 위험 또는 기회의 원천으로 작용할 수 있으며, 그 예시는 다음과 같다.

1. 기업의 사업모델이 물과 같은 천연자원에 의존하는 경우, 사업모델의 재무적 성과가 해당 자원의 품질이나 가용성 및 가격변동에 영향을 받을 가능성이 높은 경우
2. 기업의 활동이 지역사회에 부정적인 영향을 미치는 경우, 해당 활동에 대한 정부 규제의 강화 또는 지역사회의 기업에 대한 평판 악화로 기업 브랜드에 부정적 영향을 끼쳐 기업의 채용 비용이 증가될 경우
3. 기업의 사업 파트너가 중요한 지속가능성 관련 위험을 직면하면 해당 기업도 관련된 결과에 노출될 수 있는 경우

기업의 재무성과 및 위치에 영향을 미치거나 미칠 수 있는 위험과 기회를 식별하는 것은 재무 중요성 평가의 시작으로 이러한 위험과 기회의 식별을 위하여 기업은 다음 사항을 고려하여야 한다.

1. 재무영향의 원천으로서 기업의 천연 및 사회자원에 대한 의존성
2. 의존성의 위험 및 기회 요인으로의 분류
   1) 위험
      ① 미래 예상 현금 유입액의 부정적 편차에 기여

② 미래 예상 현금 유출액의 편차 증가
③ 재무제표에 인식되지 않은 자본의 변경 예상치로부터의 부정적 편차

2) 기회
① 미래 예상 현금 유입액의 긍정적 편차에 기여
② 미래 예상 현금 유출액의 편차 감소
③ 재무제표에 인식되지 않은 자본의 변경 예상치로부터의 긍정적 편차

재무영향을 갖는 기업의 천연, 인적 및 사회 자원에 대한 의존성은 대표적 재무적 위험 또는 기회의 원천이며, 기업의 의존성은 다음과 같은 두 가지 방식으로 기업에 재무적 영향을 미칠 수 있다.

첫째, 기업의 천연, 인적 및 사회 자원에 대한 의존성은 사업 프로세스에서 필요한 자원을 계속해서 사용하거나 획득하는 능력에 영향을 미칠 수 있으며, 해당 자원의 품질 및 가격에도 영향을 미칠 수 있다. 둘째, 천연, 인적 및 사회 자원에 대한 의존성은 사업 프로세스에서 필요한 사업 관계를 수용 가능한 조건으로 체결하는 기업의 능력에도 영향을 미칠 수 있다.

천연, 인적 및 사회 자원에 대한 의존성으로 인하여 발생하는 기업의 위험과 기회는 과거 또는 미래 사건에서 유도될 수 있다. 과거 사건으로 유도된 위험과 기회는 재무제표에서 이미 인식하고 있는 자산 및 부채에 영향을 미친 것으로 판단되고, 미래 사건의 결과로 인한 위험과 기회 요인은 자산 및 부채에 잠재적 영향을 미칠 수 있는 것으로 판단된다. 또한, 지속가능한 사안과 관련한 모든 위험과 기회는 재무 회계의 영역에는 해당되지 않지만, 현금흐름 생성 및 기업의 발전에 일반적으로 기여하는 가치 창출 요소에 영향을 줄 수 있다.

가치 창출 요소는 다중 자본 접근법을 촉진하는 프레임워크에서 일반적으로 '자본'이라고 언급되며 어떤 경우에는 재무제표에서 인식하고 보고하기 위한 기준을 충족할 수 있다. 여기서 다중 자본 접근법은 기업의 가치와 성과를 평가하고 보고하는 방법 중 하나로, 기업이 재무 자본뿐만 아니라 여러 유형의 '자본'을 고려하여 지속가능한 가치 창출과 성과를 측정하는 방식을 의미한다. 이 방법은 전통적인 재무제표에서 제공되는 재무적 정보 외에도 환경, 사회, 인적 자본 등 다양한 측면의 정보를 통합하여 기업의 지속가능성을 평가하는 IR 프레임워크와 일관된다.

이러한 위험과 기회에 대한 재무적 중요성 평가는 발생가능성과 잠재적 재무영향 규모의 조합을 기반으로 평가된다.

지금까지 살펴본 중요성 평가 과정은 보고기업의 지속가능성 사안과 관련한 특정 영향이나 위험을 해소하거나 특정 기회를 활용하는 소치의 우선순위를 정하는 데 도움을 줌으로써 정책 및 조치의 실효성을 담보하는 역할을 한다. 하지만 보고기업이 지속가능한 사안에 대응하기 위하여 취하는 조치로 인해 이차적으로 발생하는 중요한 영향 또는 위험에 대한 정보가 보고에 포함되어야 하며, 해당 사례는 다음과 같다.

• 생산과정의 탄소배출 절감 조치 계획에 특정 제품 폐기를 포함할 수 있으며, 이로 인해

기업 내부 직원에게 중요한 부정적 영향을 미칠 수 있다. 또한 일시적인 실업 보상금의 발생 등 재무적 영향을 수반하는 중요한 위험을 초래할 수 있다.

- 자동차 부품 공급업체의 조치 계획에는 전기 자동차 공급에 중점을 두는 사업 전환을 포함할 수 있으며, 이로 인해 기존 자동차 부품 생산에 대한 중요한 좌초 자산[49] 위험을 증가시킬 수 있다.

이와 같은 상황에서, 보고기업은 그러한 영향이나 위험을 발생시킬 수 있는 조치의 존재를 언급하고, 해당 영향이나 위험과 관련된 주제를 상호 참조하여 정보를 제시하고, 해당 영향이나 위험을 다루는 방법에 대한 설명을 제공해야 한다.

(5) CSRD에 따른 연결기준 지속가능성 보고서 작성

CSRD는 연결재무제표를 작성하는 보고기업의 경우, 지배기업과 포함되는 종속기업이 연결재무제표와 지속가능성 보고 공시의 주체가 됨을 명시하고 있다. 공시 주체인 보고기업이 지속가능성 보고서를 통해 제공하는 정보는 보고기업의 업스트림 및 다운스트림 가치사슬에서 맺어지는 직간접적인 사업 관계를 통해 보고기업과 연결된 중요한 영향, 위험, 기회에 대한 내용을 확장하여 포함하게 된다. 보고되는 정보의 범주가 확대되는 것과 관련해서, 보고기업은 업스트림 및 다운스트림 가치사슬과 관련한 중요한 영향과 위험 및 기회를 포함하여야 한다. 이때 포함 조건은 지속가능성 실사 프로세스의 결과와 중요성 평가 결과를 따르며, ESRS의 가치사슬과 관련한 특정한 요구사항에 따라 결정하여야 한다. 가치사슬의 정보를 포함하도록 공시 정보가 확장되어야 함은 가치사슬에 포함하는 개별 또는 모든 주체에 대한 정보를 요구하는 것이 아니라 중요한 가치사슬의 정보를 포함할 것을 요구함을 의미한다.

중요한 가치사슬의 정보는 지속가능성 보고를 통한 정보 이용자가 보고기업의 중요한 영향과 위험 및 기회를 이해하는 데 필요하거나 정보의 질적 특성에 부합하기 위한 정보군을 생성하기 위하여 필요하다. ESRS가 제시하고 있는 정보의 질적 특성의 기준은 목적적합성, 표현의 충실성, 비교가능성, 검증가능성, 이해가능성으로 구성된다. 중요한 지속가능성 사안이 자사의 사업장과 업스트림 및 다운스트림 가치사슬 내 어느 수준에서 발생하는지 결정할 때, 보고기업은 이중 중요성 원칙에 따른 영향, 위험 및 기회의 평가를 사용해야 한다. 특히 지분법(Equity Method)에 따라 회계 처리되거나 비례적으로 재무제표에 연결되는 공동기업이나 합작투자 기업이 보고기업의 가치사슬 중 한 부분에 해당하는 경우, 보고기업은 해당 기업과 관련된 정보를 가치사슬 기반의 직접적 또는 간접적인 사업관계 관점에서 포함하여야 하며, 가치사슬 내의 다른 사업관계의 정보 제공을 위해 도입한 접근방식과 일관되게 실행해야 한다. 이 경우, 영향 지표를 결정할 때 공동기업이나 공동 기업의 데이터는 지분 보유한 비율에 제한되지 않으며, 비즈니스 관계를 통해 기업의 제품 및 서비스와 직접 연결된 영향을 기준으로 결정한다.

49) 좌초자산이란 환경 규제 등으로 인해 자산 가치가 급격히 하락하여 상각될 위험이 높은 자산을 의미한다.

연결 관점에서 통합된 수준의 지속가능성 보고를 하는 기업은 법적 구조와 관계없이 연결된 전체 그룹과 모든 종속기업의 중요한 영향, 위험 및 기회를 편향 없이 식별하고 보고에 포함될 수 있도록 하여야 한다. 보고기업이 중요한 영향과 위험 또는 기회 요인이 그룹 차원과 하나 또는 다수의 종속기업 차원 간에 차이점이 있음을 식별한 경우, 보고기업은 해당 종속기업 또는 종속기업들의 중요한 영향과 위험 또는 기회 요인에 대하여 적절한 정보를 제공하여야 한다. 중요한 영향과 위험 또는 기회 요인 관점에서 그룹 차원과 종속기업 차원 간의 차이가 유의적인지 여부를 판단할 때 보고기업은 종속기업이 기타 그룹사와 다른 사업영역에서 활동하는지 또는 세분화된 정보의 제공이 정보 효과성을 제고하는지 등을 고려할 수 있다.

보고기업은 중대한 영향과 위험 또는 기회 요인의 적절한 이해를 위하여 필요하다고 판단되는 경우, 보고되는 정보를 다음과 같이 세분화하여 제공할 수 있다.

- 국가별 세분화: 각 국가 간에 중요한 영향과 위험 또는 기회의 차이가 있고, 이러한 정보를 통합하여 제시하면 정보 이용자가 중요한 영향과 위험 또는 기회에 관한 중요한 정보를 이해하는 데 어려움이 가중되는 경우
- 중요한 장소별 또는 자산별 세분화: 중요한 영향과 위험 또는 기회가 특정 위치 또는 자산과 관련되는 경우

보고기업은 보고를 위한 적절한 세분화 수준을 정의할 때, 자체적으로 수행한 중요성 평가에서 채택한 세분화 기준을 고려해야 한다. 사실과 상황에 따라 자회사별 세분화가 필요할 수 있다. 또한 서로 다른 수준의 데이터 또는 동일 수준 내 여러 위치의 데이터를 통합하는 경우, 이러한 통합이 정보를 해석하는 데 필요한 구체성과 맥락을 불분명하게 해서는 안 된다. 특히 본질적으로 다른 중요성 항목들을 같이 통합하는 오류가 일어나서는 안 된다.

보고기업이 가치사슬 기반으로 중요한 영향과 위험 또는 기회를 평가하는 데 필요한 정보를 획득할 수 있는 능력과 가치사슬 기반의 영향 관리 능력은 보고기업의 계약체결, 보고기업의 연결 범위 외 영업에 대한 통제 수준 및 구매력과 같은 다양한 요소에 따라 다르다. 특히 보고기업이 가치사슬 및 사업관계에 대한 활동을 통제할 수 없는 경우에는 가치사슬 기반의 지속가능성 정보 획득이 더욱 어려울 수 있다. 보고기업이 합리적 노력을 기울인 뒤에도 가치사슬에 대한 정보 수집이 어려운 경우, 산업 평균 데이터 및 기타 근사치 정보와 같은 합리적이고 뒷받침될 수 있는 정보를 통하여 가치사슬 정보를 추정해야 한다.

정책, 조치, 목표와 관련하여 보고기업이 해당 정책, 조치 및 목표의 범위에 가치사슬 참여자를 포함하는 경우에는 해당 가치사슬 정보를 포함해야 한다. 특히 환경 관련 사안 중 근사치 정보가 사용 가능한 경우(예를 들어 보고기업의 온실가스 스코프 3 배출량 계산 시), 보고기업은 가치사슬 참여자로부터 데이터를 수집하지 않고도 보고 요구사항을 준수할 수 있다. 그러나 산업 평균 데이터 또는 기타 근사치 정보를 사용한 추정치를 통합하여 보고할 때는 정보의 질적 특성이 충족되어야 한다. 추정에 의한 데이터의 활용은 합리적인 가정과 추정치, 시나리오 또는 민감도 분석의 사용을 통하여 보완될 수 있으며, 가정과 추정치에 대한 정확한 설명을 통해 정보의 유용성을 저해하지 않도록 고려되어야 한다. 또한 측정 불확실성의 수준이 높다고 하더라도 그러한 가정이나 추정치가 정보의 유용성과 질적 특성을 충족하지 못하도록 하는

것은 아닐 수 있다. 지속가능성 보고서에 사용된 데이터 및 가정은 보고기업의 재무제표에 사용된 데이터 및 가정과 가능한 일치해야 한다. ESRS은 미래의 불확실한 결과에 대한 설명과 같은 정보 공시를 요구하고 있으며, 이러한 발생 가능한 미래 사건에 관한 정보가 중요한지 여부의 판단에 있어서 보고기업은 아래 사항을 고려할 수 있다.

1. 사건의 잠재적 재무적 영향(발생 가능한 결과)
2. 발생 가능한 사건이 사람 또는 환경에 미치는 영향의 심각도(규모, 범위, 회복불가능성 고려) 및 발생가능성
3. 발생 가능한 결과의 전체 범위와 그 범위 내에서 발생 가능한 결과의 발생가능성

가능한 결과 범위 전체를 검토할 때 보고기업은 모든 관련 사실과 상황을 고려하여야 하며, 이는 일어날 가능성이 낮으면서 미치는 영향이 큰 결과를 포함한다.

지속가능성에 대한 실사 프로세스는 기업의 중요한 영향과 위험 또는 기회를 평가하는 데 중요한 역할을 한다. 하지만 ESRS는 지속가능한 실사와 관련하여 어떠한 행동 요구사항(Conduct Requirements)도 부과하지 않으며, 지배기구의 역할을 확장하거나 수정하지 않음을 분명히 하고 있다. ESRS가 제시하는 지속가능성 실사는 기업이 사업과 관련된 환경 및 인적 요소에 대한 실제 및 잠재적 부정적 영향을 식별하고, 예방 및 완화하며, 어떻게 처리하고 있는지에 관한 실사 프로세스를 의미한다. 해당 프로세스는 유엔의 기업과 인권 이행지침 및 OECD 다국적 기업 지침이 제시하는 프로세스에 부합한다. 실사 대상은 환경 및 인적 요소에 대한 실제 및 잠재적 부정적 영향이다. 해당 영향은 기업에 의해 원인이 제공되거나 기여된 부정적 영향과 직접적으로 기업의 자체 활동, 제품 또는 서비스에 연결된 부정적 영향을 포함한다.

지속가능성 실사는 보고기업의 전략, 사업 모델, 활동, 사업 관계, 운영, 조달 및 판매를 포괄하는 사업 맥락의 변화에 대응하는 계속적인 실천 활동을 의미한다. 보고기업이 모든 영향을 동시에 다룰 수 없는 경우, 실사 프로세스를 통해 영향의 심각도와 가능성을 기반으로 우선순위를 정할 수 있다. 이러한 지속가능성 실사의 우선순위 설정은 중요성 평가에 도움을 준다.

ESRS가 공시를 요구하고 있는 지속가능성 실사의 핵심요소는 다음과 같으며 ESRS 2 (일반 공시) 및 주제별 기준의 공시 요구사항에 반영되어 있다.

1. 지속가능성 실사의 거버넌스, 전략 및 사업 모델 내재화
2. 영향을 받은 이해당사자와의 협력
3. 사람과 환경에 대한 부정적인 영향의 식별 및 평가
4. 사람과 환경에 대한 부정적인 영향을 해결하기 위한 조치 수행
5. 보고 기업의 노력의 효과성 추적

(6) ESRS E1 기후변화[50)]

IFRS S2 기후 관련 공시와 ESRS E1의 공시 요구사항은 전반적으로 유사하지만, 공시 목적 측면에서 강조하는 내용에는 차이가 있다. IFRS S2 기후 관련 공시는 '기업에 재무적으로 중요한 영향을 미치는 기후 관련 위험 및 기회에 대한 정보'를 제공하는 것을 강조하는 반면, ESRS E1은 기후변화 완화를 위한 기업의 노력과 역량, 결과 측면의 공시를 중요한 목적으로 강조하고 있다.[51)]

중요성 평가 절차에 따라 기후변화가 기업의 중요 토픽에 해당하는지 파악한 뒤 관련 정보를 공개한다. 만약 E1 기후변화가 기업에 중요한 토픽이 아닌 것으로 판단한다면 이에 대한 상세한 설명이 필요하다.

E1 기후변화에서 요구하는 정보를 자세히 살펴보면, 4개 핵심 항목(거버넌스, 전략 및 사업 모델, 영향·위험·기회 관리, 지표 및 목표) 공시 요구사항(Disclosure Requirements, DR)과 각 요구사항의 세부 공시 항목(Data point)으로 구성되어 있다.

E1 기후변화에 특화된 공시 요구 항목은 총 9개(E1-1~E1-9)이지만, ESRS 2 일반 공시에서 요구하는 공시 항목과 연결되는 사항들(GOV-3, SBM-3, IRO-1)이 있어 실제로는 모두 12개의 공시 항목이 있음을 확인할 수 있다.

E1 기후변화 공시 항목

구분	공시 항목
거버넌스	GOV-3: 기후 관련 성과 인센티브*
전략 및 사업 모델	E1-1: 기후변화 완화를 위한 전환 계획 SBM-3: 기후변화 관련 중요한 영향·위험·기회와 전략 및 사업 모델의 상호 작용*
영향, 위험 및 기회 관리	IRO-1: 기후변화 관련 중요 영향·위험·기회* E1-2: 기후변화 완화 및 적응 관리를 위한 정책 E1-3: 기후변화 정책 실행 및 리소스
지표 및 목표	E1-4: 기후변화 완화 및 적응을 위한 목표 E1-5: 에너지 소비 및 에너지 믹스(지표) E1-6: 스코프 1, 2, 3의 총 온실가스 배출량(지표) E1-7: 탄소 크레딧 구매를 통해 감축 또는 완화된 총 온실가스 배출량(지표) E1-8: 내부탄소가격(지표) E1-9: 중요한 물리적·전환 위험 및 기후 관련 기회로 인해 예상되는 재무 효과(지표)

주1: '*'은 ESRS2에서 요구하는 공시 항목과 연결되어 있는 항목이다.

출처: 유럽재무보고자문그룹(2023)

50) IFRS와 미국 SEC를 비롯한 주요 기구·국가들은 기후변화에 대한 공시기준·규정을 우선적으로 제정하고 있다. IFRS 지속가능성 공시기준과 미국 SEC 기후 관련 공시 규칙과의 비교를 위해 ESRS의 주제별 기준 중 'E1 기후변화'를 중심으로 살펴보고자 한다.

51) ESRS E1의 첫 번째 문단은 기후 관련 공시의 목적을 다음과 같이 정의하고 있다.

이 기준서의 목적은 지속가능성 정보의 이용자가 다음 사항을 이해할 수 있도록 공시 요구사항을 명시하는 것이다.

(1) 중요한 긍정적 및 부정적, 실제 및 잠재적 영향 측면에서 기업이 기후변화에 미치는 영향

(2) 파리협약(또는 기후변화에 관한 최신 국제협정)에 부합하고 지구 온난화를 1.5°C로 제한하기 위한 기업의 과거, 현재 및 미래의 기후변화 완화 노력

(3) 지속가능한 경제로의 전환에 맞춰 전략과 비즈니스 모델을 조정하고 지구 온난화를 1.5°C로 제한하는 데 기여하기 위한 기업의 계획과 역량

(4) 실제 또는 잠재적인 부정적 영향을 예방 또는 완화하고, 위험과 기회에 대응하기 위한 기업의 조치 및 그러한 조치의 결과

(5) 기후변화에 대한 사업의 영향과 의존성으로 인해 발생하는 중요한 위험과 기회의 성격, 유형, 범위 및 기업이 이를 관리하는 방법

(6) 기후변화에 대한 기업의 영향과 의존성으로 인해 발생하는 위험과 기회의 단기, 중기 및 장기에 걸친 재무적 영향

'거버넌스(Governance, GOV)' 지표로는 임원진의 기후 관련 성과 인센티브 정보를 공시하도록 요구(GOV-3)하고 있다.

'전략 및 사업 모델(Strategy and Business Model, SBM)' 항목에서는 기후변화 완화를 위한 전환 계획, 계획 실행을 위한 재원 확보를 어떻게 할 것인지, 전환 계획이 기업 전체 전략과 재무 계획에 어떻게 포함되는지, 그리고 전환 계획의 진척 현황까지 공시하도록 요구(E1-1)하고 있다.

또한 기후변화 관련 전략과 사업 모델의 회복력 평가(SBM-3)를 시나리오 분석에 기반하여 보고해야 한다. 해당 내용은 IFRS S2 전략 항목에서 요구하는 기후 회복력 평가처럼 기후 관련 이슈에 기업이 얼마만큼 준비가 되어있는 상태인지 공개하는 내용이라고 볼 수 있다.

'영향, 위험 및 기회 관리(Impact, Risk and Opportunity management, IRO)' 항목에서는 먼저 물리적 위험과 전환 위험을 식별하고, 모든 위험 및 기회에 노출된 자산과 경영활동을 평가하여 공개(IRO-1)해야 한다.

기후변화에 대한 완화와 적응을 관리하는 정책 또한 공개(E1-2)해야 하는데, 해당 정책에서 예상되는 위험과 기회를 파악하고 관리하는 방안이 포함되어야 한다.

또한 기업은 삼림 벌채를 제한하거나 생태계 복원 등의 자연 기반 솔루션을 포함한 탈탄소화 수단을 통해 기후변화를 완화할 방안, 실제 온실가스 감축량과 예상 온실가스 배출량, 기후변화 관련 정책 실행에 필요한 금액과 기타 리소스 정보를 공개(E1-3)해야 한다.

'지표 및 목표(Metrics and Targets, MT)'에서는 기후변화 완화 및 적응을 위한 목표를 공시(E1-4)하고, 목표 달성을 위한 지표를 공개할 것을 요구하고 있다. 온실가스 감축목표는 GHG 프로토콜에 따라 스코프 1, 2, 3에서 배출된 온실가스 양을 측정하고 그 값을 7개 주요 온실가스 배출량을 모두 포함한 이산화탄소환산톤 또는 기준 연도 배출량의 백분율로 공개해야 한다. 기간은 최소 2030년까지의 감축목표를 포함해야 하며, 2030년부터는 5년마다 목표를 업데이트해야 하고, 가능하다면 2050년까지 목표를 공개할 것을 요구하고 있다.

기후변화 관련 목표 달성을 위한 5개 지표(E1-5~9) 중, 첫 번째 지표는 기업이 소비하는 에너지양(E1-5)이다. 이 지표에서는 크게 재생 불가능한 에너지 소비량과 재생 가능한 에너지 소비량을 공개해야 한다. 재생 불가능한 에너지는 석탄, 석유, 천연가스 등의 자원으로부터 얻은 에너지를 의미하며, 재생 가능한 에너지는 바이오 가스, 화석이 아닌 연료의 폐기물 등에서 얻어진 에너지를 의미한다. 즉, 기업은 전통적인 에너지 소비량과 재생 가능한 에너지 소비량을 각각 산출하여 공개해야 한다.

다음으로 E1-6 항목에서는 스코프 1, 2, 3에서 각각 발생한 온실가스 배출량과 총배출량, 그리고 매출액당 온실가스 집약도(온실가스 배출량·매출액)를 공개하도록 하고 있다.

E1-7 항목에서는 기업의 가치사슬 영역에 속하지 않은 외부 지역에서 기업이 온실가스 감축 프로젝트로 인해 온실가스 배출이 감소하거나 제거된다면 그 양을 공개할 것을 요구하고 있다.

또한 기업이 내부탄소 감축 전략의 일환으로 시행하는 탄소에 가격을 산정한 '내부탄소가격 제도'도 공시 대상(E1-8)이다. 예를 들어, 내부탄소가격의 유형이 내부탄소비용인지 잠재가격인지 공시해야 한다. 여기서 내부탄소비용은 기업 내부에서 실제로 발생한 탄소배출량에 비용을 부과하는 제도이고, 잠재가격은 기업이 신규 투자나 전략에 따라 발생할 것으로 예상되는 배출량에 비용을 산정하는 방식이다. 기업이 내부탄소가격 정보를 공개할 때는 내부탄소가격의 출처와 측정 방식, 종속기업 및 지역 등 제도의 구체적인 적용범위 등을 공개해야 한다.

마지막으로 기후변화 관련 물리적 위험과 전환 위험으로 인해 발생 가능한 재무적 영향과 기후 완화 및 적응을 위한 조치에 따른 비용 감소와 저탄소 상품 및 서비스 개발에 따른 미래 수익 창출 등의 기회를 금액화하여 공개(E1-9)해야 한다.

3) 미국 SEC 공시 규칙

(1) 인적 자본 공시 규칙

인적 자본은 대부분의 기업에 필수 자원이며, 이미 다양한 방식으로 관리되는 중점 사항으로 기업 성과의 중요한 원동력이 되고 있다. 투자자를 포함한 다양한 기업 정보 이용자의 인적 자본에 대한 정보 요구 확대에 따라 미국 SEC는 기후 관련 정보 공시와 별도로, 2020년 8월 인적 자본에 대한 공시 항목을 확대 개정하였다. 인적 자본 공시는 항목 101(Item 101-c, 사업 설명)하에 공시되어야 하며, 기존 의무 공시 항목으로 포함되었던 전체 직원 수뿐만 아니라 등록 기업의 사업 전반을 이해하는 데 필요한 경우에 한하여 등록 기업의 인적 자본 자원, 사업관리에 초점을 맞추는 인적 자본 측정 항목 또는 목표를 설명하도록 요구한다.

인적 자본 자원과 사업관리에 초점을 맞춘 인적 자본 측정 항목 또는 목표의 설정에 있어, 미국 SEC는 원칙 기반의 접근을 선택하고 있다. 구체적인 공시 항목을 제시함을 통해 투자자들에게 비교 가능한 공시 정보를 제공하는 것과는 달리, 원칙 기반의 접근은 각 공시 의무 기업의 고유한 사업 및 사실과 사업 상황에 맞추어 의미 있고 중요한 것으로 판단되는 정보를 고유 사업의 특성 및 인적 자본의 성격에 따라 유연하게 설정하는 것을 강조하는 접근 방법을 의미한다.

인적 자본 관련 공시에 관해 미국 SEC는 지역별 또는 사업별로 다르게 정의되는 인적 자본과 관련하여 각 기업이 상황에 맞게 공시할 수 있도록 하는 공시의 유연성을 확보하는 것이 기업의 사업을 이해하고, 공시된 정보의 활용도를 제고하는 데 보다 효과적인 접근 방식이라는 입장을 최종적으로 명확히 하고 있다.

미국 SEC는 다양한 인적 자본의 측정 항목 또는 목표 중 관련성이 있는 분야로 인력 유치, 인력개발 및 인력유지를 제시하고 있다. 하지만 제시된 예들은 잠재적으로 관련성이 있는 항목 및 목표일뿐 의무 공시 항목이 아님을 분명히 하고 있으며, 공시의무 기업의 개별 사업 특성 및 인적 자본의 성격에 따라 유연하게 설정할 수 있음을 부연하고 있다. 또한, 많은 의견 제시자들이 권장했던 정규직, 파트타임 및 일용직 근로자의 수 및 지원 이탈률 등의 추가 지표의 포함 등 비교가능성을 제고할 수 있는 지표 또한 채택하지 않고, 공시 기업이 해당 지표가 공시기업의 사업이해에 중요한 경우 이를 공개하도록 하고 있다.

(2) 기후 관련 공시 규칙[52)]

2024년 3월 6일 발표된 기후 공시 규칙 최종안의 공시 내용은 2022년 3월에 발표된 초안에 대비하여 일부 완화되었다. 게리 겐슬러 미국 SEC 위원장은 최종안 발표 시 'SEC 기후공시는 공개해야 하는 정보를 명확하게 규정함으로써 기업과 투자자들에 모두 이익이 되는 규제안이 될 것'이라고 밝혔으며, 이러한 그의 언급은 미국 SEC의 규칙 제정 방향이 기업에 부담이 되지 않는 선에서 투자자에게 유용한 정보 제공에 집중하였다는 것을 뒷받침한다고 할 수 있다.

미국 SEC의 기후 공시 규칙은 상장 등록 기업이 사업 및 영업 결과 또는 재무상태에 이미 영향을 미쳤거나, 향후 잠재적으로 중요한 영향을 미칠 가능성이 있는 기후 관련 위험에 대한 정보 공시를 요구하고 있다.

기후 관련 위험에 대한 필수 정보는 보고기업의 온실가스 배출량을 포함하고 있으며, 해당 지표는 보고기업이 기후 위험에 노출되어 있는 정도를 평가하는 일반 지표로 활용된다. 기후 공시 규칙은 심각한 기상이변 및 자연현상 관련 재무지표를 보고기업의 재무제표에 포함할 것을 요구하고 있다. 미국 SEC는 기후 정보 공개를 통하여 투자자들에게 현재 및 잠재적 투자에 대한 기후 관련 위험 영향을 신중하게 판단할 수 있도록 일관적이고 비교 가능하며 신뢰할 수 있는 정보를 제공하여 투자의사결정에 유용한 정보를 제공할 것을 그 목적으로 제시하고 있다.

미국 SEC의 기후 공시 의무화는 현재 및 잠재적 투자자에 대한 기후 관련 위험 정보 제공에 초점을 맞추고 있다. 또한 이러한 협의의 이해관계자를 위한 정보 제공이 공익 및 투자자 보호를 위한 미국 SEC의 권한 부여에 부합한다는 점을 강조하고 있다. 기후 관련 위험이 투자자뿐만 아니라 다양한 이해관계자에게 영향을 미치고, 다양한 정책 목표 및 규제 체계의 영향을 받고 있음은 분명하다. 그러나 미국 SEC의 기후 위험 공시는 일반적인 기후 위험을 관리하고자 하는 것이 아니라 미국 SEC의 설립 목적인 투자자 보호, 공정하고 질서 정연하고 효율적인 시장의 유지, 자본형성 촉진이라는 관점에서 공시를 규제하고 있다.

2021년 미국 금융안정감독위원회(FSOC)가 발표한 '기후 관련 금융 위험 보고서'는 기업, 금융기관, 투자자 및 가계가 기후 관련 위험으로 인해 직접적인 금융 영향을 받을 수 있으며, 기후 위험의 외부효과로 인한 경제적 비용이 공급망을 통하여 고객에게 전가되어 기업의 부채 상환 능력을 감소시키거나 투자자에게 수익을 제공하는 능력을 줄일 것으로 판단하고 있다. 이는 기후 관련 위험의 재무적 영향이 전체 경제 시스템에 부정적 영향을 미칠 수

52) 기후 관련 공시 규칙은 소송으로 인해 시행이 일단 보류된 상태이다.

있으며, 나아가 글로벌 금융시스템에 위험으로 연결될 수 있다는 지적이다. 미국 SEC는 글로벌 금융시스템의 핵심 구성 요소인 기후 위험 공시를 통해 보고기업과 투자자 간의 신뢰성이 높아질 것으로 예상하고 있다.

미국 SEC가 최종 확정한 기후 공시 규칙은 '기업의 전략 및 비즈니스 모델, 그리고 전망에 대하여 기후 관련 위험이 미치는 영향, 또는 미칠 것으로 예상되는 정보'를 연차보고서 또는 증권신고서[53]에 '기후 관련 공시(Climate-Related Disclosure)'라는 별도 섹션을 두고 공시하도록 요구하고 있다. 또한 다른 공시기준들과 달리 재무제표의 주석에 공시해야 할 사항도 명시하고 있다.

미국 SEC 기후 관련 공시 규칙은 크게 연차보고서 또는 증권신고서에 공시해야 할 정보를 담은 Regulation S-K와 재무제표 주석으로 공시해야 하는 정보를 담은 Regulation S-X로 구성되어 있으며, 상세 내용은 다음과 같다.

❶ Regulation S-K: 기후 관련 연차보고서 및 증권신고서 공시

미국 SEC는 Regulation S-K에 1500 항목을 신설하여 연차보고서와 증권신고서에 기재되어야 할 기후 관련 공시사항을 제시하고 있다. 동 내용은 TCFD 권고안과 GHG 프로토콜의 개념을 준용하고 있으며, 공시 요구 항목은 대부분 IFRS S2 기후 관련 공시 및 ESRS와 유사하다. 특히 ESRS과 마찬가지로 스코프 1, 2의 온실가스 배출량에 대해 제3자 인증을 의무화하고 있다는 점이 미국 SEC 기후 관련 공시 규칙의 가장 큰 특징이다.

• 일반 공시 요구사항

일반 공시 요구사항[54]은 '거버넌스', '전략, 비즈니스 모델 및 전망', '위험관리', '목표' 그리고 '중요한 지출 및 재무적 영향'으로 구성된다.

'거버넌스'에서는 기후 관련 위험을 평가하고 관리하는 경영진 역할의 성격과 범위, 위험을 이사회가 어떻게 관리·감독하고 있는지 공개할 것을 요구하고 있다.

'전략, 비즈니스 모델 및 전망'에서는 단기적(12개월 이내) 또는 장기적(12개월 이후)으로 기업의 전략, 비즈니스 모델, 전망에 실제적이고 잠재적으로 중요한 영향을 미쳤거나, 향후 영향을 미칠 것으로 예상되는 기후 관련 위험을 파악하여 공개해야 한다. 또한 기업이 파악한 위험을 완화하거나 적응하기 위한 활동의 일환으로 지표와 목표를 포함한 전환 계획, 시나리오 분석, 내부탄소세 등을 공시해야 한다.

'위험관리' 영역에서는 기업이 설정한 기후 관련 위험관리 절차가 기업의 전체 위험관리 시스템과 프로세스에 통합되었는지 여부와 방법과, 위험관리 전략의 일부로서 전환 계획을 공개하도록 하고 있다.

53) 온실가스 배출량 관련 공시는 2분기 보고서 제출 이내에 공시하며, 2분기 보고서 또는 연차보고서를 수정하여 공시한다. 온실가스 이외의 Regulation S-K 공시 요구사항은 연차보고서 또는 증권신고서에 공시된다.

54) 일반 공시 요구사항은 연차보고서 및 증권신고서 공시 항목 중 온실가스 배출량 이외의 기후 관련 공시 항목을 지칭한다.

'목표'에서는 기업의 비즈니스 및 재무상태에 실질적으로 영향을 미쳤거나 합리적으로 영향을 미칠 가능성이 있는 기후 관련 지표 및 목표 공개를 요구하고 있다. 기후 관련 목표의 진척 현황을 공개하고, 기후 관련 목표 달성을 위해 탄소상쇄와 재생에너지 크레딧(Renewable Energy Credits, RECs)이 활용된 경우 해당 내용을 공시하도록 요구하고 있다.

마지막으로 미국 SEC는 기후 관련 기업의 활동과 관련된 재무적 지출 및 영향에 대해 질적·양적 정보를 요구하고 있다. 1) 기후 관련 위험의 완화 또는 적응을 위한 활동을 하거나 2) 기후 관련 전환 계획을 이행하는 경우, 해당 활동과 관련 지출이 재무적 추정 및 가정이 미치는 영향을 공개해야 한다. 또한 3) 기업의 기후 관련 목표 달성을 위한 조치와 관련된 영향을 공시해야 한다.

• 온실가스 배출량 공시 요구사항

IFRS S2 기후 관련 공시와 ESRS에서는 스코프 1, 2, 3에서 발생한 온실가스 배출량과 측정방법론을 공개해야 한다. 그러나 미국 SEC 기후 관련 공시 규칙은 다른 기준에 비해 배출량 공시 조건과 범위가 완화되었다. 스코프 1, 2 온실가스 배출량이 중요한 경우 공시하도록 하고 있으며, 특정 온실가스 요소가 개별적으로 중요하다면 그 요소의 배출량에 대한 세분화된 공시를 요구하고 있다. 배출량 공시 대상은 상장 대기업과 중견기업으로 한정하였고, 온실가스 배출량 정보는 기업 규모에 따라 단계적으로 제3자 인증을 의무화하고 있다. 상장 대기업은 단계별로 제한적·합리적 인증을 받아야 하며, 상장 중견기업은 제한적 인증을 받아야 한다.

❷ Regulation S-X: 기후 관련 재무제표 주석 공시

미국 SEC는 Regulation S-X에 14번째 항목을 신설하여 '심각한 기상이변 및 기타 자연현상이 재무제표에 미치는 영향', '탄소상쇄 및 재생에너지 크레딧 정보', 그리고 '재무적 가정 및 추정'에 대한 정보를 재무제표 주석에 공시할 것을 요구하고 있다. 재무제표 주석으로 공시된 정보는 재무제표의 일부이므로 재무보고에 대한 내부통제(International Control over Financial Reporting, ICFR)[55] 대상에 포함되며 동시에 외부 감사 대상이 된다.

이처럼 미국 SEC 기후 관련 공시 규칙은 기후변화 관련 위험과 기회가 기업에 미치는 재무적 영향의 연결성과 중요성을 IFRS S2 기후 관련 공시와 ESRS E1 기후변화 공시 정보보다 더 엄격하게 강조하고 있다.

• 심각한 기상이변 및 기타 자연현상이 재무제표에 미치는 영향

기후 공시 규칙에서는 심각한 기상이변 및 기타 자연현상으로 인해 발생한 자본화된 원가, 비용화된 지출, 청구금(Charges) 및 손실 등에 대한 정보를 공개해야 하며, 해당 지출과 관련된 회수액도 공개해야 한다. 공시를 해야 하는 조건은 다음과 같다.

55) 국내에서는 내부회계관리제도라고 한다.

재무상태표상 자본화된 원가와 청구금의 경우 회계연도 말 현재 집계된 영향의 절댓값이 자본총계의 1% 이상이며 50만 달러 이상인 경우 공시하도록 하고 있다. 또한 손익계산서상 비용화된 지출과 손실의 경우 집계된 영향이 회계연도의 세전손익 절댓값의 1% 이상이며 10만 달러 이상인 경우 공시하도록 하고 있다.

심각한 기상이변 및 기타 자연현상이 임계값 요구사항(1%)을 충족하는지 여부를 결정하기 위해 기업은 아래 예시표와 같이 분석할 수 있다. S기업의 경우 가뭄(기상이변 A), 지진(자연현상 B), 홍수(기상이변 C)의 영향 비율이 기준 금액이 1% 이상으로 나타났기 때문에 해당 정보를 공개해야 한다.

예 시 **심각한 기상이변 및 자연현상이 재무제표에 미치는 영향**

S기업은 가뭄(기상이변 A), 지진(자연현상 B), 홍수(기상이변 C)를 자본화된 원가, 비용화된 지출, 청구금, 손실에 영향을 미치는 요소라고 판단하였다.

① 가뭄(기상이변 A) 적응을 위해 1,200,000달러의 지출 자본화
② 지진(자연현상 B) 발생으로 인해 750,000달러(재무상태표에서 재고 750,000달러를 손상 처리)의 손익계산서상 손실
③ 지진(자연현상 B)으로 손상된 재고를 대체하기 위해 1,000,000달러의 지출을 자본화
④ 홍수(기상이변 C) 피해 복구를 위해 2,000,000달러의 비용 지출
⑤ 가뭄(기상이변 A)과 관련하여 보험금 400,000달러 수령

기업은 심각한 기상이변 및 기타 자연현상이 재무제표에 영향을 주는 임계값(1%)을 기준으로 아래와 같이 정보 공개 여부를 파악할 수 있다.

① 재무상태표상에서 자본화된 금액 변동의 절댓값 총합이 2,950,000달러이며 이는 자본총계 대비 1.97%를 차지하므로 해당 정보 공개 필요(임계값: 자본총계의 1% 이상 및 50만 달러 이상)
② 손익계산서상 비용과 손실의 합이 2,750,000달러이며, 이는 세전손익 대비 3.67%를 차지하므로 해당 정보 공개 필요(임계값: 세전손익의 1% 이상 및 10만 달러 이상)

(단위: 달러)

지출 항목	당기금액[주1)]	가뭄 (기상이변 A)	지진 (자연현상 B)	홍수 (기상이변 C)	영향 비율
재무상태표 (자본화된 원가 및 비용)	150,000,000 (자본총계)	1,200,000	1,750,000	-	1.97% (가뭄+지진)/자본총계
손익계산서 (비용 및 손실)	75,000,000 (세전손익)	-	750,000	2,000,000	3.67% (지진+홍수)/세전손익

주1: 재무상태표상의 자본총계를 손익계산서상의 세전손익으로 나눈 값이다.

기업이 산정한 자본화된 원가, 비용화된 지출, 청구금, 손실은 다음과 같이 공개할 수 있다. 예시에는 기재되어 있지 않았으나, 기상이변 A의 결과로 수령한 보험 금액 400,000달러도 공개(손익계산서 또는 재무상태표에 표시되는 위치 식별 포함)해야 한다.

(단위: 달러)

재무상태표		
구분	2024년	2025년
기상이변과 기타 자연현상 관련 자본화된 지출		
재고자산	–	250,000주1
유형자산	–	1,200,000

손익계산서			
구분	2023년	2024년	2025년
기상이변과 기타 자연현상 관련 비용과 손실			
일반관리비	–	–	(750,000)
기타 수익(손실)	–	–	(2,000,000)

주1: −750,000(재고자산 손상) + 1,000,000(재고를 대체하기 위한 지출 자본화) = 250,000달러

출처: 미국 SEC(2024b), 삼일회계법인(2024)

(3) 탄소상쇄 및 재생에너지 크레딧 정보

탄소상쇄 및 재생에너지 크레딧 활용이 기업의 목표 달성에 중요한 요소인 경우 탄소상쇄 및 재생에너지 크레딧으로 인해 발생한 자본화된 원가, 비용, 손실에 대한 정보를 공개해야 한다.

예 시 **탄소상쇄 및 재생에너지 크레딧 정보**

S기업은 기후 관련 목표 달성을 위해 탄소상쇄와 재생에너지 크레딧을 활용하였다.

① 자산으로 인식된 탄소상쇄 또는 재생에너지 크레딧의 기초잔액은 2,500,000달러
② 자산으로 인식된 탄소상쇄와 재생에너지 크레딧 금액 1,000,000달러
③ 비용 처리된 탄소상쇄와 재생에너지 크레딧 금액 3,000,000달러
④ 재무상태표에 남아 있는 탄소상쇄 또는 재생에너지 크레딧은 500,000달러로 마감

탄소상쇄 및 재생에너지 크레딧 구매 관련 정보 공개 예시는 아래와 같다.

탄소상쇄 및 재생에너지크레딧	(단위: 달러)
20X5년 1월 1일의 탄소상쇄 및 재생에너지 크레딧	2,500,000
자산으로 인식된 탄소상쇄와 재생에너지 크레딧	1,000,000
비용으로 처리된 탄소상쇄와 재생에너지 크레딧	(3,000,000)
20X5년 12월 31일의 탄소상쇄 및 재생에너지 크레딧	500,000

탄소상쇄와 재생에너지 크레딧 계산 방법은 다양하다. 기업은 탄소상쇄 및 재생에너지 크레딧 금액에 대한 회계처리를 결정할 때, 기업의 상황과 특정 사실을 고려해야 하며 17 CFR 210.14-02(e)(2)에 따라 회계 정책을 공개해야 한다. 위의 예시에서는 탄소상쇄 및 재생에너지 크레딧을 재무상태표의 무형자산으로 표시했고, 손익계산서에서는 일반관리비로 표시했다.

출처: 미국 SEC(2024b), 삼일회계법인(2024)

(4) 재무적 가정 및 추정

기후 관련 사건(가뭄, 홍수 등)과 전환 활동이 재무제표를 작성하는 데 사용된 추정 및 가정에 영향을 끼친다면 어떻게 영향을 받았는지 설명해야 한다. 예를 들어, 감가상각 자산의 내용연수 변경, 감가상각과 자산 폐기 정책 변경 등 추정 및 가정의 변경이 필요한 경우 공시해야 한다.

SEC 기후 관련 공시 규칙 적용 시기 및 대상

기업 유형	일반 공시 및 재무제표 주석56)	온실가스 배출량
상장대기업57)	2025 회계연도	2026 회계연도
상장중견기업58)59)	2026 회계연도	2028 회계연도
상장소기업60)	2027 회계연도	면제
소규모보고기업61)		
신흥성장기업62)		

출처: 미국 SEC(2024a), 삼일회계법인(2024)

4) 글로벌 3대 공시기준 비교

글로벌 3대 공시기준으로 꼽히는 IFRS 지속가능성 공시기준, ESRS, 미국 SEC 기후 관련 공시 규칙은 비슷해 보이지만 구체적으로 요구하는 사항들에 대해서는 각 기준별로 차이점이 존재한다. 유럽연합 CSRD 및 ESRS은 기후변화를 포함하여 환경, 사회, 거버넌스를 포괄하는 넓은 보고 토픽의 범위를 갖고 있으며, 정보 이용자 또한 다중 이해관계자를 주요 대상으로 한다. 반면 ISSB 및 미국 SEC 공시 규칙은 기후변화 이슈를 별도 또는 단독 토픽으로 다루고 있고, 정보 이용자도 일반목적재무보고 이용자 또는 미국 SEC 상장사의 투자자를 대상으로 하고 있다.

3가지 의무 공시기준 모두 TCFD 권고안을 준용하여 '거버넌스, 전략, 위험관리, 목표 및 지표'의 4가지 핵심 항목에서 기업이 공시해야 할 지속가능성 관련 위험 및 기회에 대한 정보를 공시하도록 요구하고 있으며, 연결실체기준의 공시를 요구한다는 점 등에서 공통점을 가진다.

56) 일반 공시 요구사항 중 '항목 1502(d)(2) 기후 관련 위험의 완화 또는 적응 활동 관련 중요한 지출 및 재무적 추정과 가정에 미치는 영향', '1502(e)(2) 기후 관련 전환 계획 이행 관련 중요한 지출 및 재무적 추정과 가정에 미치는 영향', '1504(c)(2) 기후 관련 목표 달성을 위한 조치와 관련된 영향'은 일반 공시 및 재무제표 주석 공시 의무화 1년 후부터 공시가 의무화된다.

57) 상장대기업(Large Accelerated Filer, LAF)은 시가총액 7억 달러 이상인 기업을 의미한다.

58) 상장중견기업(Accelerated Filer, AF)은 시가총액 0.75달러 이상에서 7억 달러 미만이면서, 매출액 1억 달러 이상인 기업이다.

59) 소규모보고기업(SRC), 신흥성장기업(EGC)은 제외된다.

60) 상장소기업(Non-Accelerated Filer, NAF)은 ① 시가총액 0.75달러 미만 또는 ② 시가총액 0.75억 달러 이상~7억 달러이면서 매출액 1억 달러 미만인 기업을 의미한다.

61) 소규모보고기업(Smaller Reporting Companies, SRC)은 투자회사, 자산유동화발행자, SRC가 아닌 지배기업의 종속기업이 아니며, ① 유통주식이 2억 5천만 달러 미만이거나, ② 매출액 1억 달러 미만이고, (ⅰ) 유통주식이 없거나, (ⅱ) 유통주식이 7억 달러 미만인 기업을 의미한다.

62) 신흥성장기업(Emerging Growth Companies, EGC)은 매출액이 12억 3,500만 달러 미만이며, 2011년 12월 8일 기준으로 증권신고서에 따라 보통주를 판매하지 않은 기업을 의미한다. 다음 중 하나가 충족되지 않는 이상 기업 공개 완료 후 처음 5년 동안 신흥성장기업으로 유지된다. ① 매출액이 12억 3,500달러 이상, ② 지난 3년 동안 비전환사채 10억 달러 이상 발행, ③ 상장대기업(LAF)

글로벌 지속가능성 공시기준·규칙 비교

	IFRS 지속가능성 공시기준	ESRS	미국 SEC 기후 관련 공시 규칙
보고 토픽	기후(S2) 및 기타 지속가능성 관련 위험과 기회(S1)	환경, 사회, 거버넌스를 포괄	기후 관련 사항
정보 이용자	일반목적재무보고 이용자	다중 이해관계자	미국 SEC 상장사의 투자자
보고 범위	종속기업까지 포함한 연결기준 공시		
보고 프레임워크	TCFD 권고안 준용- 지속가능성 관련 위험 또는 기회에 대해 4가지 핵심 항목을 공시하도록 요구		
대상기업	각국의 관할 당국에서 결정	- 유럽연합 상장사·비상장 대기업(비유럽연합 기업의 유럽연합 소재 종속기업 포함) - 유럽연합 내 일정 매출액 초과 비유럽연합 소속 지배기업63)	미국 SEC 상장사
중요성	재무적 중요성	이중 중요성	재무적 중요성
공시 위치	일반목적재무보고서의 일부	사업 보고서	연차보고서·증권신고서, 재무제표 주석
최초적용일	2024년 1월 1일	2024년 1월 1일	2025년 1월 1일
시나리오 분석 공시	요구	요구	선택(있는 경우)
스코프 1, 2 배출량 공시	필수	필수	선택(중요한 경우)
스코프 3 배출량 공시	필수	필수	-
산업별 요구 공시	요구	요구	요구하지 않음
기타 특징	최소한의 기준 요건 (Global baseline)	ESG 공시 관련 내부통제 공시 요구	재무제표 주석에 공시를 요구하는 사항 있음

출처: 삼일회계법인(2023), 정준혁 외(2022)

기후 관련 공시는 글로벌 3대 지속가능성 공시기준의 핵심적인 내용이다. 기후 관련 위험은 보고기업의 사업, 재무성과, 재무상태에 여러 가지 방법으로 영향을 미칠 수 있으며, 심각하고 빈번한 자연재해는 자산을 파괴하고 운영을 방해함으로써 영업 비용을 직접적으로 증가시킬 수 있다. 또한 환경 규제 강화, 소비자 선호도, 자금조달 가능성, 기술 및 기타 시장요인의 변화에 따라 촉발되는 탄소 저감 제품, 탄소중립 실천 및 서비스로의 전환은 기업의 사업 모델 변화로 이어지거나 이를 촉진할 수 있다. 특히 유럽 그린딜 및 기후 법안을 통한 탄소중립

63) 비유럽연합 기업을 위한 특정 공시기준 적용 예정(ESRS 2nd set)이며, 비유럽연합 지배기업의 글로벌 전체 연결기준으로 보고해야 한다.

목표를 비롯하여 세계 각국 정부는 저탄소 경제로의 전환에 대해 공개적으로 약속하고 있다. 이를 통하여 이뤄지는 글로벌 온실가스 감축목표 달성을 위한 다양한 노력은 보고기업에 중요한 재정적 영향을 미칠 수 있는 금융 효과를 가져올 수 있다. 이처럼 기업이 기후 관련 위험을 평가하고 계획하는 방식은 기업의 미래 재무성과 및 투자자의 투자 수익에 상당한 영향을 미칠 수 있다. 유럽연합과 미국 SEC 등은 기업이 직면한 중요한 기후 관련 위험에 대하여 일관적이고 비교 가능하며 신뢰할 수 있는 정보를 공개함으로써 투자자와 자본시장이 지속가능한 금융으로 전환하기 위한 기반을 마련할 수 있다고 내다보고 있다. 투자자들은 법적 의무 기반의 책임 있는 정보를 활용하여 자신의 위험 선호도에 맞춰 투자 또는 주주권 의결을 실행할 수 있게 되며, 자본 할당에 있어 기후 관련 위험을 더 정확하게 기업가치에 반영함으로써 장기적 자본할당을 보다 효율적으로 진행할 수 있다. 또한, 기후 관련 공개는 투명성을 강화하고 시장 참여자들 간의 경쟁을 촉진하여 저탄소 경제로의 이행을 가속화할 수 있다.

IFRS 재단 산하 ISSB는 2023년 6월 국제 지속가능성 공시기준을 제정하면서 지속가능성 관련 재무정보 공시를 위한 일반 요구사항을 다루는 IFRS S1 일반 요구사항 외에 주제별 기준서 중에서는 기후 관련 공시기준서인 S2만을 우선 제정하였다. 미국 SEC 역시 다양한 지속가능성 토픽 중 기후 관련 공시에 대한 의무화를 가장 먼저 추진하고 있는 상황이다. 유럽연합의 공시기준인 ESRS는 환경, 사회, 거버넌스에 관한 기준서가 모두 갖춰졌지만, 기후 관련 기준서인 ESRS E1에서 가장 많은 정보의 공시를 요구하고 있다.

공시기준별 요구하는 기후 관련 공시 정보

구분	공시 요구사항
IFRS S2 기후 관련 공시	1. 거버넌스 2. 전략 3. 위험관리 4. 지표 및 목표
ESRS	1. GOV-3: 기후 관련 성과 인센티브* 2. SBM-3: 기후변화 관련 중요한 영향·위험·기회와 전략 및 사업 모델의 상호 작용* 3. IRO-1: 기후변화 관련 중요 영향·위험·기회* 4. E1-1: 기후변화 완화를 위한 전환 계획 5. E1-2: 기후변화 완화 및 적응 관리를 위한 정책 6. E1-3: 기후변화 정책 실행 및 리소스 7. E1-4: 기후변화 완화 및 적응을 위한 목표 8. E1-5: 에너지 소비 및 에너지 믹스 9. E1-6: 스코프 1, 2, 3의 총 온실가스 배출량 10. E1-7: 탄소배출권 구매를 통해 감축되거나 완화된 총 온실가스 배출량 11. E1-8: 내부탄소가격 12. E1-9: 중요한 물리적·전환 위험 및 기후 관련 기회로 인해 예상되는 재무 효과

구분	공시 요구사항
미국 SEC 기후 관련 공시 규칙	1. Regulation S-K: 연차보고서 및 증권신고서 공시 (1) Items 1500~1504 - 1500: 기후 관련 정의 - 1501: 거버넌스 - 1502: 전략 - 1503: 위험관리 - 1504: 목표 (2) Items 1505~1506 - 1505: 스코프 1, 2 온실가스 배출량 - 1506: 온실가스 배출량 인증 2. Regulation S-X: 재무제표 주석 공시 (1) 심각한 기상이변 및 기타 자연현상으로 인해 발생한 지출액 및 회수액 (2) 탄소상쇄 및 재생에너지 크레딧 정보 (3) 재무적 추정 및 가정에 미치는 영향

주1: '*'은 ESRS 2에서 요구하는 공시 항목과 연결되어 있는 항목이다.

03 | 국내 지속가능성 공시기준

1) 국내 지속가능성 공시기준의 필요성

국내외 자본시장 투자자들은 기업가치에 영향을 주는 지속가능성 관련 위험 및 기회를 고려한 투자의사결정을 내리고자 하지만, 기업들이 공개하고 있는 ESG 관련 정보를 활용하는 데에는 한계가 있었다. 왜냐하면 기업들이 TCFD, SASB 등의 국제 기준을 활용하여 자발적으로 정보를 공개하다 보니 통일된 공시기준이 없어 기업 간의 비교가능성이 떨어졌고, 공개되는 정보도 일관되지 않았기 때문이다. 이에 투자자들은 국제적으로 통일된 공시기준의 필요성과 이를 바탕으로 한 양질의 정보를 자본시장에 제공할 것을 요구하였다. 이러한 투자자의 요구로 인해, IFRS 재단의 ISSB는 국제적으로 사용될 IFRS 지속가능성 공시기준(IFRS S1 일반 요구사항, IFRS S2 기후 관련 공시)을 발표하였으며, 유럽연합, 미국 등의 해외 주요국들도 공시제도와 공시기준을 수립하게 된 것이다. 이러한 국제적인 흐름은 글로벌 자본시장에서 자금을 조달하는 기업, 해외 시장에서 활동하는 기업, 글로벌 공급망에 속한 수출 기업과 같은 국내 기업에도 영향을 미친다. 이러한 국내 기업들이 글로벌 자본시장에서 경쟁하기 위해서는 국내 기업 역시 지속가능성 관련 정보에 대한 공시가 필요하다.

기업이 지속가능성 관련 정보를 공시할 때, 어떠한 정보를 어떻게 공시하여야 하는지는 공시기준에서 정한다. IFRS 재단은 국제적으로 사용될 수 있는 지속가능성 공시기준을 발표하였지만, 국내 기업들의 공시 역량과 준비 상황 등을 고려할 때, 해당 공시기준을 국내 기업이 온전히 적용하는 데에는 어려움이 있을 수 있다. 따라서 이러한 국내의 상황과 특성을 반영한 공시기준이 필요하였다.

2) 국내 지속가능성 공시기준 공개초안의 구성

한국회계기준원의 한국지속가능성기준위원회(Korea Sustainability Standards Board, 이하 KSSB)는 국내 자본시장에서 사용할 수 있는 지속가능성 공시기준을 마련하는 프로젝트에 착수하여, 2024년 4월 30일 3개의 공시기준서 공개초안을 발표하였다. 공개초안은 이 기준을 적용하는 모든 기업이 반드시 준수해야 하는 의무 공시기준과 기준의 적용 여부를 스스로 선택할 수 있는 선택 기준으로 구분된다.

한국 지속가능성 공시기준 공개초안의 구성

구분	번호	명칭	비고
의무 공시 기준	제1호	지속가능성 관련 재무정보 공시를 위한 일반사항	지속가능성 사안과 관련된 개념적 기반과 일반 요구사항 제시(IFRS S1 기반)
	제2호	기후 관련 공시사항	기후 관련 위험 및 기회 관련 공시 요구사항 제시(IFRS S2 기반)
선택 기준	제101호	정책 목적을 고려한 추가 공시(선택)사항	지속가능성 관련 사안 중 정책 목적에 따라 공시가 권유되는 사안을 다룸

(1) 의무 공시기준

의무 공시기준에는 제1호 '지속가능성 관련 재무정보 공시를 위한 일반사항'(이하 '일반사항')과 제2호 '기후 관련 공시사항'이 있다. 공시기준서 공개초안 제1호 '일반사항'은 IFRS S1 '지속가능성 관련 재무정보 공시를 위한 일반 요구사항'을 기반으로 한다. 이 기준서는 기업 전망에 영향을 미칠 것으로 예상할 수 있는 지속가능성 관련 위험 및 기회에 대한 정보를 공시할 때 적용되는 개념적 기반과 일반적인 요구사항을 다룬다. 공시기준서 공개초안 제2호 '기후 관련 공시사항'은 IFRS S2 '기후 관련 공시'를 기반으로, 기후 관련 위험 및 기회에 대한 공시 요구사항을 다루는 기준서이다.

(2) 선택 기준

공시기준서 공개초안 제101호 '정책 목적을 고려한 추가 공시사항'은 정책 목적을 고려하였을 때, 공시가 권유되는 지속가능성 관련 사안에 대한 정보를 다룬다. 이 공시기준서는 정책적 지원 필요성이 있는 지속가능성 관련 정보를 기업이 선택하여 공시하도록 하여, 사회가 당면한 위험을 정부와 기업이 함께 대비해 나갈 수 있도록 하는 데 의의가 있는 한국 특유의 공시기준서이다.

3) 국내 지속가능성 공시기준 공개초안의 제정 원칙

KSSB는 이러한 공시기준 공개초안을 마련함에 있어, 투자자에게 유용한 정보를 제공하는 것을 목적으로 하면서, 국제 정합성과 기업의 수용가능성을 균형 있게 고려하고자 하였다.

지속가능성 공시기준 공개초안 제정 원칙

(1) 국제 정합성

기업의 이중 공시부담을 줄이고, 글로벌 자본시장에서 국내 기업의 지속가능성 관련 재무정보가 활용될 수 있도록 하기 위해서는 국내 공시기준이 해외 주요국의 기준과 정합할 필요가 있다. 이에 따라 KSSB는 IFRS 지속가능성 공시기준을 국내 기준 제정의 시작점으로 삼아 공시기준을 제정하는 것을 제안하였다. IFRS 지속가능성 공시기준은 국제증권감독기구(International Organization of Securities Commissions, IOSCO)의 승인을 받아 글로벌 자본시장에서 사용이 권장되는 기준서이며, 해당 기준을 제정하는 과정에서 유럽연합, 미국 등 주요국의 기준과 상호운용가능성이 고려되어, 공통된 요구사항에 대해서는 일관성이 유지되었기 때문이다.

(2) 기업의 수용가능성

기업의 공시 역량과 준비 상황을 고려할 때, 공시기준의 적용이 기업에 과도한 부담이 되지 않도록 할 필요가 있다. 이에 따라 KSSB는 공개초안을 마련하는 단계에서부터 기업 간담회, 경제단체를 대상으로 한 현장간담회 등을 진행하면서, 공시기준 적용에 있어 기업의 애로사항을 확인하고, 기업에 과도한 부담이 되지 않도록 여러 완화 방안을 고안하였다. KSSB가 공개초안에 반영한 완화 방안은 다음과 같다.

❶ 기업의 상황에 맞게 적용

공개초안의 많은 요구사항들은 기업의 상황에 맞게 적용될 수 있다. 예를 들어, 공개초안은 기후 관련 위험 또는 기회가 기업의 재무상태, 재무성과 및 현금흐름에 미치는 예상 영향에 대한 정보를 공시하도록 요구하고 있다. 이때 기업의 기량 및 역량, 자원을 고려하여, 양적 정보가 아닌 질적 정보로도 공시할 수 있도록 하였다. 또한 회복력 평가를 위한 시나리오 분석을 수행함에 있어서도, 기업의 상황에 따라 질적 시나리오 분석과 같이 간단한 접근법을 사용할 수 있도록 하였다.

또한 공개초안에서는 기후 외 다른 지속가능성 관련 사안에 대한 공시나, 산업기반 지표 공시, 내부탄소가격 중 기업이 적용하고 있는 톤당 가격에 대한 정보 공시를 선택규정으로 제시함으로써, 기업이 처한 상황에 따라 그 적용 여부를 선택할 수 있도록 하였다. 이렇게 일부 공시 요구사항을 선택사항으로 제시하는 접근방식은 기업의 상황에 따라 공시 여부를 선택할 수 있게 하며, 기업이 이 공시기준을 적용하기 시작하는 데 도움을 주는 한편, 글로벌 공시기준과 상호운용이 가능하게 한다는 장점이 있다.

기업의 상황에 맞게 적용할 수 있는 공개초안의 공시 요구사항

제1호 '일반사항'		제2호 '기후 관련 공시사항'	
기업의 기량 및 역량, 자원 고려	적용 여부 선택	기업의 기량 및 역량, 자원 고려	적용 여부 선택
• 예상 재무적 영향	• 기후 외 다른 지속가능성 관련 사안 공시 (주제별 선택)	• 예상 재무적 영향 • 기후 관련 시나리오 분석	• 산업기반 지표 공시 • 내부탄소가격 중 기업이 적용하고 있는 톤당 가격에 대한 정보 공시

❷ 합리적이고 뒷받침될 수 있는 정보 활용

공개초안에서는 위험 및 기회 식별이나 가치사슬 범위를 결정하는 것과 같이 높은 수준의 판단이나 불확실성이 수반되는 요구사항에는 과도한 원가나 노력 없이 이용할 수 있는 합리적이고 뒷받침될 수 있는 정보를 활용할 수 있도록 한다. 이는 특정 정보를 얻기 위한 기업의 노력에 한계를 설정함으로써 기업이 해당 요구사항을 적용하는 데 직면하는 어려움을 완화한 것이다. 예를 들어, 기업이 지속가능성 관련 위험 및 기회를 식별하기 위해 특정 정보를 얻는 데 과도한 원가가 발생한다면, 기업은 정보 획득의 범위를 좁혀 조사할 수 있다.

합리적이고 뒷받침될 수 있는 정보를 활용할 수 있는 공개초안의 요구사항

제1호 '일반사항'	제2호 '기후 관련 공시사항'
• 지속가능성 관련 위험 및 기회의 식별 • 예상 재무적 영향 • 가치사슬 범위의 결정	• 기후 관련 위험 및 기회의 식별 • 예상 재무적 영향 • 가치사슬 범위의 결정 • 기후 관련 시나리오 분석 • 스코프 3 온실가스 배출량 측정 • 산업전반 지표 중 다음의 사안 – 전환 위험에 취약한 자산 또는 사업활동 정보 – 물리적 위험에 취약한 자산 또는 사업활동 정보 – 기회에 부합하는 자산 또는 사업활동 정보

4) 국내 지속가능성 공시기준 공개초안과 IFRS 지속가능성 공시기준과의 차이점

국내 지속가능성 공시기준 공개초안은 IFRS 지속가능성 공시기준을 시작점으로 하였기 때문에 전반적인 구성이나 형태는 IFRS 지속가능성 공시기준과 유사하다. 따라서 이번 절에서는 IFRS 지속가능성 공시기준과 차이를 가지는 공개초안의 주요 요구사항에 대해 중점적으로 설명하고자 한다.

(1) 공시 주제

❶ IFRS 지속가능성 공시기준

IFRS S1 일반 요구사항에서는 단기, 중기 또는 장기에 걸쳐 기업의 현금흐름, 자금조달 접근성 또는 자본 비용에 영향을 미칠 것으로 합리적으로 예상할 수 있는 모든 지속가능성 관련 위험 및 기회에 대한 정보를 공시하도록 요구한다. 즉, IFRS S1 일반 요구사항은 기업 전망에 영향을 미칠 것으로 합리적으로 예상할 수 있는 모든 지속가능성 관련 위험 및 기회를 공시하도록 한 것이다. 다만 ISSB는 기업이 기후 외 다른 지속가능성 관련 위험 및 기회에 대한 정보 공시가 공시를 준비하는 초기 단계에서는 어려울 수 있음을 고려하여, 경과규정을 통해 이 기준서를 적용하는 첫 번째 연도에는 기후 관련 사안만을 공시하는 것도 가능하게 하였다. 따라서 IFRS 지속가능성 공시기준을 적용하는 기업은 적용 첫해에는 경과규정에 따라 기후 관련 정보만을 공시하는 것이 가능하지만, 두 번째 해부터는 기후뿐만 아니라 기업 전망에 영향을 미칠 것으로 합리적으로 예상되는 모든 지속가능성 관련 위험 및 기회에 대한 정보 공시가 필요하다.

❷ 국내 지속가능성 공시기준 공개초안

공시기준서 제1호 '일반사항'에서는 기업 전망에 영향을 미칠 것으로 합리적으로 예상할 수 있는 기후 관련 위험 및 기회에 대한 정보를 공시하도록 요구하고 있다. 기후변화에 대한 위기감으로 온실가스 다배출시설의 사용제한이나 일정 기준을 초과하는 온실가스 배출량에 대한 벌금 부과 등 전 세계적으로 온실가스 배출량에 대한 규제가 강화되고 있는 추세이다. 이는 기업의 재무보고에 영향을 미친다. 왜냐하면 이러한 강화된 규제가 기업의 생산원가를 증가시키고, 기존에 사용하고 있던 자산을 더 이상 사용할 수 없게 하거나 새로운 기술 개발에

대한 투자를 증가시키기 때문이다. 이처럼 기후 관련 위험 및 기회는 기업의 재무보고에 직접적인 영향을 미치며 다른 지속가능성 관련 주제들에 비해 정량화가 용이하다. 또한 기후변화라는 불확실한 상황 속에서 기후 관련 위험에 대한 기업의 대응 전략과 기업의 지속가능성은 글로벌 자본시장에서 기업가치를 평가할 때 중요하게 고려하는 요인 중 하나에 해당한다. 이에 따라 미국, 호주, 홍콩, 싱가포르, 뉴질랜드 등도 기후 관련 정보부터 공시하는 의무화 방안을 추진하고 있다. 이러한 기후 관련 정보 공시의 중요도와 국제 동향 등을 고려하여 공개초안에서도 기후 관련 위험 및 기회에 대한 정보를 공시하도록 요구하고 있다.

그렇다면 기후 외 사안에 대해서는 공시하여야 하는가? 공시기준서 공개초안 제1호 '일반사항'에서는 기후 외 사안에 대한 공시 여부와 공시할 주제를 기업이 선택할 수 있도록 하였다. KSSB는 기후와 관련된 사안에 대한 공시는 국내 기업의 경쟁력 강화와 우리 경제의 지속가능한 성장을 위해 가장 우선시되어야 할 사안이기에, 기업이 이에 대한 공시를 준비하고 시작하도록 하는 것이 기후 외 사안에 대한 정보 공시를 요구하는 것보다 중요하다고 보았다. 또한 기업이 공시 역량과 준비상태 등을 고려하여, 공시 준비가 이루어진 기업부터 기후 외 지속가능성 관련 정보를 공시할 수 있도록 한다는 점도 고려되었다. 만약 기업이 기후 외 지속가능성 관련 사안에 대해서 공시하기로 한다면, 이는 핵심요소인 거버넌스, 전략, 위험관리, 지표 및 목표에 따라 공시되어야 한다.

국내 지속가능성 공시기준 공개초안은 이러한 방향성을 보다 명확히 하기 위해, IFRS S1 일반 요구사항의 목적과 적용범위 등 일부 요구사항과 구조를 수정하였다. 이에 따라 공시기준서 공개초안 제1호는 지속가능성 관련 재무공시를 작성하고 보고할 때 적용하는 개념적 기반과 일반 요구사항을 다루고 있으며, 부록 E에서 기후 외 사안에 대한 공시를 선택한 기업이 관련 정보를 공시할 때 적용할 수 있는 핵심요소에 대한 공시 요구사항을 다루고 있다.

하지만 이러한 선택 공시는 자본시장에 제공되는 정보의 비교가능성을 저하시키는 요인이 되기도 한다. 이에 KSSB는 국제 동향, 자본시장의 요구, 국제 기준의 개발 정도, 국내 기업의 상황 등을 종합적으로 고려하여, 궁극적으로는 기업 전망에 영향을 미칠 것으로 합리적으로 예상되는 기후 외 다른 주제들에 대한 정보도 기업이 공시할 수 있도록 할 예정이다.

공시 주제

IFRS 지속가능성 공시기준	국내 지속가능성 공시기준 공개초안
기업 전망에 영향을 미칠 것으로 합리적으로 예상할 수 있는 모든 지속가능성 관련 위험 및 기회에 대해 공시. 단, 적용 첫해에는 기후 관련 위험 및 기회에 대한 정보만을 공시하는 것이 허용됨	기후는 의무 공시. 기후 외 다른 지속가능성 관련 사안 공시 여부와 공시 주제를 주제별로 기업이 선택

(2) 스코프 3 온실가스 배출량

❶ IFRS 지속가능성 공시기준

IFRS S2 기후 관련 공시에서는 산업전반 지표 중 하나로 온실가스 배출량 공시를 요구한다. 이때 공시하는 온실가스 배출량에는 보고기업에서 보고기간 동안 발생한 온실가스 절대 총배출량인 스코프 3 온실가스 배출량이 포함된다. 스코프 3 온실가스 배출량은 기업 가치사슬 내에서 발생하지만 스코프 2 온실가스 배출량에 포함되지 않은 간접 온실가스 배출량을 말한다. 기업은 스코프 3 온실가스 배출량을 공시할 때, '온실가스 프로토콜 기업 가치사슬(스코프 3) 회계 및 보고기준(2011)'에 설명된 15개 카테고리 중 어떤 카테고리가 기업의 스코프 3 온실가스 배출량 공시에 포함되는지도 공시하여야 한다. 다만 스코프 3 온실가스 배출량 공시의 어려움을 감안하여, 경과규정을 두어 적용 첫해에는 해당 정보를 공시하지 않을 수 있도록 하였다.

❷ 국내 지속가능성 공시기준 공개초안

공시기준서 공개초안 제2호 '기후 관련 공시사항'에서도 IFRS S2 기후 관련 공시와 동일하게 스코프 3 온실가스 배출량 정보를 공시하도록 요구하는 내용이 포함되어 있다. 스코프 3 온실가스 배출량 정보는 다음과 같은 이유로 투자자에게 유용한 정보를 제공하기 때문이다. 첫째, 스코프 3 온실가스 배출량 정보는 온실가스 배출과 관련된 전환 위험이 기업 가치사슬에 미치는 영향을 알 수 있게 한다. 탄소가격의 상승이나 강화된 온실가스 배출 규제의 시행은 기업의 가치사슬 내에서 자원 사용에 대한 비용 증가를 유발할 수 있는데, 스코프 3 온실가스 배출량은 기업의 가치사슬 중 이러한 위험에 노출된 부분이 어디인지 파악하는 데 도움을 준다. 둘째, 스코프 3 온실가스 배출량 관련 정보는 기업의 온실가스 배출량에 대해 보다 완전하고 비교가능한 정보를 제공한다. 이러한 정보를 통해 이용자는 기업의 스코프 1 및 2 온실가스 배출량 감소가 기업 운영의 구조적 변화 때문인 것인지 온실가스 배출의 아웃소싱 때문인 것인지를 확인할 수 있다.

그러나 이러한 유용성에도 불구하고 스코프 3 온실가스 배출량을 공시하는 데에는 많은 준비와 시간이 필요한 것이 사실이다. 왜냐하면 스코프 3 온실가스 배출량 측정에는 기업이 직접 소유하거나 통제하지 않는 활동에서 발생하는 온실가스 배출량이 포함되기 때문에 이러한 정보를 획득하고 관리하는 데에는 많은 어려움이 따른다. 이러한 현실적인 어려움과 국내 산업에 미치는 영향 등을 고려할 때, KSSB는 스코프 3 온실가스 배출량에 대한 정보 공시 여부와 그 시기에 대해서는 이해관계자들의 의견을 수렴하고 관계 부처와의 충분한 논의를 거쳐 결정하는 것이 적절하다고 보았다. 따라서 스코프 3 온실가스 배출량 관련 정보 공시에 대한 사안은 추후 논의를 거쳐 결정될 예정이다.

스코프 3 온실가스 배출량

IFRS 지속가능성 공시기준	국내 지속가능성 공시기준 공개초안
스코프 3 배출량 공시. 단, 적용 첫해 공시 면제	의무화 여부 및 시기 등은 공개초안에 대한 의견수렴 및 관계 부처와 논의 후 결정

(3) 스코프 1 및 2 온실가스 배출량 측정방법별 공시 세분화

❶ IFRS 지속가능성 공시기준

IFRS S2 기후 관련 공시는 스코프 1, 2, 3 온실가스 배출량을 측정함에 있어, 관할 당국 및 기업이 상장된 거래소로부터 기업의 온실가스 배출량 측정에 다른 방법을 사용할 것을 요구받지 않는 한, 'GHG 프로토콜: 기업 회계 및 보고기준(2004)'에 따라 온실가스 배출량을 측정하도록 한다. 즉, 기업이 정부 등으로부터 다른 측정방법을 사용하도록 요구받는 경우에는 GHG 프로토콜이 아닌, 기업에 요구되는 온실가스 배출량 측정방법을 사용할 수 있다는 것이다. 이는 다른 측정방법을 사용하도록 요구받는 기업들이 온실가스 배출량을 측정하는 데 추가적인 비용이 발생하는 것을 방지하고, 중복 보고를 피하도록 하기 위한 ISSB의 결정이었다. 그러나 IFRS S2 기후 관련 공시에서는 측정방법별 세분화 공시를 요구하고 있지는 않다.

한편 IFRS S1 일반 요구사항에서는 정보의 통합 및 세분화에 대해 다루고 있다. 정보가 통합되어 공시됨으로써 중요한 정보가 불분명하게 되는 경우, 해당 정보는 통합해서 공시되어서는 안 된다는 것이다. 즉, 기업은 지속가능성 관련 재무공시에 있어서, 정보 이용자의 이해가능성을 저하시키지 않기 위해 유사하지 않은 중요한 항목들은 세분화하여 공시할 필요가 있다. 따라서 온실가스 배출량에 대한 측정방법별 세분화 정보가 이용자에게 중요하다면, 기업은 이를 세분화하여 공시할 필요가 있다.

❷ 국내 지속가능성 공시기준 공개초안

공시기준서 공개초안 제2호 '기후 관련 공시사항'에서도 IFRS 지속가능성 공시기준과 동일하게 온실가스 배출량을 측정함에 있어, GHG 프로토콜을 사용하되, 기업이 관할 당국 및 기업이 상장된 거래소로부터 온실가스 배출량 측정에 다른 방법을 사용할 것을 요구받는 경우에는 해당 측정방법을 사용하도록 허용하였다. 이에 따라 국내 기업이 '기후위기 대응을 위한 탄소중립, 녹색성장 기본법(탄소중립기본법)'에서 제시하고 있는 '온실가스에너지 목표관리 운영 등에 관한 지침' 등에 따라 온실가스 배출량을 측정하도록 요구받고 있는 경우에는 해당 측정방법의 사용이 가능하다.

기업이 탄소중립기본법에서 제시하고 있는 측정방법을 사용한다고 하더라도 이 공시기준서 제2호에서 공시하도록 요구하는 보고기업의 스코프 1, 2 온실가스 배출량에 대한 정보 공시를 면제받는 것은 아니기에, 기업의 온실가스 배출량 정보에는 관할 당국에서 요구하는 방법에 따라 측정된 배출량과 GHG 프로토콜 등을 적용하여 측정한 온실가스 배출량이 혼재하게 되는 경우가 있을 수 있다. 따라서 이 경우에 보고기업의 스코프 1, 2 온실가스 배출량이 어떠한 측정방법으로 측정되어 구성되어 있는지를 세분화하여 보여준다면, 정보 유용성이 향상될 수 있다. 따라서 KSSB는 해당 요구사항을 공개초안에 추가하기로 결정하였다.

물론 공개초안의 요구사항 전반에는 중요성 개념이 적용된다. 여기에서 중요한 정보란 특정 정보를 누락하거나 잘못 기재하거나 불분명하게 하여, 이를 근거로 한 이용자의 의사결정에 영향을 줄 것으로 합리적으로 예상할 수 있는 것을 말한다. 이에 따라, 공시기준서 공개초안에서 온실가스 배출량에 대한 측정방법별 세분화 정보의 공시를 요구하였지만, 해당 정보가 중요하지 않다면, 기업은 이를 공시하지 않을 수도 있다.

한편 탄소중립기본법에서 제시된 온실가스 배출량 측정방법으로는 공개초안 제2호에서 요구하고 있는 온실가스 배출량을 측정하는 데 충분하지 않다. 왜냐하면 배출량을 측정하는 경계나 온실가스의 종류, 사용하는 배출계수 등에서의 차이가 존재하기 때문이다. 따라서 KSSB는 이러한 부분을 고려하여, 기업이 스코프 1, 2 배출량을 공시하는 데 도움이 될 수 있도록 지침을 발간할 예정이다.

스코프 1 및 2 온실가스 배출량 측정방법별 공시 세분화

IFRS 지속가능성 공시기준	국내 지속가능성 공시기준 공개초안
측정방법별 세분화 공시를 명시적으로 요구하지는 않음. 단, 정보를 통합하여 중요한 정보를 불분명하게 해서는 안 됨	보고기업의 스코프 1, 2 배출량 공시에 있어, GHG 프로토콜과 관할 당국에서 요구하는 측정방법이 혼재되어 있는 경우, 측정방법별로 세분화 공시

(4) 산업기반 지표

❶ IFRS 지속가능성 공시기준

IFRS S1 일반 요구사항과 S2 기후 관련 공시에서는 기업이 속한 산업의 특징을 반영한 지표의 공시를 요구한다. 산업기반 지표는 산업의 특징이 반영된 사업모형, 활동과 연관된 기후 관련 위험 및 기회에 대한 기업의 노출과 관리 정도를 알 수 있게 하며, 산업 내에서의 기업 간 비교를 가능하게 하는 데 유용하기 때문이다. 특히 IFRS S2 기후 관련 공시에서는 산업기반 지표를 공시함에 있어 SASB 기준에서 도출된 '산업기반 지침'의 적용가능성을 고려하도록 한다. 즉, IFRS 지속가능성 공시기준은 기업에 '산업기반 지침'에 따라 산업별 지표를 반드시 공시하도록 요구하지는 않고, 해당 지표의 공시가 유용한지 등을 지속가능성 재무공시 작성을 준비하는 과정에서 검토할 것을 요구한다.

❷ 국내 지속가능성 공시기준 공개초안

공시기준서 공개초안 제1호 '일반사항' 및 제2호 '기후 관련 공시사항'에서는 산업기반 지표의 공시 여부를 기업이 선택할 수 있도록 하였다. 산업기반 지표는 산업 내에서 기업 간 비교가능성을 향상시키지만, 현재는 산업별로 공통으로 공시해야 하는 지표를 제시하는 기준이 마련되어 있지 않기 때문이다. 따라서 KSSB는 앞으로 국제 기준의 개발 상황, 주요 국가들의 동향, 글로벌 자본시장의 요구, 국내 상황 등을 종합적으로 고려하여 산업기반 지표의 공시 의무 여부를 결정할 것이다.

산업기반 지표

IFRS 지속가능성 공시기준	국내 지속가능성 공시기준 공개초안
산업의 특징이 반영된, 산업기반 지표 공시를 요구	산업의 특징이 반영된, 산업기반 지표 공시 여부를 기업이 선택

(5) 내부탄소가격

❶ IFRS 지속가능성 공시기준

IFRS S2 기후 관련 공시에서는 산업전반 지표 중 하나로 기업이 탄소가격을 의사결정에 적용하고 있는지 여부와 어떻게 적용하고 있는지에 대한 설명, 그리고 사용하는 온실가스 톤당 가격에 대한 정보를 공시하도록 요구하고 있다.

❷ 국내 지속가능성 공시기준 공개초안

공시기준서 공개초안 제2호 '기후 관련 공시사항'에서는 기업이 탄소가격을 의사결정에 적용하고 있는지와 적용하고 있는 방법에 대한 설명은 공시하도록 하되, 구체적으로 기업이 사용하고 있는 온실가스 톤당 가격에 대한 정보 공시는 선택할 수 있도록 하였다. 기업의 내부탄소가격은 기후 위험에 취약한 사업모형을 파악할 수 있게 하고, 기업이 기후 위험을 중요하게 관리하고 있는지에 대한 척도가 되는 등 이용자에게 유용한 정보에 해당한다. 그러나 일부 기업들은 기업마다 내부탄소가격의 결정방법이 다양하고 신뢰성 있는 정보 제공이 어려울 수 있다는 점에서 내부탄소가격의 공시에 우려를 나타냈다. 앞에서 언급했듯이 KSSB는 이 공시기준을 시작하는 것이 더 우선이라고 보았기 때문에, 배출량 톤당 가격에 대한 공시를 현재는 요구하지 않고, 내부탄소가격 결정방법의 성숙도와 국제 동향을 고려하여 요구 여부를 추후 재검토하기로 했다.

내부탄소가격

IFRS 지속가능성 공시기준	국내 지속가능성 공시기준 공개초안
산업전반 지표로써, 다음의 내부탄소가격 관련 정보를 공시 • 기업이 탄소가격을 의사결정에 적용하고 있는지와 적용하고 있는 방법에 대한 설명 • 사용하는 배출량 톤당 가격	산업전반 지표로써, 다음의 내부탄소가격 관련 정보를 공시 • 기업이 탄소가격을 의사결정에 적용하고 있는지와 적용하고 있는 방법에 대한 설명 • 사용하는 배출량 톤당 가격. 단, 톤당 가격 공시 여부는 기업이 선택

(6) 기간범위

❶ IFRS 지속가능성 공시기준

IFRS S1 일반 요구사항, S2 기후 관련 공시에서는 지속가능성(기후) 관련 위험 및 기회가 기업에 영향을 줄 것이라 합리적으로 예상할 수 있는 기간범위(단기, 중기, 장기)를 명시할 것을 요구한다. 또한, 지속가능성(기후) 관련 위험 및 기회를 관리하기 위한 기업의 전략을 고려할 때, 기업에 미치는 예상 재무적 영향이 기간별로 어떻게 변화할 것으로 예상되는지에 대한 정보 공시를 요구한다. 이처럼 IFRS 지속가능성 공시기준 전반에서는 기간범위에 대한 분석 정보를 요구하고 있다. 그러나 IFRS 지속가능성 공시기준은 단기, 중기, 장기에 대한 정의를 제시하지는 않는다. 왜냐하면 이러한 기간범위의 정의는 기업마다 다를 수 있고, 산업에서 사용하는 계획이나 이용자가 해당 산업에 대한 평가를 수행할 때 사용하는 기간범위에 따라 다를 수 있기 때문이다. 대신 기업이 단기, 중기, 장기를 어떻게 정의하고 이러한 정의가 기업의 전략적 의사결정을 위해 사용한 계획기간과 어떻게 연계되는지를 설명하도록 한다.

❷ 국내 지속가능성 공시기준 공개초안

공시기준서 공개초안 제1호 '일반사항', 제2호 '기후 관련 공시사항'에서는 단기, 중기, 장기에 대한 기간범위를 정의하여 제시하고 있다. 기간범위를 단기는 1년 이내, 중기는 1년 초과 ~ 5년 이내, 장기는 5년 후로 정의한다. 이는 정보의 유용성과 기업의 수용가능성 측면을 고려한 결과로써, 기간범위를 정의하여 제시하면 동일한 기간범위에 대한 분석 정보가 제공되므로, 기업 간 정보의 비교가능성이 향상되는 효과가 있다.

국내 지속가능성 공시기준 공개초안에서 제시하고 있는 기간범위

그러나 기업이 기준서에서 제시하는 대로 기간범위를 정의한다면 기업 활동의 특성이나 산업 특징이 반영되지 못하는 단점이 있다. 이에 국내 지속가능성 공시기준 공개초안에서는 기업이 이러한 기업의 특유 상황을 반영하여 다른 기간범위를 사용하는 것도 가능하게 하였다.

기간범위

IFRS 지속가능성 공시기준	국내 지속가능성 공시기준 공개초안
단기·중기·장기를 정의하지 않음	단기 1년, 중기 1~5년, 장기 5년 이후로 정의. 단, 다른 정의 사용 가능

(7) 그 외 추가 항목

IFRS 지속가능성 공시기준과 달리 국내 지속가능성 공시기준 공개초안에서는 다음의 공시 요구사항이 추가되었다. 추가 공시 요구사항에 따른 정보는 기업이 지속가능성 관련 재무정보를 준비하는 과정에서 얻은 정보를 활용하므로 기업에는 추가적인 부담이 되지는 않으면서도 투자자에게는 유용한 정보를 제공할 것으로 판단된다.

❶ 미공시 사실 기재

공시기준서 공개초안 제2호 '기후 관련 공시사항'에서는 기업이 기후 관련 위험 및 기회에 대한 모든 정보가 중요하지 않다고 판단하여 이 기준서에서 요구하는 정보의 공시를 생략한 경우 그 사실과 근거를 공시하도록 요구한다. IFRS 지속가능성 공시기준과 달리 국내 지속가능성 공시기준 공개초안은 자본시장에서 의무 공시기준으로 요구될 것이기에 규제적 측면을

고려할 때, 기후 관련 위험 및 기회에 대한 정보 공시의 생략이 누락에 의한 것인지, 공시할 정보가 없기 때문인 것인지를 알 필요가 있기 때문이다. 이 요구사항은 기후 관련 위험 및 기회에 영향을 받는 대부분의 기업보다는 기후 위험에 취약한 유의적인 자산이나 사업이 없는 소수의 기업에 적용될 것이다.

❷ 발행승인일, 승인자 공시

공시기준서 공개초안 제1호 '일반사항'에서는 지속가능성 관련 재무공시의 발행승인일과 승인자를 공시하도록 요구한다. IFRS 지속가능성 공시기준의 경우 재무제표와 지속가능성 관련 재무공시가 동시에 보고되도록 고안되었기에 해당 요구사항에 대한 정보 공시가 필요하지 않았다. 왜냐하면 이러한 정보는 IFRS 회계기준에서 요구하고 있기 때문이다. 그러나 공개초안에서는 지속가능성 관련 재무정보의 보고 시기를 법률이나 규정에서 다르게 정한 경우 이를 따르도록 허용하고 있기 때문에 재무제표와 동시에 보고가 이루어지지 않을 수도 있다. 이러한 점을 고려하여 발행승인일과 승인자에 대한 공시를 요구하고 있다.

(8) 공시기준서 제101호 '정책 목적을 고려한 추가 공시사항' 공개초안

공시기준서 공개초안 제101호 '정책 목적을 고려한 추가 공시사항'은 지속가능성 관련 재무정보에 법률이나 규정에 따라 이미 공개 중인 지속가능성 관련 사안에 대한 정보와 정부 관계 부처 및 위원회 등의 정책 목적을 충족시키는 지속가능성 관련 사안에 대한 정보도 추가로 공시할 수 있도록 하여, 이용자의 정보 유용성을 향상시키는 데 그 목적이 있다.

이 기준서에서 공시하기를 권유하는 정보의 주제는 다음과 같다.

공시기준서 제101호 '정책 목적을 고려한 추가 공시사항' 공개초안의 공시 권유 주제

법규에 따라 공개 중인 정보	정책 목적을 달성하기 위한 정보
• 온실가스 목표관리제도 • 배출권 거래제 • 환경정보 공개제도 • 화학물질 배출량 조사제도 • 사업보고서에 포함되는 환경물질의 배출, 정부 규제 준수, 녹색 기업 등과 관련된 정보 • 사업보고서에 포함되는 직원 등의 현황 관련 정보	• 육아친화경영 확산을 위한 정보 • 강제노동 예방을 위한 정보 • 산업안전에 대한 정보 • 종업원 다양성에 대한 정보 • 부정경쟁방지를 위한 정보 • 인권경영에 대한 정보

다만 이러한 정보를 지속가능성 관련 재무정보 공시에 포함한다고 하더라도, 법률이나 규정에 따른 의무를 준수하였다고 간주되는 것은 아니다. 따라서 이러한 점을 고려하여 KSSB는 이 공시기준서가 기업에 부담이 되지 않도록 하기 위한 여러 완화 방안을 공개초안에 담았다.

첫째, 공시기준서 공개초안 제101호의 적용 여부를 기업이 선택하고, 공시 요구사항별로도 공시 여부를 기업이 선택할 수 있도록 하였다. 즉, 기업은 공시기준서 공개초안 제101호를 적용하지 않고, 제101호에서 요구하는 정보를 모두 공시하지 않을 수도 있다. 또한 기업이 공시기준서 공개초안 제101호를 적용하기로 한 경우에는 세부 공시 요구사항을 모두 적용할 필요 없이, 공시기준서 제101호에서 요구하고 있는 공시사항 중 특정 요구사항만을 선택하여 관련 정보를 공시할 수도 있다.

둘째, 공시기준서 공개초안 제101호에 따른 공시를 작성할 때, 공시기준서 공개초안 제1호 '일반사항'에서 요구하는 개념적 기반과 일반 요구사항이 적용되지 않도록 하였다. 이 공시기준서 공개초안은 개념적 기반과 일반 요구사항을 별도로 규정하고 있다. 법률이나 규정에 따라 공개 중인 지속가능성 관련 사안에 대한 정보는 기업이 이미 정부기관에 제출하고 있는 정보를 활용할 수 있도록, 해당 법률이나 규정에서 정하고 있는 보고 실체에 따라 정보를 공시하도록 하였다. 반면 정부 부처에서 반영을 요청하는 정보들은 법적 실체의 단위, 즉 법인 단위(개별 기업)에 따라 정보를 공시하도록 하였다.

셋째, 법률이나 규정에 따라 공개 중인 정보의 보고기간은 지속가능성 재무정보의 보고기간과 다를 수 있도록 하였다. 법률이나 규정에 따라 공개 중인 정보의 보고 시기가 서로 달라 지속가능성 재무정보에 함께 공시될 때 활용할 수 있는 정보의 보고기간이 서로 상이하였기 때문이다. 이에 따라 보고기간이 상이한 정보를 공시할 때, 기업은 해당 사실을 기재하면 된다.

5) 국내 지속가능성 공시 규제 동향

ESG 공시 규제의 경우 우리 정부는 2025년부터 일정 규모 이상 유가증권 상장사부터 ESG 공시를 의무화한다는 계획을 2021년에 발표하였다. 2023년 5월 여의도 한국거래소에서 열린 '금융투자업 글로벌 경쟁력 강화를 위한 제3차 릴레이 세미나'에서 자본시장연구원이 발표한 내용에 따르면 2025년부터 시작되는 ESG 공시는 자본시장법에 따른 법정 공시가 아니라 한국거래소 규정에 따른 거래소 시장 공시이며, 2027년부터 자산 규모 2조 원 이상 유가증권 상장사의 ESG 공시를 법정 공시로 전환해야 한다고 언급하고 있다. 이어 2029년에는 1조 원 이상, 2031년 5,000억 원 이상, 2032년부터는 5,000억 원 미만 기업의 ESG 공시를 법정 공시로 전환하는 방안을 제시했다. 또한 코스닥 상장사의 경우 2029년부터 자산 규모 5,000억 원 이상인 기업의 거래소 공시를 의무화하고 2031년부터 법정 공시로 전환하는 게 바람직하다는 의견을 제시했다. 이후 지난 2023년 10월 금융위원회 「ESG 금융추진단」 제3차 회의 후 보도된 자료에서는 ESG 공시 의무화 일정을 2026년 이후로 연기한다고 밝힌 바 있다.

국내 기업의 경우 국제적 흐름에 맞춘 ESG 공시의 중요성은 공감하나 공시 준비의 어려움으로 인해 일정 조정 필요성을 제기한 것으로 보인다. 정부는 다양한 이해관계자 의견 수렴을 통해 ESG 의무 공시 로드맵을 발표할 예정이므로 향후 우리 정부의 ESG 로드맵 발표를 주시해야 할 것이다.

04 | ESG 인증기준 및 제도

1) 국제 지속가능성 인증기준

주요국의 ESG 공시·인증 제도 도입에 발맞추어 국제감사인증기준위원회(International Auditing and Assurance Standards Board, IAASB)와 국제공인회계사 윤리기준위원회(International Ethics Standards Board for Accountants, IESBA)를 중심으로 국제적인 ESG 인증기준과 윤리기준 제정이 추진되고 있다.

국제감사인증기준위원회는 2022년 9월 지속가능성 보고에 적용할 포괄적 인증기준 제정 계획을 승인하고 제정 작업에 착수하였으며, 2023년 8월 국제 지속가능성 인증기준(International Standard on Sustainability Assurance 5000, ISSA 5000) 공개초안을 발표하였다.

'지속가능성 인증업무에 대한 일반 요구사항(General Requirements for Sustainability Assurance Engagements)'으로 명명되는 국제 지속가능성 인증기준은 기존의 지속가능성 정보에 대한 인증기준인 ISAE 3000, ISAE 3410[64], EER 가이던스[65] 및 국제감사기준(International Standards on Auditing, ISAs)의 규정을 활용하여 개발된 인증기준이다.

(1) 개요

국제 지속가능성 인증기준은 모든 지속가능성 인증업무에 적합한 포괄적 기준이며[66], 지속가능성 인증업무의 글로벌 기준선으로서 향후 이해관계자의 요구를 반영하여 제정될 세계 각국의 지속가능성 인증기준의 기반 역할을 한다.

국제 지속가능성 인증기준은 원칙중심으로 구성되어 주제, 보고 방법, 보고기준, 정보 이용자에 관계없이 모든 지속가능성 인증업무에 적용할 수 있다. 국제 지속가능성 인증기준은 인증인의 자격을 제한하지 않으며, 제한적 확신과 합리적 확신을 표명하는 업무에 모두 적용할 수 있다.

국제 지속가능성 인증기준은 인증인의 자격을 제한하지 않지만 인증업무팀의 구성원이 독립성 규정을 포함한 관련 윤리적 요구사항을 준수하고 인증인이 소속된 법인이 품질관리시스템을 운영할 것을 인증업무의 기본 전제로 요구한다. 국제 지속가능성 인증기준에 따라 인증업무를 수행하려면, 인증업무팀의 구성원은 국제 윤리기준(International Code of Ethics for Professional Accountants, IESBA Code) 또는 최소한 이에 준하는 기준을 준수하여야 하며, 인증인이 소속된 법인은 국제 품질관리기준서 1(International Standard on Quality Management 1, ISQM 1) 또는 최소한 이에 준하는 기준에 따라 품질관리시스템을 운영하여야 한다. 각국의 규제 기관이나 기준 제정 기구는 '최소한 이에 준하는' 기준을 특정하거나

64) ISAE 3410은 국제감사인증기준위원회에서 제정한 '온실가스보고서 인증업무기준'이다.

65) '지속가능성 보고서 등에 대한 인증업무기준 적용 가이던스(Non-Authoritative Guidance on Applying ISAE 3000(Revised) to Sustainability and Other Extended External Reporting(EER) Assurance Engagements, EER 가이던스)'는 ISAE 3000을 적용하여 지속가능성 보고서 등에 대한 인증업무를 수행할 때 도움이 될 수 있는 비권위적 지침이다. 동 지침은 국제감사인증기준위원회에서 2021년 공개하였다.

66) 국제 지속가능성 인증기준은 지속가능성 정보에 대한 모든 인증업무에 적용되나, 인증인이 온실가스보고서에 대한 별도의 결론을 제시하는 경우는 예외적으로 ISAE 3410이 적용된다.

'최소한 이에 준하는' 요구사항에 대한 지침을 제공할 수 있다. 국제 지속가능성 인증기준의 관련 적용범위를 도식화하면 다음과 같다.

국제 지속가능성 인증기준의 관련 적용범위

모든 지속가능성 정보 업무에 적합: 원칙 기반의 규정(Principle-based)				
모든 지속가능성 주제	모든 지속가능성 주제 관련 공시 정보	모든 보고를 위한 메커니즘	모든 공시기준	모든 정보 이용자 및 이해관계자
제한적 확신 수준의 인증 및 합리적 확신 수준의 인증				
지속가능성 관련 단일의 기준(ISAE 3000 제외)				
모든 인증인 사용(회계기관 및 기타 기관)				
관련 품질관리 및 윤리규정 적용				

출처: 황근식(2023), 저자 재구성

(2) 핵심 개념 및 정의

국제 지속가능성 인증기준에 따라 인증인이 인증하는 대상은 '지속가능성 정보'이다. 국제 지속가능성 인증기준은 '지속가능성 정보'를 '환경, 사회, 경제, 문화적 사안'에 대한 정보로 정의하여 ESG보다 더 폭넓은 사안을 지속가능성 정보로 포괄할 수 있게 하였다. 또한 국제 지속가능성 인증기준에서 정의하는 지속가능성 정보는 기업의 활동, 제품, 서비스가 환경, 사회, 경제, 문화에 미치는 영향 또는 환경 등이 기업에 미치는 영향을 모두 포함한다. 국제 지속가능성 인증기준의 핵심 개념 및 정의는 다음과 같다.

핵심 개념 및 정의

항목	정의
지속가능성 정보	지속가능성 사안과 관련된 정보를 의미한다. 지속가능성 정보 및 지속가능성 사안에 대한 정의는 현행 지속가능성 환경 및 다양한 지속가능 보고 프레임워크에 내재된 개념을 반영해야 하며, 해당 정의는 다른 국제감사인증기준위원회의 기준과 일관된 중립성을 유지하여야 한다.
지속가능성 사안	환경, 사회, 경제 및 문화와 관련된 사안으로 ① 기업의 활동, 제품 및 서비스가 환경, 사회, 경제 및 문화에 미치는 영향 혹은 그 반대의 영향, ② 이러한 영향을 가진 사안과 관련된 기업의 정책, 성과, 계획, 목표와 지배구조를 의미한다.
공시 항목	지속가능성 주제의 다양한 측면과 관련된 특정 지속가능성 정보를 의미한다.
준거기준	지속가능성 사안을 측정하고 평가하기 위한 벤치마크를 의미하며, 해당 준거기준(Applicable criteria)은 프레임워크 준거기준과 기업이 개발한 준거기준(entity-developed criteria) 혹은 두 가지 모두로 구성된다. 또한 프레임워크 준거기준은 프레임워크에서 요구하는 사항을 적절히 공시하는 공정표시 기준(fair presentation criteria)과 그 외 준수기준(compliance criteria)으로 구분된다.

항목	정의
합리적 확신 수준의 인증	인증인이 업무 상황에서 업무 위험을 수용 가능하게 낮은 수준으로 낮추어 인증 결론의 기초로 삼는 인증업무를 의미한다. 합리적 확신 수준의 인증은 인증인이 경영진 주장 수준에서 위험을 식별하고 평가하게 되며, 인증인의 결론은 지속가능성 관련 내용을 해당 기준에 따라 측정 또는 평가 및 공시했는지 그 결과에 대한 인증인의 의견을 표명하는 형식으로 표현된다.
제한적 확신 수준의 인증	인증인이 위험을 수용 가능한 수준으로 낮추지만 합리적 인증업무보다는 위험이 높은 수준에서 수행한 절차 및 획득한 증거를 기반으로 인증인의 결론을 전달한다. 제한적 확신 수준의 인증에서 인증인은 공시 수준에서 중요한 왜곡표시가 발생할 위험이 있는 지속가능성 정보에 대한 절차를 수행하게 된다. 이 업무에서 수행되는 절차의 성격, 시기 및 범위는 합리적 인증업무보다는 제한적이다. 하지만 인증인의 전문적 판단에 따라 의미 있는 수준의 인증을 얻기 위해 절차를 계획하며, 의미 있는 수준의 인증을 얻기 위해 인증인은 지속가능성 정보의 의도된 이용자들의 신뢰를 명백하게 미미한 수준 이상으로 향상시켜야 한다.
기타정보	인증업무가 지속가능성 정보의 전부를 다루지 않는 경우, "지속가능성 정보"라는 용어는 인증업무의 대상인 정보로 해석된다. '기타정보'는 인증대상정보 또는 인증보고서를 포함하고 있는 문서에 포함되어 있지만, 인증업무의 대상이 아닌 정보를 의미한다. 인증업무의 대상이 아닌 지속가능성 정보로서, 인증대상정보를 포함하고 있는 인증보고서 혹은 인증업무에 사용된 정보를 의미한다.

지속가능성 주제 및 지속가능성 주제의 측면은 지속가능성 사안 및 지속가능성 사안에 대한 정보의 광범위한 관련 측면을 설명하기 위해 사용되며, 다음 그림과 같이 요약할 수 있다.

지속가능성 주제 및 지속가능성 주제의 다양한 측면

<table>
<tr><td>준거기준</td><td colspan="3">전체 지속가능성 정보</td></tr>
<tr><td></td><td>지속가능성 사안</td><td>지속가능성 정보</td><td>경영진 주장</td></tr>
<tr><td>프레임워크
준거기준</td><td>지속가능성 주제:
기후, 노동 관행,
경제적 영향,
생물다양성</td><td rowspan="2">공시 항목:
지속가능성 주제의
측면 관련 특정 정보</td><td rowspan="2">완전성
발생사실
권리의무
정량화
정확성
귀속시기
이해가능성</td></tr>
<tr><td>기업개발
준거기준</td><td>지속가능성 주제의
다양한 측면:
지배구조, 위험 및
기회, 지표 및
핵심성과지표</td></tr>
<tr><td>중요성 평가</td><td colspan="2">특성:
질적·양적 정보, 사실·판단 정보,
역사적·예측 정보</td><td></td></tr>
</table>

출처: 국제감사인증기준위원회(2023)

(3) 국제 지속가능성 인증기준의 적용범위

국제 지속가능성 인증기준은 모든 지속가능성 인증업무의 모든 요소에 대한 요구사항 및 적용 자료를 포함한 포괄적인 인증기준이므로, 인증인이 업무를 수행할 때 ISAE 3000을 적용할 필요가 없다.

그리고 지속가능성 정보는 기업의 감사 받은 재무제표와 함께 제시될 수 있다. 예를 들어 사업보고서의 일부 또는 사업보고서와 별도의 문서로 제공될 수 있다. 이러한 경우 감사 받은 재무제표는 국제 지속가능성 인증기준의 목적에 따라 기타정보로 간주된다. 다만 지속가능성 정보가 감사 대상인 기업의 재무제표에 포함된 경우에는 국제감사기준이 적용된다.

(4) 인증업무의 범위

인증대상정보의 범위는 다양한 지속가능성 주제 혹은 주제의 측면과 관련되어 있을 수 있다. 다만 인증대상정보가 특정 지속가능성 주제로 국한되는 경우도 있다. 또한 지속가능성 정보의 보고 범위는 주제 및 주제의 측면에 따라 다를 수 있다(예: 가치사슬 포함 여부). 이에 따라 준거기준은 서로 다른 보고 범위를 필요로 할 수 있으므로 이러한 과정에서 경영진 편의가 포함될 수 있다. 따라서 인증인은 인증 범위에 대한 예비적 지식을 확보할 때 다음과 같이 보고 범위를 고려하여야 한다.

- 보고 범위가 다국적 기업, 공급망, 특정 지역 및 시설이 위치한 장소와 관련이 있는지
- 보고 범위가 기업 영업의 통제 범위를 넘어서지 않았는지
- 보고 범위가 프레임워크 준거기준 혹은 기업개발 준거기준에 규정되어 있는지
- 다른 지속가능성 주제 혹은 주제의 측면 및 공시의 보고 범위와 일관성이 있는지

(5) 중요성 평가 프로세스 및 이중 중요성

인증업무의 계획 및 절차 수행, 지속가능성 정보에 중요한 왜곡표시가 없는지 평가하기 위해 인증인은 양적 정보에 대해서는 중요성을 결정하고 질적 정보에 대해서는 중요성을 고려하여야 한다.

❶ 중요성의 개념 및 원칙

지속가능성 정보의 의도된 이용자에게 중요한 사안이라는 판단은 의도된 정보 이용자 그룹의 공통적인 정보 요구를 고려하여 이루어진다. 왜곡표시, 정보 누락을 포함한 모든 오류는 개별적으로 또는 집합적으로 볼 때, 지속가능성 정보에 근거한 의도된 정보 이용자의 의사결정에 영향을 미칠 것이라고 합리적으로 기대할 수 있다면 중요하다고 판단한다.

❷ 기업의 중요성 평가 프로세스와 인증인의 중요성 평가 프로세스

기업의 지속가능성 보고 주제 선정을 위한 프로세스는 정보의 의도된 이용자와 관련된 주제 및 주제의 측면을 경영진이 결정하기 위한 과정이다. 이에 반해 인증인의 중요성 결정은 위험 절차의 수행, 추가적 절차의 성격·범위·시기, 지속가능성 정보에 중요한 왜곡표시가

없는지 여부에 대한 평가와 관련이 있다.

❸ 이중 중요성 평가

기업의 중요성 평가 프로세스의 가장 핵심적인 요소는 적용 준거기준을 통해서 지속가능성 사안이 기업에 미치는 영향(재무적 중요성)을 기업이 고려하도록 하거나, 혹은 기업이 지속가능성 사안에 미치는 영향(영향 중요성)을 고려하도록 요구하였는지를 결정하는 것이다.

인증인은 기업의 중요성 평가 프로세스에 따라 선정된 지속가능성 주제 및 주제의 측면이 적절한지 확인하기 위하여, 확신의 수준에 따라 재무적 중요성 및 영향 중요성의 도출 과정에 대하여 인증 절차를 적절히 설계하고 수행하여야 한다.

(6) 기업의 내부통제시스템에 대한 이해

국제 지속가능성 인증기준은 위험 절차의 일부로서 인증인이 지속가능성 사안 및 지속가능성 정보의 작성과 관련된 기업의 내부통제시스템에 대해 이해할 것을 요구하고 있다. 제한적 수준의 확신 업무에서는 인증인이 중요한 왜곡표시가 발생할 가능성이 있는 공시 항목을 식별하고, 그러한 공시 항목에 초점을 맞추어 추가적인 절차를 설계하기 위한 근거를 제공하기에 충분한 위험 절차를 계획하고 수행하도록 요구한다. 이와 달리 합리적 수준의 확신 업무에서는 경영진 주장 수준에서 부정 혹은 오류로 인한 중요한 왜곡표시 위험을 식별 및 평가하고 추가적인 절차를 설계하여 수행하기에 충분한 위험 절차를 계획하고 수행하도록 요구하고 있다.

이와 관련하여 인증인이 내부통제시스템을 이해하기 위한 핵심적인 위험 절차는 다음과 같다.

내부통제시스템에 대한 이해

항목	제한적 수준의 확신 (내부통제시스템에 대한 이해)	합리적 수준의 확신 (내부통제시스템에 대한 이해 및 평가)
통제환경	○	○
정보시스템	○	○
기업의 위험평가 프로세스	평가 결과만 이해	○
통제활동	인증인 계획 시	○
내부통제시스템에 대한 모니터링 프로세스	-	○

출처: 국제감사인증기준위원회(2023)

(7) 충분하고 적합한 인증 증거

지속가능성 정보에 대한 인증 절차를 설계하고 수행할 때 인증인은 증거로 사용될 정보의 관련성과 신뢰성을 평가해야 하며, 이때는 외부에서 얻은 정보도 포함해야 한다. 지속가능성 정보에 대한 인증업무의 주요 특징 중 하나는 증거로 사용되는 정보의 예상 출처가 광범위하다는 것이다. 이러한 점을 고려할 때 증거로 사용될 예정인 정보의 타당성과 신뢰성을 평가하는 것이 중요하다고 할 수 있다.

❶ 질적인 지속가능성 정보

질적인 정보에는 사실적인 정보 혹은 직접 관찰 가능한 정보 이외에 판단을 요구하는 정보도 있기 때문에 경영진의 편의가 포함될 수 있다. 따라서 질적인 정보에 대한 인증 절차를 설계하고 수행할 때는 다음 두 가지 사항을 고려해야 한다.

첫째, 오직 실증 절차를 통해 충분하고 적합한 증거를 획득할 수 있는지 여부이다. 만일 그렇지 않다면 인증인은 정보의 진실성 혹은 질적 정보가 산출된 정보 시스템에 대한 통제 테스트를 수행해야 할 수 있다.

둘째, 인증 증거로 사용될 의도가 있는 정보의 원천이 어떻게 기업의 정보시스템에 포착되고 처리되는지, 그리고 이러한 과정이 정보의 신뢰성에 어떤 영향을 주는지 여부이다.

❷ 추정값 및 미래전망 지속가능성 정보

추정값은 특유의 불확실성으로 인해 미래의 하나 혹은 그 이상의 사건 발생 및 조건에 의존하여 평가가 이루어진다. 미래전망 정보 또한 예측, 예상 및 기업의 계획을 포함하고 있으며, 경영진에 의해 영향을 받는 최선의 가정 혹은 가설적 가정을 사용하여 작성되므로 역사적 정보에 비해 정확도가 낮을 수 있다. 이러한 불확실성에도 불구하고 기업의 경영진은 추정값, 미래전망 정보 및 공시 정보를 산출할 때는 적절한 가정 및 방법, 데이터의 선택 및 사용 여부를 포함하여 해당 준거기준을 적절히 사용할 필요가 있다.

인증인은 전기에 적용한 가정 및 방법 검토 등의 절차 수행 등을 포함하여 수집된 증거를 통해 추정 및 예측 결과가 달성 가능한지 혹은 실현 가능한지 판단하여야 하며, 이러한 과정에서는 상당한 수준의 전문가적 판단이 요구될 수 있다.

(8) 인증인의 전문가 활용 및 타인증인의 활용

국제 지속가능성 인증기준에서 인증업무팀은 업무 리더와 인증업무를 수행하는 다른 구성원 및 인증업무 절차를 수행하는 개인을 의미하며 인증인의 외부 전문가는 제외하도록 하고 있다. 국제 품질관리기준은 인증인이 인증업무팀의 구성원에 대한 지시 및 감독, 검토의 성격, 범위, 시기를 결정하는 것을 핵심적인 품질관리 절차로 제시한다.

국제 지속가능성 인증기준은 지속가능성 인증업무에서 인증인과 전문가 간 협업 또는 여러 인증인 간 협업이 중요함을 반영하여 전문가와 타인증인의 활용을 폭넓게 허용하였다. 국제 지속가능성 인증기준에 따라 인증인은 전문가의 적격성·객관성, 전문가 업무의 적합성 등을 평가하는 것을 전제로 외부 전문가의 업무를 활용할 수 있다. 타인증인의 경우, 인증인은 기본적으로 업무팀원과 동일하게 타인증인을 감독하여야 하나 감독이 어려운 경우에도 적격성·독립성 평가, 타인증인과의 커뮤니케이션 등을 수행하고 타인증인의 업무를 활용할 수 있다.

지속가능성 정보의 인증대상에는 기업의 공급망을 포함하여 다양한 조직에 대한 정보가 포함될 수 있기 때문에, 인증인은 인증업무를 위해서 타인증인의 활용이 필요할지 혹은 어떻게 하면 타인증인의 업무에 충분하고 적절하게 참여할 수 있을지에 대해서 판단하여야 한다. 인증업무에 참여하는 인원이 수행하는 업무에 대한 충분하고 적절한 참여 가능 여부와 관련된 내용을 요약하면 다음과 같다.

인증업무팀, 전문가, 타인증인

항목	인증인이 충분하고 적절하게 업무에 관여할 수 있는 경우	인증인이 충분하고 적절하게 업무에 관여할 수 없는 경우
법인 구성원	인증업무팀 (지시, 감독, 검토 수행)	해당 사항 없음
인증인의 내부 전문가	인증업무팀 (지시, 감독, 검토 수행)	해당 사항 없음
인증인의 외부 전문가	외부 전문가의 업무 활용	해당 사항 없음
타인증인 (네트워크 법인 및 비네트워크 법인 포함)	인증업무팀 (지시, 감독, 검토 수행)	타인증인의 업무 활용 (적격성, 독립성, 윤리기준 충족 여부, 목적적합성 등 검토 필요)

출처: 국제감사인증기준위원회(2023)

(9) 인증업무의 완료 및 인증보고서 발행

❶ 경영진 및 지배기구로부터의 확인서 수령

경영진 등의 지속가능성 정보의 작성 책임, 관련 정보제공 및 접근제공, 미수정 왜곡표시 사항에 관한 의견, 미래정보 작성 시 가정의 합리성, 내부통제 미비점에 관한 사항, 부정 혹은 규정 미준수에 관한 사항, 후속 사건에 대한 조정에 대한 경영진의 진술을 확인하는 서한을 경영진 및 지배기구로부터 수령한다.

❷ 인증보고서에 관한 사항

국제감사인증기준위원회는 지속가능성 정보에 대해 개정 국제감사기준서(ISA) 700(개정)의 접근방식을 채택하기로 함에 따라, 지속가능성 정보에 대한 인증보고서에 인증업무의 리더의 성명을 포함하도록 요구하기로 결정하였다. 또한 제한적 수준의 확신에서는 업무에서 수행되는 절차가 합리적 수준의 확신을 갖는 인증업무와 다르고 확신의 수준이 낮다. 그렇기 때문에 이러한 사실을 정보 이용자에게 명확히 하기 위해 보고서에 인증인이 결론을 내리기 위해 수행한 절차에 대한 요약을 포함하도록 하고 있다. 반면 합리적 수준의 인증보고서에서는 이러한 요약을 포함하지 않는다.

❸ 핵심인증사항에 관한 내용

국제 지속가능성 인증기준은 모든 지속가능성 정보에 대한 인증업무를 수행하기 위해 필요한 규정을 제공하는 포괄적인 인증기준이다. 즉, 각각의 지속가능성 사안에 대해 특정 목적을 위해 설계된 기준에 따라 작성된 정보에 대해 인증 절차를 수행하는 것이므로 국제감사인증기준위원회는 지배기구와 핵심인증사항(Key Assurance Matter, KAM)을 커뮤니케이션하는 것은 본 업무의 특성상 적절하지 않다고 판단하였다. 이에 따라 핵심인증사항은 이후의 국제 지속가능성 인증기준에서 다루기로 하였다.

❹ 인증 의견

지속가능성 보고서에 대한 인증인의 의견은 다음과 같이 분류된다.

인증 의견의 종류

항목	의견표명 근거
적정 의견	중요성 관점에서 준거기준에 따라 왜곡표시가 없는 경우
한정 의견	인증인의 전문가적 판단에 따라 범위 제한 및 그 효과가 중요할 수 있는 경우
부적정 의견	인증인의 전문가적 판단에 따라 지속가능정보가 중요하게 왜곡표시된 경우

❺ 기타정보에 대한 수행 절차

기타정보는 인증업무의 대상이 아닌 정보이다. 즉, 인증업무의 대상인 지속가능성 정보를 포함하고 있는 인증업무 및 인증보고서에 포함된 인증대상 지속가능성 정보 이외의 정보를 의미하며, 지속가능성 보고서에 포함된 감사보고서의 데이터 등의 역사적 정보를 포함한다. 인증인은 기타정보에 대하여 절차를 수행하여야 한다. 이러한 절차는 인증보고서 발행 이전에 입수하여 인증업무 수행 과정에서 획득한 지식에 근거하여 지속가능성정보와 일관성이 있는지와 기타 정보에 중요한 왜곡표시가 발생할 징후가 있는지 확인하는 절차를 포함한다.

(10) 기타 고려사항

국제 지속가능성 인증기준의 초안 발표 후 EER 가이던스의 활용 여부와 관련하여 명시적이거나 구체적인 의사결정 혹은 활용 방안에 대해서 언급하거나 결정된 바는 없다. 그러나 EER 가이던스가 비권위적인 지침으로 활용될 수 있다고 판단한다고 국제감사인증기준위원회 스태프의 의견으로 설명하고 있다. 또한 국제 지속가능성 인증기준의 경우 탄소배출에 관한 ISAE 3410의 기준을 적용하고 있으므로 이러한 맥락에서도 EER 가이던스는 지속가능성 보고서 인증에 있어 참고가 될 수 있을 것이다.

그리고 국제감사인증기준위원회는 인증인이 지속가능성 정보 중 미래전망 정보에 대한 발생 가능성 및 실현가능성에 대해서 의견을 줄 수 없다고 스태프의 의견으로 언급하고 있다. 이에 따라 인증인이 할 수 있는 것은 경영진이 준거기준을 적절히 적용했는지, 추정에 있어서 적절한 방법 및 가정을 적용했는지, 신뢰할 만한 정보를 사용했는지에 대한 것으로 국한될 것이다.

국제감사인증기준위원회는 2023년 12월까지 이해관계자의 의견을 수렴하였으며, 수렴한 의견을 검토하고 반영하여 2024년 9월 국제 지속가능성 인증기준을 최종 승인할 예정이다. 기준의 시행일은 최종 승인 후 18개월로 예상되며 조기 적용이 허용·권장된다.

아울러 국제공인회계사 윤리기준위원회는 2024년 1월 지속가능성 인증을 위한 국제윤리기준 공개초안을 발표하였다. 동 기준은 공인회계사가 아닌 인증인을 포함하여 모든 지속가능성 정보 인증인들이 사용할 수 있으며(Profession-agnostic), 지속가능성 정보 보고 및 인증업무에 적용된다. 2024년 5월까지 의견수렴을 마쳤으며, 12월경 최종 승인될 것으로 보인다.

신뢰성 있는 지속가능성 정보에 대한 이해관계자들의 요구가 높아짐에 따라 인증의 필요성도 증가되고 있다. 국제증권감독기구는 투자자 관점에서 지속가능성 보고의 신뢰성 제고를 위한 인증 수요가 증가하고 있으므로 장기적으로 합리적 인증을 요구할 것으로 예상되며, 특히 온실가스배출과 관련된 지표의 경우 단기적으로는 제한적 인증이 현실적이라고 밝히고 있다(국제증권감독기구, 2023).

또한 현재 지속가능성 정보의 인증보고서에 대해서는 재무제표에 대한 감사보고서와 달리 규제가 없기 때문에 일관된 형태를 갖추지 못한 채 기업과 인증기관에 따라 서로 다른 방법으로 작성하고 있다. 이와 같은 문제를 해결하기 위해서는 국제적으로 일관되고 비교가능한 인증기준과 윤리기준 적용이 필요할 것이다.

2) ESG 인증제도 관련 글로벌 동향[67)]

전 세계적인 ESG 공시 의무화 추세에 발맞춰 ESG 인증도 잇따라 의무화되고 있다. 지금부터 주요국의 ESG 인증제도를 살펴보고자 한다.[68)]

(1) 유럽연합

2024 회계연도부터 CSRD에 따른 지속가능성 정보의 공시 및 인증이 동시에 의무화된다.[69)] NFRD 의무 공시 대상에 해당하는 대기업부터 단계적으로 CSRD에 의한 공시 및 인증이 동시에 의무화될 예정이다.

---

67) 본 단락은 황근식과 박성원(2024), 전규안 외(2024)의 내용을 참조하여 작성하였다.

68) 유럽연합, 미국, 호주 외에도 인도, 뉴질랜드, 싱가포르 등이 ESG 정보에 대한 인증을 의무화했거나 준비하고 있다. 여기에서는 유럽연합, 미국, 호주의 인증제도 위주로 살펴보도록 한다.

69) 유럽연합은 2014년 NFRD를 EU 회원국들은 NFRD를 자국 법률 체계에 통합하고 비재무정보의 공시를 의무화하였다. 그중 프랑스, 스페인, 이탈리아는 비재무정보의 공시뿐만 아니라 인증도 함께 의무화하였다. 프랑스는 2018년 7월, 스페인은 2018년 1월, 이탈리아는 2017년 1월 이후부터 비재무정보의 공시 및 인증을 의무화했다. 프랑스와 스페인은 인증업무 수행기관의 범위를 제한하지 않았으나, 이탈리아는 공인회계사만 ESG 인증업무를 수행할 수 있도록 제한하였다.

유럽연합 ESG 인증 의무화 일정

대상	일반사항 및 온실가스 인증	
	제한적 확신	합리적 확신
기존 NFRD 적용 대상 기업	2024 회계연도	2028 회계연도 이후 * 시기가 특정되지 않음
유럽연합 내 설립 대기업(비유럽연합기업의 유럽연합 소재 종속기업 포함)	2025 회계연도	
유럽연합 내 상장 중소기업(초소형기업 제외)	2026 회계연도 * 2028 회계연도까지 유예 가능	
유럽연합 내 일정 요건 충족 비유럽연합 지배기업	2028 회계연도	

유럽연합 CSRD는 ESG(지속가능성) 인증 요구사항을 명시하고 있다. 공시 의무화된 ESG 정보 전체에 대한 인증을 요구하고 있어, 공시와 인증 범위가 일치한다. CSRD에 의하면 ① 법정감사인(Statutory Auditors and Audit Firms), ② 인가받은 독립된 인증서비스제공자가 ESG 인증에 참여할 수 있다. 따라서 회계법인 외의 기타기관까지 인증서비스 제공이 허용된다. 다만 기타 인증기관은 별도의 인가를 받아야 한다. 또한 ESG 인증업무 시 법정감사인과 동일하게 '감사지침(Audit Directive)'을 준수할 것을 요구하고 있다. 앞서 언급한 바와 같이 CSRD에서는 법정감사인이 인증하는 경우 재무정보와 지속가능성 정보 간의 연계성과 일관성을 제고할 수 있다는 측면에서 장점이 있음을 명시하고 있다.

인증인 개인의 자격으로는 관련 시험 통과 및 실무교육 요건을 명시하고 있다. 법정감사인의 경우 회원국에서 시행한 ESG 관련 과목이 포함된 시험을 통과하고, 8개월간의 ESG 인증 또는 기타 ESG 관련 서비스에 대한 실무교육을 마쳐야 ESG 인증업무를 수행할 수 있다. 인가받은 독립된 인증서비스 제공자는 법정감사인과 동등한 수준의 교육과 시험, 계속 교육, 윤리(독립성), 품질관리 등의 요건을 충족해야 한다.

인증 수준은 제한적 확신 수준(2024 회계연도, 2025년 보고서)에서 합리적 확신 수준(2028 회계연도 이후)으로 단계적 의무화할 예정이다. 제한적 확신 수준의 인증기준을 2026년 10월 1일 이내 채택하고, 합리적 확신 수준의 인증기준을 2028년 10월 1일 이내 채택하고 시행 시기를 확정할 예정이다. 따라서 합리적 확신 수준 의무화 시기는 2028 회계연도 이후이다.

(2) 미국

미국은 SEC 기후 관련 공시 규칙에 따라 2025 회계연도부터 ESG 정보 인증이 단계적으로 확대될 예정이다.

미국 ESG 인증 의무화 일정

<table>
<tr><th rowspan="3">기업 유형</th><th colspan="3">감사 및 인증</th></tr>
<tr><th rowspan="2">재무제표 주석 감사</th><th colspan="2">온실가스 배출량(스코프 1, 2) 인증</th></tr>
<tr><th>제한적 확신</th><th>합리적 확신</th></tr>
<tr><td>상장대기업</td><td>2025 회계연도</td><td>2029 회계연도</td><td>2033 회계연도</td></tr>
<tr><td>상장중견기업</td><td>2026 회계연도</td><td>2031 회계연도</td><td>면제</td></tr>
<tr><td>상장소기업</td><td rowspan="3">2027 회계연도</td><td rowspan="3">면제</td><td rowspan="3">면제</td></tr>
<tr><td>소규모보고기업</td></tr>
<tr><td>신흥성장기업</td></tr>
</table>

기후 관련 공시는 재무제표 주석 공시와 일반 공시 및 온실가스 배출량(스코프 1, 2) 공시 요구사항으로 구분할 수 있다. 이 중 재무제표 주석 공시와 온실가스 배출량(스코프 1, 2) 공시 요구사항은 인증대상이다. 재무제표 주석 공시사항은 2025년 회계연도부터 기업 규모별로 단계적으로 의무화되며, 공시와 감사 의무화가 동시에 이루어진다. 재무제표 주석은 재무제표의 일부이므로 외부감사 대상이며 회계법인의 감사를 받아야 한다. 따라서 기후 관련 재무제표 주석 공시사항도 회계법인으로부터 감사를 받아야 한다. 또한 이와 같은 공시사항은 재무보고에 대한 내부통제의 범위에 포함된다.

온실가스 배출량(스코프 1, 2)은 공시 의무화 3년 후부터 제한적 확신 수준의 인증이 의무화된다.[70] 그리고 제한적 확신 수준의 인증 의무화 4년 후부터 합리적 확신으로 인증 의무가 강화된다. 다만 온실가스 공시 및 제한적 확신 수준의 인증은 상장 대기업과 중견기업을 대상으로 하며, 합리적 확신 수준의 인증은 상장 대기업만을 대상으로 한다.

더 많은 인증서비스 제공자가 시장에 진입할 수 있도록 회계법인 이외의 인증기관도 온실가스 배출량 인증업무를 수행할 수 있도록 하였다. 인증기준은 적법한 절차에 따라 개발되었으며, ① 비용 없이 공개적으로 이용 가능하거나, ② 온실가스 배출량 인증에 널리 사용되는 기준을 사용할 것을 명시하고 있다. 규칙에서는 상장기업회계감독위원회(Public Company Accounting Oversight Board, PCAOB)[71], 미국공인회계사협회, 국제감사인증기준위원회, 국제표준화기구(International Organization Standardization, ISO)[72]의 인증기준이 이러한 요건을 충족한다고 언급하고 있다.

70) 중요한 온실가스 배출량에 대해서 공시가 이루어지며, 이 경우 인증 의무가 주어진다. 상장대기업은 2026년 회계연도, 상장중견기업은 2028 회계연도부터 공시가 의무화된다.

71) 사베인-옥슬리법(Sarbanes-Oxley Act)에 의해 2003년 설립된 회계감독기구로 상장기업 외부감사인(회계법인)에 대한 감독업무를 수행한다. PCAOB의 주요 업무 중 하나는 감사 및 인증, 품질관리, 윤리 및 독립성 기준 제정·채택이다.

72) 상품 및 서비스의 국제적 교환을 촉진하고, 지적, 과학적, 기술적, 경제적 활동 분야의 협력 증진을 위하여 세계의 표준화 및 관련 활동의 발전을 촉진하고자 하는 국제기구이다. ISO 14064-3, ISO 14065 및 ISO 14066 등이 온실가스 인증에 사용되는 ISO 기준이다. ISO 기준은 유료이나 온실가스 인증에 널리 사용된다는 점에서 SEC가 요구하는 인증기준 요건을 충족한다.

ESG

III

탄소중립 전략 수립 및 성과 관리

Environmental
Social
Governance

KICPA

III 탄소중립 전략 수립 및 성과 관리

01 | 기후변화 대응의 중요성 대두

1) 기후변화의 의미

최근 들어 지금까지 겪어보지 못했던 대형 폭우와 홍수, 장기간의 폭염과 가뭄, 초대형 산불 등 기후변화로 인한 자연재해로 설명되는 상황들을 자주 듣게 된다. 날씨는 시시각각 변화하는 대기의 상태를 뜻하며, 이와 같은 날씨의 장기간에 걸친 평균이 기후이다.

기후변화에 관한 정부 간 협의체(Intergovernmental Panel on Climate Change, 이하 IPCC) 보고서에 따르면, 수세기 동안의 지구 평균 기온은 ±0.5℃의 변화수준을 넘지 않았으나 산업혁명 이후인 1850년대 들어 매우 짧은 기간 동안 급격히 상승해 2020년의 평균 기온은 1.1℃까지 상승하였다. 좀 더 살펴보면, 지구 역사상 최대 온난기인 약 5,500만 년 전 팔레오세-에오세기에는 2만 년 동안 5℃에서 6℃가 상승하였다. 이 기간에는 1℃ 상승하는데 약 4,000년이 걸린 셈이다. 인간의 누적된 활동의 결과, 100년이 조금 넘는 기간 동안 1℃ 이상 상승하는 최근의 속도는 지금까지 볼 수 없었던 빠른 수준으로 인류는 현재 약 1℃ 기온 상승으로 인한 기후재해를 겪고 있는 것이다.

기후변화로 인한 영향은 매우 다양하게 나타나고 있고 앞으로도 나타날 것이다. 지구 시스템의 복원력을 넘어서는 기온상승은 지구기온이 다시 떨어지더라도 이전 상태로 다시 되돌릴 수 없다는 '비가역적 특성'을 갖는다. 이런 변곡점이 기후재앙을 피할 수 있는 마지노선으로 해석되는데, IPCC는 이를 1.5℃ 수준으로 보고 있다. 다음 IPCC 보고서의 오른쪽 그래프는 최근 지구기온 상승 원인이 "인간의 활동"에 의해 초래되고 있다는 결론을 확실히 하고 있다.

현재 추세로 본다면, 얼마 남지 않은 2025~2026년 정도 시점에 지구기온 1.5℃ 상승을 맞이할 것으로 예상하고 있다. 인간의 활동에 의해 초래된 기후변화를 늦추는 방법은 현재를 살고 있는 인간의 노력에 달려있으며, 안정적인 지구 시스템과 지속가능한 생존을 위해서 행동에 나서야 할 시점은 이제 얼마 남아있지 않은 상황이다.

지구 온도변화 및 원인

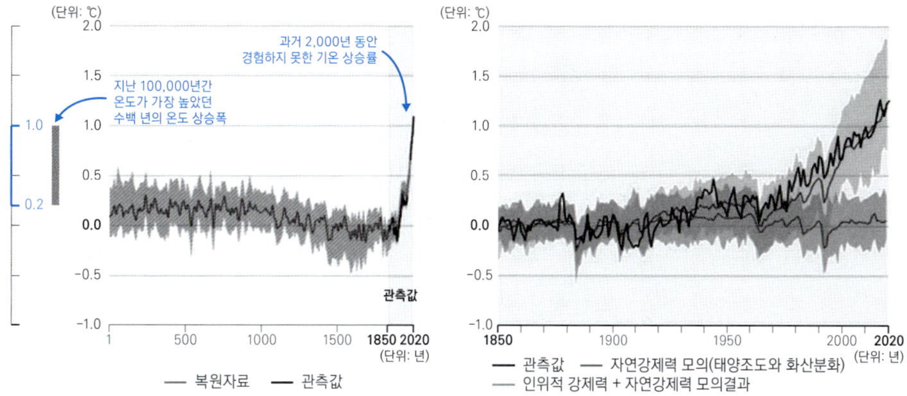

출처: IPCC(2021), 기상청(2021)

2) 기후변화의 영향

지구기온의 상승은 누적된 탄소배출량에 따라 달라지는 것으로 평가되며, 해수면 상승, 극심한 폭우와 홍수, 태풍의 강도 상승, 높은 온도로 인한 폭염, 산불, 생물다양성의 손실 등 주로 기상이변에 따른 부정적 영향을 미친다.

세계경제포럼(World Economic Forum, WEF)은 매년 'Global Risks Report'를 발간하면서 정부, 기업, 학계, 국제기구, 시민사회 전문가를 대상으로 글로벌 위험 인식 조사를 진행하고 있다. 조사 결과 중에서 향후 10년 동안 전 지구적으로 심각한 영향을 미치는 항목을 살펴보면, 과거 조사에서는 주로 경제·사회적 요인이 등장했으나, 최근 조사에서는 기후 관련 항목이 상위에 위치하는 것을 볼 수 있다. 2023년 조사에서는 기후대응에 대한 완화와 적응의 실패 항목이 최상위에 위치하고 있으며, 상위 5개 항목 중 4개가 기후·환경 관련 항목으로 구성되어 있다.

이미 글로벌 관점에서 실물경제와 금융시스템에 직접적 영향을 미치는 기후변화는 적극적 대응이 필요한 핵심 위험으로 평가된다. 특히 기업의 입장에서 심화되고 있는 기후변화는 시장의 안정성을 헤치고 기업의 지속성장에 부정적 영향을 미칠 수 있는 요인임이 분명하다. 세계경제포럼의 'Global Risks Report'는 기후변화로 인한 위기를 단독으로 해결하기 어려운 "예측되는 위험"으로 평가하며, 이에 대응하기 위해서는 국제적 협력과 노력을 통해 함께 행동하고 집단적 준비 태세를 갖춰야 한다는 점을 강조하고 있다.

이러한 기후변화에 대한 국제사회의 인식을 바탕으로 기후변화에 대한 대응 노력과 정책은 주로 선진국과 선도기업들의 주도로 진행되고 있다. 특히 공동대응의 필요성으로 인해 선진국과 선도기업들의 국제적 연합과 협력은 앞으로 더욱 공고해질 것으로 예상된다. 이 과정에서 공급망 실사, 탄소국경조정제도(Carbon Border Adjustment Mechanism, CBAM), 탄소배출권 무상할당 축소와 같은 다양한 통상 조건들이 함께 도입되면서, 각국 정부와 기업들의 기후대응 수준이 향후 국제거래에 있어 중요한 글로벌 스탠더드를 구성할 것으로 예상된다.

글로벌 위험 인식 조사 결과

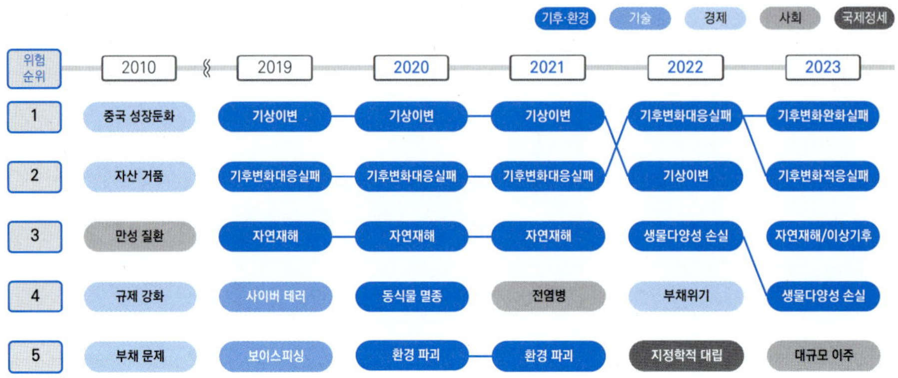

출처: 세계경제포럼, 저자 재구성

3) 탄소중립 관련 이니셔티브

(1) 기후변화 대응 국제 협정

기후변화 대응을 위한 국제적 노력은 유엔 주관으로 진행되고 있으며, 실무기구로 1992년 설립된 유엔 기후변화협약(United Nations Framework Convention on Climate Change, UNFCCC)이 담당하고 있다. 매년 개최되는 당사국총회(Conference of the Parties, COP)는 국제협약의 채택과 세부이행규칙 등 협약의 주요 사안에 대해 결정하는 최고 의사결정 기구이다.

❶ 교토의정서로 출발한 기후협약

교토의정서는 유엔 차원의 기후변화 대응을 위한 중요한 이정표이다. 1997년 일본 교토에서 개최된 제3차 유엔기후변화협약 당사국총회에서 38개 선진국은 2008년부터 2012년까지 온실가스 감축목표를 설정한 '교토의정서'를 채택하여 국제적 감축 노력에 대해 처음으로 합의하였다. 교토의정서를 통해 시장원리에 기반한 배출권 거래제, 청정개발체계, 공동이행제도의 세 가지 감축 메커니즘이 도입되었다. 이후, 교토의정서 만료를 앞둔 2012년에 개최된 제18차 당사국총회에서는 교토의정서 적용을 2020년까지 연장하는 개정안을 채택하였다.

1997년 교토의정서가 채택되는 과정에서는 당시 세계 온실가스 배출 1위였던 미국과의 감축목표 설정 협상에 난항을 겪었지만, 앨 고어 당시 미국 부통령의 역할을 통해 최종 합의에 이르게 되었다. 다만 미국은 협정에 대한 합의 이후 의회의 협정 비준을 얻는데 다시 난관에 봉착했고, 새로 출범한 부시 행정부는 2001년 교토의정서 불참을 공식화하였다. 그 이후, 형평성 문제를 지속적으로 제기해온 일본, 캐나다, 러시아 3국이 2012년 탈퇴함에 따라 의미 있게 시작된 교토의정서는 실효성의 한계에 직면하게 되었으며, 파리협약의 신기후체계로의 전환 논의가 시작되었다.

기후협약 채택의 역사

3차 당사국총회(1997년)	18차 당사국총회(2012년)	21차 당사국총회(2015년)
• 교토의정서 채택 - 2008~2012년까지 연평균 5.2% 감축목표 설정(1차 공약기간) - 6대 온실가스 정의[주1)]	• 교토의정서 개정의견서 채택 - 2020년까지 연장 - 2차 공약기간	• 파리협약 채택 - 195개국 참여 - 온도 목표 설정 (2℃ 훨씬 아래 유지, 1.5℃ 억제 노력)

주1: 6대 온실가스는 이산화탄소(CO_2), 메탄(CH_4), 아산화질소(N_2O), 수소불화탄소(HFCs), 과불화탄소(PFCs), 육불화황(SF_6)을 의미한다.

출처: 탄소중립 정책포털 웹페이지, 저자 재구성

❷ 파리협약

2015년 12월, 파리에서 개최된 제21차 당사국총회에서는 195개국의 합의 하에 파리협약이 채택된다. 이는 기후변화 대응을 위한 선진국과 개발도상국을 포함한 전 지구적 합의를 이뤄낸 첫 협약으로 중요한 의미를 갖는다. 더불어 IPCC에서 요구하는 과학적 근거에 기반하여 '지구온도를 2℃ 이상 상승하지 않도록 하고, 1.5℃ 이하로 제한하도록 노력한다'는 목표가 국제적으로 합의된 의미를 함께 갖는다.

파리협약의 주요 조항

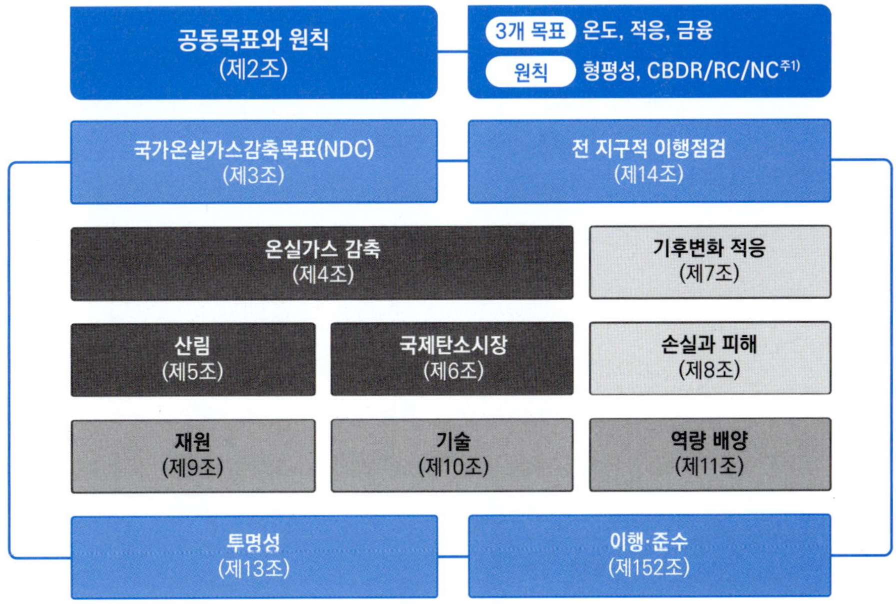

주1: '상이한 국가의 여건에 비추어 공통적이지만 정도에 차이가 있는 책임과 각자의 능력'을 의미한다.

출처: 최재철(2021)

교토의정서와 파리협약 비교

구분	교토의정서	파리협약
감축 대상	기후변화협약 Annex 1 국가(선진국)	모든 당사국
범위	온실가스 감축에 초점	감축, 적응, 이행수단(재원, 기술이전, 역량배양) 포괄
목표	온실가스 배출량 감축 (1차: 5.2%, 2차: 18%)	온도 목표 (2℃ 이하, 1.5℃ 추구)
목표 설정	하향식	상향식(자발적 공약)
의무 준수	징벌적 (미달성량의 1.3배 페널티 부과)	비징벌적 (비구속적, 동료 압력 활용)
의무 강화	특별한 언급 없음	진전 원칙(후퇴금지원칙) 전 지구적 이행점검(매 5년)
지속성	매 공약기간 대상 협상 필요	종료 시점 없이 주기적 이행 상황 점검

출처: 외교부 웹페이지

• **모두가 참여하는 포괄체계**

이는 선진국과 개발도상국 모두가 온실가스 감축에 참여하고 추가적으로 적응, 재원, 기술이전, 투명성 등 다양한 분야를 포괄하는 체계이다. 온난화 효과는 산업화 과정에서 누적하여 배출된 온실가스가 주요 요인으로, 1850년부터 2019년까지의 누적 배출량의 약 39%를 차지하고 있는 북미, 유럽 등 선진국의 책임이 큰 것으로 평가된다. 경제 성장을 위한 산업화를 이루는 과정에서 지속적으로 온실가스를 배출할 수밖에 없는 개발도상국 입장에서 온실가스 감축노력은 곧 성장을 포기해야 하는 것으로 해석될 수 있다. 이에 선진국은 감축기술을 이전하고, 개발도상국을 지원하기 위해 1,000억 달러의 재원을 지원하기로 했다. 이 부분을 선진국끼리 어떻게 분담할 것인지는 향후 당사국총회를 통해 지속적으로 논의되어야 하는 상황이다.

누적 탄소배출량 1850~2019년

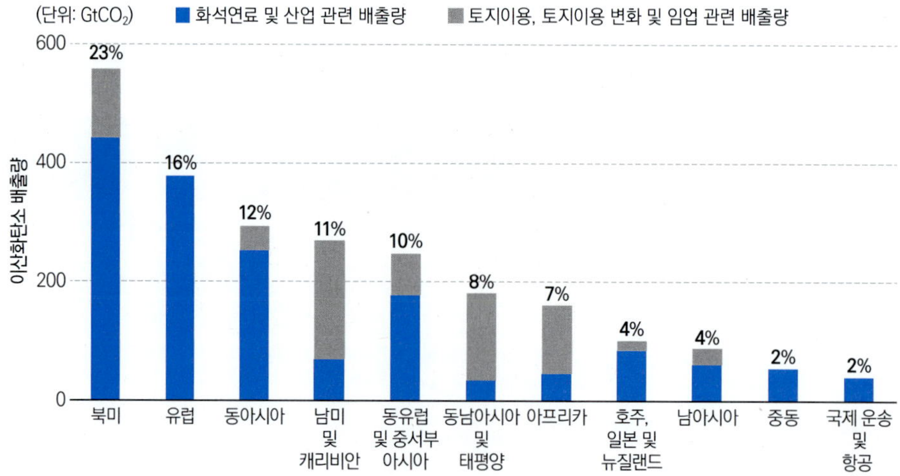

출처: IPCC(2023), 기상청(2023)

• **과학적 기반의 온도 목표 합의**

파리협약 제2조는 지구 평균 온도 상승을 2℃보다 훨씬 아래(well below)로 유지해야 하고 1.5℃까지 제한하도록 노력한다고 규정함으로써, 지구온난화의 구체적 온도 목표를 반영하였다. 지구 시스템에는 기후변화 요인을 완충할 수 있는 다양한 요소가 존재하나, 기후변화로 인해 현재의 지구 시스템 상호작용 방식이 급변하게 되면 기후위기가 시작된다. 지구 평균 기온이 2℃ 이상 상승할 경우, '돌이킬 수 없는' 변화가 나타날 수 있다는 사실이 받아들여져 1.5℃의 기준선이 설정되었다.

지구 평균 기온 상승 목표 설정

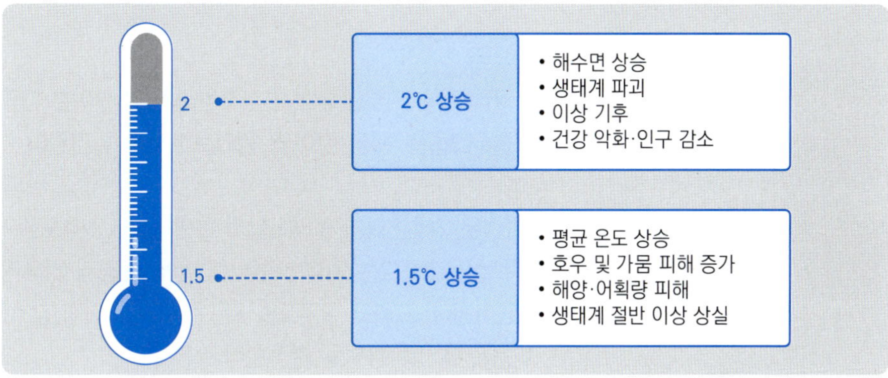

출처: 탄소중립 정책포털 웹페이지

• **자발적 감축목표 설정**

각 당사국들이 스스로 국가 온실가스 감축목표(Nationally Determined Contribution, NDC)를 설정하도록 규정하였다. 협정 합의의 협상 과정에서 감축의무를 부담할 것인지를 놓고 논쟁하면서, 공약(commitment) 대신 중립적 의미인 기여라는 단어를 사용하기로 결정하였다.

• **주기적 점검 및 지속적 목표 강화 체제**

각 당사국들은 자발적으로 설정한 감축목표를 지속적·점진적으로 강화하는 체제로 운영된다. 5년마다 국제사회 차원의 종합적 이행 상황을 점검하고, 다음 국가 온실가스 감축목표는 이전 감축목표보다 강화되어야 한다는 진전 원칙이 적용된다.

❸ IPCC 6차 보고서

IPCC는 유엔 산하 세계기상기구(World Meteorological Organization, WMO)와 UNEP가 1988년 공동 설립한 국제기구다. 195개 당사국 기후전문가와 정부 관계자로 구성되어 있으며, 기후변화에 대한 영향과 국제적 대응방안을 제시하고 유엔기후변화협약의 의제 실행 여부를 점검하며 6년에서 7년마다 평가보고서를 발행하는 것이 주요 임무다. 2023년 발간한 '정책결정자를 위한 IPCC 6차 종합보고서'는 91개국 700여 명의 과학자가 참여해 작성한 보고서의 최종판이다.

IPCC 보고서의 종류

출처: IPCC 웹페이지

- **실무그룹**

IPCC는 기후과학, 기후변화적응, 기후변화 완화 분야를 다루는 세 개의 실무그룹으로 구성된다. 각 실무그룹은 해당 분야의 평가보고서를 발간한다.

실무그룹 1은 기후변화의 물리과학적 측면 평가, 기후모델 및 기후전망, 기후변화 원인 등을 연구하며, 실무그룹 2는 기후변화에 대한 사회·경제 및 자연시스템의 취약성과 잠재적 적응 전략을 평가한다. 그리고 실무그룹 3은 온실가스 배출 감소를 통한 기후변화 완화 및 완화에 따른 비용/편익 및 정책을 분석한다.

- **지구온난화 1.5℃ 특별보고서**

이 보고서는 2018년 송도에서 개최된 제48차 IPCC 총회에서 최종 승인·채택되었다. 보고서는 산업화 이전(1850~1900년) 대비 지구 평균 기온이 1.5℃ 상승했을 때의 영향과 상승폭을 1.5℃까지 억제하기 위한 다양한 온실가스 감축 시나리오에 대해 다루고 있다. 또한 기온상승 2℃와 1.5℃의 영향 비교를 통해 왜 1.5℃ 목표를 추구해야 하는지 강조하고 있다.

이 보고서는 파리협약 1.5℃ 목표의 과학적 근거 마련을 위해 유엔기후변화협약의 요청으로 작성되었으며, 제24차 유엔기후변화협약 당사국총회에 제출되어 파리협약 세부 이행지침 마련에 기여했다. 정책적 관점에서는 지구 평균 기온 상승을 1.5℃ 이내로 억제하기 위해서는 2030년까지 온실가스 배출량을 2010년 대비 45% 이상 감축해야 하고, 2050년에는 탄소중립을 달성해야 한다고 제시하고 있어 2050년 탄소중립 목표 설정의 근거로 활용되고 있다.

- **탄소예산**

기후변화의 주요 원인은 지금까지 얼마나 온실가스를 대기 중에 누적해서 축적했느냐에 따라 결정된다. 이산화탄소 1,000 $GtCO_2$가 증가할 때마다 지구 평균 기온은 0.45℃ 상승한다. 지구기온 상승을 억제하려면 누적 탄소량을 일정 수준 범위에서 제한해야 하는데, 이를 탄소예산이라고 한다. 2019년까지 2,400 $GtCO_2$를 배출하였는데, 지구기온을 1.5℃(확률 50% 이상) 수준으로 억제하기 위한 총 탄소예산은 2,900 $GtCO_2$이므로 잔여 탄소예산은 500 $GtCO_2$에 해당한다. 2019년 연간 온실가스 배출량은 59 $GtCO_2$에 해당하므로 2030년까지의 배출량만으로도 탄소예산 소진이 예상된다.

탄소배출허용총량과 탄소예산

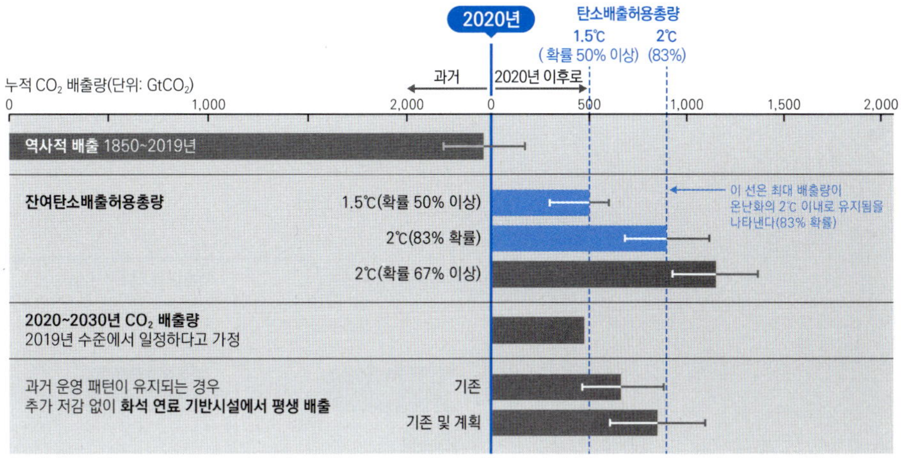

출처: IPCC(2023), 기상청(2023)

• 기후변화 시나리오

기후변화 시나리오란 온실가스, 에어로졸 변화 등 인위적 원인으로 발생한 기후변화를 전망하기 위해 온실가스 농도와 기후변화 수치모델을 이용하여 산출한 미래기후 전망 정보를 말한다. 시나리오는 미래를 정확하게 예측하는 것이 아니라 '광범위하고 다양하게 가능한 미래'에서 불확실성을 잘 이해하여 신뢰할 수 있는 의사결정을 돕기 위한 목적으로 활용된다. 기후변화에 대한 위험평가를 위해 IPCC 보고서에서는 주로 대표농도경로(Representative Concentration Pathways, 이하 RCP) 시나리오와 공통사회경제경로(Shared Socioeconomic Pathways, SSP) 시나리오가 활용된다.

- RCP 시나리오

IPCC 제5차 보고서에서 제시된 RCP 시나리오는 인간 활동이 대기에 미치는 복사량으로 온실가스 농도를 정하였다. 동일한 복사강제력에 대해 여러 가지 사회·경제 시나리오가 나올 수 있다는 의미에서 '대표(Representative)'라는 표현을 사용한다. 또한 온실가스 배출량 시나리오의 시간에 따른 변화를 강조하기 위해 '경로(Pathways)'라는 의미를 포함한다.

RCP 시나리오

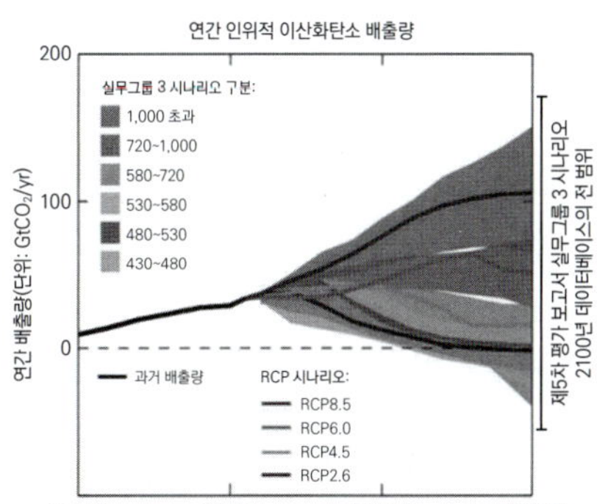

종류	의미	CO_2농도	전 지구 기온 (21세기 말)
RCP2.6	지금부터 즉시 온실가스 감축 수행	420ppm	+1.3℃
RCP4.6	온실가스 저감정책 상당히 실현	540ppm	+2.4℃
RCP6.0	온실가스 저감정책 어느 정도 실현	670ppm	+2.7℃
RCP8.5	현재 추세대로 온실가스 배출	940ppm	+4.0℃

출처: IPCC(2014), 기상청(2019)

- SSP 시나리오

IPCC 제6차 보고서에서 제시된 SSP 시나리오는 기존 RCP의 개념과 함께 미래 사회·경제 변화를 기준으로 기후변화에 대한 미래의 완화와 적응 노력에 따라 5개의 시나리오[73]로 구별된다. 주로 인구통계, 경제발달, 복지, 생태계 요소, 자원, 제도, 기술발달, 사회적 인자, 정책 등이 고려된다.

SSP 시나리오

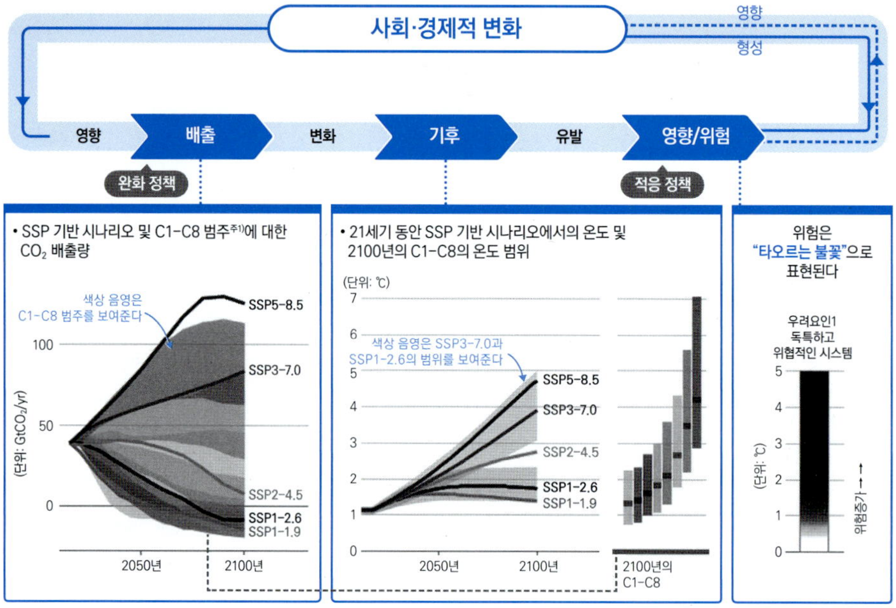

주1: 경로의 범주이다. 오버슛이 없거나 제한적(최대 약 0.1℃까지 지구온난화를 1.5℃ 초과하는 경우)이면서 50% 이상의 가능성으로 온난화를 1.5℃로 제한하는 경로(C1)에서 4℃를 초과하는 경로(C8)까지 총 8개의 범주가 있다.

출처: IPCC(2023), 기상청(2023)

❹ 유럽 그린딜

파리협약이 발효되는 2021년을 앞둔 2018년 즈음, 유럽의 주요 국가, 미국, 일본 등을 포함한 선진국과 주요 글로벌 기업들은 2050 탄소중립 목표를 앞다퉈 발표하기 시작했다. 특히 유럽연합 차원에서 2019년 12월 발표한 유럽 그린딜은 권역 차원에서 발표한 2050 탄소중립 정책으로서 친환경 산업을 육성하기 위한 정책의 근간이 되는 내용을 담고 있다. 이후 유럽연합은 유럽 그린딜을 기반으로 다양한 정책들을 연이어 발표하고 있다.

지속가능한 넷제로 경제로의 '공정한 전환'을 목표로 하는 새로운 유럽의 성장 전략인 '유럽연합 그린딜'은 2050년까지 유럽대륙을 탄소중립으로 이끄는 것을 최상위 목표로 한다. 이를 위해 기후변화, 에너지, 순환경제, 빌딩, 수송, 농업, 생물다양성과 생태계, 재정 지원, 연구와 혁신, 교육과 훈련, 국제협력, 이해관계자 참여 등 다양한 정책 분야에서 구체적 방향성은 물론 실행계획과 일정을 담은 종합 정책 패키지를 제시하고 있다.

73) 매우 낮은(SSP1-1.9), 낮은(SSP1-2.6), 중간의(SSP2-4.5), 높은(SSP3-7.0), 매우 높은(SSP5-8.5) 온실가스 배출 시나리오다.

2020년 1월 발표된 유럽 그린딜의 투자계획 및 공정전환체계는 2050년까지 유럽대륙을 기후중립으로 이끄는 핵심 목표 달성을 위해 필요한 유럽연합 및 회원국의 공공재정 및 민간 부문의 투자 계획을 담고 있다. 이 계획은 유럽 그린딜을 실현하기 위한 핵심적인 재정과 민간 투자를 확보하고 지속가능한 경제로의 전환을 촉진하는 역할을 한다.

또한 2020년 7월 발표된 유럽연합 택소노미는 유럽 그린딜과 관련된 환경·사회 영향 관점에서의 세부 투자 기준의 방향성을 더욱 구체적으로 설정하였다. 유럽연합 택소노미는 투자 및 금융 활동에 대한 지침과 투명성을 제공하여 지속가능한 경제와 사회 구축을 촉진하고, 녹색 경제로의 전환을 지원한다. 이에 따라 공공정책 목표인 유럽 그린딜을 실현하기 위해 경제 시스템 전반의 경제 활동에 대한 환경 및 사회적 영향을 평가하는 기준이라고 할 수 있다.

유럽연합 택소노미는 유럽 그린딜 투자 계획 및 공정전환체계와 함께 유럽의 지속가능한 경제 모델을 강화하고 확장하는 데 중요한 역할을 하고 있으며, 환경·사회적 측면에서의 지속가능성을 강조하고 이를 실현하기 위하여 글로벌 금융시스템의 지속가능한 금융시스템으로의 전환을 강조한다.

2021년 6월 말에는 유럽 그린딜의 핵심 목표 중 하나인 '2050년까지 기후중립 달성'이라는 목표에 법적 구속력을 부여하기 위한 유럽 기후법안이 통과되었다. 이로써 유럽 그린딜은 글로벌 기후 정책을 새로운 방향으로 이끄는 중요한 역할을 수행하게 되었다. 유럽 기후법안은 2030년까지 온실가스 감축목표를 기존의 1990년 대비 50%에서 55%로 상향 조정하고, 이를 위한 입법안 패키지인 'Fit for 55'를 통과시키는 등의 성과를 이끌어냈다.

유럽 그린딜은 탄소 감축 및 기후변화에 대응하기 위한 포괄적인 경제 시스템 전환 계획으로, 재정투자, 산업, 에너지, 수송, 건축, 농·식품, 생태계, 해양 등 다양한 분야의 세부 전략을 계속해서 발전시키며 추진되고 있다.

유럽 그린딜의 주요 추진 내용

시기	내용	정책 분야
2019년 12월	유럽 그린딜 발표	총괄
2020년 1월	유럽 그린딜 투자 계획 및 공정전환체계 발표	투자계획
2020년 3월	순환경제 행동계획 제안	산업
2020년 7월	에너지시스템 통합 및 수소전략 채택	수송
2020년 12월	배터리 및 폐배터리 규정 제안	수송
2021년 6월	유럽기후법 채택	탄소감축
2021년 7월	탄소감축 입법안 패키지 'Fit for 55' 발표	총괄
2022년 5월	에너지 위기 대응을 위한 REPowerEU 발표	에너지
2023년 1월	그린딜 산업계획 제안	산업

출처: 이정은(2023)

한편 유럽 그린딜은 2030년까지 10년 동안 최소 1조 유로 규모의 자금을 조성하고 녹색예산 및 조달 시스템을 구축하며, 공정전환 지역에서 국가보조금 승인 절차를 간소화하는 등의 핵심 내용을 포함한 공공 투자 계획이다. 이 계획은 민간 투자와의 연계를 강화하고 유도하기 위한 방안과 관련 제도 구축 방안을 담고 있어, 유럽연합의 지속가능금융 성장 전략과 상호작용하는 핵심 전략으로 제시되고 있다.

유럽연합 그린딜과 관련된 세부 워크 프로그램에서는 기존 NFRD의 개정 필요성과 방향성이 이미 강조되고 있다. 제시된 개정의 주요 방향성은 다음과 같다.

1. 지속가능성 보고 요구사항의 확대: NFRD를 개정하여 지속가능성 보고 요구사항을 보다 넓은 지속가능 금융 규제 프레임워크(지속가능금융 공시 규제 및 유럽연합 택소노미 규제)와 일관성을 갖도록 조정한다.
2. 유럽 그린딜과의 연계성 강화: 개정된 NFRD는 유럽 그린딜의 목표와 더욱 밀접하게 연계되도록 설계한다. 이는 유럽 그린딜을 통한 지속가능한 경제로의 전환을 지원하고, 유럽 그린딜의 핵심 목표와 일치하는 방향으로 기업의 지속가능성 보고를 확대하겠다는 의미이다.

예를 들어 지속가능금융공시규정(Sustainable Finance Disclosure Regulation, 이하 SFDR)은 자산 관리자 및 금융자문사 등 금융시장 참여자가 지속가능성 정보를 최종 투자자 및 자산 소유주에게 공개하는 방식을 규정한다. 이를 충족하기 위해서는 최종 투자자에게 금융시장 참여자가 투자한 기업에 대한 지속가능성 정보를 제공하여야 한다. 따라서 NFRD의 개정 방향성은 SFDR을 준수하고 있는 금융시장 참여자가 투자한 기업에 대한 지속가능성과 관련된 신뢰성 있는 정보를 제공할 수 있도록 금융시장 참여자가 투자하는 기업을 대상으로 법적 공시 의무를 마련하는 것을 포함한다.

또한 유럽연합 택소노미는 환경적으로 지속가능한 경제 활동에 대한 분류 체계를 설정하고, 이러한 기준을 적용함으로써 지속가능한 투자를 확대하고 그린워싱을 방지하는 목적을 갖는다. NFRD에 따른 의무 보고 대상 기업은 유럽연합 택소노미와 분류 체계에 따라 기업 활동이 환경적으로 지속가능한지에 대한 지표를 공개해야 한다. 이러한 지표들은 NFRD가 공개 의무화한 정보에 보완적으로 추가 공개되어야 한다.

4) 온실가스 배출권 거래제

온실가스 배출권 거래제는 교토의정서에 따라 도입된 시장원리에 의한 감축 메커니즘의 대표 사항이다. 이 제도를 2005년부터 도입한 유럽연합은 세계에서 가장 큰 규모의 배출권 거래시장으로 성장하였으며, 우리나라는 2015년 처음 도입한 뒤 2021년부터 2025년까지 3차 배출권 할당계획 기간을 운영하고 있다. 업체 관점에서는 온실가스 배출권 할당 대상과 목표관리제 대상으로 구분하여 운영하고 있다.

(1) 국내 온실가스 관리제도

온실가스 배출권 할당 대상은 연평균 배출량 125,000톤 이상 또는 25,000톤 이상 사업장을 보유하거나 참여를 신청한 업체로 정부에서 배출총량을 할당하고, 초과 시 배출권을 구매하여 해소한다. 만약 할당총량보다 배출량이 작으면 거래시스템을 통해 배출권을 판매할 수 있다.

목표관리제 대상은 연평균 배출량 50,000톤 이상 또는 15,000톤 이상 사업장을 보유한 업체로 온실가스 배출량에 대한 감축목표를 부과하고, 이행실적을 검증·관리한다.

온실가스 배출권 할당 계획

구분	제1기(2015~2017년)	제2기(2018~2020년)	제3기(2021~2025년)
목표	• 거래제 안착	• 상당수준 온실가스 감축	• 적극적 온실가스 감축
할당	• 전량 무상할당	• 3% 유상할당 도입 – 7개 업종 대상 벤치마크 할당[주1] 등 할당방식 고도화 – 이외 배출량 기준 할당방식[주2] 적용	• 10% 유상할당 – 12개 업종으로 벤치마크 할당방식 확대

주1: 벤치마크 할당은 제품생산량 등 업체의 활동자료 대비 배출실적을 근거로 설비효율성 고려하여 할당하는 방식이다.
주2: 배출량 기준 할당방식(Grandfathering)은 과거 배출실적을 근거로 배출권을 할당한다.

출처: 관계부처 합동(2023)

(2) 배출권의 가격 추이

제3차 배출권 거래제 기간 동안 국내 배출권 가격은 2021년 1월 35,121원에 시작하여 2023년 12월 말 8,400원 수준까지 계속해서 하락하는 추세를 보이고 있다. 탄소관련 규제가 강화되고 있는 상황에서 유럽연합 배출권거래제(European Union Emissions Trading Scheme, EU ETS)의 배출권 가격이 약 110,000원[74]으로 거래되는 것에 비하여, 국내 배출권 가격은 상당히 낮은 수준에 거래되고 있는 상황이다. 여러 이유가 있겠으나, 탄소감축에 나서는 기업들이 탄소감축에 대한 투자의 경제성 분석을 위한 비교수단으로 배출권 가격을 활용하는 점을 고려할 때 온실가스 1톤당 1만 원 이하의 탄소 배출권 가격은 다소 낮아 보이는 것이 분명하다.

국내 배출권 월별 평균가격 현황

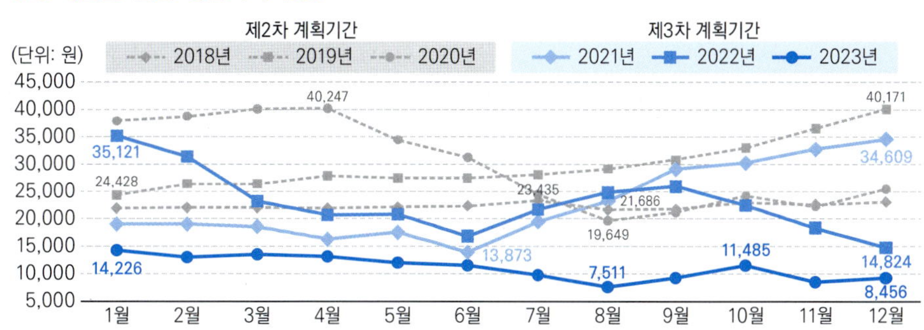

출처: 환경부·한국환경공단(2024)

74) 2023년 12월 29일 유럽연합의 탄소배출권 가격은 77.25유로(110,204원)이다(환경부·한국환경공단, 2024).

(3) 탄소상쇄 제도의 이용

탄소상쇄(Carbon Offset)는 크게 규제 탄소시장과 자발적 탄소시장으로 구분된다. 이들 시장에서는 감축 프로젝트를 진행하면서, 탄소 감축량만큼 크레딧을 발행하여 이를 통해 발생시킨 탄소량을 상쇄하는데 이용할 수 있다. 탄소상쇄는 산림녹화나 태양광사업 등 다양한 방식으로 진행되는데, 프로젝트의 성격에 따라 그린워싱으로 평가되는 경우도 있으므로 탄소상쇄 프로젝트의 품질을 함께 살펴볼 필요가 있다.

규제 탄소시장은 기업별 할당량의 상쇄에 활용할 수 있는 크레딧을 발행하고 거래하는 시장으로 대표적으로 교토의정서의 청정개발체제 사업[75)]을 들 수 있으며, 환경부 차원에서 승인된 감축사업도 가능하다.

자발적 탄소시장은 민간주도로 탄소감쇄 사업(프로젝트)에 대해 크레딧을 발행하고 거래하는 시장으로 미국의 베라가 가장 큰 시장을 차지하고 있으며, 골드스탠다드, 퓨로어스 등 다수 사업자가 존재한다. 단, 자발적 탄소시장의 크레딧은 규제 감축량으로 인정되지 않는다.

5) 유럽연합 탄소국경 조정제도

탄소규제가 강화되면서 사업활동 과정에서 배출되는 탄소에 대한 가격과 비용이 상승하면, 부담을 느낀 해당 지역의 사업자가 다른 지역으로 이동하려는 시도가 발생할 수 있다. 이를 탄소누출이라고 하며, 특히 탄소규제가 강하고 규제비용이 높은 유럽연합 차원에서는 매우 심각한 고민과제이다. 유럽연합은 역내 기업의 탄소누출을 방지하기 위한 목적으로 탄소국경 조정제도를 도입하였다. 이는 탄소배출이 많은 국가에서 생산된 고탄소 제품에 대해 일종의 관세를 부과함으로써, 이미 탄소에 대한 비용을 부담하고 있는 유럽연합 역내기업의 형평성을 보장하기 위한 제도이다.

(1) 대상 업종

우선은 6개 업종을 대상으로 시행하고, 2030년까지 유럽연합 배출권거래제를 적용받는 모든 업종으로 확대된다. 대상 업종은 철강, 전력, 비료, 알루미늄, 시멘트, 수소이며, 석유화학과 원유정제 부문도 향후 추가될 예정이다.

(2) 적용 시기

2023년 10월부터 2025년 12월까지는 시범적용 기간으로 유럽연합에 수입된 제품에 대해 분기단위와 연간 총량에 대한 신고의무만 적용된다. 이후 2026년 1월부터 탄소국경조정제도에 의한 납부의무가 적용되며, 차년도 5월까지 신고하여 최종 6월 말까지 납부가 이루어지게 된다.

75) 파리협약에 따라 청정개발체제 사업은 종료 예정이며, 향후 지속가능개발체제사업으로 대체된다.

(3) 의무자

탄소국경 조정제도는 유럽연합 내 수입업자에게 의무가 부여되며, 납부의무가 본격 적용되는 2026년부터는 검증의무도 수입업자에게 부여된다. 검증대상 정보는 수입제품의 생산공장, 수량(무게), 탄소배출량 등으로 구성된다. 국내 기업 입장에서는 이들 수입업자가 고객에 해당되므로 신고대상 정보와 검증을 우리 기업에 요구할 것으로 예상된다.

(4) 부과금액 산정

탄소국경 조정제도 납부금액은 크게 ① 수입제품의 탄소배출량과 유럽연합 동종업종의 탄소배출량과의 차이와 ② 유럽연합 지역과 생산국가의 탄소배출권 가격의 차이에 의해 산출된다. 납부금액을 산출하는 과정에서 무상할당 부분이 함께 조정이 이루어지는데, 유럽연합은 탄소배출량 할당 시 적용되던 무상할당을 2034년까지 점진적으로 폐지하여 단계적으로 줄여나갈 계획이다.

탄소국경 조정제도에 대응해야 할 우리나라 입장에서는 제품의 탄소배출량을 어떻게 줄여나갈 것인지, 탄소중립으로 전환하기 위해 무상할당을 비롯한 탄소배출권 할당 정책을 어떻게 운영할 것인지, 약 110,000원에 거래되는 유럽연합 배출권 가격과의 차이를 어느 수준으로 관리할 것인지 등 다양한 고민거리가 생겨나고 있다.

(5) 다른 국가의 대응

탄소국경 조정제도는 일종의 관세 제도의 성격을 갖기 때문에, 다른 국가에서도 이에 대응하는 제도 적용을 준비하고 있다. 대표적으로 미국은 청정경쟁법(Clean Competitive Act, CCA) 도입을 발표하였다.

6) 탄소세

탄소세는 정부가 정한 세율에 따라 온실가스 배출 단위로 세금을 부과하는 제도로, 핀란드가 세계 최초로 도입하였다. 적용대상 제품은 주로 최초 생산된 플라스틱이지만 경유 등의 연료 단위가 포함되기도 한다. 세계은행 자료에 따르면 전 세계 약 28개국이 탄소세를 적용하고 있다.

탄소세 도입 현황

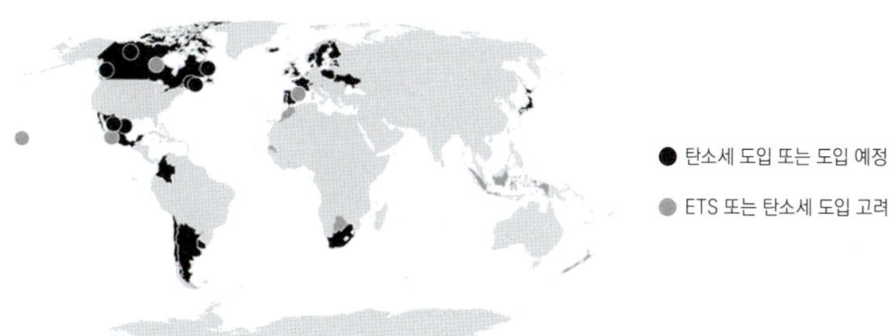

출처: 세계은행 웹사이트

7) 우리나라의 탄소중립 정책

(1) 탄소중립기본법

우리나라는 국제적 탄소중립의 흐름에 동참하는 관점에서 2020년 10월 2050 탄소중립을 선언하고, 2021년 9월 「기후위기 대응을 위한 탄소중립·녹색성장기본법」(약칭 탄소중립기본법)을 제정하였다. 이와 같은 탄소중립의 법제화는 세계 14번째에 해당한다.

탄소중립기본법의 구성

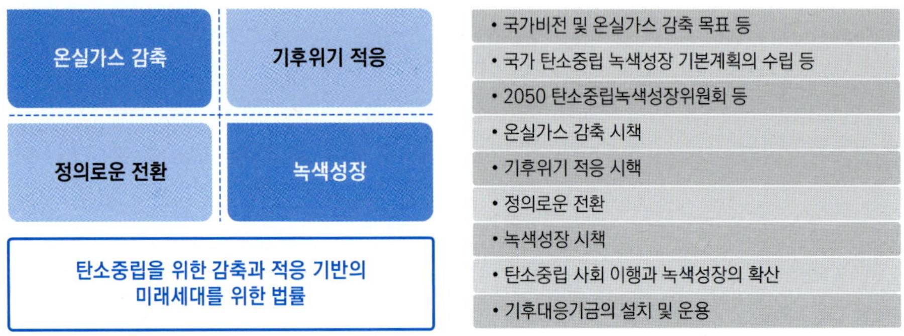

출처: 탄소중립 정책포털 웹페이지

(2) 온실가스 감축목표

우리나라는 2015년에 2030년 국가 온실가스 감축목표를 최초로 설정한 이후 지속적으로 감축목표를 상향하여 2018년 대비 40%의 감축목표를 설정한 뒤 이를 유엔에 제출한 상태이다. 또한 2050년 탄소중립 달성을 위한 비전과 구체적 전략을 담은 탄소중립 시나리오를 운영하고 있다.

우리나라의 감축목표 설정 경과

시기	주요 내용
2015년 6월	• 2030년 온실가스 배출 전망(BAU 방식[주1)]) 대비 37% 감축 - 최초 국가 온실가스 감축목표 설정
2020년 12월	• 2030년 국가 온실가스 감축목표 수정 제출 - BAU 방식에서 절대량 감축 방식으로 변경 - 2030년까지 2017년 대비 26.3% 감축
2021년 8월	• 탄소중립위원회는 2050 탄소중립 시나리오 마련
2021년 10월	• 국가 온실가스 감축목표 상향안 수립하여, 12월 UN 제출 - 2030년까지 2018년 대비 40% 감축
2023년 4월	• 2030년 온실가스 감축목표 세부이행방안 발표 - 산업 부문 감축목표를 14.5%에서 11.4%로 하향 조정 - 10차 전력수급계획을 반영하여 원전의 전력비중을 높이고, 재생에너지 비중 감소 • 탄소중립·녹색성장 국가전략 및 제1차 국가 기본계획 수립

주1: 미래 배출전망치를 기준으로 얼마나 감축할 것인지 설정하는 방식이다.

출처: 관계부처 합동(2023)

2030년 부문별 감축목표

(단위: 백만 CO_2e톤, 괄호는 2018년 대비 감축률)

구분	부문	2018 실적	2030 목표	
			기존(2021년 10월)	수정(2023년 3월)
배출량(합계)		727.6	436.6(40.0%)	436.6(40.0%)
배출	전환	269.6	149.9(44.4%)	145.9(45.9%)
	산업	260.5	222.6(14.5%)	230.7(11.4%)
	건물	52.1	35.0(32.8%)	35.0(32.8%)
	수송	98.1	61.0(37.8%)	61.0(27.1%)
	농축수산	24.7	18.0(27.1%)	18.0(27.1%)
	폐기물	17.1	9.1(46.8%)	9.1(46.8%)
	수소	-	7.6	8.4
	탈루 등	5.6	3.9	3.9
흡수 및 제거	흡수원	(-41.3)	-26.7	-26.7
	탄소 포집·활용·저장	-	-10.3	-11.2
	국제감축	-	-33.5	-37.5

출처: 관계부처 합동(2023)

02 | 기업의 탄소배출량 관리

1) 탄소중립 목표와 전략 수립 트렌드

(1) 주요 국가들의 적극적 탄소중립 정책

글로벌 경제를 주도하고 있는 주요 국가 및 기업들은 탄소중립 사회로 전환됨에 따라 매우 적극적으로 탄소중립 목표와 전략을 수립·공개하고 있다.

주요 국가의 탄소중립 목표 설정 현황

국가	탄소중립 목표	2030년 감축목표	비고
유럽연합	2050	55% 감축(1990년 대비)	2022년 12월, 2005년 대비 43% 감축목표를 62%로 상향
독일	2045	65% 감축(1990년 대비)	유럽연합 내에서 가장 적극적 탈탄소 지향
미국	2050	50~52% 감축(2005년 대비)	민주당 정부는 탄소중립 정책을 지지하나, 공화당은 반대 입장
일본	2050	46% 감축(2013년 대비)	매우 적극적 정책 시행
중국	2060	2030년, GDP당 탄소배출을 2005년 대비 55% 감축	-
한국	2050	40% 감축(2018년 대비)	기존 2017년 대비 24% 감축목표를 40% 감축으로 목표 상향

탄소중립으로 인한 규제강화와 더불어 유럽연합은 녹색산업과 기술시장의 선두를 지키기 위해 탄소중립산업법(Net-Zero Industry Act, NZIA)과 핵심원자재법(Critical Raw Material Act, CRMA)을 도입하였다. 이는 미국의 에너지 및 친환경 산업 육성을 목표로 하는 인플레이션감축법(Inflation Reduction Act, IRA)에 대응하기 위한 것이다.

글로벌 탄소중립 산업 규모가 커지면서 녹색산업 육성을 위한 세계 선진경제 강대국인 미국과 유럽의 보조금 정책은 점차 강화되고 있다. 앞으로 탄소중립 사회로의 전환이 점차 가속화되는 과정에서 산업패권을 둘러싼 유럽연합과 미국의 보조금과 보호무역에 기반한 경쟁이 한층 치열해질 전망이다.

유럽연합 탄소중립산업법의 지원방안

	탄소중립 전략프로젝트	탄소중립 기술
기술 목록	• 태양광 및 태양열 기술 • 육상 및 해상풍력 기술 • 배터리 및 저장장치 기술 • 히트펌프 및 지열에너지 기술 • 수전해 및 연료전지 기술 • 바이오가스 및 바이오 메탄 관련 기술 • 탄소포집·저장 기술 • 그리드 기술	• 재생에너지 기술 전반 • 전력 및 열 저장장치 기술 • 연료대체 기술 • 폐기물 최소화를 전제로 원자력으로부터 에너지를 얻는 첨단 기술 • 소형모듈원자로 관련 기술 • 탄소포집·활용·저장 기술 • 에너지효율 기술 등
선정 기준	• 기술성숙도[주1)] 8 이상의 상업적 시연을 본격화하는 단계의 기술로서 온실가스 감축목표 달성(Fit for 55)과 에너지 안보에 기여하는 기술 범위	• 기술성숙도 8 이상의 탄소중립 기술 전반 포괄
지원 방안	• 인허가 시한 설정 – 연간 생산용량 1GW 미만 최대 9개월 – 연간 생산용량 1GW 초과 또는 탄소포집·저장 기술과 그리드 분야 최대 12개월 • 공공조달 확대, 소비지원금 지급	• 인허가 시한 설정 – 연간 생산용량 1GW 미만 최대 12개월 – 연간 생산용량 1GW 초과 또는 탄소포집·저장 기술과 그리드 분야 최대 18개월

주1: 기술 성숙도에 대한 객관적이고 일관성 있는 지표이다. 1단계(기초이론정립)에서 9단계(사업화)까지 총 아홉단계로 구성되어 있으며, 8단계는 시제품 인증 및 표준화 단계이다.

출처: 박경원(2023)

인플레이션감축법 집행 예산 계획

(단위: 달러)

총수입	7,370억	총투자	4,370억
15% 최저 법인세율(최저한세)	2,220억	에너지 안보 및 기후변화	3,690억
처방약 가격책정 개혁	2,650억	건강보험개혁법 연장	640억
국세청 과세집행 강화	1,240억		
자사주 매입 1% 개별소비세	740억	서부지역 가뭄대응 역량강화	40억
초과사업손실 제한 연장	520억	재정적자 감축	3,000억

출처: 김용균(2023)

인플레이션감축법 주요 인센티브

인센티브	주요 내용
청정제조 시설 투자세액공제 (63억 달러)	전기차·배터리 및 관련 소재·부품 제조 시설을 미국 내 설치·확장할 경우 투자액의 6~30% 투자세액공제 지급
첨단제조 생산 세액공제 (160억 달러)	미국 내에서 생산 및 판매되는 배터리·태양광·풍력 등 첨단 부품과 핵심 광물 등에 대해 생산비용의 약 10% 세액공제 지급
일반 친환경차 세액공제 (75억 달러)	북미 내 최종조립, 친환경차에 배터리 부품 요건 충족 시 3,750달러, 광물 요건 충족 시 3,750달러 지급

인센티브	주요 내용
상업용 친환경차 세액공제 (36억 달러)	상업용 친환경차를 구매하는 소비자에게 최대 7,500달러 또는 차량 가격의 30%에 해당하는 세액공제 지급
친환경 대형차량 보조금 (10억 달러)	기존 차량을 친환경 대형차량으로 교체 시 추가되는 비용, 친환경 대형차량 부품의 수리 비용 등에 보조금 지급
청정전력 투자(509억 달러)· 생산세액공제(112억 달러)	태양광·풍력 등 청정전력 생산시설 투자 또는 해당 시설에서 전력 생산 시 세액공제 지급
첨단기술차량 제조시설 대출 (30억 달러)	전기·수소차 등 첨단기술 차량·부품 제조시설을 미국 내 설치·확장 시 에너지부 심사를 거쳐 저금리 대출
에너지부 대출 보증 (43억 달러)	전기차 생산시설 등 첨단기술을 사용해 온실가스 배출을 방지하는 투자 시 에너지부 심사를 거쳐 대출 보증

출처: 김용균(2023)

(2) 국내 기업들의 탄소중립 대응 움직임

국내 기업들 입장에서도 친환경·저탄소 전환은 중요한 사업전환의 의미를 갖는다. 다음 표는 업종을 대표하는 주요 국내 기업들의 2022년 온실가스 배출량과 영업이익을 기준으로 톤당 영업이익 지표를 계산해본 것이다. 사업 구성과 특성에 따라 해당 지표산출 결과는 기업들마다 다른 수준으로 나타나고 있으나, 전반적으로 주요 기업들의 탄소배출 1톤당 영업이익이 크게 높지 않은 것을 볼 수 있다. 특히 탄소배출이 많은 철강, 발전, 화학 기업의 경우 탄소정책 변화에 따른 민감도가 다소 높을 것으로 보이며, 이들 기업에게 탄소중립 목표와 전략 추진이 갖는 의미가 어떠할 것인지는 이러한 지표들의 단순 비교를 통해서도 확인해볼 수 있을 것이다.

기업의 대응 현황

주요 기업의 탄소 톤당 영업이익

구분	배출량	영업이익	톤당 영업이익
posco (포스코)	78백만 톤	1.6조 원	20,000원
KOEN (한국남동발전)	37백만 톤	1,800억 원	5,000원
SK 이노베이션	12백만 톤	6,100억 원	50,000원
LG화학	10백만 톤	3.0조 원	300,000원
SAMSUNG (삼성전자)	20백만 톤	43조 원	2,180,000원
AMOREPACIFIC (아모레퍼시픽)	9.5만 톤	2,100억 원	2,200,000원

주요 기업의 탄소중립 목표

목표	감축 방법
2050년	• 수소환원제철, 탄소포집·활용·저장 기술 - 2030년 20% - 2040년 50%
2050년	• 석탄발전폐지·LNG전환, 재생에너지, 탄소포집·활용·저장 기술
2050년-α	• 탄소포집·활용·저장 기술, 저탄소원료, RE100, 감쇄정책 - 2030년 50%
2050년	• NCC 전기분해로 • 저탄소·친환경 제품, RE100
2050년	• 혁신기술과 RE100 • 저탄소·친환경 순환자원 제품
2030년(생산)	• RE100, 친환경자동차, 친환경소재 사용

출처: 각 기업의 지속가능성 보고서, 저자 재구성

우리나라 기업들이 탄소중립과 감축 대응에 적극적으로 나서야 할 필요성은 ① 고객의 요구, ② 공급망 평가와 ESG실사, ③ 탄소가격의 상승이라는 세 가지 관점에서 정리할 수 있다.

물론 탄소중립·감축을 규제대응의 비용 관점으로 바라보며 소극적으로 대응할 사항으로 볼 수도 있을 것이다. 그러나 다른 의미에서는 고객과 시장 관점에서 저탄소·친환경으로 차별화 포인트를 갖추는 요소로도 작용할 수 있으므로 각 기업의 사업특성을 고려하여 전략적으로 대응해야 할 것이다.

❶ 고객의 요구

주요 글로벌 기업들은 탄소중립 목표를 설정할 때 공급망 대상 탄소중립 또는 감축목표를 함께 설정함으로써 공급망을 대상으로도 탄소감축 참여를 강력하게 요구하고 있다. 대표적인 사례로 애플의 경우, 2030년까지 공급망 대상으로 RE100(Renewable Energy 100%)[76] 달성을 목표로 설정하였다. 이에 따라 자사의 공급망에 포함된 우리 기업들을 대상으로도 2030년까지 재생에너지로 생산된 제품만 납품할 것을 요구하고 있다.

❷ 공급망 평가와 ESG 실사

공급망 실사·평가제도가 확대되면서 공급망 대상 ESG 평가 결과가 고객사의 입찰 및 거래물량에도 영향을 미치고 있다. 고객사의 공급망 평가항목은 환경·사회·거버넌스의 여러 항목에 걸쳐 있으나 제조업 비중이 높은 우리 기업들의 경우에는 환경, 특히 온실가스 측정이나 탄소중립 목표 부분이 필수적으로 포함된다. ESG 평가·실사에 적극적으로 대응하면 가점을 얻을 수 있어 손해보다는 경제적 실익을 얻을 수 있다.

❸ 탄소가격의 상승

탄소배출권 할당 및 목표관리제도 도입 제3기의 중간쯤에 해당하는 2023년 12월 기준으로 국내 탄소배출권 평균 가격은 약 8,400원대 수준으로 형성되어 있다. 향후 탄소중립 사회로의 전환이 가속화됨에 따라 탄소가격을 대표하는 탄소배출권 가격은 계속해서 상승될 것으로 전망된다. 이와 같은 상황에서 사업 특성에 적합한 탄소중립 목표와 전략의 체계적 실행은 미래 탄소비용을 줄여주는 비용절감효과와 함께 저탄소 공정을 통해 제품의 친환경 경쟁력 상승 효과를 함께 갖는다.

2) 탄소중립 목표 수립과 성과 관리

탄소중립 목표 수립을 위해서는 목표연도, 감축경로, 전략을 중심으로 분석과 의사결정이 이뤄져야 한다.

(1) 탄소중립 목표연도의 설정

탄소중립 목표연도는 2050년을 기준으로 고객사 및 동종업종의 목표 설정 상황과 자사 사업의 기술적 특성이나 투자 여력을 종합적으로 고려하여 설정하게 된다.

76) 전력 사용량의 100%를 재생에너지로 사용하는 것을 의미한다.

탄소중립 목표 설정

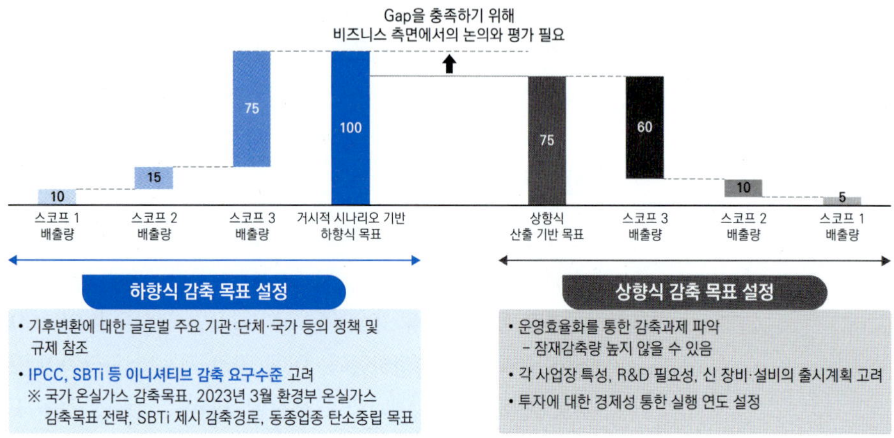

산업별로 살펴보면 주요 업종별로 목표연도 설정에 차이가 많이 나타나고 있는데, 이는 탄소중립 목표를 설정하는 과정에 자사가 소속된 산업의 특성이 중요하게 작용하는 것이라고 볼 수 있다. 최근에는 기존의 탄소중립 설정 목표를 2년에서 3년 정도 앞당기려는 경우도 많기 때문에, 산업 특성을 고려하지 않은 채 신중한 고민 없이 2050년을 목표로 설정하는 것은 진정성이 낮아 보일 우려가 있으므로 각별한 주의가 필요하다.

- 철강, 석유화학, 발전 에너지 기업: 탄소배출이 많고 탄소중립의 기술적 난이도가 높아 대부분 2050년을 목표로 설정
- 자동차 및 부품 기업: 전기차 등 친환경자동차로 사업전환을 추진하고 있으며 2040 ~2050년을 목표로 설정
- IT 플랫폼, 소비재 기업: 2040년보다 빠른 시점을 목표로 설정

(2) 감축경로의 설정

감축경로는 설정된 탄소중립 목표를 얼마나 빠르게 달성할 것인지 속도를 설정하는 것이다. 예를 들어 2050년을 목표로 설정했다면, 2030년과 2040년의 중간목표를 어느 수준에서 설정하는가에 대한 문제이다. 그런데 IPCC의 지구온난화 1.5℃ 특별보고서의 지적처럼 지금부터 2030년까지의 온도상승이 향후 중요한 변곡점으로 작용할 것은 분명해 보인다. 이 점을 고려할 때 시장에서는 2030년 감축목표를 어떻게 설정할 것인지를 주목할 것이므로 현실적인 달성 가능성을 중요한 요소로 고려해야 할 것이다.

감축경로를 설정할 때는 규제나 산업 트렌드를 중심으로 하는 하향식 관점과 실제 실행했을 경우 감축과제의 기술적 특성과 경제성을 근거로 하는 상향식 관점이 함께 고려되어야 한다.

하향식 관점에서 볼 때 2023년 4월 발표된 국가 온실가스 감축목표 전략과 함께 2026년부터 2030년까지 적용될 제4기 온실가스 배출권 할당 및 목표관리제 운영방안을 참고해야 할 것이다. 또한 전력사용량이 많은 제조업 특성을 고려하여 2년 주기로 업데이트되는 전력수급 기본계획도 눈여겨볼 부분이다.

추가적으로 글로벌 트렌드를 반영하기 위해 온실가스 감축목표 및 경로 설정의 지침이 되는 과학기반 감축목표 이니셔티브(Science Based Targets initiative, 이하 SBTi)의 가이드라인도 함께 살펴볼 필요가 있다.

고객 및 동종업종의 주요 기업 트렌드와 비교하여 충분한 감축목표를 제시하고 있는지도 검토되어야 할 부분이다. 고객이나 투자자는 해당 업종의 다수 기업을 분석 및 평가할 수 있기 때문에, 탄소중립 목표와 감축경로는 동종업종의 주요 기업과 비교하여 최소한 비슷하거나 더 적극적으로 설정할 필요가 있다.

탄소중립 목표의 경로 설정

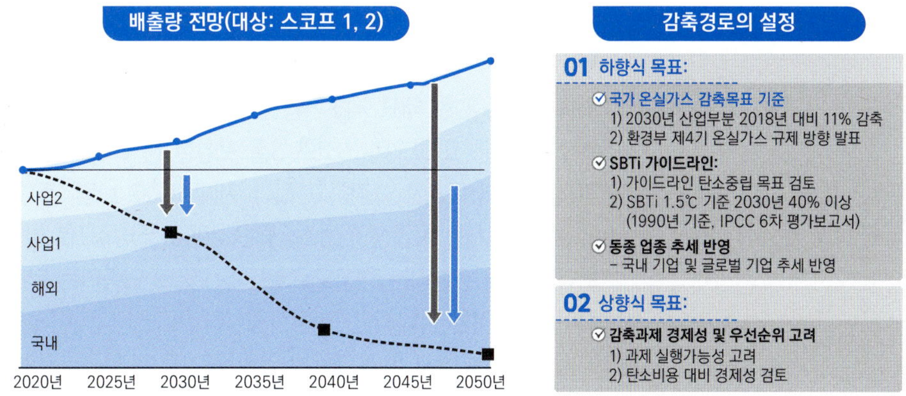

(3) 탄소중립 목표 설정 사례

철강기업 포스코와 자동차 부품기업 현대모비스 2개 기업의 탄소중립 목표 설정 사례를 살펴보고자 한다.

❶ 포스코

철강은 탄소중립 달성이 매우 어려운 업종으로 꼽힌다. 국내 대표 철강기업인 포스코의 탄소중립 전략은 크게 3가지 유형으로, ① 전기로 방식 도입, ② 2030년부터 2050년까지 수소환원제철이 큰 비중을 차지하게 되고, ③ 탄소 포집·활용·저장 기술이 활용되는 것으로 볼 수 있다. 이 가운데 탄소중립에 크게 기여할 것으로 기대되는 수소환원제철의 경우, 아직 상용화되지 않은 상황이라 감축경로 관점에서는 2030년까지 10% 수준으로 목표를 설정하고 있지만, 이후 2040년 50% 및 2050년 탄소중립 달성 등 시간이 지남에 따라 감축경로의 기울기가 가팔라짐을 확인할 수 있다.

사 례 **2050 탄소중립 로드맵: 포스코**

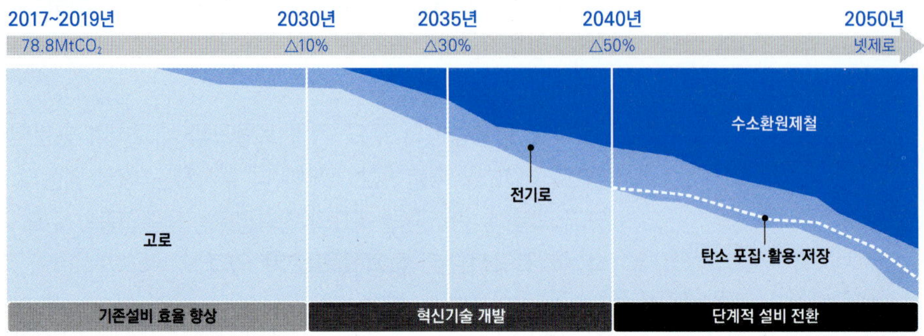

출처: 포스코 웹페이지

❷ 현대모비스

자동차 부품 관련 대표 제조기업인 현대모비스는 스코프 3을 포함하여, 2045년을 탄소중립 목표로 설정하고 있으며 스코프 3을 포함한 전체 배출량에 대해 2030년까지 30%, 2040년까지 80%의 목표를 설정하고 있다. 세부적으로 보면, 주요 배출이 전력으로 구성된 스코프 1, 2에 해당하는 사업장의 탄소중립은 2040년을 목표로 하면서, 감축경로 관점에서는 포스코보다 빠르게 진행되는 형국으로 보인다. 어느 업종이든 탄소중립 목표를 설정하고 달성하는 것이 쉬운 것은 아니지만, 철강산업보다 비교적 다양한 실행수단을 적용할 수 있는 자동차 부품업종의 특성에 따라 철강기업인 포스코보다 감축경로를 좀 더 빠르게 설정한 것으로 이해할 수 있다.

사 례 **2045 탄소중립 로드맵: 현대모비스**

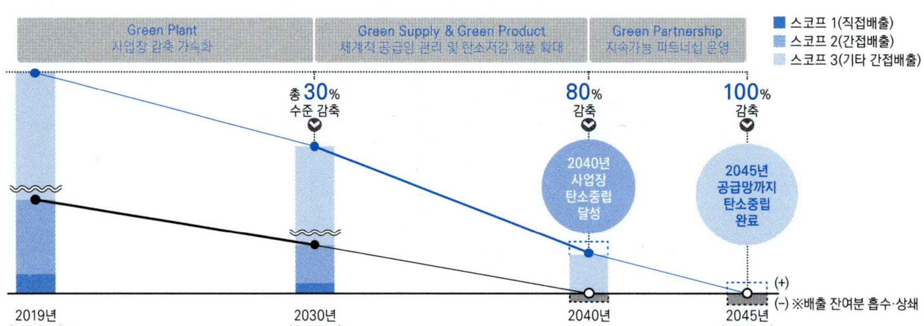

출처: 현대모비스(2022)

[참고] 감축경로 설정 방법의 비교

탄소중립 목표의 경로 설정 방법 중 절대 감축량 기준과 BAU 대비 감축 기준을 서로 비교해보고자 한다.

- **절대 감축량 기준**

특정 기준연도를 설정하고, 기준연도의 배출량 대비 2030년까지 얼마나 감축할 것인지를 설정하는 방법이다(예: 2030 국가 온실가스 감축목표, 2018년 배출량 대비 40% 감축).
선진국이나 성숙산업의 경우에는 절대 감축량 기준 적용에 큰 무리가 없다. 그러나 성장률이 높은 국가나 기업의 경우에는 미래 배출량 기준으로는 상당량의 감축을 실행해야 하므로 큰 부담으로 작용할 수 있다. 이에 해당하는 대표적인 국가로 개발도상국에 속하는 중국과 인도를 들 수 있다.

• **BAU 대비 감축 기준**
미래 배출 전망치를 기준으로 얼마나 감축할 것인지를 설정하는 방법이다. 유엔에 국가 온실가스 감축목표를 제출할 경우 과거에는 BAU 감축 기준 적용을 선택할 수 있었으나, 파리협약에 따라 탄소중립이 중요해진 현재의 상황에서는 절대 감축량 기준만 인정되고 있다. 성장률이 높은 일부 기업의 경우, BAU 대비 감축 기준을 적용하는 사례가 있으나 최근의 시장 소통 기준은 절대 감축량 기준으로 형성되어 있음을 유념해야 한다.

이에 따라 BAU 감축 기준은 과거에는 많이 사용되었으나 최근에는 사용이 매우 드물며, 현재 탄소중립 목표에 따른 경로를 설정하고자 하는 기업은 절대 감축량을 기준으로 목표를 설정할 것을 권고한다. 이외에도 탄소감축을 관리하기 위해 사용되는 지표에는 물량기준 원단위, 금액기준 원단위, 재생에너지 조달 비율, 공급사의 탄소중립 목표 설정 비율을 반영한 인게이지먼트 목표 등이 있다.

(4) SBTi 가이드라인의 활용

SBTi는 파리협약 이행에 필요한 탄소감축에 대해 과학적 방법으로 실행할 수 있도록 지원하기 위해 세계자원연구소(World Resources Institute, WRI), CDP, 유엔글로벌콤팩트(UN Global Compact, UNGC), 세계자연기금(World Wide Fund for Nature, WWF)이 협력하여 2015년 설립되었다. SBTi는 과학적 기반의 감축방법을 제시하기 위하여 과학적 기반 목표 설정을 위한 지침과 방법론을 제공하고 있다.

SBTi 가입 신청, 더 나아가 승인을 받는 일은 기업이 설정한 탄소중립 목표와 경로에 대한 공개적 검증의 의미와 함께 탄소중립 추진에 대한 적극적 자세를 대외적으로 보여주는 방법으로 활용되고 있다. 특히 유럽과 미국의 공공입찰이나 주요 기업의 공급망 평가·실사를 진행함에 있어 SBTi 가입 및 승인 여부가 탄소중립 부문의 평가요소로 활용되고 있다. 이에 따라 많은 기업들이 SBTi 가입과 승인절차를 진행하는 등 SBTi에 대한 대응을 준비하는 기업이 매년 빠르게 증가하고 있다. 가입 기업의 전체적인 증가 추세에 발맞춰 SBTi는 일정 기준을 충족하는 중소기업에 대해서는 완화된 기준과 절차를 적용하고 진행 비용에 대한 혜택도 별도로 주고 있어 최근에는 중소기업의 가입도 늘어나고 있다.
SBTi는 넷제로 목표와 함께 단기 및 장기 감축경로에 대한 목표 설정도 함께 요구하고 있는데, 2022년 7월 이후에는 1.5℃에 따른 감축경로만 신청 받고 있다. 이는 2018년 발표된 IPCC의 지구온난화 1.5℃ 특별보고서에 담긴 2030년까지 2010년 대비 온실가스 배출량을 최소 45% 감축이 필요하다는 의견을 반영한 것으로, 매년 평균 4.2% 감축에 해당한다.

SBTi 가입 현황

SBTi 참여 현황

2024년 6월 현황

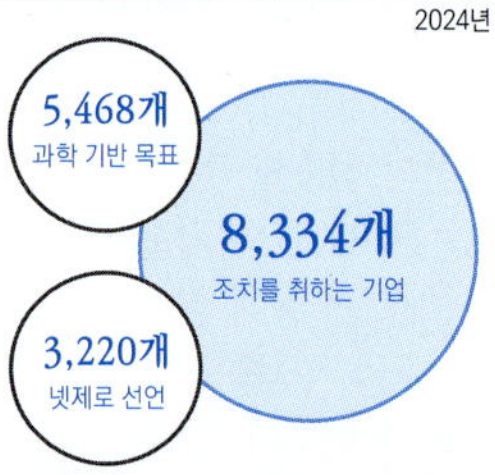

- 최근 들어 급격한 증가 추세
  - 2020년 이후, 약 1,000개씩 증가해오다, 최근에는 2,000개 이상 증가
  - 대기업 위주에서 중소기업 참여 비중 확대
- 주요 가입기업
  - 59개 한국기업 가입

SBTi 감축 요구사항

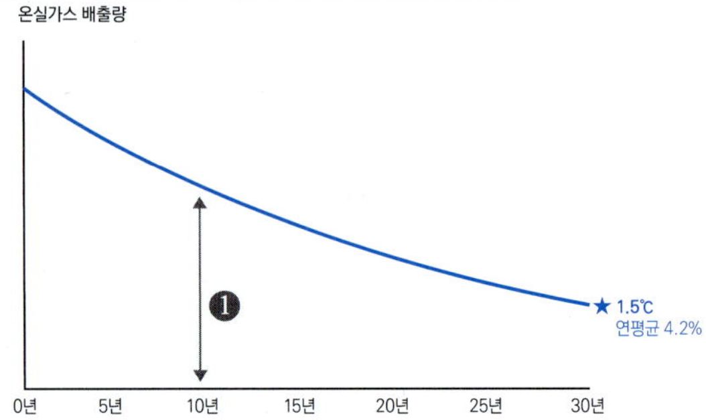

- **감축목표에 따른 방법론과 검증방법 제시**
  - IPCC 특별보고서(2018년)에 따른 1.5℃ 감축 경로 채택 추진

출처: SBTi 웹페이지, 저자 재구성

SBTi 가입과 승인은 크게 5가지로 구성된 엄격한 절차에 의해 진행된다. SBTi는 각 단계별로 진행해야 하는 절차와 제출이 필요한 서식 등에 대해 관련 기준, 매뉴얼, 참고자료 등을 세부적으로 안내하고 있다.

SBTi에 감축목표를 제출할 때는 스코프 1, 2의 탄소중립 목표와 함께 기업이 통제할 수 있는 스코프 3 항목에 대한 감축목표도 함께 제출해야 한다. 단, 스코프 1, 2와 달리 스코프 3 감축목표는 탄소중립으로 설정하지는 않아도 무방하다. 스코프 3 목표 설정에 대한 SBTi의 통제가능성은 기업의 노력에 의해 감축할 수 있는지 여부를 기준으로 하며, 경제성 관점은 고려하지 않고 있다. 예를 들어, 카테고리 1인 구매한 세품의 탄소배출을 감축하려면 저탄소 바이오 원료를 사용해야 하는데 아직 경제성이 매우 없다고 하더라도 SBTi 관점에서는 이를 통제 가능한 영역으로 분류한다.

SBTi 가입에 따른 절차

단계	내용
선언	• 온라인으로 기업 정보, 목표설정 서약서 제출 • 가입 후 24개월 이내에 목표 설정 및 제출(기한 내 미제출시 선언 제거됨)
목표 개발	• 1.5℃ 경로에 기여하는 목표만을 승인 • 스코프 1, 2 목표 설정 필요 • 스코프 3이 40% 이상일 경우, 목표설정 필요
목표 제출	• 목표 제출 이후 검증 진행 • 검증 비용 발생(단기목표, 넷제로)
커뮤니케이션	• 목표 승인 후 SBTi 홈페이지에 1개월 이내에 개시 • 기업은 6개월 이내에 목표 공개 필요
공시	• 기업 홈페이지, 지속가능성 보고서 등에 과학기반 감축 목표를 공시

출처: 세계자연기금(2022) 저자 재구성

SBTi는 탄소배출이 많은 산업 분야에 대해 별도의 SBTi 산업 가이던스를 제공하고 있다. 발전, 철강, 화학 등 총 14개 산업 분야를 대상으로 하고 있으므로 해당 산업에 속한 기업은 SBTi 산업 가이던스를 면밀히 살펴볼 필요가 있다.

SBTi 산업 가이던스

산업	상태	산업	상태
알루미늄	→ 개발 착수	산림, 토지 및 농업	○ 완료
의류 및 신발	○ 완료	정보통신기술	○ 완료
항공	개발 중	해상	○ 완료
건물	개발 중	석유 및 가스	개발 중
화학	개발 중	전력	○ 완료
시멘트	○ 완료	철강	○ 완료
금융기관	○ 완료	운송	개발 중

출처: SBTi 웹페이지

(5) 탄소감축을 위한 전략과 로드맵

탄소중립 목표와 감축경로는 어떻게 감축할 것인지 구체적인 전략으로 반영되어야 한다. 여기서 감축전략이란 감축경로의 각 단계별로 실행할 탄소감축을 위한 구체적인 방법에 해당한다. 감축전략은 각 산업의 특성에 따라 상이하고, 실행 관점의 경제성 분석에 따라 실행시기 역시 다를 수 있다.

스코프 1 감축은 매우 다양한 방법이 적용될 수 있다. 그동안 꾸준히 진행해왔던 경제성을 갖춘 에너지 효율화 과제 추진과 친환경 차량 교체는 앞으로도 실행이 필요한 부분이지만 이러한 접근은 탄소중립에 필요한 감축수준에 비교하여 잠재량이 다소 낮다고 평가된다. 산업에 따라 다르겠으나, 대규모의 탄소감축을 위해서는 각종 설비의 전기화, 수소·암모니아와 같은 무탄소 연료전환, 제조공정의 신기술 적용 추진이 필요하다. 그러나 이러한 대규모 탄소감축 방안은 기술적으로 아직 상용화가 부족하거나 경제성이 낮은 경우가 많아 기업의 산업 특성을 고려한 체계적 접근이 필요하다.

전기차 전환이나 전기화 추진과 같은 스코프 1 감축을 실행할 때 기존 연료사용에 따른 탄소배출이 전기사용으로 전환되는 경우가 있는데, 이 경우에는 향후 전기사용량 증가를 반영하여 스코프 2 감축에 고려해야 한다.

스코프 1 감축방안 분류

주요 감축방안	적용내용	경제성	적용시기
에너지 효율화 과제	• 에너지/용수 절약, LED 교체 • 인버터, 변압기, 고효율 설비 교체	• 높음	• 필요시
친환경 차량 교체	• 전기자동차 교체 (수소자동차)	• 중간	• 필요시
연료전환	• [단기] 벙커씨유→액화천연가스 • [장기] 전기설비, 무탄소연료(수소/암모니아 등)	• 중간 • 낮음	• 필요시 • 2030년 이후 검토
신기술 적용	• 탄소 포집·활용·저장 – 발전/석유화학 등 대규모 배출시설에 적합 • 철강 수소환원방식, 화학 전기방식 나프타 분해설비	• 낮음	• 해당 사항 없음

스코프 2 배출량의 많은 부분은 전기 사용으로 인하여 발생하는데, 이는 재생에너지 전환을 위한 이행제도를 활용하여 감축할 필요가 있다. 우리나라는 K-RE100 제도를 통해 5가지 방법을 적용할 수 있는데, 온실가스 배출권 할당과 목표관리제 관련 규제를 받는 기업의 경우 스코프 2 배출량 감축을 인정받기 위해서는 녹색요금제를 제외한 방법을 적용해야 함을 유의해야 한다.

통상적으로 녹색요금제는 해당 입찰 참여, 신재생에너지 공급인증서(Renewable Energy Certificate, REC) 구매는 한국에너지공단이 제공하는 재생에너지 시장의 거래 플랫폼을 통한 시장 메커니즘에 의해 탄소감축 수단으로 활용된다.

제3자 전력구매계약(Power Purchase Agreement, PPA)이나 지분참여는 재생에너지 발전 사업자와 관련된 구매계약이 수반되어 보다 장기적으로 직접적인 조달수단으로 활용될 수 있다. 재생에너지 전환 계획은 신재생에너지 공급인증서 조달을 먼저 진행한 이후 제3자 전력구매계약 비중을 확대해가는 방식이 일반적인 순서이다.

스코프 2 감축방안 분류

한국 재생에너지 확보 정책		탄소감축 인정 여부	주요 고려사항
녹색 요금제	신재생에너지 별도 요금제 적용 **프리미엄 비용 지불**	RE100: 인정 탄소감축: X	• RE100 이행의 보조수단으로 활용
신재생에너지 공급인증서 구매	인증서 구매를 통한 **사용실적 인정**	O	• 발전사업자 신재생에너지 공급의무화제도와 맞물려, 거래물량 부족 예상
제3자 전력구매계약	발전사업자와 **직접 장기 구매계약**	O	• "한전 전력망 사용" 발전사업자 우선 고려 • 재생에너지 주요 사업자의 추진계획 검토
지분 참여	재생에너지 사업 **지분투자 및 구매계약**	O	• 재생에너지 사업자의 추진계획 검토 통해, 다양한 지분참여 방식 검토 - 발전사업자 펀드참여, 특수목적법인 모델 등
자가 발전	발전설비 직접 투자 통한 **생산전력 사용**	O	• 충분한 발전량 확보 어려움 → 이행계획에서 제외

2024년 5월 발표된 제11차 전력수급기본계획 실무안에 의하면, 2030년 신재생에너지는 21.6%, 원자력 31.8%로 저탄소 방식의 발전비중이 약 53.4%를 구성하게 된다. 2023년 기준으로 한전으로부터 공급받는 일반 전력 사용자에게 적용되는 온실가스 배출계수는 0.4594 CO_2e톤/MWh에 해당하는데, 앞으로 저탄소 전력비중이 증가함에 따라 한전에서 공급받는 일반 전력의 배출계수도 낮아질 것으로 예상된다. PwC 분석에 따르면, 일반 전력의 배출계수가 약 30% 정도 낮아지는 것으로 전망된다. 전력 사용이 많은 기업의 경우, 전력 사용으로 인한 배출량이 국가 전력공급계획에 의해 30% 정도 낮아지는 점도 고려해야 할 것이다.

발전량 및 발전비중 전망

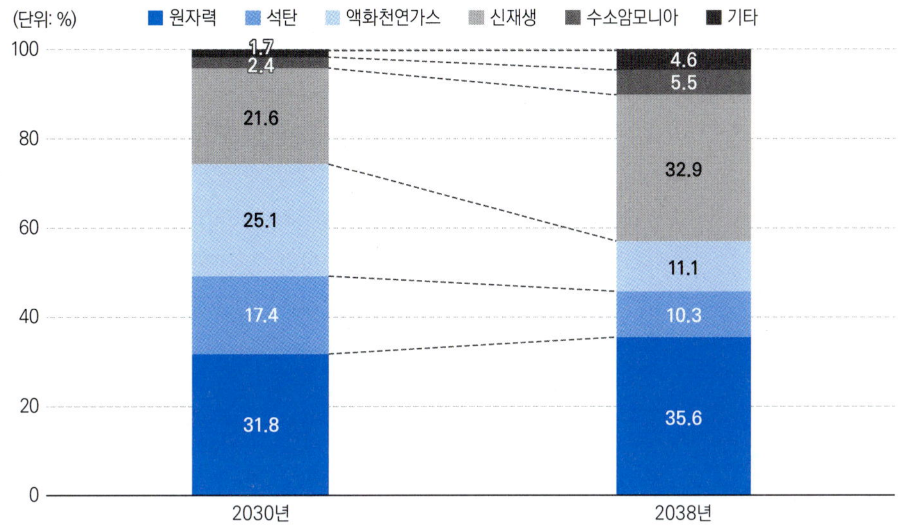

출처: 산업통상자원부(2024), 저자 재구성

SK이노베이션이 공개한 넷제로 Special Report는 2050-α년의 탄소중립의 목표, 2030년 50% 감축하겠다는 감축 경로, 저탄소원료 도입 및 탄소 포집·활용·저장을 포함한 구체적 전략 방법과 해당감축 전략의 감축량을 다음과 같이 한눈에 종합 정리하여 보여주고 있다.

사 례 **탄소중립 로드맵: SK이노베이션**

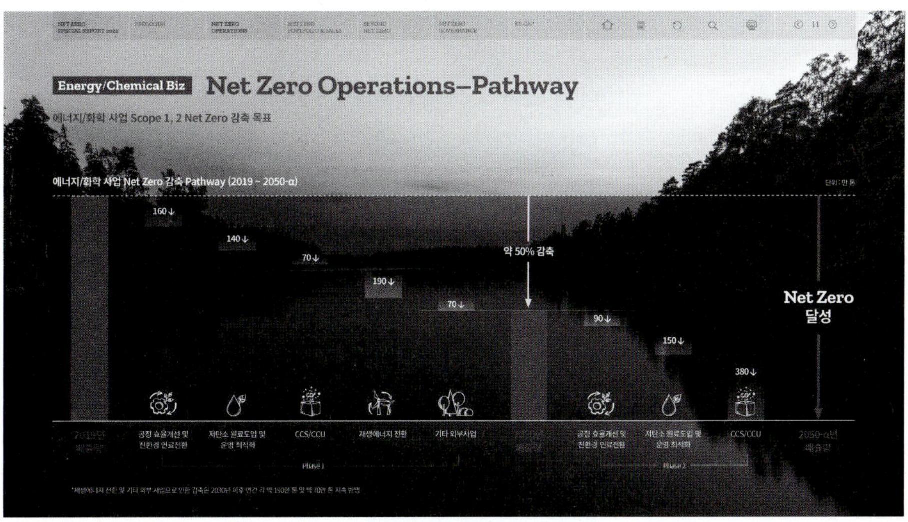

출처: SK이노베이션(2022)

3) 내부탄소가격 설정 및 탄소감축 투자의사결정 체계

탄소중립에 대한 규제와 사회적 요구가 점차 강화됨에 따라 미래 탄소가격은 점차 높아질 것으로 예상된다. 유럽연합 배출권거래제는 이미 약 40% 수준으로 무상할당을 유지하고 있으며, 2023년 유럽연합 배출권 가격은 톤당 약 110,000원 수준이다. 반면 제3기 배출권거래제(2021 ~ 2025년)를 운영 중인 한국은 90% 무상할당을 적용하고 있다. 국제에너지기구(International Energy Agency, IEA)는 2030년 배출권 가격이 140달러(약 180,000원)

수준으로 상승할 것으로 전망하고 있다(넷제로 시나리오).
유럽연합은 이미 배출권거래제 운영 제3기(2013년에서 2020년까지)부터 전력 발전기업 대상으로 무상할당을 0으로 운영하고 있다. 그 결과 주요 발전기업은 화석연료 기반의 사업에서 재생에너지 사업으로 전환을 추진하였다. 또한 탄소국경조정제도 도입을 발표하면서 2034년까지 점진적으로 모든 업종을 대상으로 무상할당 폐지를 추진할 계획이다.

지금까지는 탄소비용을 정부 규제에 따라 할당된 온실가스 배출권보다 초과 배출하여 부담하게 되는 비용으로 생각해왔으며, 발생한 비용을 투자의사결정이나 성과관리 요소로 적극 반영하는 수준은 아니었다. 그러나 앞으로는 탄소관련 규제가 더욱 강화되어 배출되는 탄소는 실질 비용을 발생시키는 요소로 전환될 것으로 예상된다. 이에 따라 탄소비용이 기업의 성과 및 의사결정의 주요 요소로 반영될 필요성이 커지는 상황이다.

(1) 내부탄소가격 적용 유형

CDP에서 구분하고 있는 내부탄소가격의 적용은 크게 다음과 같은 3가지로 구성된다.

- 묵시적 가격(Implicit Price): 규제 관점에서 실제 발생한 비용
- 잠재가격(Shadow Price): 투자로 인해 발생할 것으로 예상되는 탄소비용
- 내부탄소비용(Internal Fee): 사업 단위의 배출량에 대해 합의된 내부탄소가격을 적용하여, 사내비용을 부과하는 성과관리 방식

3가지 내부탄소가격의 유형과 관련하여 최근에는 투자의사결정 단계에서 미래 탄소비용을 반영하는 잠재가격 유형이 먼저 적용되고 있다.

내부탄소가격 적용의 유형

구분	내용
묵시적 가격	• 탄소 배출 규제 대응에 소요된 비용을 각 사업부에 배부 • 특징: 배출할당 초과 시, 해당 비용 사업단위 부과
잠재가격	• 기업의 전략/계획 수립 및 투자결정에 내부탄소가격 적용 • 특징: 내부탄소가격을 통해 탄소배출 위험 평가 가능 저탄소 전환투자 촉진
내부탄소비용	• 기업 내 사업/부서 단위에 탄소배출에 따른 내부비용 부과 • 특징: 사업단위별 탄소배출에 합의된 탄소가격 적용 (제품별 탄소량 활용)

출처: CDP(2021), 저자 재구성

(2) 내부탄소가격 산정방법

내부탄소가격은 해당 사업활동 또는 투자로 인한 탄소배출의 비용을 산정하기 위한 가격을 의미한다.

$$\text{탄소비용} = \text{탄소량} \times \text{내부탄소가격}$$

투자의사결정과 관련하여 적용할 수 있는 내부탄소가격 산정방법에는 다음과 같은 세 가지 유형이 있다.

❶ 유형 1: 탄소배출권 가격 이용

해당 투자로 인하여 할당된 탄소배출권을 초과하는 것을 전제로 투자가 사업화되는 각 연도별로 전망되는 탄소배출권 가격이 타당할 수 있다. 탄소배출권에 대한 전망은 주로 국제에너지기구 지속가능한 개발 시나리오(Sustainable Development Scenario, SDS)가 가장 많이 사용되고 있다(2030년 100달러, 2040년 140달러).

❷ 유형 2: 탄소감축 소요비용

투자로 인해 증가되는 배출만큼 추가적인 감축활동의 실행에 소요되는 비용을 적용한다. 대표적으로 추가로 발생되는 탄소배출량을 재생에너지의 추가 전환으로 실행하기 위해 신재생에너지 공급인증서 구매가 필요한 경우, 신재생에너지 공급인증서 가격 전망을 이용한다.

❸ 유형 3: 내부 전략방향을 고려한 산정

탄소중립 전략 실행과정 중 각 시기별로 감축투자에 소요되는 비용과 잠재 감축량을 고려하여 산출된 톤당 비용을 내부탄소가격으로 적용한다.

이 세 가지 방법 이외에도 산업과 기업 특성에 따라 다양한 방법이 적용될 수 있으며, 투자의사결정 목적으로 반영되는 미래 탄소비용 발생에 인과관계가 높은 산출방법을 적용하는 것이 적합할 것이다.

(3) 내부탄소가격 적용 사례

잠재가격 — SK이노베이션
- 투자 안건 심의에 적용(사업장 위치별 차등 적용)
- 탄소배출권 현물가격을 환율과 같은 핵심 지표로 관리
- 국제에너지기구 등 글로벌 전문기관 예측 가격 사용
  - 2025년: 40달러~95달러/CO_2e톤
  - 2027년: 60달러~105달러/CO_2e톤
  - 2030년: 120달러/CO_2e톤
  - 2040년: 200달러/CO_2e톤

투자 탄소 비용 — gsk 글락소스미스클라인
- 전 자본 투자 의사결정 프로세스에 잠재가격 반영
- 사업장 위치 및 사업부에 관계없이 동일 가격 적용
  - 100달러/CO_2e톤
  - 탄소가격주도연합 보고안에 따른 가격 사용

잠재가격 — LG화학
- 국내 배출권 거래제 계획 기간별 탄소가격 설정
- 신증설 및 에너지 절감을 위한 모든 신규 투자에 반영
  - 에너지/탄소배출권 가격예측 모델 통해 산정

내부탄소비용 — 한화솔루션
- 연도별 탄소중립 목표 달성 위한 실제 비용 적용
- 사업부별 달성률로 인센티브/패널티제도 운영 투자 비용과 함께 운영(중장기 투자계획 등 반영)
  - 2023년: 신재생에너지 공급인증서 구매가격 고려하여 산정
  - 생산팀별 손익에 반영

출처: 각 기업의 지속가능성 보고서, 저자 재구성

사 례 **내부탄소가격 설정: SK이노베이션**

내부탄소가격 설정 방향

- 1.5℃ 목표 이행 위한 미래 탄소가격 변화 시나리오, 국내·외 기업들의 내부탄소가격 운용 수준, 권역별 탄소배출권 현재 가격 차이 등을 종합 고려하여, 단기 및 중장기 탄소가격을 이원화하여 설정

(단위: 달러/CO_2e톤)

권역	2025년	2027년	2030년	2040년
한국	40	60	120	200
미국	65	80		
유럽연합	95	105		

내부탄소가격 적용 대상

- SK이노베이션 투자위원회에 상정되는 투자 안건 중 스코프 1, 2 배출량 증감이 예상되는 자본적 지출 투자 안건
- 전체 전략투자 + 중요 경상투자

출처: SK이노베이션(2022)

(4) 투자의사결정 프로세스

❶ 탄소감축투자

기업 내부에서 추진되는 탄소감축투자는 탄소감축의 성능을 향상시키기 위해 비용이 투입되나 추가 매출이 발생하지 않는 것이 일반적이다. 때론 투자 효과를 탄소배출권 절감으로 산출하기도 하는데, 할당된 탄소배출권보다 사업에서 배출하는 탄소량이 낮은 경우에는 이 방법도 쉽지 않다. 따라서 내부탄소가격이 없는 상황에서 탄소감축 투자의사결정은 주로 탄소감축의 필요성 관점에서 접근되어 왔다.

내부탄소가격이 적용되는 경우, 탄소감축의 경제적 효과를 금액적으로 직접 산출하여 보여줄 수 있기 때문에 탄소감축 투자의사결정이 보다 명확해지는 장점을 갖는다.

❷ 사업투자

내부탄소가격은 사업투자로 인한 미래 탄소비용을 반영한 의사결정 체계에 실질적으로 기여한다. 신규 사업이나 설비투자로 인하여 발생하는 탄소량에 대해 추가로 비용을 부과하게 되면, 손익분기점이 상승하게 되는 효과가 발생한다. 즉, 배출되는 탄소만큼 투자 여건이 나빠지는 것이다.

동일한 매출을 기준으로 사업 A는 탄소배출이 많고, 사업 B는 탄소배출이 적다고 가정하여 탄소배출이 투자안건의 수익성에 어떤 영향을 미치는지 살펴보자. 다음 표에서 탄소비용을 고려하지 않은 경우의 손익인 '영업이익 1'에서는 사업 A의 수익성이 더 높게 나타났다. 반면 탄소비용을 반영한 경우인 '영업이익 2'에서는 탄소배출이 적었던 사업 B의 수익성이 더 좋게 나온다.

내부탄소가격의 투자안 분석 적용

방법

투자 의사결정 시 비용에 반영

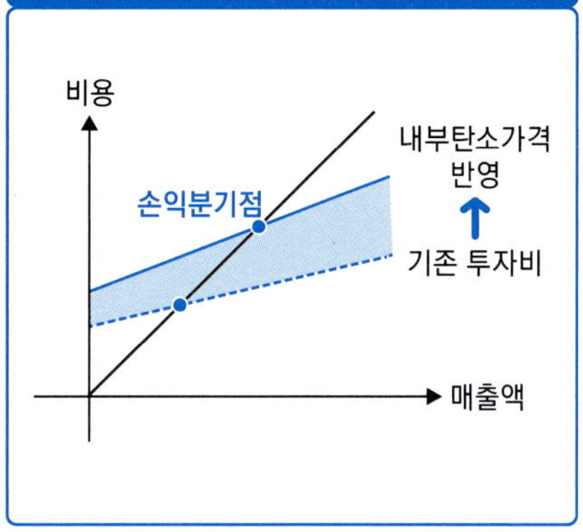

투자안별 수익성 평가결과

단위: 만 원	사업 A	사업 B
매출	100	100
원가	(30)	(50)
탄소가격	(50)	(25)
...	...	...
영업이익 1	70 >	50
영업이익 2 (탄소가격반영)	20 <	25

사 례 내부탄소가격 적용 투자심의 절차: SK이노베이션

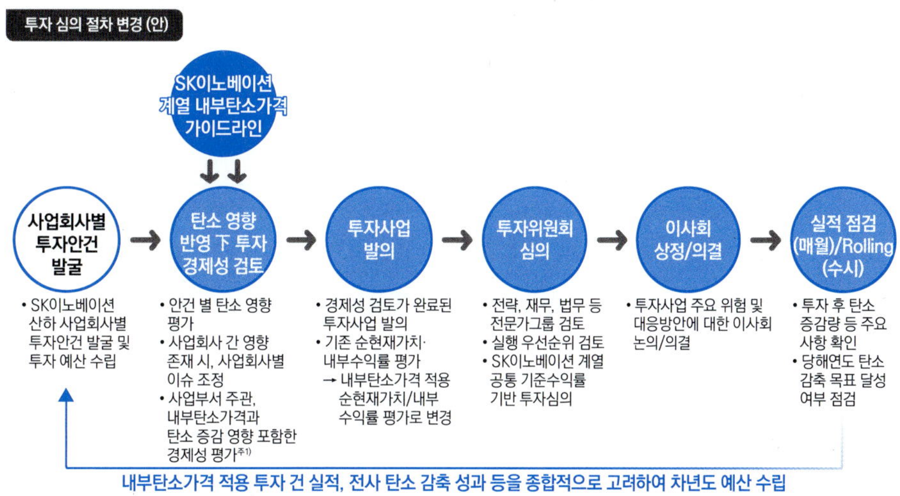

주1: 기존 EV 중심의 순현재가치/내부수익률 평가를 SK이노베이션 자체 내부탄소가격 적용 기반 종합적인 순현재가치/내부수익률 평가로 변경

출처: SK이노베이션(2022)

4) 탄소배출량 산출 및 인증

(1) 탄소배출량 산출 기준

IFRS S2 기후 관련 공시, ESRS, 미국 SEC의 기후 관련 공시기준 모두 온실가스 배출량 산정과 관련하여 GHG 프로토콜을 참조하여 제정되었다. IFRS S2 기후 관련 공시는 GHG 프로토콜에 따라 배출량을 산정해야 하며, 각국 거래소 또는 관할 당국이 요구하는 경우에만 다른 방법의 사용을 허용한다. 반면 미국 SEC는 GHG 프로토콜에 따른 공시를 요구하지는 않는다. 미국 SEC 공시 규칙은 연결재무제표 작성 방식과 동일하게 종속기업의 배출량은 100% 합산하며, 관계기업 등의 배출량은 지분율만큼 합산한다.

온실가스 배출량 산출 기준 비교

	IFRS 지속가능성 공시기준	ESRS	미국 SEC 기후 관련 공시 규칙
온실가스 배출량 산출 기준	각국 거래소 또는 관할당국에서 다른 요구가 있지 않은 한 GHG 프로토콜에 따라 산정	GHG 프로토콜에 대한 고려가 필요하며, 유럽연합에서 제안한 환경발자국법이나 ISO 14064에서 규정한 GHG 회계 프레임워크도 고려할 수 있음	GHG 프로토콜을 바탕으로 하지만, 준수를 요구하지는 않음
조직경계	GHG 프로토콜에 따라 통제 접근법(재무/운영통제) 또는 지분율 접근법 적용하여 산정[주1)]	- 종속기업: 연결재무제표와 동일하게 스코프 1, 2에 100% 합산 - 관계기업 등: 운영통제권 보유 시 스코프 1, 2에 100% 합산, 그렇지 않은 경우 스코프 3에 포함	- 종속기업: 연결재무제표와 동일하게 스코프 1, 2에 100% 합산 * 중요성의 개념을 적용하여 보고 대상 종속기업의 범위를 선정 가능. 보고 범위(조직경계)가 연결재무제표에 포함된 종속기업 보고 범위와 다른 경우 차이에 대한 설명 필요 - 관계기업 등: 지분율 해당분만 스코프 1, 2에 합산

주1: GHG 프로토콜은 조직경계 설정방법으로 재무통제 접근법, 운영통제 접근법, 지분율 접근법을 제시하고 있다. 재무통제 접근법은 운영통제(정책 수립/적용) 및 재무적 이익에 대한 통제가 가능한 사업장의 배출량을 스코프 1, 2에 100% 보고하며(조인트 벤처의 경우 지분율 기반으로 산출), 운영통제 접근법은 계약서상 완전한 운영통제(정책 수립/적용) 권한이 있는 사업장의 배출량을 스코프 1, 2에 100% 보고(종속기업이 통제권을 보유한 경우도 포함)한다. 또한 지분율 접근법은 기업이 소유한 지분율을 기반으로 온실가스 배출량을 산정한다.

❶ IFRS S2 기후 관련 공시, 온실가스 배출량 측정 기준(문단 29(1)), 요약

IFRS S2 기후 관련 공시 문단 29(1)을 요약하면 아래와 같다.

(가) 스코프 1, 2, 3 배출량을 CO_2e톤으로 환산하여 공시
(나) 관할 당국으로부터 측정방법 적용을 요구받지 않는 한, 'GHG 프로토콜: 기업 회계 및 보고기준(2004)'에 따라 측정
(다) 스코프 3 배출량: GHG 프로토콜 기업 가치사슬(스코프 3) 회계 및 보고기준(2011)'에 따라 측정

그리고 IFRS S2 기후 관련 공시 문단 29(1)을 국내에 적용하면 스코프 1, 2 배출량은 ① 온실가스 배출권 할당 또는 목표관리제를 적용받는 기업의 경우에는 해당 기준과 GHG 프로토콜 중 선택하여 측정할 수 있으며, ② 이외의 경우에는 GHG 프로토콜에 따라 측정한다. 또한 스코프 3은 GHG 프로토콜 스코프 3 기준에 의해 산출한다.

온실가스 산출을 위한 기준

출처: GHG 프로토콜 웹페이지, 국가온실가스 종합관리시스템 웹페이지

(2) 산출 기준 최근 동향

❶ 기업 가치사슬 및 스코프 3 배출량 관리

스코프 3은 기업의 가치사슬과 연계되어 15개 세부 카테고리로 구성된다. 크게는 공급사를 통한 원부자재 구매를 포함한 '업스트림' 영역과 고객의 사용 및 폐기를 포함한 '다운스트림'으로 구분된다.

온실가스의 구성

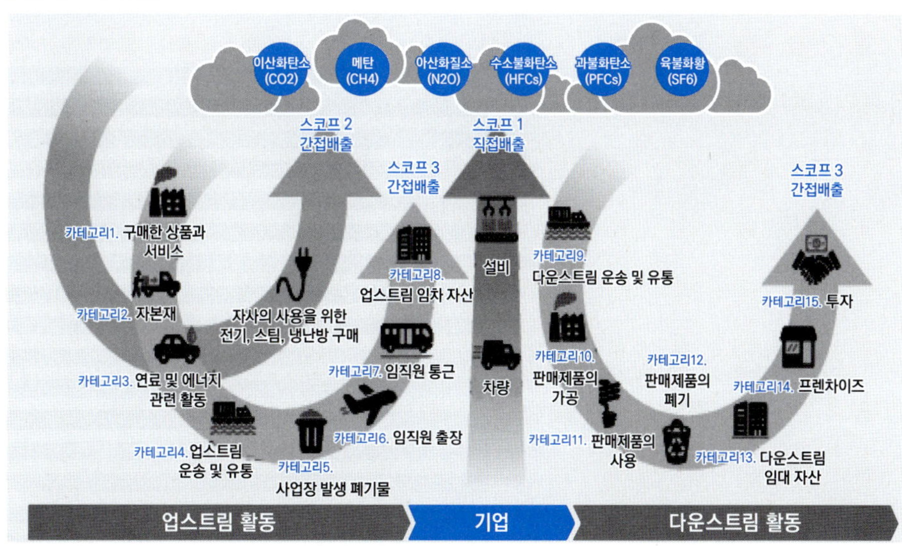

출처: GHG 프로토콜(2011)

엠마뉴엘 파베르 ISSB 위원장은 기후공시의 필요성을 언급하면서 '스코프 3은 기후변화로 인해 기업이 직면한 '전환 위험'에 노출된 크기와 비례한다'고 얘기한 바 있다. 스코프 3은 기업의 다양한 가치사슬과 관련하여 발생하는 배출량으로 기후변화로 인한 전환과정 중 구매, 영업, 운송, 투자 등 전반적인 관점에서 영향을 받게 되는데, 그 영향의 정도를 스코프 3의 배출량으로 가늠해볼 수 있다는 의미로 해석할 수 있다.

스코프 3은 보통 스코프 1, 2 대비 4배에서 10배의 비중을 차지하는 것이 일반적이기 때문에 감축 실행의 성과도 스코프 1, 2의 탄소중립 노력보다 더 클 수 있다. 다만, 기업이 직접 연소 및 사용하는 과정에서 발생하는 스코프 1, 2의 배출량과 달리, 스코프 3을 배출하는 주체는 기업의 가치사슬을 구성하는 공급사·고객·직원 등으로 기업과는 다르다. 따라서 스코프 3에서는 산출 및 감축의 실행 과정에서 기업과 함께 각 주체들의 참여를 유도하는 일이 매우 중요하다. 스코프 3의 여러 카테고리 중에서 다음 세 가지가 기업에서 주로 큰 비중을 차지한다.

스코프 3 주요 카테고리

카테고리 종류	배출량 측정	감축방안
카테고리 1. 구매한 상품 및 서비스	• 원재료의 채취~운송~제조 과정의 배출량 산정	• 저탄소 원자재 사용(그린소싱) • 순환자원 사용 확대 • 바이오 원료 이용
카테고리 11. 판매 제품의 사용	• 고객의 사용으로 인한 배출 - 자동차의 연료 사용 - 전자제품의 전력 사용	• 저탄소 제품 개발 - 친환경 자동차, 무탄소 선박 - 높은 에너지 효율 • 사용기한 연장, 수리 용이
카테고리 12. 판매 제품의 폐기	• 폐기물의 소각/매립 배출량	• 재활용 용이한 제품 제조 • 포장재 감소, 생분해 소재 확대

미국의 업종별 스코프 3의 비중

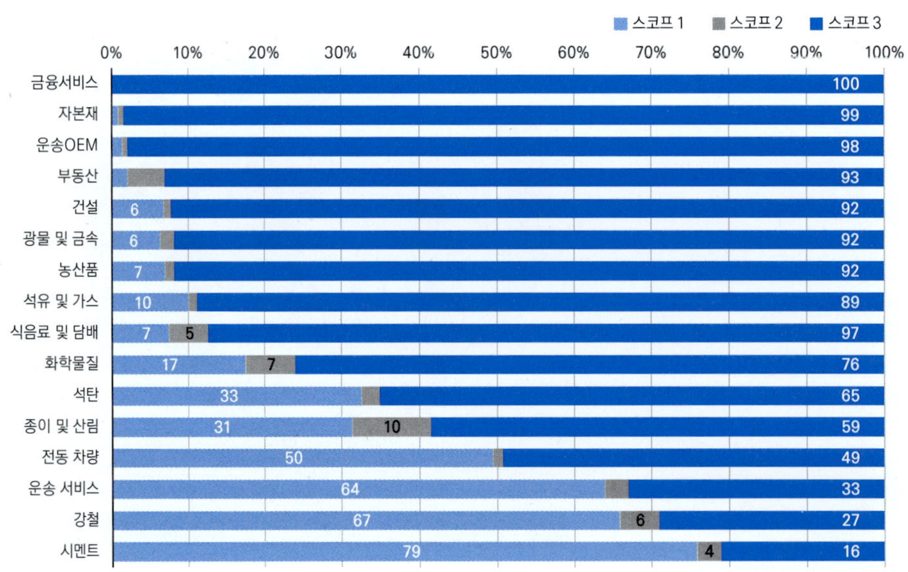

출처: CDP(2023b)

❷ 전 과정 평가 기반 제품 탄소량 측정

최근 기업들은 탄소규제와 저탄소 사회로의 전환이 진행되는 과정에서 친환경 제품 전략을 강조하고 있고, 아예 새로운 브랜드로 구성하여 차별화를 추구하고 있다. 고객 역시 친환경 제품과 서비스에 추가적인 프리미엄을 기꺼이 지불할 의향도 가지면서 친환경은 사업 경쟁력의 핵심요소로 작용하고 있다. 기업의 친환경 전략 추진 영역은 크게 ① 저탄소 제품과 서비스, ② 순환자원의 확대, ③ 바이오 세 가지로 나뉜다. 이 중 제품과 서비스의 저탄소 전략은 전 과정 평가(Life Cycle Assessment, LCA) 기반 제품탄소량 측정(제품 탄소발자국)의 영역으로 확대되고 있다.

탄소중립 노력은 주로 사업장이나 배출시설을 중심으로 이뤄지고 있는데, 이와 달리 제품 탄소발자국의 측정은 제품 단위로 산출되는 것이 가장 큰 차이이다. 최근 들어 글로벌 고객들이 우리 기업들의 제품을 구매하는 과정에서도 점차 제품 탄소발자국을 필수적 요구 정보로 확대하고 있어서 중요성이 점차 높아지고 있다.

제품 탄소발자국의 개념

탄소중립 관점의 관리 VS **제품별 탄소발자국 측정**

탄소중립 관점의 관리

- 사업장 단위로 측정/관리
  - 일정 규모 이상은 배출권 할당 (스코프 1, 2 대상)
  - 스코프 3 중심의 공시 의무화 예정
- 배출원별 감축 방안 수립

▶▶배출원별 구분

구분	내용
스코프 1	공정 직접 배출
스코프 2	전력 등 구매한 에너지
스코프 3	15개 카테고리

제품별 탄소발자국 측정

- 제품 단위당 탄소량 측정/관리
  - 원료 채취부터 생산, 사용, 폐기의 제품 전 과정에 따른 탄소배출량
  - 예) 생수 1병당 탄소배출량
제품 1Kg당 탄소배출량
- 주요 활용
  - 탄소국경조정제도 대응
  - 고객 요구 대응
  - 친환경 제품 전략

전 과정 평가는 원·부자재를 만들기 위한 원료의 채취, 제작·운송, 제품 생산, 사용 및 폐기에 이르는 기업 활동의 전 과정에 따른 자원 및 에너지 사용과 이로 인한 대기·수계·폐기물 배출이 환경에 미치는 영향을 산출하는 개념이다. 그리고 제품 탄소발자국은 전 과정 평가에서 탄소 영역에 집중하여 제품 관점으로 산출하는 영역으로 볼 수 있다.

전 과정 평가의 개념

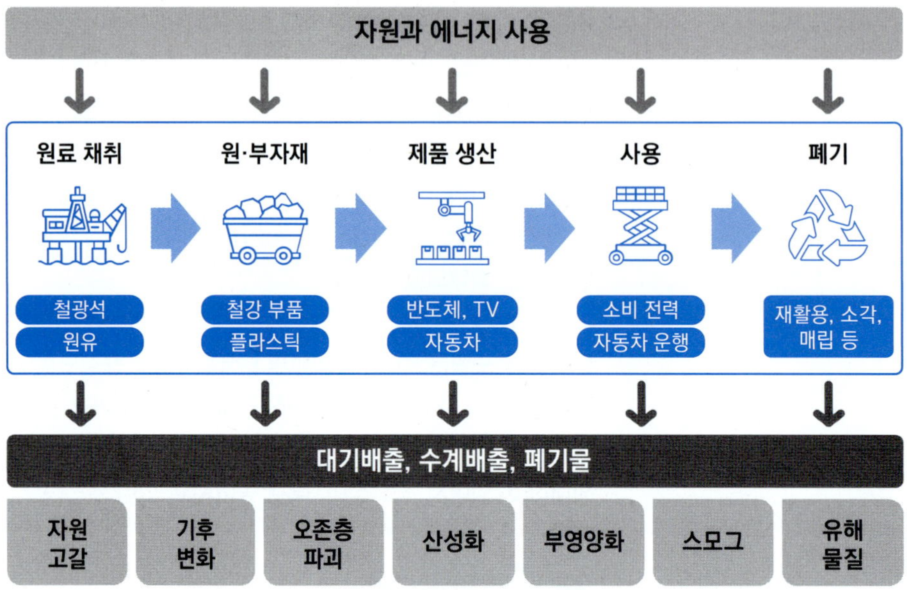

전 과정 평가 관점에서 접근된 제품별 탄소배출량 측정은 스코프 3 배출량과 밀접한 관련을 갖는데, 차이점은 '제품과 직접 관련된 활동' 중심으로 측정되는 부분이라고 볼 수 있다. 예를 들면, 연구 목적으로 사용되는 원·부자재로 인한 탄소배출량은 스코프 3에서는 포함되어야 하는 사항이지만, 제품 생산에 직접 사용되는 것이 아니므로 제품별 탄소배출량을 산정할 때는 포함되지 않는다. 다만 다운스트림 영역의 소비·사용, 폐기에 해당하는 사항은 스코프 3에 해당한다.

제품 전 과정 탄소배출 수집 체계

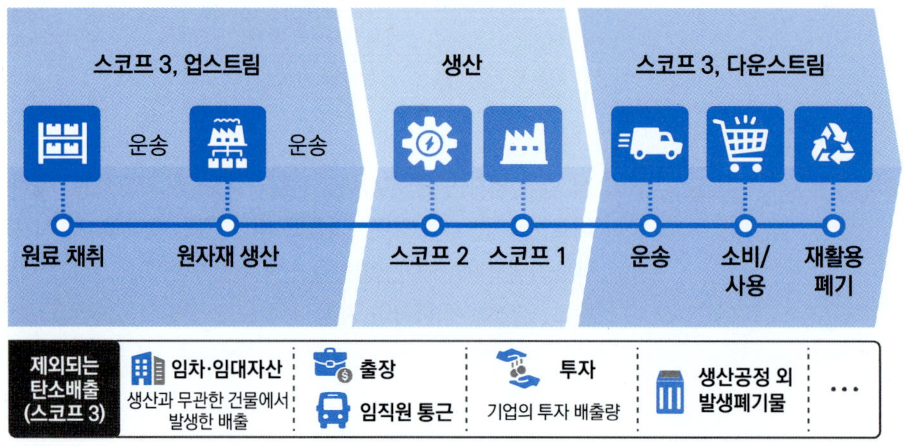

다음 도표는 현대자동차가 제품별로 탄소량을 측정하여 지속가능성 보고서를 통해 공개한 내용이다. 전기차량와 내연기관차종을 비교하기 위해 여러 차종 중에서 G80을 기준으로 핵심을 살펴보고자 한다.

제품별 탄소량 측정 사례: 현대자동차

차종별 전 과정 평가 결과

■ 제조 전 ■ 수송 ■ 제조 ■ 유통 ■ 사용(운행) ■ 폐기 및 재활용 (단위: gCO_2e/km)

차종	구분	온실가스 배출량
넥쏘[주1]	FCEV[주3]	224.8
아이오닉 6	EV[주4]	157.4
그랜저(IG)	ICE[주5]	220.2
그랜저(IG)	HEV[주6]	169.1
그랜저(GN7)	ICE	215.4
그랜저(GN7)	HEV	156.8
GV60	EV	146.9
G70	ICE	236.8
GV70	ICE	265.2
GV70E	EV	214.7
G80[주2]	ICE	311.6
G80E	EV	234.1
GV80[주2]	ICE	325.6
G90	ICE	311.0

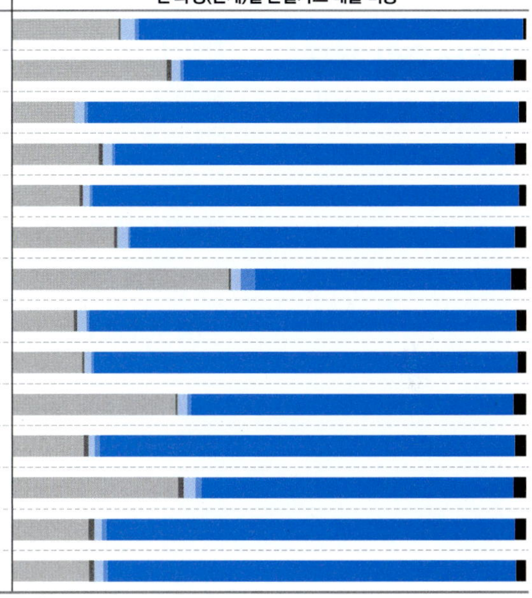

주1: 수증기 메탄 개질(Steam Methane Reforming, SMR) 방식으로 생산한 수소 사용 기준이다.
주2: 가솔린 3.5 AWD 기준이다.
주3: 수소연료 전지자동차(Fuel Cell Electric Vehicle)를 의미한다.
주4: 전기자동차(Electric Vehicle)를 의미한다.
주5: 내연기관 자동차(Internal Combustion Engine)를 의미한다.
주6: 하이브리드 전기자동차(Hybrid Electric Vehicle)를 의미한다.

출처: 현대자동차(2023)

내연기관차량인 G80의 온실가스 배출량은 km당 312g으로 전기차량 G80E의 234g보다 78g이 많았다.

전 과정 중에서 주로 제조 전 배출(원부자재)과 사용(운행) 단계의 온실가스 비중이 높았으며 전기차량이 제조 전 배출은 높지만, 운행단계 비중은 더 낮게 산출되었다.

이처럼 제품별 탄소량이 측정되고 비교되는 과정에서 기업들은 제품 단위의 탄소배출량을 줄이기 위한 다양한 노력을 진행할 것이며, 친환경에 기여하고자 하는 고객과 소비자 또한 저탄소 친환경 제품에 대한 합리적 소비에 도움을 받을 것으로 보인다.

그동안 녹록하지 않은 수많은 변화의 과정에서도 거듭해왔던 원가절감 노력이 기업의 경영개선과 수익성 확보에 기여해왔듯, 제품별 탄소량 측정은 일회성 정보 공개가 아닌 탄소중립 사회로 전환되는 과정에서 친환경 사업경쟁력을 제고하는데 크게 기여할 것으로 보인다.

03 | 탄소중립 목표 및 달성 공시 사례

1) 탄소중립 목표 설정 및 이행

자발적 이니셔티브와 국내법 모두 기업 스코프 1, 2, 3 배출량 산정과 감축목표의 설정 및 이행과 관련된 기준이 존재하나, 탄소감축성과의 공시기준이나 수단은 주로 자발적 이니셔티브에서 다루고 있다.

배출량, 감축목표 및 성과 공시기준

주제 구분	자발적 이니셔티브	국내법상 관련 규제
기업 배출량 산정기준	GHG 프로토콜(스코프 1, 2, 3), PCAF(금융부분 스코프 3) 등	온실가스 배출권거래제의 배출량 보고 및 인증에 관한 지침(스코프 1, 2)
기업 목표수립 및 이행기준	SBTi(스코프 1, 2, 3)	온실가스 배출권의 할당 및 거래에 관한 법률 - 국가 온실가스 감축목표와 연계하여 업종별 스코프 1, 2 배출 허용총량을 설정하는 방식
기업 탄소감축성과 공시기준	SBTi, CDP, TCFD, RE100 등	해당 사항 없음(국내배출권거래제도는 기업단위의 탄소 감축성과 공개에 대해 법제화된 바 없음)
탄소감축성과 공시수단	지속가능성 보고서, CDP 답변서, TCFD 보고서 등	해당 사항 없음(상장기업의 사업보고서상 스코프 1, 2 배출량을 자발적으로 공시하는 경우는 있으나, 아직 감축성과 공개의무가 법제화된 바 없음)

(1) 배출원에 따른 탄소중립 이행방법 분류

SBTi 가이드라인에 따라 기업의 스코프 1, 2, 3 배출량에 대한 탄소중립 목표 이행의 주요 수단을 배출원별로 구분할 수 있다. CDP에서는 기업노력과 관계없는 배출량 변동의 사유(예: 생산량 변동 등)도 보고 범위에 일부 포함하고 있으나, 지속가능성 보고서나 TCFD 보고서 등 그 외의 공시수단에서는 주로 기업의 직접적 감축노력에 대한 성과를 양적으로 측정하여 공개하고 있다.

탄소중립 주요 감축수단

감축수단 구분		주요 감축수단 설명
기업 감축노력과 관계된 이행방법	① 내부감축	숙소·사무실·산업공정 에너지효율개선(LED 교체 등) 또는 연료전환(화석연료 소비장비를 전력소비장비로 교체, 화석연료 보일러를 액화천연가스 보일러로 교체 등)
	② 재생에너지 이용	재생에너지(풍력, 태양광 등) 기반 발전소 생산전력 또는 바이오 연료 사용

감축수단 구분		주요 감축수단 설명
	③ 스코프 3	스코프 3 관련 외부 이해관계자 탄소감축 장려정책 및 활동 - 저탄소 원료 이용확대 - 저탄소 수송: 운송수단 이용, 운송거리 단축 등 - 원료/물품 납품처 및 고객사 탄소감축 촉진
	④ 상쇄	상쇄배출권 구매를 통한 해당 기업의 탄소배출량 상쇄
기업 감축노력과 관계없는 감축사유		기업제품의 생산량·공장가동률 저하, 생산시설 폐쇄 또는 해외이전 등

기업이 탄소중립 목표를 충실히 이행하고 있는지 평가할 때는 기업의 의도적인 감축노력과 관계없는 시장상황에 따른 제품 생산·판매량 저하로 인한 탄소배출 감소 또는 생산시설 폐쇄·이전에 따른 탄소배출감소를 감안해야 한다. 이를 위해 CDP 등에서는 탄소집약도(예: 생산제품 1개당 또는 매출액 만 원당 탄소배출량) 공개를 요구하고 있다. 예를 들어 특정 기업의 절대 배출량이 줄었음에도 불구하고 탄소집약도는 감소하지 않고 유사한 수준이라면, 기업의 노력과 관계없는 탄소배출량 감소요인이 작용한 것은 아닌지 생각해 볼 수 있다.

(2) 추진 주체에 따른 탄소중립 분류

탄소중립 목표 선언의 주체는 크게 다음과 같이 구분할 수 있다. 이 중 국가 및 업종의 경우는 주로 제도를 통해 탄소중립을 이행 중이며, 이러한 국가 및 업종별 제도에 참여하는 기업들은 주로 직접 감축 또는 배출권 구매의 방식으로 탄소중립을 이행할 수 있다. 그 외에 기업 자체나 제품 또는 행사가 탄소중립 대상인 경우에도 직접 감축 또는 상쇄를 통해 탄소감축목표 이행이 가능하다.

추진 주체에 따른 탄소중립 분류

구분	주요 감축대상 배출량의 범위	주요 탄소중립 이행수단
국가	국가별 온실가스 감축목표에 포함된 배출량 (농업, 제조업, 폐기물 등 부문별 배출량 및 LULUCF[77] 배출량)	배출권거래제 탄소세
업종	업종 내 포함된 여러 기업들의 스코프 1, 2, 3 배출량	산업협회 단위의 제도 이행 (예: 국제항공 부문의 CORSIA[78])
기업	(SBTi 가이드라인) 보고기업 및 그 기업의 통제범위(운영/지분 등) 내에 있는 관계기업의 배출량 포함	1) 자신의 배출량을 직접 감축 (에너지효율 개선, 연료전환, 재생에너지 이용 등) 2) 할당배출권 또는 상쇄배출권 확보 또는 구매
제품	제품의 원료수급-제조공정-수송-최종소비자 이용의 전 과정에 대한 온실가스 배출량	
행사	행사 수행 및 참석인원의 스코프 1, 2, 3 배출량	

77) LULUCF(Land Use-Land Use Change and Forestry)는 토지이용, 토지이용 변화 및 임업 관련 배출량으로서 인간의 토지 이용에 따라 온실가스 배출이 증감되는 양을 말한다.

2) 탄소중립 이행 공시기준

기업의 탄소중립 목표 이행에 대한 공시를 다루고 있는 대표적인 이니셔티브에는 SBTi, CDP, TCFD 등이 있다.

(1) SBTi 탄소중립 이행 관련 공시항목

SBTi는 목표 설정 방법에 대해서는 세부지침을 제시하고 있으나, 감축목표 이행성과 공시 및 목표수정에 대해서는 핵심적 원칙만 제시하고 있다.

SBTi 탄소중립 목표 이행성과 공개 및 목표 수정 준거기준

준거기준[79)]		설명
C25	공개주기	연간 기준으로 온실가스 배출현황과 탄소중립 목표 대비 이행성과 공개 필요
C26	목표검증	최소 5년에 1회씩 탄소중립 목표가 SBTi의 요구조건에 부합하고 있는지 재검증 및 필요시 목표 재설정

출처: SBTi(2023)

BP(British Petroleum)의 경우, 연차보고서를 통해 미래 핵심연도별 목표수치와 전년도 이행현황을 구분하여 공시한 바 있다.

사 례 **탄소중립 목표 및 이행현황 공시: BP**

목표	2022년 실적	2025년 목표	2030년 목표	2050년 목표
스코프 1, 2 넷제로	41%[주1)]	20%[주1)]	50%[주1)]	넷제로 달성
스코프 3 넷제로	15%[주1)]	10~15%[주1)]	20~30%[주1)]	
제품 전 과정 넷제로	2%[주1)]	5%[주1)]	15~20%[주1)]	
메탄배출량 감축	0.05%	0.2%		50%
저탄소 에너지 투자액	49억 달러	60~80억 달러	70~90억 달러	

주1: 2019년 대비 온실가스 감축률을 의미한다.

출처: BP(2023)

(2) CDP 탄소중립 이행 관련 공시항목

CDP에서는 주로 C4(목표 및 이행실적)에서 탄소감축 현황과 목표 이행현황을 다루고 있으며, C8(에너지) 부분에서는 재생에너지(전력, 열 등) 이용현황에 대한 공시를 다루고 있다. 공시 양식 및 항목이 매년 업데이트되고 있으며, 2023년 답변서 양식에서는 스코프 3 목표 및 이행성과를 스코프 3 배출원별로 세분화한 양식이 업데이트되었다.

78) CORSIA(Carbon Offsetting and Reduction Scheme for International Aviation)는 국제 민간 항공 기구(ICAO)에서 2020년부터 운영 중인 국제선 운영항공사의 탄소배출을 줄이기 위한 탄소상쇄·감축제도이다.

79) SBTi(2023)에 명시된 준거기준(Criteria)의 번호이다.

CDP 공시항목

2023년 CDP 공시항목		설명
C4.1	온실가스 감축목표	절대량 목표(예: 2010년 배출량 대비 2030년까지 50% 감축) 또는 집약도 목표(예: 제품 1개당 배출량을 2010년 대비 2030년까지 50% 감축)
	SBTi 목표 설정 여부	1.5℃ 또는 2℃ 이내 등 어떠한 전 세계 온도상승 억제 시나리오와 기업의 목표가 연계되어있는지 공개
	스코프 1, 2, 3별 목표 설정	스코프 3의 경우, 하부 배출원 카테고리 1~15별로 구분하여 공개(2023년도 답변서상 업데이트)
C4.3	탄소배출 감축활동	각 활동별 진행단계(예: 검토 중, 이행 중, 이행완료), 탄소 감축량(예: 1,000tCO_2/y/각 활동), 투자비, 에너지 절감 금액, 투자회수기간
C4.4	저탄소제품/서비스	저탄소 분류기준, 탄소감축량, 감축량 산정 방법론, 총매출액 중 저탄소제품 매출액 비중(%)
C8.2	저탄소 전기/열/스팀 구매	저탄소 에너지 소비량, 저탄소 에너지 유형, 소싱 방법
	재생전력	자가발전: 재생전력 생산량, 기술, 전력망 공급량, RE100 활용 정도 외부구매: 재생전력 구매량, 기술, 발전소 정보, 전력공급방법, 재생전력 소싱 시 직면 이슈 및 애로사항

출처: CDP(2023a)

(3) TCFD 탄소중립 이행 관련 공시항목

TCFD는 금융안정위원회 요청에 따라 시작된 글로벌 이니셔티브인 만큼, 일반기업보다 금융기관들이 선도적으로 도입 및 준수하고 있다. 특히 금융기관의 경우 탄소회계금융협의체(Partnership for Carbon Accounting Financials, 이하 PCAF)와 같이 금융자산 유형별 배출량(스코프 3의 카테고리 15: 투자)의 산정기준이 별도로 존재할 정도로 관리대상 배출량의 규모나 범위가 매우 넓다. 이에 따라 보고기업이 금융관계를 맺고 있는 산업이나 금융자산의 유형에 따라 배출량에 대한 세부 감축목표와 이행현황에 대한 공시가 이루어지고 있다는 특징이 있다.

TCFD 공시 주제

관련 TCFD 공시 주제		설명
지표 및 목표[80]	기후변화 관리 목표	- 목표 설정 기준(기준연도, 주요 목표연도 및 이행성과 평가지표 정의 등) - (금융 부문) 금융거래 분야(발전, 시멘트 등) 및 금융상품(대출, 채권 등)별 감축목표 세분화
	목표대비 현황 및 이행성과	- (공통) 스코프별 목표 대비 달성 현황 - (금융 부문) 탄소 관련 자산 금액, 총자산 대비 탄소 관련 자산비율, 기후변화 관련 금융상품 및 파이낸싱 금액 - (금융 부문) 고객, 금융거래 상대방 등 가치사슬 내 배출량 저감 이행지원 및 성과 ※ TCFD는 보험사, 자산운용사, 은행 등 금융기관 유형별 지침을 별도로 제공하고 있음

출처: TCFD(2021b), 한국공인회계사회(2023a)

다음은 보험 및 금융 서비스 기업인 알리안츠의 사례이다.

사 례 **TCFD 이행성과 공시: 알리안츠그룹**

목표	목표 설정방식	2019년 (기준연도)	2021년	2024년 (목표연도)
상장주식/ 기업채권	스코프 1, 2 배출량 감축 - 감축률 25%	24.9백만 CO_2e톤	18.7백만 CO_2e톤 (조기달성)	18.7백만 CO_2e톤
부동산	단위 면적당 배출량 목표관리	67.5 kgCO_2e/sqm	해당 사항 없음	52.2 kgCO_2e/sqm
인프라	투자자산의 절대량 기준, 탄소배출량을 2020년 대비 2025년까지 28% 감축			
에너지/ 유틸리티	재생에너지 투자확대 - (투자확대 목표율) 매년 5.85%	(대출 투자) 29억 유로	31.4억 유로	39억 유로
		(지분 투자) 43억 유로	38.8억 유로	57억 유로
석유 및 가스	피투자 기업 중 50% 넷제로 목표 수립	40% 기업 넷제로 목표수립	해당 사항 없음	50% 기업 넷제로 목표수립

출처: 알리안츠그룹(2022)

이어서 다국적 금융기업인 ING의 사례이다. 이 기업은 산업별 금융자산 규모, 배출량 산정 방법론, 목표관리 범위 및 목표수치 단위에 대한 세부내용을 담은 보고서를 웹사이트를 통해 공개하고 있다. 다음 표의 가장 오른쪽 칸에 위치한 목표이행률이란 보고연도 목표대비 실적을 의미하며, 목표이행률이 음수인 경우는 목표를 초과 달성한 것을 뜻한다. 예를 들어, ING는 석유 및 가스 부문에 대한 금융투자를 점차 줄이기 위한 목표를 2019년 대비 2030년까지 19% 감축'으로 수립하였으며, 2021년도 목표 수치인 3,710 백만 유로보다 더 적은 금액의 금융자산을 실제로 보유(3,138 백만 유로)하고 있었으므로, 2021년도의 경우 목표를 15.2% 초과 달성한 것으로 명시하고 있다.

사 례 **TCFD 이행성과 공시: ING**

산업 부문	투자 규모 (유로)	방법론	스코프 관리범위	(기준연도) 수치	단위	2030년 감축률	2021년 목표	2021년 실적	2021년 목표 이행률[주1)]
발전	89억	PACTA[주2)]	스코프 1, 2	(2018) 335	kgCO_2e/MWh	53%	289	223	-23%
(상업) 부동산	109억	PCAF		(2019) 51.4	kgCO_2e/㎡	35%	48.1	43.7	-9.2%
(주거) 부동산	2,970억	PCAF		(2021) 45.7		57%	44.3	45.7	3.2%
시멘트	3.4억	PACTA		(2020) 0.704	CO_2e톤/톤 (시멘트)	31%	0.681	0.709	4.2%

80) TCFD 권고안 정보 공시 주제는 크게 4가지(거버넌스, 전략, 위험관리, 지표 및 목표)로 구분한다.

산업 부문	투자 규모 (유로)	방법론	스코프 관리범위	(기준연도) 수치	단위	2030년 감축률	2021년 목표	2021년 실적	2021년 목표 이행률[주1)]
석유 및 가스	31억	PACTA	해당 사항 없음	(2019) 3,986	백만 유로	19%	3,710	3,138	-15.2%
항공	31억	PACTA	스코프 1	(2019) 88.2	gCO_2e /km/승객[주3)]	33%	82.9	130.4	57.3%

주1: 목표이행률이 0 이하인 경우 초과달성이며, 0 이상인 경우 목표에 미달하였음을 의미한다.
주2: PACTA(Paris Agreement Capital Transition Assessment)는 금융 포트폴리오와 기후 시나리오의 연계를 측정하는 방법론이다.
주3: 원문에는 gCO_2e/passenger km라고 명시되어 있다. 승객 1인이 항공기로 1km 이동 시 배출량을 의미한다.

출처: ING(2022)

(4) RE100 이행성과 공개

RE100은 매년 발간하는 연간 보고서를 통해 RE100 가입 기업 및 산업별로 전력수요와 재생에너지 이용비율을 정리하여 공개하고 있다. 기업별 목표 달성률은 기업이 자체적으로 보고한 수치와 검증이 완료된 수치를 모두 공개하는 특징이 있으며, 직접조달 비율 및 재생에너지 전력을 공급한 발전소가 오래된 정도 등 다양한 정보를 공개하고 있다.

글로벌 RE100 가입기업 현황

	2021년			2020년		
산업	기업 수(개)	전력수요(TWh)	재생에너지 비율(%)	기업 수(개)	전력수요(TWh)	재생에너지 비율(%)
제조	69	112	32%	55	95	32%
서비스	133	105	60%	121	105	71%
유통	26	58	28%	27	58	22%
식품/농업	31	39	47%	28	38	39%

기업명	본사	가입 연도	목표 연도	2021년 달성률 (검증완료)	2021년 달성률 (검증 전)	직접 조달	15년 이하 재생에너지 프로젝트	5년 이하 재생에너지 프로젝트	2020년 달성률	2018년 달성률
3M	미국	2019	2050	48%	48%	25%	0%	0%	35%	27%
세븐&아이 홀딩스	일본	2020	2050	6%	6%	6%	5%	5%	5%	해당 사항 없음
액센츄어	미국	2019	2023	52%	53%	15%	16%	4%	30%	24%
에이서	대만	2021	2035	7%	45%	0%	7%	7%	43%	해당 사항 없음

출처: RE100(2023)

(5) 산업단위 탄소중립 추진 관련 이니셔티브

전 세계적으로 다양한 업종에서 탄소중립추진 이니셔티브를 추진하고 있다. CORSIA(국제항공 부문), 국제해사기구(International Maritime Organization, IMO)의 탄소감축전략(국제해운 부문)[81], Paris Aligned Asset Owners(금융: 자산운용 부문) 등 다양한 활동들이 있는데, 이 중 Paris Aligned Asset Owners는 2023년 4월 기준 전 세계 56개 자산운용사(총자산 규모 3.3조 달러)들이 2050년 탄소중립 추진이라는 공동 목표에 대한 탄소감축 이행현황을 공개하고 있다. 예를 들어, 스웨덴의 제7공적 연기금인 AP7(Sjunde AP-Fonden)은 자산 포트폴리오 내에 포함된 전체 기업(2021년 기준, 3,056개 기업) 중에서 탄소배출량의 상위 70%를 차지하는 132개 기업을 선정하여 해당 기업의 Climate Action 100+(이하 CA 100+) Net Zero Company Benchmark[82]에서 제시한 10개 기준[83]에 대한 충족 정도를 관리 및 공개하고 있다.

AP7의 탄소중립 관리대상

구분	기업 수	자산 규모	탄소배출량
AP7의 탄소중립 관리대상	132개	79.4억 달러[주1)]	2,753,580CO_2e톤
전체 AP7 포트폴리오 중 비중	4.3%	10.4%	70%

주1: 원문에는 86,349백만 스웨덴 크로나라고 명시되었으며, 미국 달러로 변환하였다(적용환율: 0.092 달러/스웨덴 크로나).

출처: Paris Aligned Asset Owners(2022)

AP7 탄소중립 관리대상의 추진 현황

구분	목표 달성 중	CA 100+ 연계완료[주1)]	연계 중[주2)]	지지선언 완료[주3)]	목표 미수립	데이터 없음
기업 비율	0%	0%	5.3%	20.5%	48.5%	25.8%
자산 비율	0%	0%	2.1%	11%	31.3%	55.6%
배출량 비율	0%	0%	2.3%	29.9%	50.6%	17.2%

주1: CA 100+ Net Zero Company Benchmark의 기준 1~6을 달성한 경우이다.
주2: CA 100+ 벤치마크의 기준 1, 2, 4를 이행하였으며. 기준 5를 부분적으로 이행한 경우이다.
주3: CA 100+ 벤치마크의 기준 1을 이행한 경우이다.

출처: Paris Aligned Asset Owners(2022)

81) 2023년 7월 국제해사기구에서 채택한 2023 IMO Strategy on Reduction of GHG Emissions from Ships에서는 2050년 국제해운 부문의 탄소중립을 명시하고 있다.

82) CA 100+는 유엔 책임투자원칙을 바탕으로 2017년 설립된 기관으로서, 지난 2021년 CA 100+ Net Zero Company Benchmark를 제시하여 기업들의 넷제로 추진현황을 평가할 수 있도록 하였다.

83) 10개 기준은 다음과 같다. ① 2050년까지 온실가스 순배출량 제로 목표, ② 장기(2036~2050) 온실가스 목표, ③ 중기(2026~2035) 목표, ④ 단기(2020~2025) 목표, ⑤ 탈탄소화 기업전략, ⑥ 목표기반 자산운용, ⑦ 기후 정책 참여, ⑧ 기업의 기후 거버넌스, ⑨ 공정한 전환(Just Transition), ⑩ TCFD 공시

3) 기업의 탄소중립 이행현황 공시 사례

(1) 탄소중립 목표 대비 연간 이행경과에 대한 공시

애플은 2030년까지 스코프 1, 2, 3 온실가스 배출에 대한 넷제로를 달성한다는 목표를 지난 2020년에 발표한 바 있다. 이 목표를 달성하기 위하여 공장 및 건물에 에너지효율, 재생에너지 이용확대 등의 감축기술을 도입하는 한편 자사에 부품 등을 납품하는 협력업체의 탄소감축을 촉진하고 있으며, 일부 배출량에 대해서는 탄소제거 기술 등에 기반한 탄소배출권을 구매하여 상쇄하고 있다.

사 례 **탄소중립 추진목표: 애플**

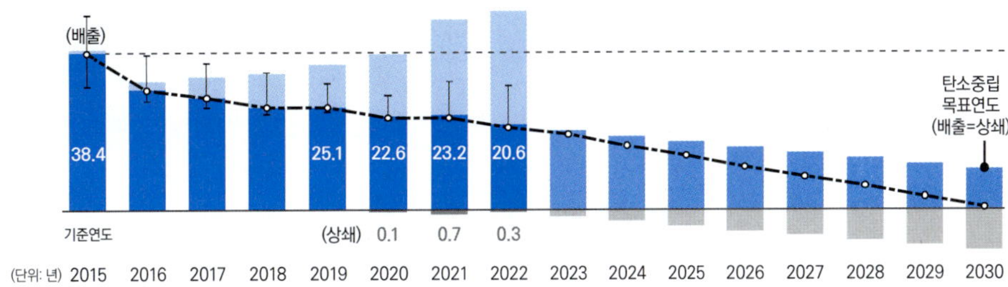

출처: 애플(2023a)

애플의 감축목표 설정 기준연도인 2015년의 스코프 1, 2, 3 배출량 합계는 38.4백만 톤이었으며, 2022년에는 20.6백만 톤의 온실가스를 배출하였다. 2022년에 탄소배출권을 통해 상쇄한 배출량은 0.3백만 톤, 이를 감안한 순배출량은 20.3백만 톤이다. 나아가 애플은 오는 2030년까지 2015년 대비 75% 수준으로 온실가스 배출량을 감축하고, 나머지 25%의 잔여 배출량은 탄소제거 기술 기반의 탄소배출권 등을 구매하여 상쇄할 계획이다.
참고로 2016년부터 2022년까지 각각의 파란색 막대 그래프 상단에 하늘색 그래프 부분은 재생에너지 사용확대 등의 내부감축 노력을 통해 각 연도별로 온실가스 배출을 감축한 총량을 나타낸다.

이와 별도로 애플은 2022년도 스코프별 온실가스 배출량의 감축활동 유형 및 실적을 다음 그래프와 같이 공개한 바 있다.

사 례 **스코프 1, 2, 3 배출원 유형별 감축현황 공시: 애플**

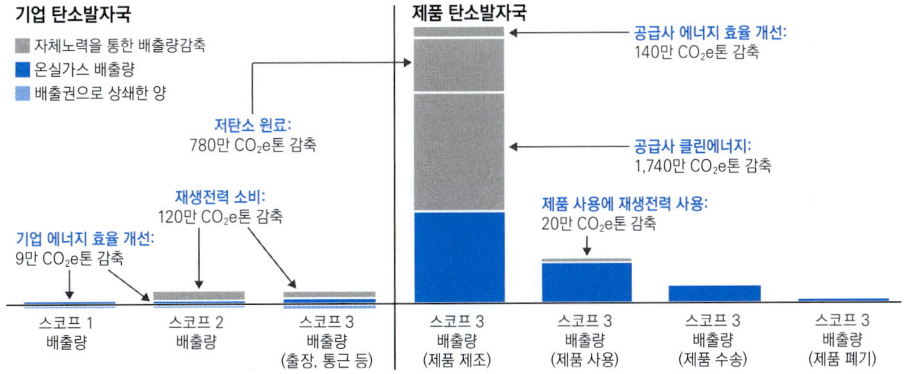

출처: 애플(2023a)

애플은 다음 표와 같이 스코프별 온실가스 배출과 감축 및 상쇄량을 각각 공개하고 있다. 그 가운데 스코프 3은 다양한 하부 카테고리가 존재하므로, 주요 카테고리별 감축실적을 다시 구분하여 공개하였다. 스코프 1, 2의 경우 대표적인 감축수단인 화석연료 소비장비의 에너지 효율 개선 활동을 통해서 2022년 약 9만 CO_2e톤을 감축하였으며, 스코프 2, 3(출장, 통근 등)의 경우 재생에너지 기반 전력을 소비함으로써 120만 CO_2e톤을 감축하였다. 또한 스코프 3에서 가장 큰 부분을 차지하는 항목인 제품제조와 관련된 배출량(예: 애플에게 납품하는 장비를 협력업체가 제조-공급하는 과정상의 온실가스 배출량)은 납품기업의 에너지 효율 개선 또는 클린에너지[84] 도입 활동을 감축량으로 산정하여 공개하였다.

스코프 1의 경우 배출량 100%를 상쇄배출권으로 상쇄하였으며, 스코프 2는 전력 배출량은 0이고 열탕, 난방, 냉방 배출량은 상쇄배출권으로 상쇄하였다. 그리고 스코프 3 중 출장, 통근, 연료 업스트림, 재택근무 관련 배출량은 배출권을 통해 100% 상쇄하였다.

사 례 2022년도 온실가스 배출 및 감축량 공시내역: 애플

(단위: 만CO_2e톤)

<table>
<tr><th>구분</th><th>감축량</th><th>배출량</th><th>상쇄량</th><th>순배출량</th></tr>
<tr><td>스코프 1</td><td rowspan="12">- 에너지 효율: 9 (스코프 1, 2)
- 재생전력 소비: 120 (스코프 2, 3)</td><td colspan="3"></td></tr>
<tr><td>천연가스, 디젤, 프로판</td><td>4</td><td>4</td><td rowspan="3">0</td></tr>
<tr><td>수송</td><td>1.2</td><td>1.2</td></tr>
<tr><td>산업공정</td><td>0.3</td><td>0.3</td></tr>
<tr><td>스코프 2</td><td colspan="3"></td></tr>
<tr><td>전력</td><td>0</td><td>0</td><td rowspan="2">0</td></tr>
<tr><td>열탕, 난방, 냉방</td><td>0.3</td><td>0.3</td></tr>
<tr><td>스코프 3</td><td colspan="3"></td></tr>
<tr><td>출장</td><td>11.3</td><td>11.3</td><td rowspan="4">0</td></tr>
<tr><td>통근</td><td>13.4</td><td>13.4</td></tr>
<tr><td>연료 업스트림[주1)]</td><td>1</td><td>1</td></tr>
<tr><td>재택근무</td><td>0.7</td><td>0.7</td></tr>
<tr><td>구매한 제품 및 서비스</td><td>- 공급사 에너지 효율 개선: 140
- 저탄소 원료: 780
- 공급사 클린에너지 사용: 1,740</td><td>1,340</td><td rowspan="4">0</td><td rowspan="4">2,027</td></tr>
<tr><td>원료 및 생산품 수송</td><td>-</td><td>190</td></tr>
<tr><td>판매된 제품의 이용</td><td>제품 사용에 재생전력 사용: 20</td><td>490</td></tr>
<tr><td>사용 후 제품 폐기</td><td>-</td><td>8</td></tr>
<tr><td>스코프 1, 2, 3 합계</td><td>2,809</td><td>2,062</td><td>32</td><td>2,030</td></tr>
</table>

주1: 애플이 소비한 화석연료의 최초시추 - 정제 - (연료 사용처까지의) 운반 관련 배출량을 의미한다.

출처: 애플(2023a)

84) 여기서 클린에너지란 재생에너지와 더불어 원자력 발전, 대규모 수력발전의 전원을 포함한 개념이다.

(2) 탄소중립 제품에 대한 정보 공시

탄소중립 제품과 관련하여 애플은 2023년 9월 탄소중립 애플 워치를 출시했다고 발표했다. 애플이 2023년에 발간한 제품환경보고서에 따르면 애플 워치 Ultra 2는 제품생애주기 중에 제품 1개당 총 63.2kg의 온실가스를 배출했으나, 이 중 약 81%에 해당하는 51.2kg을 직접적인 감축 노력을 통해 줄이고, 나머지 12.0kg는 탄소배출권을 통해 상쇄하였다고 명시하였다.

직접 감축 노력을 자세히 살펴보면, 애플 워치 생산에 오직 재생에너지 기반 전력만 소비하고, 원재료는 무게 기준 30% 상당량을 재활용 또는 재생가능물질로 확보하며, 제품 수송량의 50%는 항공운송을 배제하였다는 정보를 공개하였다. 이러한 감축노력 외에도 추가적인 저탄소 원재료 사용과 생산공정에서의 배출량 감축 기술을 적용하여 제품 1개당 총 51.2kg의 온실가스 감축량을 산정하였다. 이에 따라 탄소배출량을 기존 대비 약 81% 감축하였음을 보고서에 명시하였으며, 개당 12kg인 잔여 배출량은 다음과 같이 구성된다고 공개하였다.

사 례 **탄소중립 제품에 대한 정보 공시: 애플**

제품생애주기 중 해당 단계	배출원	배출량 중 차지 비율
생산	공정 배출량, 전력의 발전-공급단계 배출량 등	80%
수송	수송	16%
이용	이용단계 전력(재생전력)의 발전-공급단계 배출량	2%
폐기	(소각, 부패 등) 제품 폐기처리 시 배출량	2%
합계: 총 12kg CO_2e		100%

출처: 애플(2023b)

[참고] 제품의 탄소중립 시 배출권을 이용한 상쇄관련 이슈

2023년 5월 유럽의회에서는 녹색전환을 위한 소비자의 권한강화(Empowering Consumers for the Green Transition)라는 명제하에 아래 2개 법안에 대한 개정안을 제안하였다. 2024년 상반기 개정안이 확정되면서, 향후 기업의 탄소중립 추진 및 홍보 시 잠재적인 그린워싱 이슈 발생 방지 등에 유의해야 할 것으로 판단된다.

- 2005/29/EC Unfair Commercial Practices Directive [불공정거래 관행에 대한 지침]
- 2011/83/EU Consumer Rights Directive [소비자 권리 지침]

이 개정안은 기업이 [탄소배출권을 구매 또는 탄소감축사업에 투자]함으로써, 생산한 제품이나 기업의 비즈니스(생산-서비스 등)가 환경에 미치는 영향을 상쇄(탄소중립, 친환경 등)했다는 주장을 금지하는 내용이 주를 이룬다. 특히 "배출권 구매를 통한" 기업의 제품이나 서비스의 친환경성 주장(예: 탄소중립 제품 등) 금지와 관련된 법안이라고 할 수 있다.

개정안의 내용을 보면, 과학적 증거로 입증할 수 없는 경우, 탄소상쇄를 통해 제품 또는 기업의 서비스가 환경에 미치는 영향이 중립, 감소, 또는 보상되었다고 하는 주장이나 긍정적인 영향을 미친다고 주장하는 것이 금지되어야 함을 언급하고 있다. 이런 주장의 예시로는 'Environmentally Friendly', 'Eco-Friendly', 'Eco', 'Green', 'Nature's Friend', 'Environmentally Correct', 'Gentle on the Environment', 'Carbon Friendly', 'Energy Efficient', 'Energy Efficient', 'Biodegradable', 'Bio-based'와 같이 환경적으로 뛰어나다는 표현을 포함하며, 탄소배출권을

구매함으로써 이러한 주장을 하거나 과학적 근거 없이 이러한 주장을 하는 경우는 금지되어야 한다는 취지의 언급이 있다. 또한 기업 제품이나 서비스의 친환경 주장이 배출권을 통한 상쇄에만 의존하거나, 객관적이고 과학적이며 검증 가능한 행위에 기반하지 않은 경우, 친환경 주장을 하면 안 된다는 내용도 포함되어 있다.

단, 제품이나 기업의 비즈니스가 환경에 미치는 영향을 보상, 중화 또는 긍정적으로 만든다고 주장하지 않는 한 기업이 환경 이니셔티브에 대한 투자를 광고하는 것을 금지해서는 안 된다는 언급도 있다. 따라서 향후 기업은 상쇄방식을 활용함에 있어 이와 같은 관련법의 적용 여부를 유의해야 할 것이다.

ESG

Environmental

부록 1

실전 ESG 공시 - 이것만은 알자

Social

Governance

KICPA

The Korean Institute of Certified Public Accountants

Environmental
Social
Governance

ESG 정보의 가치평가 기법 및 공시 사례

1. PwC TIMM
2. KPMG True Value
3. EY Long-term Value
4. SK DBL

부록 1

ESG 정보의 가치평가 기법 및 공시 사례

1. PwC TIMM

1) TIMM 개요

TIMM(Total Impact Measurement & Management)은 기업의 경제·환경·사회적 영향을 재무적으로 환산하여 가치를 평가하는 PwC[85]의 독창적인 방법론이다. TIMM을 활용하면 ESG를 화폐화된 임팩트 가치로 환산하여 지속가능한 전환 과정과 결과를 이해하고 관리할 수 있다.

TIMM의 개념

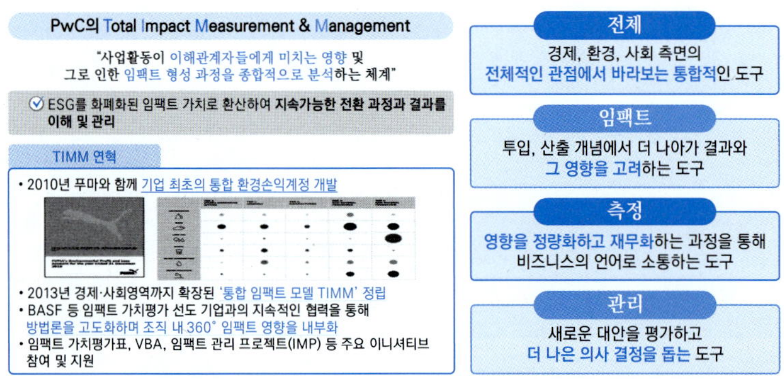

TIMM의 임팩트 범위는 측정 대상, 임팩트 영역, 가치사슬 범위에 따라 구분할 수 있다.

(1) 측정 대상

기업, 제품, 프로젝트 단위로 측정할 수 있으며 사회공헌활동 등 ESG 프로그램 단위로도 가능하다.

TIMM의 측정 대상

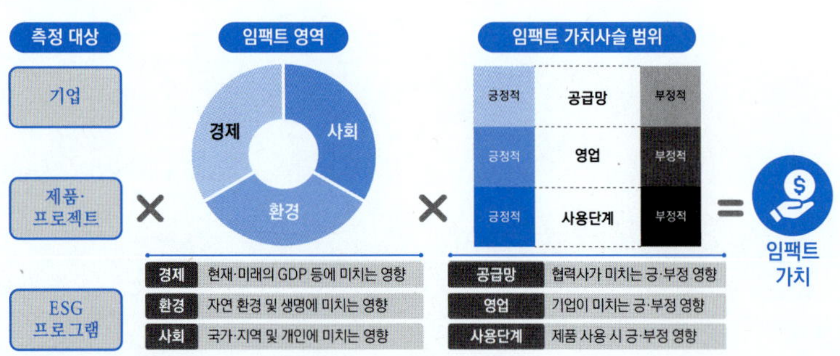

85) PwC(PricewaterhouseCoopers)는 세계적인 회계·경영컨설팅 법인이다. KPMG, Deloitte, EY와 함께 글로벌 4대 회계법인으로 불린다. PwC의 한국 제휴 법인은 PwC삼일회계법인과 PwC컨설팅이다.

(2) 임팩트 영역

넓은 범위의 이해관계자들에게 미치는 다양한 영향을 분석하기 위해 경제, 환경, 사회의 3개 부문으로 구분된다.

- 경제적 임팩트: 사업활동으로 인해 경제 성장 및 고용 변화 등 경제 전반에 미치는 영향. 부가가치, 고용 기여, 납세 기여도(법인세 등) 등의 전통적이고 직접적인 경제적 임팩트 외에 공급망을 통한 간접적 임팩트와 유발 효과도 분석
- 환경적 임팩트: 사업활동의 결과(탄소 배출, 자연자원 사용)가 환경 및 생태계에 미치는 영향. 대기오염, 토양, 수질 및 천연자원 사용과 관련한 환경적 임팩트를 분석하며, 특히 가치사슬 활동으로부터 발생하는 생태계 서비스 변화를 계량화
- 사회적 임팩트: 건강, 교육, 지역공동체 결집 등에 미치는 영향. 사업활동으로 인해 사회적 임팩트가 창출되는 경로를 분석한 후 웰빙, 복지 등의 증진 정도 평가

2) TIMM 측정 프로세스

TIMM은 1단계 임팩트 가치 지표 발굴, 2단계 임팩트 가치평가 수행, 3단계 최종가치 산정 및 보고서 작성의 프로세스에 따라 진행된다. TIMM의 기본 지표 모음을 바탕으로 기업의 특성에 적합한 가치 측정 지표를 도출하여 각 기업 고유의 차별화된 측정모델을 수립한다.

(1) 1단계: 임팩트 가치 지표 발굴

1단계로 임팩트 가치 지표를 발굴할 때는 중요성, 데이터 가용성, 측정 가능성을 고려하여 구성한다. 일반적으로 대략 20개에서 30개 정도의 지표를 평가하게 되지만 가치사슬의 측정 범위를 어떻게 선정하느냐에 따라 공급자 범위, 사업장, 제품 이용 관점 범위가 달라질 수 있다. 이에 따라 범위가 서로 다르며 도출되는 지표 역시 차이가 발생한다. 보통 경제, 환경, 사회 지표의 균형을 맞추며 중요성이 폭넓게 인정되는 온실가스는 대부분의 임팩트 가치평가에서 지표로 발굴된다. 임팩트 가치 지표의 구성은 산업과 기업의 특성에 따라 상이하며, TIMM 지표 풀(Pool)에서 제외하거나 새롭게 추가함으로써 기업마다 특화된 정의가 내려진다.

TIMM 지표의 구성

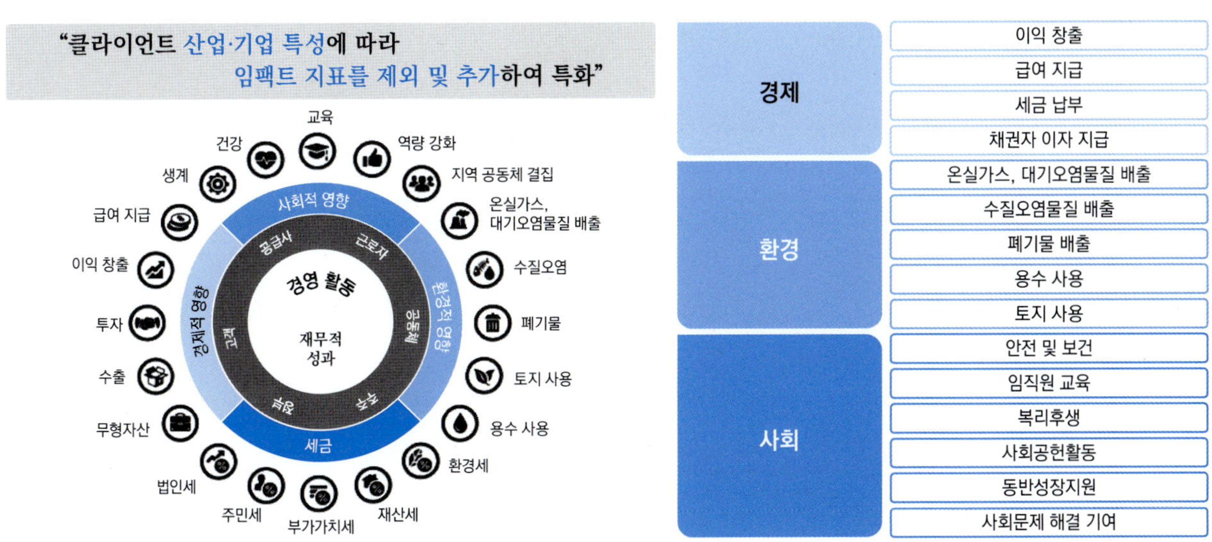

출처: PwC(2023a)

(2) 2단계: 임팩트 가치평가 수행

임팩트 가치 지표를 발굴한 뒤에는 2단계로 임팩트 가치평가를 수행하는데, 임팩트 가치평가는 투입 데이터 수집, 산출, 결과 생성, 임팩트 패스웨이 정립의 순서로 이뤄진다. 임팩트 패스웨이가 정립된 다음에는 단위당 기준가격(Proxy) 데이터와 계산식을 개발하여 화폐 단위로 평가하는 과정을 수행한다.

TIMM 측정 과정

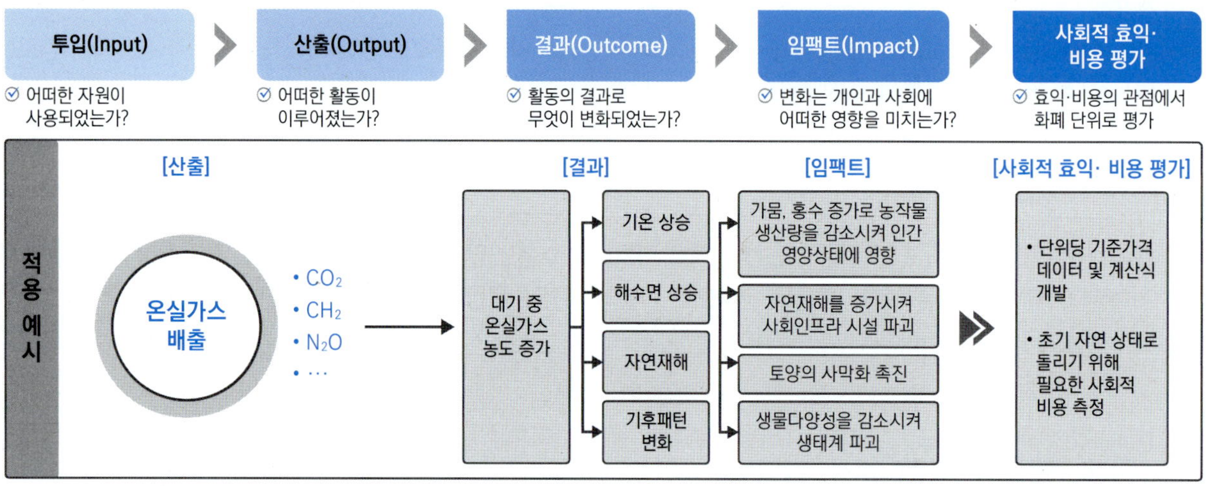

(3) 3단계: 최종가치 산정 및 보고서 작성

도출한 계산식은 워크숍 등을 통해 내재화하는 과정을 거치며, 마지막 3단계로 최종가치를 산정하여 이를 보고하는 전략을 도출한다. 또한 임팩트 가치의 비교가능성을 제고하기 위해 전기 수치와의 비교 또는 신·구 프로젝트의 비교를 수행한다. 특히 명확성과 설득력을 높이기 위해 지속가능성 보고서에 특별 페이지 등을 추가하는 방법을 통해 소통할 수 있는 전략을 수립한다.

3) TIMM의 특징 및 적용 사례

임팩트 가치평가는 기업의 전략적 의사결정에 다양하게 활용할 수 있으며, 특히 신규 투자나 지역사회에 미치는 환경·사회적 영향을 파악하는 데 유용한 도구이다.

TIMM의 투자 및 성과관리 활용

01 전략
새로운 정보 도출을 통한 저해요인 파악

02 혁신
신규 시장, 지속가능한 제품

03 옵션 평가
투자, 이니셔티브, 자본 프로젝트

SSE

송전선의 환경·사회적 영향을 고려한 설계 변경

◉ 송전선의 환경·사회적 영향을 측정하여 기존 건설 계획안을 수정

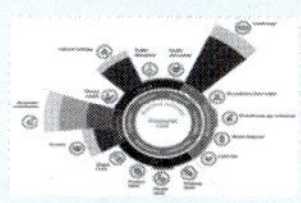

〈기존 계획안〉

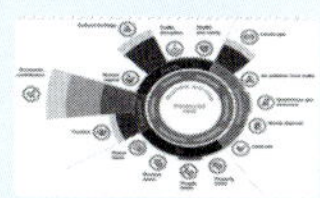

〈실제 건설안〉

"노선 변경, 지하화, 인근노선 해체에 따른 건설비 1파운드 증가당 2.90~3.70파운드에 달하는 경제·환경·사회적(문화유산 보호, 관광유지) 가치 창출 확인"

⇒ 2019년 웨일스 왕자의 지속가능성 회계 '미래를 위한 금융상' 수상
⇒ 2019년 11월 6억 5천만 유로(0.8조 원) 녹색채권 성공적 발행

04 성과 관리
목표 설정, 진행상황 모니터링

05 소싱 의사결정
영향의 최적화, 공급망 확보, 위험 최소화

06 보고
명확하고 설득력 있는 소통

폭스바겐

지역사회에 미치는 환경·사회적 영향을 파악

◉ 변속기 생산 핵심 기지(연 400만 대)인 카펠 공장의 환경·사회적 영향을 파악

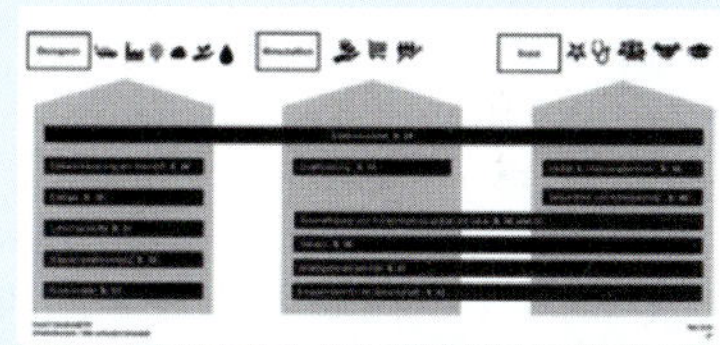

"총 14개 지표를 선정하여, 지난 6년간 지역사회 기여도 측정 및 상생 전략 수립"

⇒ 임팩트 가치평가 연구 단체인 VBA의 전략적 근거자료로 활용
⇒ 글로벌 표준화 작업의 이니셔티브 확보

TIMM은 다음과 같이 제품 혹은 서비스 단위로 적용할 수 있으며, 기업의 독립 사업부 단위로도 적용이 가능하다.

사 례 제품·서비스/사업부 단위 TIMM 측정

제품·서비스 임팩트 측정

두산인프라코어(건설기계 제조업)

경제 현재 또는 미래의 GDP에 미칠 수 있는 영향	순이익	
	유·무형자산	
	운영비	
환경 자연환경 및 인간생명 가치에 미치는 영향	온실가스	
	대기오염물질	
	수질오염	
	폐기물	
사회 사회 구성원이 보다 나은 삶을 사는데 미칠 수 있는 영향	정부	• 세금 수입 • 호흡기계 질환으로 인한 건강보험 급여비
	국민건강	• 호흡기계 질환으로 인한 근로손실비 • 소음 • 진동

기업 임팩트 측정

삼성바이오로직스(제약·바이오 제조업)

경제 현재 또는 미래의 GDP에 미칠 수 있는 영향	이익	이자비용
	급여	감가상각비
	세금	소비유발가치
환경 자연환경 및 인간생명 가치에 미치는 영향	온실가스	
	대기오염물질	
	수질오염	
	폐기물	
사회 사회 구성원이 보다 나은 삶을 사는데 미칠 수 있는 영향	안전보건	사회문제 해결 기여
	복리후생	동반성장 지원
	임직원 교육	사회공헌 투자

건설기계 제조업체인 두산인프라코어(현 HD현대인프라코어)의 사례를 살펴보고자 한다. 이 기업은 임팩트 측정 결과를 바탕으로 전기 굴착기 시장 확대 전망(전환율)에 따른 사회 전반의 온실가스 저감 임팩트를 추정하였다. 특히 동급 디젤 굴착기와 전기 굴착기의 비교 분석을 통해 전기 굴착기 제품의 편익 차이를 효과적으로 보여주었다.

사 례 TIMM 이용한 제품 임팩트 가치평가: 두산인프라코어

①

구분	지표		가치사슬 공급망	가치사슬 영업	가치사슬 사용 단계	임팩트 가치
경제	순이익		●			81(3.0%)
	유/무형자산			●		1,193(43.4%)
	운영비				●	507(18.5%)
사회	정부	세금 수입		●		52(1.9%)
		호흡기계 질환으로 인한 건강보험 급여비			●	56(2.0%)
	국민 건강	호흡기계 질환으로 인한 근로손실비			●	153(5.6%)
		소음			●	8(0.3%)
		진동			●	51(1.9%)
환경	온실가스				●	584(21.3%)
	대기오염물질				●	14(0.4%)
	폐기물			●		47(1.7%)
Total Impact Value						2,746

① **제품 생애 주기 동안의 디젤 굴착기 대비 전기 굴착기의 가치 편익 개선 정도를 산출**(연평균 750시간, 5년 사용 가정)

② **공급망 단계부터 운전사 사용 단계 등 밸류체인 전반을 아우르는 전기 굴차기 1대당 제품 임팩트 확인**

☑ **동급 디젤 굴착기 및 전기 굴착기 제품의 경제, 사회, 환경적 편익의 차이를 비교 분석한 임팩트 보고서 발행**

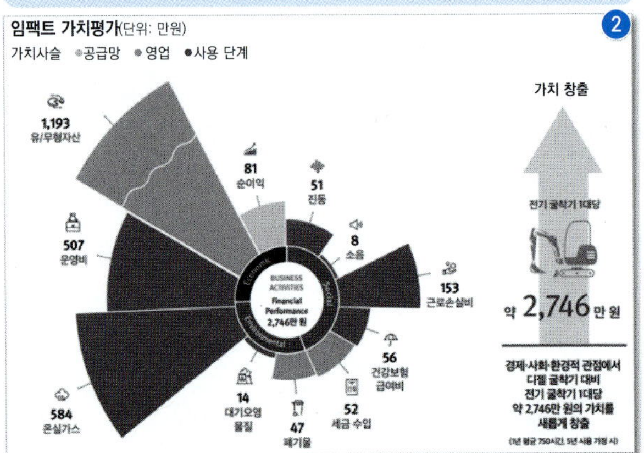

출처: 두산인프라코어(2021)

PwC 사이프러스 임팩트 보고서(Cyprus Impact Report)는 오랜 기간 동안 동일한 목차로 정기 발간되고 있어 성과 추이를 파악할 수 있는 대표적인 사례이다. 이 리포트는 임팩트 지표의 구성을 유지하며 성과의 변동 사항을 파악하고 이를 기반으로 대외적인 커뮤니케이션을 수행한다.

사 례 임팩트 보고서: PwC

목차 (25p)

1. TIMM 평가 배경
2. TIMM 프레임워크
3. 우리의 총 임팩트 ①
4. 우리의 경제적 임팩트 ②
5. 우리의 세금 임팩트 ②
6. 우리의 사회적 임팩트 ②
7. 우리의 환경적 임팩트 ②

☑ **2015년 이후 3년 단위의 임팩트 보고서 정기 발간 및 동일 목차 구성으로 성과의 추이 파악 가능**

☑ **2018년 보고범위 확대(자회사 포함) 및 향후 미래 공시 데이터에 대한 기준연도로 선언**

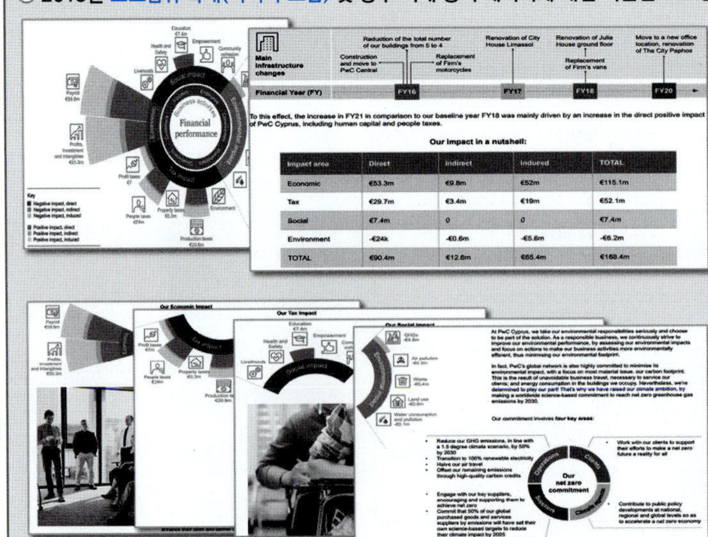

①
- 2015년-2018년-2021년간 17개 임팩트 지표 구성 유지
- 사무실 이동 및 리노베이션, 이동 수단 등 인프라 개선 현황 공개

②
- 임팩트 영역별 성과 데이터 막대 시각적 표현 체계 유지
- 지표별 관련 활동 및 성과의 구체적 의미 기술

출처: PwC(2021), 저자 재구성

2. KPMG True Value

1) KPMG True Value 개요

True Value는 기업 경영활동의 환경·사회적 임팩트 측정을 위해 KPMG가 개발한 방법론으로, 국내에는 지난 2014년 소개되었다. 공인된 표준과 가이드라인이 존재하지 않는 임팩트 가치평가의 특성에 따라 측정의 객관성 확보가 필요했기 때문에 KPMG[86]는 영국 옥스포드대학교의 연구진과 공동으로 True Value라는 새로운 방법론을 개발하였다. 이후 KPMG True Value는 글로벌 유수 기업과 삼성전자, 삼성디스플레이, KT 등 다양한 국내 주요 기업의 사회적 가치 측정에 사용되었다. 현재 KPMG는 임팩트 가치평가의 발전 및 표준화를 위해 세계 지속가능 발전 기업위원회(World Business Council for Sustainable Development, WBCSD)의 'Redefining Value Initiative', 기업 연합체인 VBA(Value Balancing Alliance) 등에 참여하고 있다.

2) True Value 방법론

True Value 방법론은 경영활동을 통해 창출한 가치 중에서 재무제표에 반영되지 않은 경제적 외부성을 측정하는 과정을 다음과 같은 3단계로 구분하고 있다.

1단계: 경영활동의 환경·사회적 외부성 측정

2단계: 외부성의 내부화에 따른 미래 이익 변화 추산

3단계: True Value 최적화 관점에 따른 기업과 사회의 의사결정 방안 도출

True Value 방법론

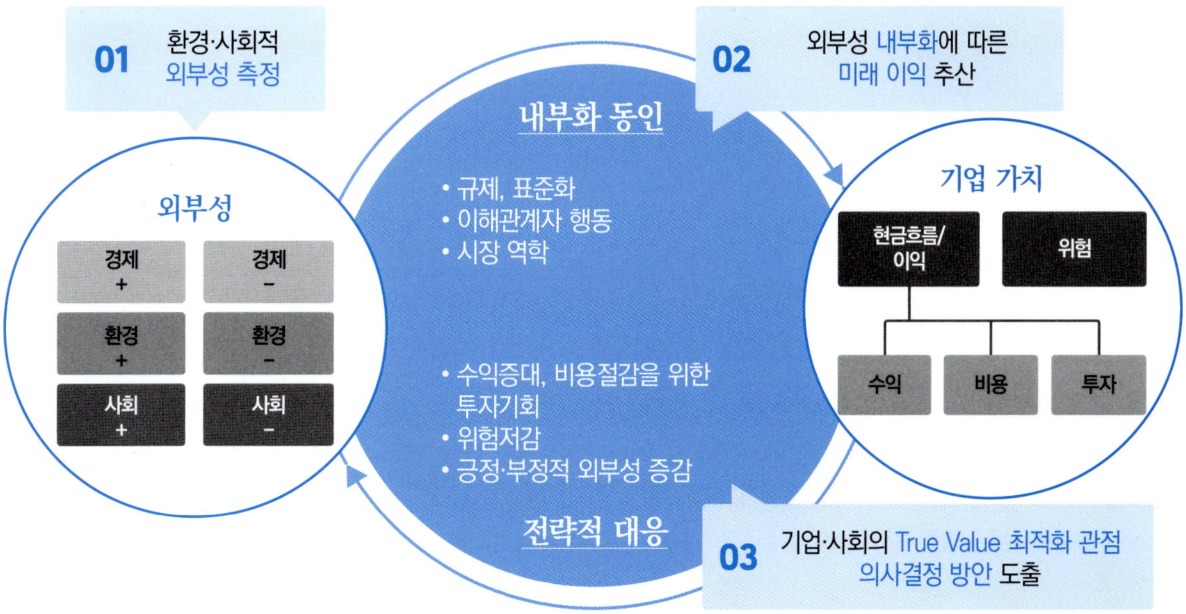

출처: KPMG(2014)

86) KPMG는 세계적인 회계·경영컨설팅 법인이며, 글로벌 4대 회계법인 중 하나다. KPMG의 한국 제휴 법인은 KPMG삼정회계법인이다.

(1) 1단계: 경영활동의 환경·사회적 외부성 측정

가장 많은 기업에서 사용되고 있는 1단계는 기업의 연간 경영활동 전반 또는 특정 제품 및 프로젝트에서 발생하는 환경·사회적 외부성을 측정하여 기존의 재무성과에 더함으로써 기업이 창출한 진정한 이익(True Earnings)을 이해하는 과정이다. 이를 위해 측정 대상이 될 환경·사회적 외부성 지표 풀을 도출하고, 중요성 평가를 통해 기업의 핵심 외부성 지표를 우선 도출한다. 이어서 측정에 활용될 내부 정량 데이터를 수집한 뒤, 이를 화폐적 가치로 환산하기 위한 단위당 기준가격을 마련한다. 예컨대 이산화탄소(CO_2) 1CO_2e톤 배출이 미치는 환경적 비용의 경우, 전 세계적으로 통용되는 최신 계수 및 가격을 확인할 수 있다. 측정의 객관성 및 신뢰성 확보를 위해 정부 및 국제기구 등 공공기관의 데이터와 연구소 학계 등이 제시하는 최신 데이터베이스를 기반으로 단위당 기준가격 풀을 구축하되, 대외 공개된 단위당 기준가격이 없는 지표의 경우에는 기업 활동의 특성을 반영하여 자체 개발하기도 한다. 끝으로 도출된 결과를 해석하여 시사점을 분석하고, 이해관계자들과 소통할 맥락을 도출하게 된다.

기업의 진정한 이익 이해

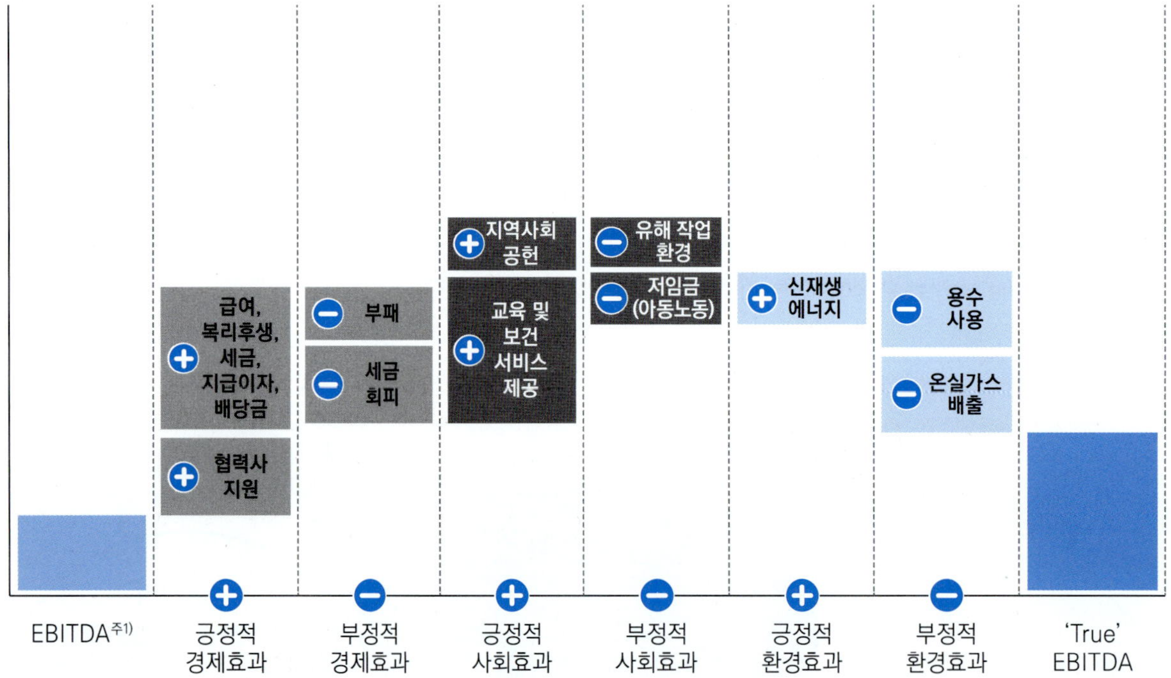

주1: 기업이 영업활동을 통해 벌어들인 현금창출 능력을 나타내는 수익성 지표로 '법인세·이자·감가상각비 차감 전 영업이익'을 말한다.

출처: KPMG(2023)

True Value에 대한 측정과 소통은 기업의 연간 경영활동뿐만 아니라 특정 제품·프로젝트 단위로도 이행될 수 있다. 경영활동의 True Value를 측정한 대표적 사례로는 삼성전자 지속가능성 보고서가 있다. 삼성전자는 2017년 이후 지속적으로 True Value에 따른 경영활동의 가치를 측정하여 공개하고 있다. 제품 단위로는 HD현대인프라코어의 무인 건설 솔루션인 'Concept-X'가 기존 제품 대비 창출할 수 있는 환경·사회적 부가가치를 화폐가치로 측정하여 소통한 사례가 있다.

사 례 경영활동의 True Value 측정: 삼성전자

2022년 삼성전자 지속가능경영 가치

(단위: 조 원)

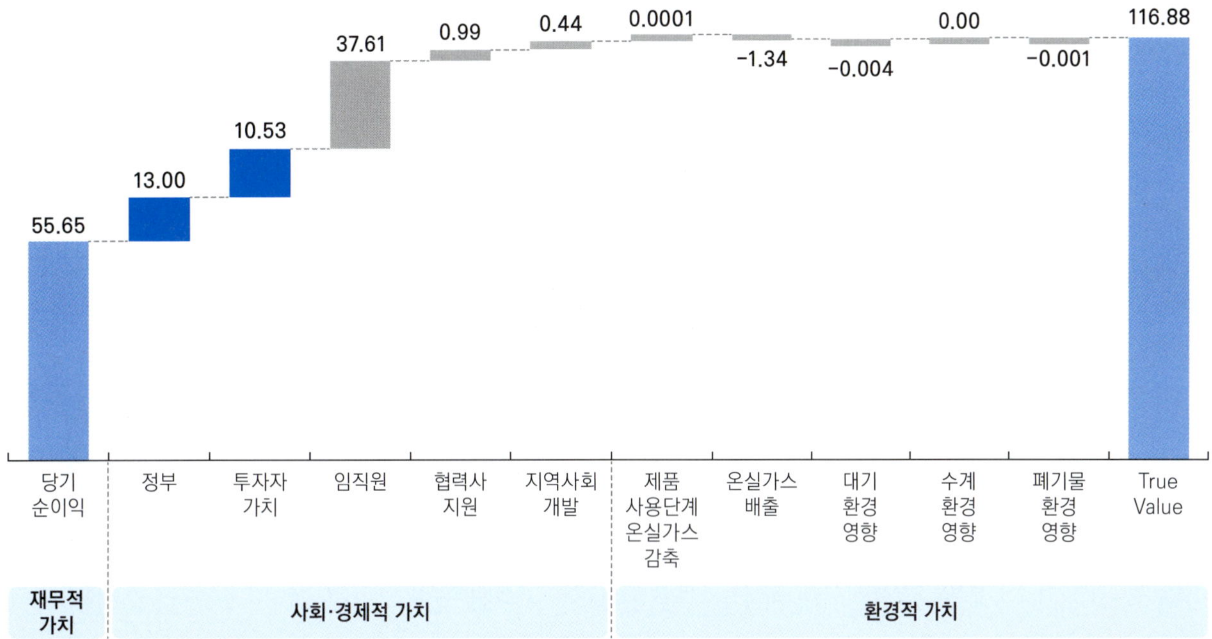

출처: 삼성전자(2023)

사 례 제품의 True Value 측정: HD현대인프라코어

Concept-X 도입시 기존 대비 창출되는 경제·사회·환경 총 가치

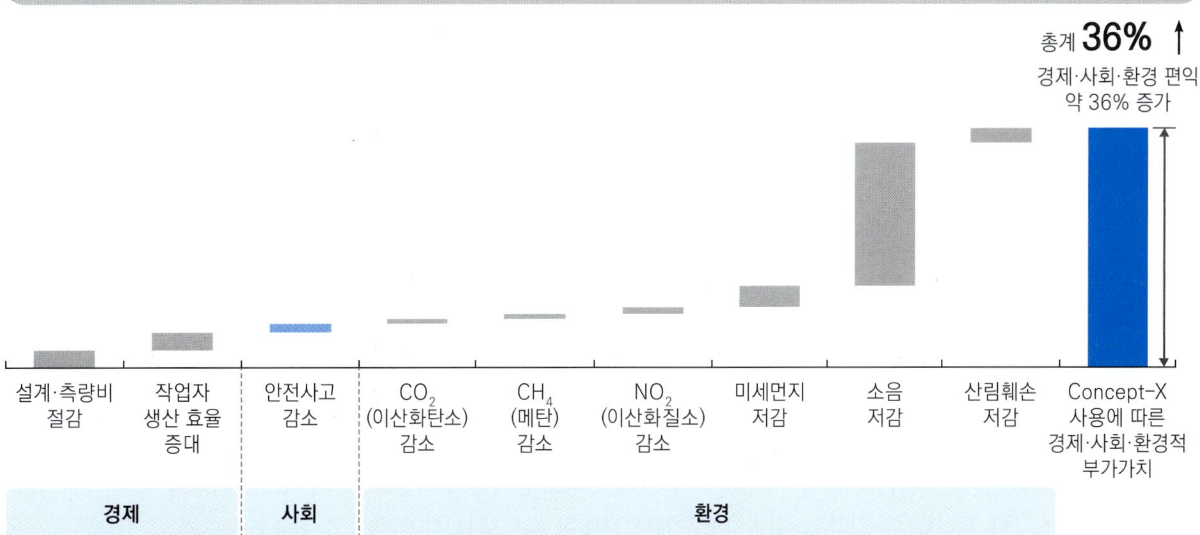

주1: 사회·환경적 가치의 화폐화는 KPMG 'True Value' 방법론에 입각하여 장비 및 건설현장에서 발생하는 양적인 투입 데이터에 전 세계 최신 연구자료에 따른 화폐가치를 곱하여 도출하였습니다. 화폐가치는 연구 시점 및 기준 국가에 따라 물가 변동률을 고려하여 조정하였으며, 글로벌 데이터의 경우 2019년 말일 기준 환율을 적용하여 원화로 환산하였습니다.

주2: 산정 결과는 여러 가정을 전제로 사회적 영향 관리 및 가치 창출 방향성을 수립하기 위해 도출한 명시적인 정보로, 완전성을 띠지 않습니다. 또한, 현 접근에서 적용된 화폐가치가 신규 연구결과 발표에 따라 추가 보완·조정될 수 있어 미래에 동일연도 임팩트 가치평가 수치가 변동할 여지가 있습니다. 따라서 본 정보는 재무공시의 일환으로 간주 할 수 없습니다.

출처: 삼정회계법인(2020)

(2) 2단계: 외부성의 내부화에 따른 미래 이익 변화 추산

2단계는 1단계에서 도출된 임팩트 측정 대상의 항목과 크기가 향후 재무제표에 반영될 경우 기업에 미칠 수 있는 영향을 분석하는 과정이다. 이 단계는 ESG 위험 및 기회가 재무제표에 반영될 가능성과 그 영향의 크기를 공시하도록 요구하는, 최근의 전 세계적 ESG 공시 규제(IFRS 지속가능성 공시기준, EU CSRD 등)의 맥락과 일치하므로 향후 적용 사례가 계속 확대될 것으로 예상된다. 예컨대 1단계에서 기업이 유발한 탄소배출량으로 인한 환경적 영향 및 비용을 측정했다면, 2단계에서는 기업이 유발한 환경적 비용을 제재하는 내부화 동인의 등장(예: 탄소세, 소비자 수요 변화 등에 따른 가격 변화, 원가 상승 등)에 따라 예상되는 수익·비용 등 재무성과의 변화를 측정하게 된다.

환경·사회 외부성에 따른 미래 이익 영향 분석

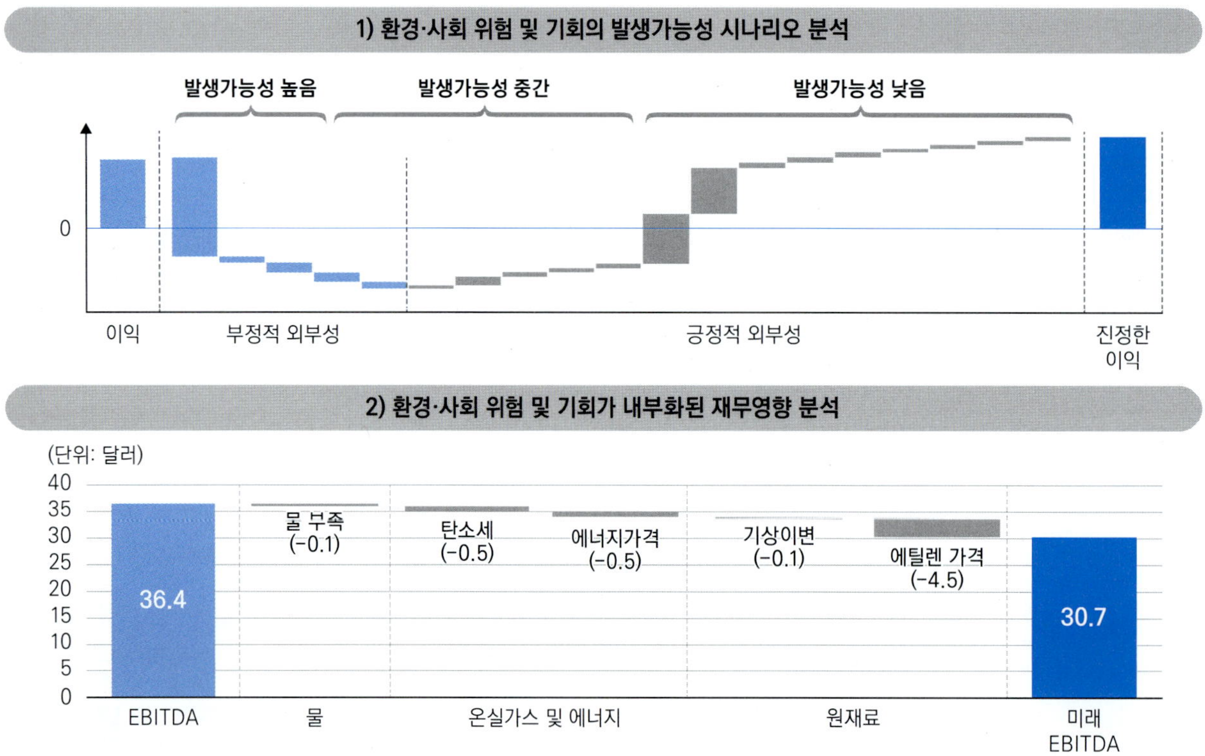

(3) 3단계: True Value 최적화 관점에 따른 기업과 사회의 의사결정 방안 도출

기업은 1, 2단계를 통해 경영활동에서 발생하는 환경·사회적 부가가치와 이것이 재무제표에 미치는 영향을 이해하게 된다. 3단계는 재무적, 경제적 비용/편익만을 고려한 기존의 의사결정과 환경·사회적 비용/편익인 True Value를 고려한 의사결정 옵션을 비교하여 최적화를 위한 의사결정 방안을 도출하는 과정이다. 이를 통해 단기 재무성과만 고려했을 때는 손실인 투자안이, 2단계에서 진행한 환경·사회적 위험 및 기회의 재무제표 영향을 고려했을 때 이익으로 전환될 경우 의사결정에 유의미한 부가 정보를 제시할 수 있다. 나아가 1단계에서 산출한 환경·사회적 임팩트의 화폐화 수치를 추가적인 성과로 이해관계자에게 소통하거나 관리 지표로 모니터링할 수 있게 된다.

KPMG True Value 순현재가치 계산

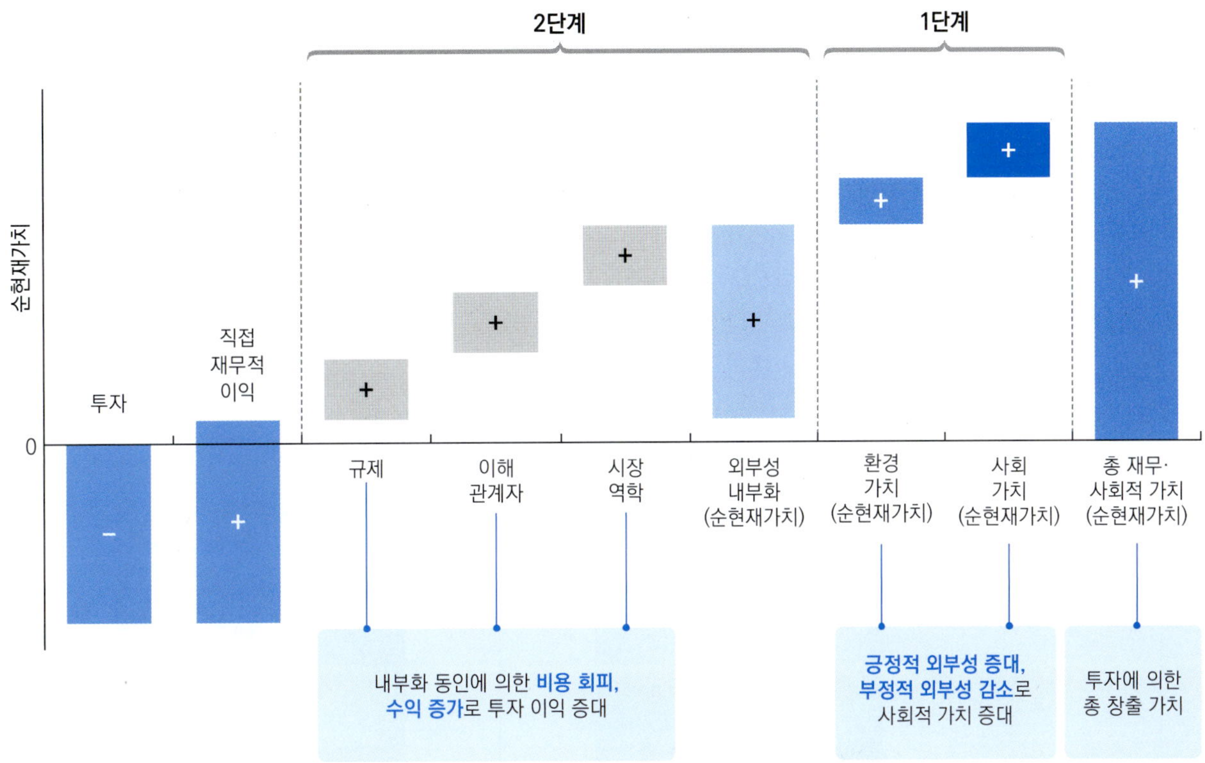

출처: KPMG(2020)

True Value 최적화 관점 의사결정 방안

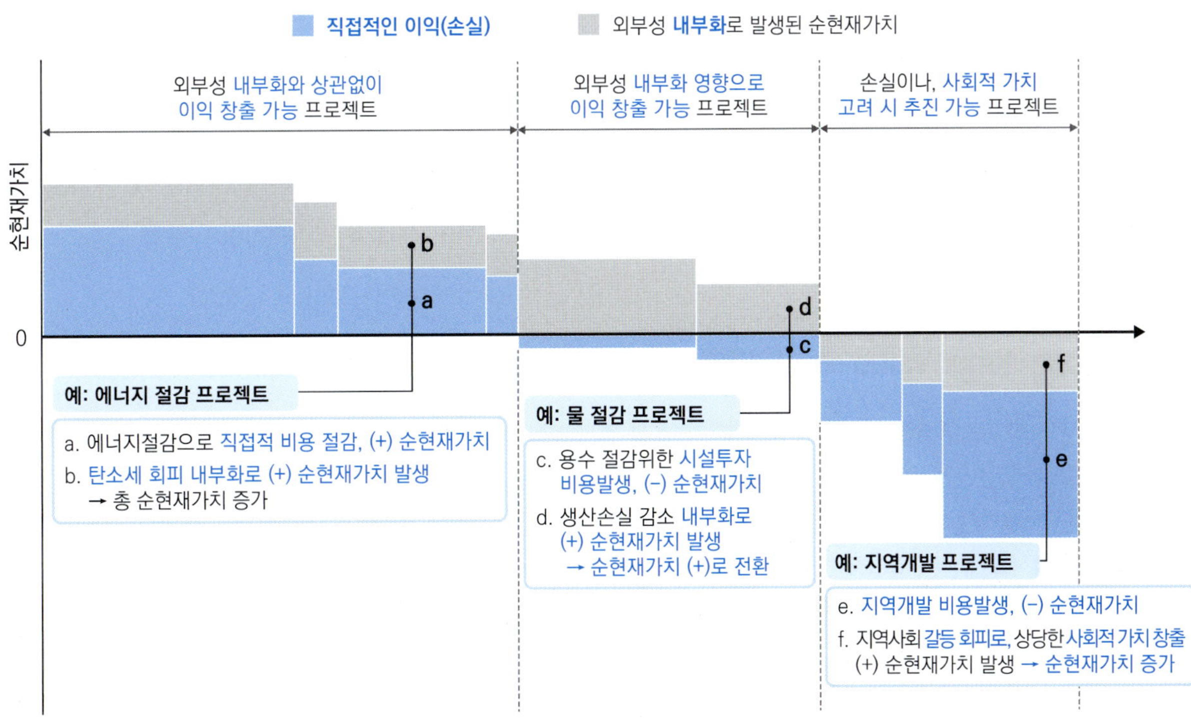

3. EY Long-term Value

1) EY Long-term Value 측정의 배경

기업가치를 평가하는 방법은 다양하다. 비즈니스 가치가 대부분 부동산, 기계장비, 공장 등이었던 제조업 중심의 시대에는 기업의 유형자산 장부 가액이 기업가치를 설명하는 중요한 지표였다. 이후 디지털 시대가 도래하여 비즈니스가 점점 더 많은 서비스 기반 경제에 적응함에 따라 기업가치에 대한 유형자산의 비중이 감소하는 반면 인적 자본, 조직문화, 고객 충성도, 신뢰와 같은 무형자산이 더욱 중요해졌다. 무형자산이 시가총액에서 차지하는 비중도 전 세계적으로 50% 이상이며, 일부 산업에서는 최대 91%까지 나타나고 있다(Brand Finance, 2023).

비즈니스 가치 관점

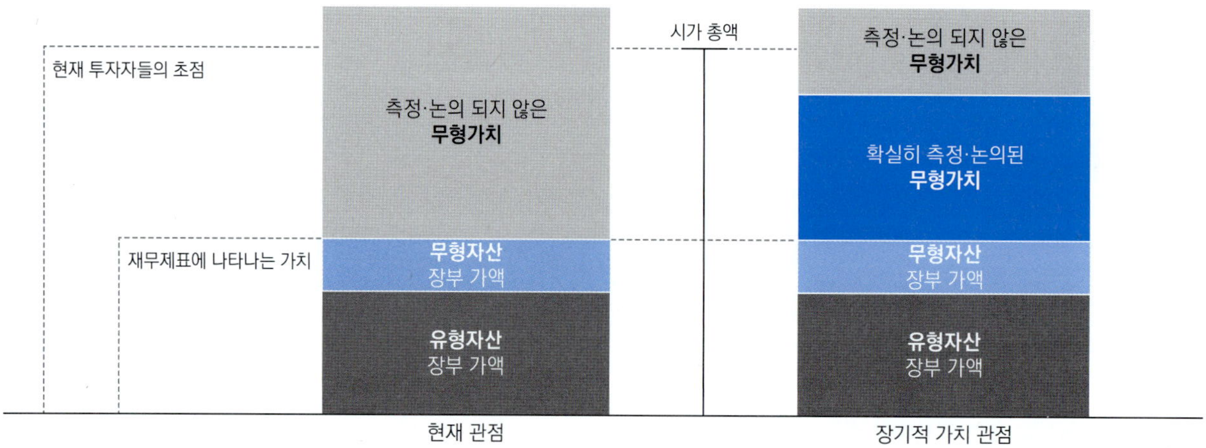

출처: EY(2018)

이처럼 무형가치가 중요해짐에도 불구하고 현행 회계기준에서는 기업의 무형가치를 적절하게 설명할 수 있는 합의된 측정방법이 존재하지 않는다. 이에 따라 투자자 등 이해관계자와 기업은 기업의 총가치를 설명하기 위해 측정되거나 논의되지 않은 무형가치를 측정하기 위한 비교 가능한 지표 개발의 필요성을 공감하게 되었고, 장기적 관점에서 무형가치를 전략적으로 관리하기 위해 장기적 관점의 가치(Long-term Value, LTV) 전략과 측정방법론을 제시하기에 이르렀다.

2) EY Long-term Value 측정방법론

측정되거나 논의되지 않은 무형가치를 측정하고, 그 측정 결과에 대해 투자자와 피투자자가 상호 이해하려면 무형가치의 종류를 설명할 수 있는 가치의 분류가 필요하다. 구분 기준과 구분된 가치들의 명칭은 측정 도구에 따라 다른데, EY[87]는 Long-term Value로서 고객 가치, 인적 가치, 사회 가치, 재무 가치의 4대 범주로 무형가치를 구분하고 있다. 그리고 이렇게 구분한 가치들이 소비자, 주주·투자자, 환경, 정부, 지역사회, 협력사 등 다양한 이해관계자 중에서 누구에게 전달되는지 식별하고 있다.

87) EY(Ernst&Young)는 세계적인 회계·경영컨설팅 법인이며, 글로벌 4대 회계법인 중 하나다. EY의 한국 제휴 법인은 EY한영회계법인이다.

EY Long-term Value의 4대 범주

범주	내용
고객 가치 (Customer Value)	•제품 및 서비스를 통해 고객에게 제공된 가치를 추정하여 인식 → 생산성 향상, 비용절감 등
인적 가치 (People Value)	•임직원(사용자)의 장기적인 삶의 질 향상을 위해 제공된 가치를 인식 → 위험 회피, 질환 예방 등
사회 가치 (Societal Value)	•기업이 존재하는 사회에 장기적인 영향을 제공하는 가치를 인식 → 환경오염 저감, 일자리 창출 등
재무 가치 (Financial Value)	•기업의 재무가치를 장기적이고 지속가능하게 성장시키기 위해 제공된 가치 인식 → 투자유치, 매출 증대 등

출처: EY(2018), 저자 재구성

Long-term Value의 측정은 다음과 같은 4단계를 따라 진행된다.

(1) 1단계: 측정 대상 제품·서비스·활동의 이해

장기적이고 환경·사회적인 가치를 표방하는 활동과 제품·서비스를 측정하기 위해 측정자는 먼저 측정 대상이 무엇인지 정확히 이해할 필요가 있다. 이를 위해 이 단계에서는 왜 이런 서비스가 필요한 것인지, 이 제품이 표면적으로 제시하는 성능은 무엇이고 간접적인 효과는 무엇이 있는지, 특정 경영 관행이 궁극적으로 목표하는 효과는 무엇인지 등 해당하는 제품·서비스·활동의 원리와 목적, 목표를 기획자로부터 상세히 청취한다. 또한 관련한 문건이나 자료가 있다면 이를 상세히 검토한다. 이러한 활동을 통해 측정자는 측정 대상인 제품·서비스·활동에 대한 높은 이해도를 확보할 수 있게 된다.

(2) 2단계: 측정 대상 제품·서비스·활동의 가치 인식

측정 대상의 가치를 인식하는 단계로서 측정 대상이 제품이라면 해당 제품의 생산을 시작으로 유통, 사용, 폐기에 이르는 전 과정을 통해 발생하는 가치는 무엇인지 검토한다. 더불어 발생하는 가치가 어떤 가치 범주에 속하는지, 이해관계자 중 누구에게 전달되는 가치인지 확인함으로써 측정 대상이 되는 가치를 명확히 인식하게 된다.

(3) 3단계: 화폐화 기준 설정

발생된 가치를 화폐화하기 위해서는 가치의 양을 인식하는 판단 기준인 기준상태(Baseline)와 가치 발생 단위별 기준가격의 설정이 필요하다. 이 단계에서는 기준상태와 기준가격을 설정하여 발생된 가치에 대한 화폐화 기준을 설정한다. 기준상태에는 측정 대상이 없는 상태에서 이해관계자가 선택할 수 있는 평균적인 상태를 의미하는 시장 평균 비교, 과거 시점과 측정 시점의 가치 크기를 비교하는 기준시점 비교, 가치 발생과 관련한 제품·서비스·활동이 전무한 상태와 비교하는 영 기준 비교, 법적 기준과 비교하는 법 기준 비교 등이 있다. 기준가격에는 기존의 제품·서비스·활동으로 발생할 수 있는 비용인 피해비용, 동일한 문제 해결을 위해 이해관계자가 지불했어야 하는 비용인 대체비용, 제공하는 제품·서비스·활동과 다소 성능 차이는 있으나 동일한 목적으로 시장에서 유통되는 방법의 가격을 차용하는 유사시장가격, 가치 창출을 위해 투입된 자원인 투입비용 등이 있다.

(4) 4단계: 화폐화 가치 산출

마지막 4단계에서는 가치 범주 및 이해관계자별로 발생하는 가치에 대해 기준상태를 설정하여 가치의 발생량을 확정하고, 기준가격을 통해 가치의 발생량당 화폐화된 단가를 정한 뒤 이 두 수치를 곱하여 가치의 크기에 대한 화폐화된 가격을 산출한다.

예시로 어떠한 제품이나 서비스가 기존 제품이나 서비스에 비해 온실가스의 배출을 저감한 것이라면, 기존 제품 대비하여 저감한 온실가스 배출량에 온실가스 단위당 기준가격을 곱하는 방식으로 화폐화된 가격을 산출하며 측정 산식을 아래와 같이 표현한다.

(기존 제품의 사용단위당 온실가스 배출량 - 측정 제품의 사용단위당 온실가스 배출량)
x 단위당 온실가스 배출의 기준가격 = 화폐화 가치

3) EY Long-term Value 측정 및 공시 사례

EY Long-term Value는 기업 경영 전반에 대한 측정과 개별 활동·서비스에 대한 측정의 두 분야에서 사용되고, 공시에 활용되고 있다.

(1) 기업 경영 전반에 대한 측정

일반적으로 지속가능성 보고서는 기업의 지속가능성과 관련한 질적 서술이 대부분을 차지하며, 수치화가 가능한 지표는 보고서의 별도 섹션에서 '정량성과표' 형태로 보고되고 있다. EY Long-term Value는 기업이 1년간의 경영활동을 통해 이해관계자에게 만들어낸 가치를 정량화하고, 화폐화하여 측정함으로써 연간 성과를 합산된 하나의 숫자로 제시하고 있다. 앞서 살펴본 것처럼 EY Long-term Value는 무형가치를 4개 범주로 나누어 설명한다. 첫째, 고객 가치에서는 R&D, 고객 커뮤니케이션, 제품·서비스의 사후 관리, 협력사 기술개발 지원 등의 가치를 측정한다. 둘째, 인적 가치에서는 자사 및 협력사 임직원의 근로환경 개선, 교육활동, 안전보건 활동, 모성보호 및 다양성 추구 활동을 측정하고, 이미 발생한 안전사고에 대해서는 비용으로 잡아 마이너스로 측정한다. 셋째, 사회 가치에서는 기업 활동으로 인한 환경 피해를 고려하여 온실가스 배출, 대기오염물질 배출, 폐기물 배출, 수질오염 물질 배출을 비용으로 측정한다. 또한 일자리 창출, 지역사회공헌의 가치를 측정한다. 넷째, 재무 가치는 기업의 재무 가치를 장기적이고 지속가능하게 성장시키기 위해 이해관계자들에게 제공된 가치 측면에서 배당, 세금, 임금을 장기적 가치로 인식한다.

사 례 **Long-term Value 측정 결과: 삼성전기**

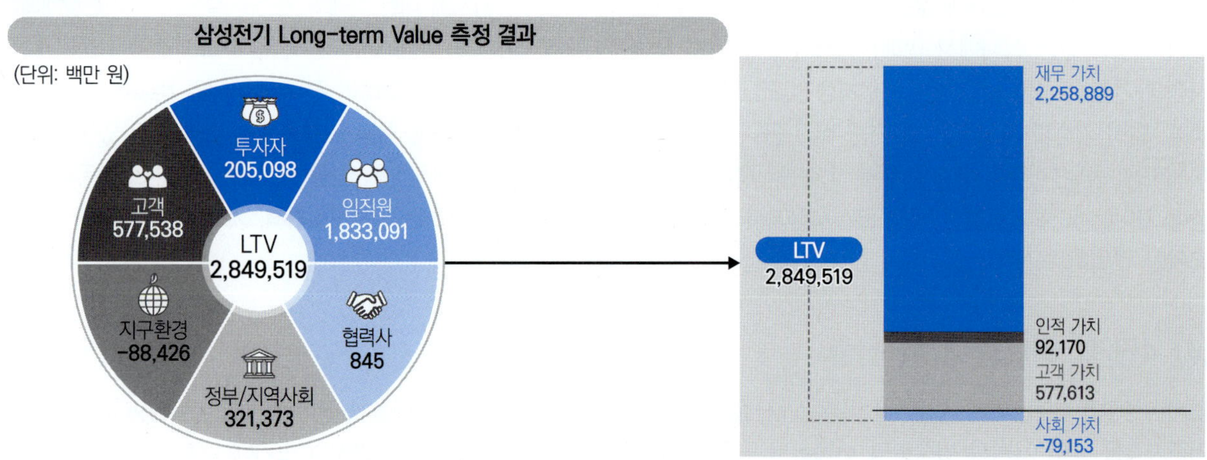

출처: 삼성전기(2023)

(2) 제품·서비스에 대한 측정

개별 제품이나 서비스의 가치 측정에도 EY Long-term Value 방법론을 활용할 수 있다. 주로 친환경 제품이나 혁신 제품에 대해 간접적으로 발생하는 가치를 인식하여 이를 이해관계자에게 전달하기 위해 활용되고 있다.

사 례 EY Long-term Value를 활용한 협동로봇의 사회적 가치 측정: 두산

DOOSAN CORPORATION ESG REPORT 2021 19

협동로봇의 사회적 가치 측정

㈜두산은 기업 경영활동에 대한 전사 사회적 가치 측정 뿐만 아니라 사업이 보유하고 있는 제품과 서비스의 사회적 가치를 측정하고 개선해 나감으로써 사업 경쟁력을 제고하고 있습니다. 협동로봇은 인간과 로봇이 같은 공간에서 함께 작업하기 위한 안전기준인 협동 운용(Collaborative Operation) 조건을 충족하는 로봇입니다. 작업 영역에 인간이 접근하는 것을 배제하는 전통적 산업용 로봇과 차이가 있으며, 인간을 대체하는 것이 아니라 인간과 협력하여 운용된다는 점에서 기술의 발전에 따라 더 나은 노동환경 제공에 도움이 될 것으로 기대되고 있습니다. 두산로보틱스의 협동로봇은 2018년 양산 이래 줄곧 국내 협동로봇 시장 점유율 1위를 지켜왔습니다. 두산로보틱스의 협동로봇은 제조업 뿐만 아니라 카메라 로봇(New Inspiration New Angle, NINA), 모듈러 로봇카페, 아이스크림 로봇, 의료 보조 로봇 등 다양한 서비스로봇으로 라인업을 확장하고 있습니다.

두산로보틱스 협동로봇의 사회적 가치 측정은 협동로봇을 통해 주요 이해관계자에게 전달되는 가치를 EY Long-term Value Framework를 기반으로, ①고객 가치, ②인적 가치, ③사회 가치, ④재무 가치로 구분하여 측정했습니다. 측정 결과, 협동로봇은 약 284억 원의 사회적 가치를 창출한 것으로 나타났습니다. ㈜두산과 두산로보틱스는 사람과 사회를 위해 도움이 되는 로봇 기술을 개발하고 기술 혁신을 통해 지속적으로 사회적 가치를 창출하는 기업으로 성장하겠습니다.

창출된 사회적 가치

총 284 억원

126.4억원	7.3억원	105.2억원	45.1억원
고객 가치(Customer Value)	**인적 가치**(People Value)	**사회 가치**(Societal Value)	**재무 가치**(Financial Value)
• 제품 및 서비스를 통해 고객에게 고객에게 제공된 가치를 추정하여 인식 • 협동로봇 구매를 통해 고객이 기대하는 긍정적 변화(생산성 향상, 근로환경 개선 등)의 크기를 구매비용 기반으로 추정	• 임직원(사용자)의 장기적인 삶의 질 향상을 위해 제공된 가치를 인식 • 협동로봇의 사용으로 3D(Dirty, Difficult, Dangerous) 업무를 줄여 산업재해 위험을 회피한 성과를 추정	• 기업이 존재하는 사회에 장기적인 영향을 제공하는 가치를 인식 • 협동로봇 생태계 개발을 통해 영세 SI업체의 매출을 증진시키고, 일자리를 창출한 성과를 추정	• 기업의 재무 가치를 장기적이고 지속가능하게 성장시키기 위해 제공된 가치 인식 • 협동로봇 판매를 통해 두산로보틱스에 창출된 금전적 이익을 추정

* 본 측정은 2021년 판매된 협동로봇 및 2021년 현재 운영 중인 협동로봇의 사례를 기반으로 측정되었으며, 측정 대상이 발생시킨 성과의 일반시장가격 혹은 유사시장가격 기준으로 측정되었습니다. 측정에 사용된 화폐가치는 신규 연구 결과에 따라 변경될 수 있으며, 측정 결과의 완전성을 검증할 수 없으므로 재무공시의 일환으로 간주할 수 없습니다.

출처: 두산(2022)

제품·서비스의 측정 결과는 개별 제품 측정 결과를 상세히 소개하는 특별 보고서 형태로 발간되기도 한다. 제품의 가치에 대한 특별 보고서는 영업·마케팅을 위한 보조 설명 자료로 활용될 수 있으며, 다양한 이해관계자들에게 기업과 제품의 선도적 이미지를 전달하는 데 도움을 주고 있다.

사 례 EY Long-term Value를 활용한 수소 지게차의 임팩트 가치평가: HD현대사이트솔루션

측정결과

(단위 : 백만 원)

범주	가치인식	고객	지역사회	정부	지구환경	투자자	협력사	합계
Customer value	연료비 절감 성과	74.1	-	-	-	-	-	74.1
	고객사 Scope3 배출량 절감 성과	3.6	-	-	-	-	-	3.6
People value	초미세먼지 배출저감으로 인한 건강 편익 증진 성과	-	19.9	-	-	-	-	19.9
	소음 감소 성과	1.4	-	-	-	-	-	1.4
Societal value	온실가스 배출 저감 성과	-	-	-	14.7	-	-	14.7
	대기오염물질 배출 저감 성과	-	-	-	24.4	-	-	24.4
Financial value	당사 이익 증대 성과	-	-	-	-	22.2	-	22.2
합계		79.1	19.9	-	39.1	22.2	-	160.3

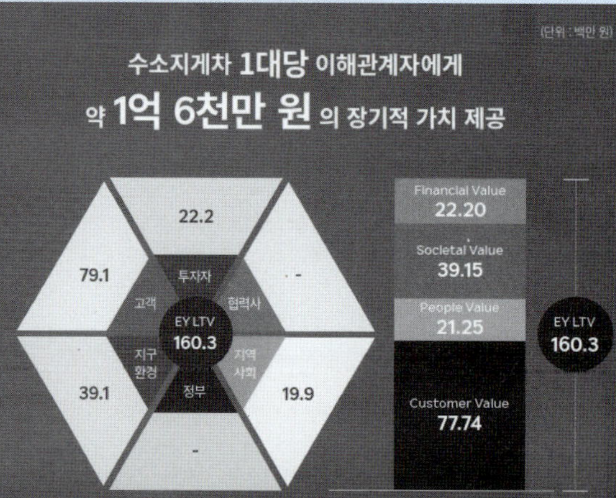

본 측정은 기업이 관리하는 데이터를 기반으로 국가 통계, 연구 결과 등을 활용하여 진행되었습니다. 측정에 사용된 화폐가치는 신규 연구 결과에 따라 변경될 수 있으며, 측정 결과의 완전성을 검증할 수 없으므로 재무공시의 일환으로 간주할 수 없습니다.

출처: HD현대사이트솔루션(2023)

4. SK DBL

1) SK의 DBL 경영 추진 배경

기업은 혼자서 생존하기 어려운 환경에 놓여있다. 이는 기업이 고객, 구성원, 주주, 사회 등 이해관계자들로 이루어진 생태계에 함께 존재해야 함을 의미한다. 이와 같은 맥락에서 미국 주요 기업 경영인의 모임인 비즈니스 라운드테이블은 2019년 8월 고객에 대한 가치 제공, 종업원에 대한 투자, 협력업체와 공정하고 윤리적인 거래, 지역사회에 대한 지원, 장기적인 주주 가치 창출 모두가 기업의 필수적 목적이라고 선언한 바 있다(정아름 등, 2020). 이렇듯 기업은 지속가능경영을 위해 안정과 성장뿐만 아니라 생태계의 수많은 이해관계자들과 밀접한 관계를 유지하며 가치를 극대화해야 한다. 이에 따라 SK는 기업의 목적 함수에 주주와 고객을 위한 경제적 가치뿐 아니라 다양한 이해관계자들의 요구에 응답하는 사회적 가치(Social Value, SV)를 포함하는 획기적 변화를 추진하였다(사회적가치연구원, 2022).

SK 그룹은 지난 2016년 '사회적 가치 창출'이란 미션을 경영철학이자 방법론인 SKMS(SK Management System)에 담았으며, 그룹의 주요 계열사 정관에 '회사는 이해관계자 간 행복이 조화와 균형을 이루도록 노력하고, 장기적으로 지속가능하도록 현재와 미래의 행복을 동시에 고려해야 한다'는 조항을 포함했다. 이처럼 그룹의 경영철학을 새로 정의하고, 계열사의 정관을 추가하여 '사회적 가치'를 명문화한 것은 SK가 사회적 역할과 책임을 다하는 성숙된 기업으로서 성장해 나아가겠다는 의지의 표현이며, 사회적 가치 추구 실천에 대한 다짐이라고 볼 수 있다(사회적가치연구원, 2022).[88]

2) SK의 사회적 가치 측정

SK는 종전까지 의사결정 과정에서 기업이 매우 중요하게 여겨왔던 경제적 가치뿐 아니라 사회적 가치를 동시에 추구하는 기업 경영을 의미하는 DBL(Double Bottom Line)을 2018년부터 본격적으로 추진해오고 있다. 이때부터 SK는 사회적 가치의 구체적 실현을 위해 17개 계열사가 창출한 사회적 가치를 측정하고 있다. 이를 위해 긍정적인 성과 외에도 배출한 환경오염의 영향처럼 부정적인 성과도 측정하여 공시하고 있는데, 이는 현재 기업의 사회적 가치 창출 영역과 규모를 구체적으로 파악하여 긍정적인 영향은 확대하고 부정적인 영향은 개선하기 위한 목표를 설정하여 관리하기 위함이다. 또한 사회적 가치 창출활동을 통해 기존의 비즈니스와 관련되어 있는 사회문제를 파악하고, 이를 비즈니스 모델 혁신의 기회로 활용하고자 노력하고 있다. 요컨대, SK는 측정 결과의 규모를 파악하기보다는 개선 기준점을 설정하고, 비즈니스 모델 혁신과 연계하기 위해 사회적 가치를 측정하고 있다고 할 수 있다.

(1) 사회적 가치 정의

사회적 가치는 기업이 사회문제 해결에 기여한 사회 성과의 총합을 의미하며, 사회문제란 동시대 특정 사회에 속하는 구성원이 영향을 받으며 구조적인 이유로 인해 근본적인 문제의 해결이 개개인의 노력으로는 부족한 상태를 의미한다. SK가 지향하는 사회적 가치는 직면하고 있는 다양한 사회문제들을 해결함으로써 창출되는 가치이다(사회적가치연구원, 2022).

---

88) 2020년 SK는 SKMS를 통해 구성원과 기업의 이해관계자에 대한 행복을 경영의 지향점으로 반영하였고, '이해관계자의 행복'을 위해 기업이 창출하는 모든 가치가 사회적 가치임을 구체화하였다.

사회적 가치는 시대적 상황과 지역별 특성에 따라 상대적일 수 있으나 보편적인 규범에 기반한 공통의 사회적 가치를 기반으로 한다. 이에 SK는 헌법, 사회적 가치 기본법, 정부정책, UN SDGs 등을 반영한 기준을 참고하여 사회 성과의 사회적 가치 여부를 종합적으로 판단하고 있다.

(2) 사회적 가치 측정 원칙

SK의 사회적 가치 측정 원칙은 크게 세 가지이다.

❶ 기업 활동에서 창출되는 사회적 가치 중 측정 가능한 모든 사회적 가치 측정을 지향

사회적 가치 창출 의도에 상관없이 제품 개발, 생산, 판매, 사회공헌 활동 등 기업 경영활동 과정 중 창출되는 사회적 가치 모두를 측정한다. 이를 통해 경영활동 전반에서 사회적 가치의 확장을 지속적으로 추구한다.

❷ 경영활동의 실제적 결과를 측정하되 영향 측정을 지향

측정이 어려운 일부 영역을 제외하면 기업 경영활동으로 인해 발생한 실제적 결과를 측정한다. 이는 사회적 가치 추구를 통해 수혜자의 삶에 일어난 변화를 측정하는 것이며 궁극적으로 영향 측정을 지향한다.

❸ 객관적이고 보수적인 화폐화 측정 지향

사회 성과에 대한 화폐가치 환산은 객관적이고 보수적인 접근을 통해 타당성과 신뢰성이 높은 데이터와 기준값을 적용해야 한다. 대표적인 예로, 기업의 공정 단계에서 발생하는 온실가스의 경우 글로벌 기업에서 적용하고 있는 탄소의 사회적 비용(Social Cost of Carbon, 이하 SCC)[89]을 화폐화 계수(Proxy)로 적용한다(SK DBL 사회적 가치 측정 가이드북, 2020). 그 외에 이해관계자의 편익과 비용을 동시에 고려하여 측정한다는 원칙도 적용한다. 기업이 창출한 사회 성과는 이해관계자별 편익과 비용을 합산한 것으로 사회적 편익에서 사회적 비용을 뺀 사회적 부가가치와 동일하다. 또한 SK의 SV 측정은 재무성과와 마찬가지로 매년 1월 1일부터 12월 31일까지 발생한 1년치 사회 성과를 대상으로 한다. 측정을 위한 데이터는 성과가 발생한 국가 또는 지역의 법제상의 기준을 적용하며, 법규 또는 제도적 의무 규정이 있는 경우에는 해당 초과분에 대해서만 측정한다.

(3) 사회적 가치 측정 체계

SK가 사회적 가치 측정 체계를 처음 개발한 2018년에는 크게 경제간접기여 성과, 비즈니스 사회 성과, 사회공헌사회 성과를 측정하는 형태였다. 현재는 ESG에 보다 집중하여 경제간접기여 성과, 환경(E) 성과, 사회(S) 성과로 구분하여 측정하고 있다.[90]

---

89) Social Cost of Carbon(SCC)는 온실가스 한 단위가 사회적으로 미치는 영향을 비용으로 산정한 값이다.

90) 거버넌스 성과는 비화폐적 성과로 공표하고 있다.

SK의 사회적 가치 측정 체계

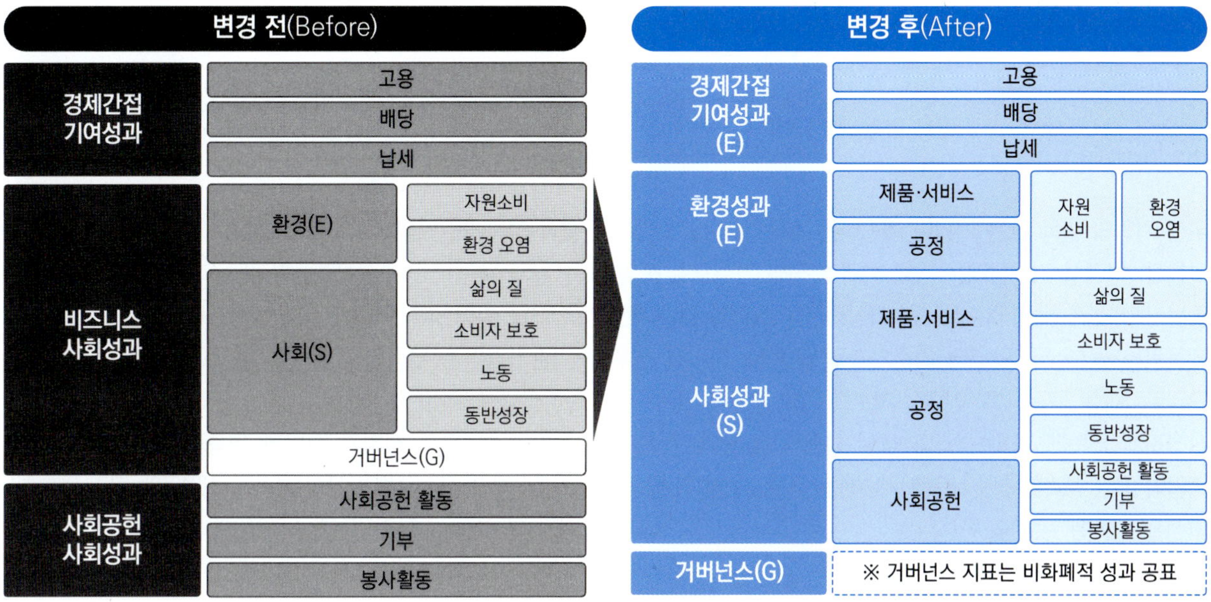

출처: 사회적가치연구원(2022)

❶ 경제간접기여 성과

경제간접기여 성과란 기업이 경영활동을 통해 국가 경제에 긍정적으로 기여한 성과를 의미한다. 기업의 핵심 이해관계자라고 할 수 있는 구성원, 주주, 정부에 제공하는 경제적 가치(고용, 배당, 납세)는 기업 본연의 역할을 넘어 보다 적극적으로 부가가치를 만들어 낼 수 있다. 경제간접기여 성과를 측정하는 것은 국가 경제에 미치는 긍정의 기여도를 높이기 위한 의지의 표현으로 볼 수 있다.

❷ 환경 성과

환경 성과는 기업의 운영 및 생산 활동, 소비자에게 제공되는 제품·서비스의 생산 및 소비 과정에서 발생하는 환경적인 영향을 말한다. 기업을 운영하기 위해서는 에너지, 용수, 원재료 등의 자원을 소비하며 생산 공정에서 대기 및 수질오염물질이나 온실가스를 배출하기도 한다. 이처럼 기업 활동에 수반되어 발생하게 되는 환경적인 성과를 공정 성과라고 한다. 공정 성과는 통상적으로 환경에 부담을 주기 때문에 부정적인 효과로써 음(-)으로 측정된다. 한편 기업이 생산하는 제품·서비스를 통해서 환경적인 성과를 창출하기도 하는데, 이러한 성과를 제품·서비스 성과로 분류한다. 친환경 제품·서비스를 생산하게 되면 긍정적인 효과를 가져오기 때문에 양(+)의 값으로 측정된다.

❸ 사회 성과

사회 성과는 기업을 둘러싼 다양한 이해관계자들의 삶을 질을 개선하기 위해 진행한 경영활동의 영향을 말한다. 공정 성과는 구성원의 근로환경 개선을 측정하는 노동 성과와 협력사 및 산업생태계와의 협력을 위한 노력을 측정하는 동반성장 성과로 구성된다. 그리고 지역사회나 외부 공동체에 대한 지원은 사회공헌 성과로 분류되며, 소비자에게 제공되는 제품·서비스의 품질과 안전에 대한 성과는 제품·서비스 성과이다.

(4) 사회적 가치 측정방법론 및 측정요소

SK의 사회적 가치 성과 측정 기본식은 아래와 같다.

(사회적 가치 창출 결과 또는 영향 - 기준상태) × 판매량 또는 제공량 × 단위당 기준가격 × 기여도

우선 기업의 활동 또는 기업이 제공하는 제품·서비스가 창출한 결과 성과 또는 영향 성과를 측정하여 기준상태와의 차이를 구한다. 여기서 기준상태는 사회 성과 측정의 기준으로 동일 또는 유사 제품·서비스 시장의 평균을 의미하며, 기업의 제품 또는 서비스가 해당 기준상태인 시장평균을 초과할 경우에만 양(+)으로 측정한다. 여기에 해당 제품·서비스의 판매량 또는 제공량을 곱한 뒤, 단위당 기준가격을 곱한다. 여기서 단위당 기준가격이란 무형의 사회 성과를 화폐화로 만들어 주는 단위로, SK는 객관성 및 신뢰성 확보를 위해 공신력 있는 국제기구, 정부, 협회 등의 수치를 적용하고 있다. 이어서 기여도를 산정하게 되는데 사회 성과의 경우 최종 사용 단계 등에서 창출되는 성과를 측정하기 때문에 제품·서비스의 경우 여러 기업이 해당 성과를 창출하는데 기여하는 경우가 빈번히 발생한다. 이에 따라 최종단계인 사회 성과를 기여도에 따라 배분하는 과정을 거치는 것이다.[91)]

(5) 사회적 가치 측정 프로세스

SK는 사회 성과를 측정하는 프로세스는 크게 6단계로 구분할 수 있다.

- 1단계: 사회 성과 정의(제품·서비스 기능, 수혜자, 사회적 편익)
- 2단계: 사회적 가치 여부 판단
- 3단계: 지표 정의
- 4단계: 사회적 가치 성과 계산(기준상태, 단위당 기준가격, 제공량)
- 5단계: 기여도 협의 및 적용
- 6단계: 보상 여부 판단(정부 보상금 차감)

이와 같은 6단계를 SK 사회적 가치 측정의 가장 대표 성과인 제품·서비스 성과를 측정하는 프로세스를 예로 들어 살펴보고자 한다. 1단계에서는 가장 먼저 사회 성과를 정의한다. 기업의 제품 및 서비스로 인하여 창출되는 사회적 편익, 즉 사회 성과가 무엇이며 해당 성과의 수혜자를 누구인지를 정의한다. 2단계는 1단계에서 도출한 제품·서비스의 성과 정의를 바탕으로 사회적 가치 여부를 판단한다. 만약 해당 제품·서비스가 사회문제 해결에 기여할 수 있으며, 사회와 환경의 지속가능성을 위협하는 요소를 해결하거나 완화한다고 판단하는 경우 다음 단계로 넘어가 지표를 정의한다. 3단계인 지표 정의 및 도출에서는 시장에서 단독으로 해당 성과를 창출하는지 또는 시장 평균대비 얼마만큼의 부가적 성과를 창출하는지를 판단하고, 화폐화를 위한 단위당 기준가격을 찾아 지표식을 도출한다. 4단계는 3단계에서 정한 지표 산식에 따라 사회적 가치 성과를 계산하며[92)], 5단계에서는 기여도를 정하게 된다. 마지막 6단계에서는 측정된 사회적 가치 성과 중 관련된 정부 보상금 등이 존재한다면 보상 부분을 차감하여 최종적인 사회 성과를 계산한다.

---

91) 현재는 부가가치율, 원가율 등 경제적 비율을 준용하여 사회 성과의 기여도를 배분하고 있으나, 사회 성과에 적합한 기여도를 찾기 위하여 추가적인 연구를 진행하고 있다.

92) '사회적 가치 측정방법론 및 측정요소'에서 설명한 내용은 '사회적 가치 측정 프로세스'의 4, 5단계에 해당한다.

3) SK의 사회적 가치 측정 사례

SK는 사회적 가치 측정 결과를 매년 5월 외부에 발표하고 있으며, 2022년에는 측정 산식도 함께 공개하였다. 각 계열사들은 자사의 지속가능성 보고서에 해당 내용을 수록하거나, 홈페이지를 통해 성과를 공시하고 있다. 그중 SK텔레콤의 '범죄번호로의 발신차단 서비스를 통한 보이스피싱 피해예방 성과'를 살펴보면 다음과 같다.

사 례 **보이스피싱 피해예방 성과: SK텔레콤**

범죄번호로의 발신차단 서비스를 통한 보이스피싱 피해예방

발신차단 건수 x 금융사기 피해 경험률(3.3%)[주1)] x 보이스피싱 1건당 사회적 비용(22,146,391원)[주2) 주3)]

보이스피싱 전화연결 차단 서비스는 경찰청에서 제공되는 범죄번호를 대상으로 동작하며, 이동통신사 중 SK텔레콤은 이를 운영하고 있다. 해당 시스템을 통해 2022년 한 해 범죄번호로 발신을 시도한 고객 전화연결을 총 104,990건 차단하여 피해를 예방하였다.

해당 사회 성과는 예방비용을 추정하였는데, 발신차단 건수에 금융사기 현황 조사 결과를 기반한 피해 경험률을 곱하고, 경찰청 보이스피싱 통계로 집계된 1건당 보이스피싱 사회적 비용을 곱하여 최종적인 사회 성과를 측정하였다.

주1: 2022년 금융사기 현황 조사 결과(한국금융투자자보호재단)

주2: 2022년 보이스피싱 통계(경찰청)

주3: 2021년 보이스피싱 피해 현황(금융감독원), 2021년 성과 측정 시 약 654만 원 적용

출처: SK텔레콤 웹페이지

Environmental

부록 2

실전 ESG 공시 – 이것만은 알자

Social

Governance

KICPA

The Korean Institute of Certified Public Accountants

Environmental
Social
Governance

ESG 공시 택소노미

1. IFRS 지속가능성 공시 택소노미

2. SASB 택소노미

부록 2
ESG 공시 택소노미

1. IFRS 지속가능성 공시 택소노미

IFRS 지속가능성 공시 택소노미[93]는 표준화된 엘리먼트(Element)[94]를 정의하여 구조화한 것으로 IFRS 지속가능성 공시를 태깅(Tagging)하여 컴퓨터가 읽을 수 있는 구조의 XML 문서로 작성한다. 공시 사항에 태그를 지정하기 위해 표준 엘리먼트를 사용함으로써 컴퓨터는 기술 내용이 다른 여러 기업의 공시 사항을 비교 가능할 수 있도록 한다. XBRL 보고서에서는 표를 구성하는 '엘리먼트'가 사전에 정의되어 있는데 Axis, Table, Domain Member, Line Items로 구분되고, Line Items 중에서 Abstract가 아닌 엘리먼트들은 데이터 입력을 위해 사용된다.

주요 용어 설명

[Axis]: 하나의 [항목]에 대한 값을 특정 기준에 의해 구분 공시하고자 할 때, 그 기준을 나타내기 위해 사용되는 기술적 개념.
예를 들어, 한 기간의 수익(매출)은 사업 부문 Axis, 국가 Axis, 제품 Axis 등을 사용하여 구분 공시될 수 있음.
[Domain]: Axis를 사용하여 구분 공시를 할 때, 구성 요소들의 전체를 나타내는 항목. 예를 들어, 수익(매출)을 국가 Axis를 사용하여 구분 공시할 때, '구성 국가 전체(Total)'를 Domain으로 사용할 수 있음.
[Member]: Axis를 사용하여 구분 공시를 할 때, Domain을 구성하는 하위요소. 예를 들어, 수익(매출)을 국가 Axis를 사용하여 구분 공시할 때, '구성 국가 전체'를 Domain으로 사용할 경우, '미국', '영국' 등이 구성요소(Member)가 될 수 있음
[Line Items]: 표 관련 요소(Table, Axis, Domain Member)를 제외한 요소. 항목은 개요(Abstract)이며, Abstract가 아닌 항목(Line Item Concept)들은 데이터 입력을 위해 사용됨. Line Item은 여러 개가 표시될 수 있으며, 표에서 Domain Member들과 결합하여 표시됨

표준 엘리먼트로 태깅하여 컴퓨터가 읽을 수 있는 비교 가능한 정보 생성 과정

출처: IFRS 재단(2023d)

위 그림과 같이 온실가스 배출량에 대한 각국의 다양한 기업의 공시 내용(좌측)이 IFRS 지속가능성 공시 택소노미의 'ifrs-sds: GrossScope1GreenhouseGasEmissions' 엘리먼트로 태깅이 되면(중앙), 컴퓨터가 각국의 다양한

93) ISSB는 IFRS S1 '지속가능성 관련 재무정보 공시를 위한 일반 요구사항' 및 S2 '기후 관련 공시'를 반영한 'IFRS 지속가능성 공시 택소노미(IFRS Sustainability Disclosure Taxonomy)'를 2024년 4월 30일에 발표하였다.

94) XBRL 보고서를 구성하는 기본아이템들을 의미한다.

기업의 공시 내용을 불러와 해당 엘리먼트의 데이터를 구조화하여 비교 가능하게 해준다(우측). 이와 같은 방법에 따라 IFRS 지속가능성 공시 택소노미의 표준 엘리먼트로 태깅하게 되면 국가와 기업마다 공시 방법이 다르더라도, 이해관계자들이 ESG 성과를 효율적으로 비교할 수 있게 된다.

예 시 **표준 엘리먼트로 태깅**

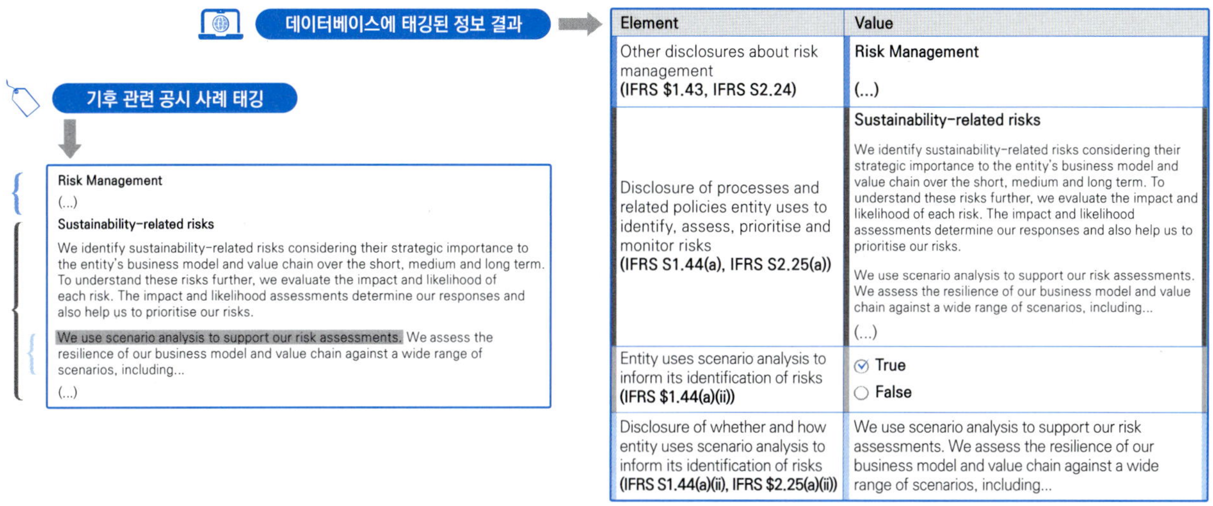

출처: IFRS 재단(2023d)

ESG 공시는 문장으로 서술되는 정보가 많기 때문에 재무공시 정보만큼 직접적인 효과는 적어 보일 수 있다. 그러나 택소노미로 구조화된 정보를 컴퓨터가 분석하고, 여기에 AI의 딥러닝 기술 등을 더 적용하면, 문장 중심의 ESG 공시 내용 역시 면밀한 분석을 통해 충분히 비교할 수 있는 정보가 될 수 있을 것이다. 위의 예시를 보면, 좌측의 ESG 공시 내용이 우측의 IFRS 지속가능성 공시 택소노미로 태깅된 것을 알 수 있다. ESG 공시 내용과 택소노미는 색상별 대괄호로 그룹핑되어 있는 내용을 기준으로 비교하면 된다. 특히 사례와 같이 특정 기준의 충족 여부를 태깅해서 얻게 되는 내용은 기업 간의 정보를 직접 분석하는 효과가 있을 것이다. 사례에서는 '기업이 지속가능성 관련 위험의 식별을 위해 시나리오 분석을 사용하는지'에 대해서 'True'를 선택하였다.

이어서 IFRS 지속가능성 공시 택소노미에 어떠한 사항들이 표준화되어 있는지 살펴보고자 한다. IFRS 지속가능성 공시 택소노미에는 'ifrs_sds_2024-04-26.xsd' entry point(택소노미 구성 단위)가 있는데, S1, S2 및 SASB 기준의 산업별 공시 주제를 포함한다.

1) IFRS S1, S2 택소노미

IFRS S1 일반 요구사항 및 IFRS S2 기후 관련 공시에는 거버넌스, 전략, 위험관리, 지표 및 목표의 핵심요소와 관련된 요구사항이 'ifrs_sds_2024-04-26.xsd'에 포함되어 있다.

링크 롤(Link Role)은 엘리먼트들의 관계를 정의하는 집합의 단위이다. 예를 들어, 엘리먼트들을 조합하여 '손익계산서' 양식을 만들 경우, '손익계산서'는 하나의 링크 롤이 된다. IFRS 지속가능성 공시 택소노미의 'ifrs_sds_2024-04-26.xsd'를 살펴보면, S1, S2와 관련된 6개의 링크 롤이 다음과 같이 정의되어 있다.

IFRS S1, S2 관련 링크 롤

[200000] General requirements for disclosure of sustainability-related financial information
[210000] Climate-related disclosures
[211100] Climate-related disclosures – Financed emissions – Asset management
[211200] Climate-related disclosures – Financed emissions – Commercial banks
[211300] Climate-related disclosures – Financed emissions – Insurance
[219000] Climate-related disclosures – Illustrative examples

출처: IFRS 재단(2024)

(1) [200000] General requirements for disclosure of sustainability-related financial information

'[200000] General requirements for disclosure of sustainability-related financial information'에서는 IFRS S1 일반 요구사항에서 핵심요소로 다루고 있는 거버넌스 등에 대해 기준서가 요구하고 있는 공시사항의 태깅을 위한 엘리먼트를 정의하고 있다. 예를 들어 IFRS S1 문단 27의 (1), (마)의 요구사항 '의사결정기구 또는 개인들이 지속가능성 관련 위험 및 기회와 관련된 목표의 설정을 어떻게 감독하는지와 그러한 목표를 향한 진척도를 어떻게 모니터링하는지'에 대한 기업의 공시 내용은 'Disclosure of how body(s) or individual(s) oversees setting of targets related to risks and opportunities, and monitors progress towards those targets'라는 엘리먼트로 태깅된다. 이렇게 표준화된 엘리먼트로 태깅된 문장정보는 프로그램으로 자동 구조화되어 기업별로 비교 분석 가능한 데이터가 된다.

예 시 **위험과 기회를 다차원 형식으로 구조화**

		Risks and opportunities [axis]		
Element label and reference	**ET**	'Risk and opportunity 1'	'Risk and opportunity C'	…
Disclosure of risk or opportunity **IFRS S1.30(a)**, IFRS S2.10(a)	TB			
Type of climate-related risk IFRS S2.10(b)	EN	○Physical risk ○Transition risk	○Physical risk ○Transition risk	
Disclosure of time horizon(s) over which effects of risk or opportunity could reasonably be expected to occur **IFRS S1.30(b)**, IFRS S2.10(c)	TB			

택소노미에 정의된 Axis는 투자자가 특정 요소를 이해하는데 도움

기업별 엘리먼트는 기업에 의해 생성되므로 표준화 되지 않음

주1: 'ET(Element Type)'는 엘리먼트에 입력되는 데이터의 유형(금액, 문자열 등)을 나타내고, 'TB(Text Block)'는 표, 문자열 등을 HTML 데이터 형태로 입력하는 엘리먼트를 나타내며, 'EN(Enumeration)'은 선택할 수 있는 표준화된 데이터 목록이 있는 엘리먼트를 말한다.

출처: IFRS 재단(2023d)

IFRS 지속가능성 공시 택소노미는 투자자가 각각의 위험과 기회에 대해 개별적으로 정보를 추출할 수 있도록 다차원 모델을 제시한다. 다음 예시에서는 위험과 기회의 특정 항목에 대한 세부 사항과 기후 관련 위험 유형 등을 기재하여 기업이 갖고 있는 위험과 기회에 대한 투자자들의 이해를 돕는다.

(2) [210000] Climate-related disclosures

'[210000] Climate-related disclosures'은 기후 관련 공시의 핵심요소로 다루고 있는 거버넌스 등에 대해 기준서가 요구하고 있는 공시사항의 태깅을 위한 엘리먼트를 정의하고 있다. 예를 들어 들어 IFRS S2 문단 6의 (1), (가)의 요구사항 '기후 관련 위험 및 기회에 대한 책임이 해당 의사결정기구(들) 또는 개인(들)에게 적용되는 기업의 위임사항, 의무사항, 직무기술서, 그리고 기타 관련 정책에 어떻게 반영되는지'에 대한 기업의 공시 내용은 'Disclosure of how responsibilities for risks and opportunities are reflected in terms of reference, mandates, role descriptions and other related policies applicable to responsible body(s) or individual(s)'의 엘리먼트로 태깅된다.

(3) '[211100] Climate-related disclosures – Financed emissions – Asset management', '[211200] Climate-related disclosures – Financed emissions – Commercial banks', '[211300] Climate-related disclosures – Financed emissions – Insurance'

상업은행, 자산운용사, 보험사를 포함한 금융기관들은 투자 및 대출 활동이 지속가능성 관련 위험 및 기회와 연관된 정도를 공시하라고 더욱 요구받고 있다. 이에 따라 '금융배출량(Financed emission)'을 사용하여 은행과 투자자가 대출 및 투자를 통해 자금을 조달한 온실가스 절대 배출량을 공시한다.

IFRS S2 기후 관련 공시는 이러한 활동을 하는 기업들이 스코프 1, 2, 3 온실가스 배출량을 공시하도록 하는 IFRS S2 문단 29 (1)요구사항의 연장선상에서 금융배출량에 대한 정보를 공시하도록 요구하고 있다. 이러한 내용은 '[211100] Climate-related disclosures – Financed emissions – Asset management', '[211200] Climate-related disclosures – Financed emissions – Commercial banks', '[211300] Climate-related disclosures – Financed emissions – Insurance'에 엘리먼트로 구조화되어 있다. '[211100] Climate-related disclosures – Financed emissions – Asset management' 링크 롤에서 구조화된 엘리먼트의 내용(Presentation Linkbase)은 다음과 같다.

'[211100] Climate-related disclosures – Financed emissions – Asset management' 링크 롤에서 구조화된 엘리먼트의 내용

Financed emissions, asset management [abstract]
Absolute gross financed emissions related to AUM, scope 1
Absolute gross financed emissions related to AUM, scope 2
Absolute gross financed emissions related to AUM, scope 3
Assets under management included in financed emissions disclosure, scope 1
Assets under management included in financed emissions disclosure, scope 2
Assets under management included in financed emissions disclosure, scope 3
Percentage of total assets under management included in financed emissions calculation
Explanation of exclusions of assets under management from financed emissions calculation [text block]
Disclosure of methodology used to calculate financed emissions [text block]

출처: IFRS 재단(2024)

링크 롤을 살펴보면, 'Financed emissions, asset management [abstract]'의 루트(root) 엘리먼트(링크 롤의 엘리먼트들의 parent-child 관계에서 가장 상위의 엘리먼트) 하위에 스코프 1, 스코프 2 및 스코프 3 온실가스 배출량으로 세분화된 절대 총금융배출량을 태깅하기 위하여, 'Absolute gross financed emissions related to AUM, scope 1', 'Absolute gross financed emissions related to AUM, scope 2', 'Absolute gross financed emissions related to AUM, scope 3'의 엘리먼트를 정의해 놓은 것을 볼 수 있다.

또한 세분화된 스코프 1, 스코프 2 및 스코프 3 각 항목에 대해 금융배출량 공시에 포함된 운용자산(Assets Under Management, AUM)의 총액을 태깅하기 위하여, 'Assets under management included in financed emissions disclosure, scope 1', 'Assets under management included in financed emissions disclosure, scope 2', 'Assets under management included in financed emissions disclosure, scope 3'의 엘리먼트를 정의해 놓은 것을 볼 수 있다.

이와 같이 'ifrs_sds_2024-04-26.xsd'에 반영된 택소노미는 IFRS S1 일반 요구사항과 S2 기후 관련 공시에서 핵심요소로 다루고 있는 거버넌스 등에 대해 기준서가 요구하고 있는 공시사항의 태깅을 위한 엘리먼트를 구조화해 놓고 있으며, 기후변화와 관련된 공시 요구사항을 상업은행, 자산운용사, 보험사를 포함한 금융기관의 금융배출량과 운용자산 등을 태깅할 수 있도록 엘리먼트를 구조화해 놓고 있다.

2) SASB 기준의 산업별 공시 주제

'IFRS 지속가능성 공시 택소노미'에는 SASB 기준의 산업별 공시 주제가 포함되어 있다.

IFRS S1 문단 56과 58에 따르면 지속가능성 관련 위험 및 기회에 대한 정보를 공시할 때, 기업은 식별된 지속가능성 관련 위험 및 기회에 구체적으로 적용되는 IFRS 지속가능성 공시기준을 적용하도록 규정하고 있다. 더불어 기업이 식별한 지속가능성 관련 위험 및 기회에 구체적으로 적용되는 IFRS 지속가능성 공시기준이 없을 때에는 기업은 SASB 기준의 적용 가능한 공시 주제와 연관된 지표를 참조하고, 이를 적용할 가능성을 고려하도록 규정하고 있다. IFRS 지속가능성 공시 택소노미 역시 이러한 IFRS S1 기준서 내용을 반영하였다.

또한 'ifrs_sds_2024-04-26.xsd'를 살펴보면, IFRS S2 기후 관련 공시 부속지침, 별권 1~68: 산입기빈 지침의 신업별 분류를 반영하고 있다. 산업은 크게 11가지로 구성되어 있고, 각 산업별로 하위 분류를 구성해 놓고 있으며, 모든 하위 분류의 합은 70개이다.

IFRS 지속가능성 공시 택소노미 산업 분류

NO	산업	하위 분류 개수
1	소비재	6
2	추출물 및 광물처리	8
3	금융	5
4	식음료	7
5	헬스케어	5
6	인프라	10
7	재생가능 자원 및 대체 에너지	6
8	자원 변환	5
9	서비스	3
10	기술 및 통신	6
11	운송	9

이 중 '운송'을 살펴보면, '항공운송 및 물류(TR-AF)', '항공(TR-AL)', '자동차 부품(TR-AP)', '자동차(TR-AU)', '차량렌트 및 리스(TR-CR)', '크루즈선(TR-CL)', '해상운송(TR-MT)', '철도운송(TR-RA)', '도로운송(TR-RO)'등 9개의 하위분류로 구성되어 있다.

이와 같은 지표를 적용함으로써 기업은 일반목적재무보고서 이용자의 의사결정에 목적 적합할 뿐만 아니라 기업이 식별한 지속가능성 관련 위험 및 기회가 충실하게 표현되는 정보를 제공할 수 있을 것이다.

예 시 [850400] 산업지표 - 기술 및 통신 - 반도체 (TC-SC) Presentation Linkbase 일부 발췌

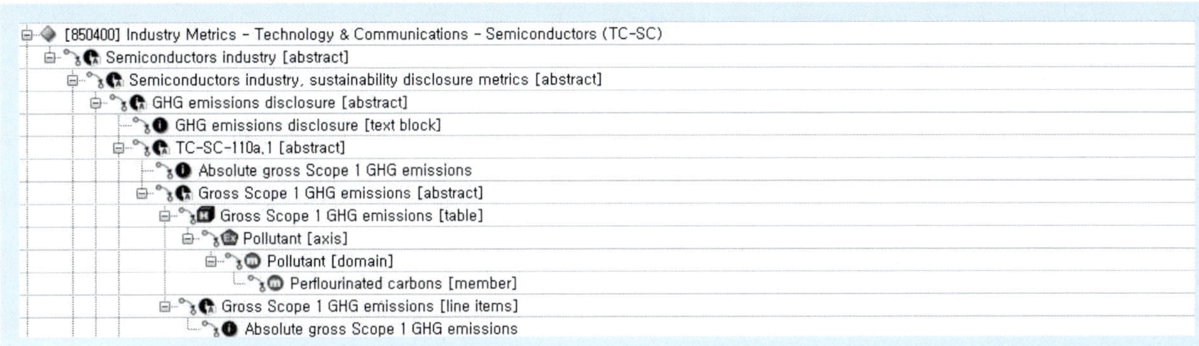

주1: IFRS 지속가능성 공시 택소노미를 X-wand로 임포트

예를 들어 반도체 산업 내 기업은 기업의 스코프 1 온실가스 총배출량의 공시 요구에 따라 과불화화합물에서 발생하는 스코프 1 온실가스 배출량을 공시할 수 있다. 위의 예시 택소노미를 살펴보면, 'PollutantAxis' 하위에 'PerflourinatedCarbonsMember'를 두고, 'GrossScope1GreenhouseGasEmissions'를 공시하게 하고 있다. 'PollutantDomain'은 오염물질 구성 요소들의 전체를 나타내는 구성요소로서 'PollutantAxis'와 짝을 이룬다.

여기서 IFRS 지속가능성 공시 택소노미가 체계적인 분류법을 설계했음을 확인할 수 있는데, 'PollutantAxis'가 바로 그 예이다. TC-SC(기술 및 통신-반도체)에서는 'PerflourinatedCarbons'가 공시하여야 할 오염물질이지만, RT-IG(자원변환 - 산업기계 및 제품)에서는 'NitrogenOxide', 'ParticulateMatter'가 공시하여야 할 오염물질이다. 이처럼 산업별로 분류한 오염물질을 구조화함으로써 공시된 내용을 바탕으로 오염물질별로 공시된 배출량을 집계할 수 있도록 하였는데, 이와 같은 기능을 수행하는 엘리먼트가 바로 Axis이다.

2. SASB 택소노미

SASB XBRL 택소노미는 SASB 기준서의 변경 사항을 반영하여 계속 업데이트하고 있다. 현재는 2022년 7월 1일 버전이 공개되어 있다. SASB 기준서는 77개 산업에서 투자자 의사결정과 가장 관련있는 지속가능성 문제에 대한 공시를 식별하고 표준화하도록 설계되어 있다. SASB XBRL 택소노미도 동일하게 77개 산업별로 공시 요구사항을 구조화하고 있다.

SASB 기준서는 산업별로 연관된 지표를 구성하고 있는데, 이러한 기준서의 구조는 SASB 택소노미에도 반영되어 있다.

헬스케어 - 바이오기술 및 제약(HC-BP) 공시 요구사항 구조

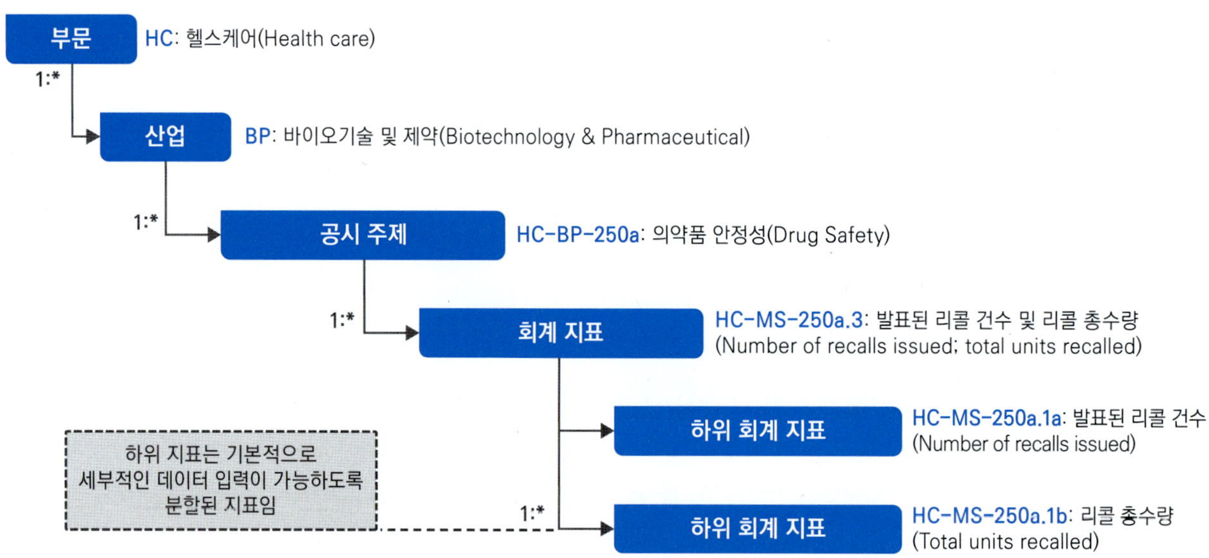

출처: SASB(2020b)

산업별 분류에서 시작하여 산업별 공시 요구사항으로 구조화되어 있는데, '헬스케어 - 의료장비 및 용품(HC-MS)' 링크롤의 Presentation Linkbase를 살펴보면 다음과 같다.

예 시 헬스케어 - 의료장비 및 용품(HC-MS) Presentation Linkbase 일부 발췌

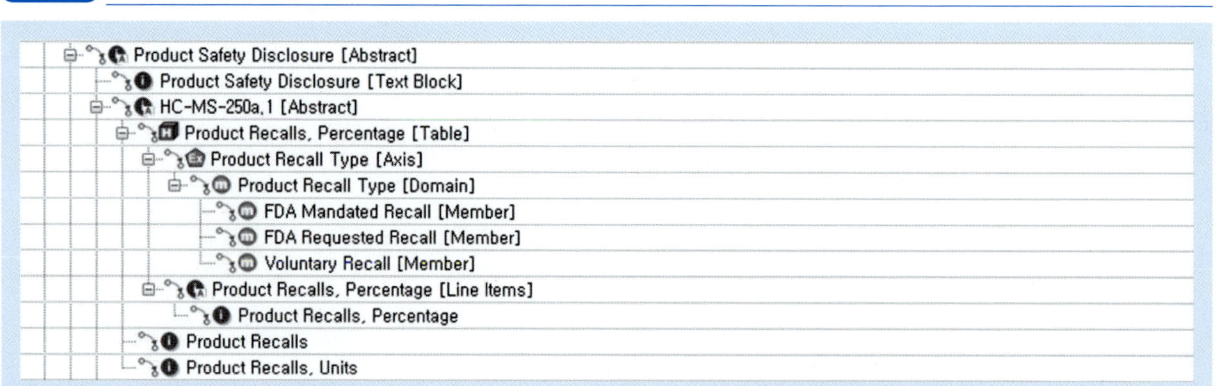

주1: SASB 택소노미를 X-wand로 임포트

택소노미 구조를 살펴보면, Product Recall Type(제품 리콜 유형)을 분류기준(Axis)으로 삼아서 FDA Mandated Recall (미국 식품의약국 명령에 따른 리콜), FDA Requested Recall(미국 식품의약국 요청에 따른 리콜), Voluntary Recall 별로 Product Recalls와 Product Recalls, Units를 태깅하도록 하고 있다.

이처럼 기업이 기준서에 따른 ESG 공시 내용을 관련 기준서의 택소노미로 태깅하여 공시하게 됨으로써 프로그램이 이러한 공시 내용을 신속히 읽고 빠르게 구조화하여 분석하게 되었다. 이에 따라 ESG 공시 정보를 보다 빠르고 정확하게 분석할 수 있을 것이다. 이러한 분석 결과를 바탕으로 신용평가회사는 평가등급에 ESG 정보를 보다 쉽고 정확하게 반영할 수 있고, 투자자 또한 이러한 정보를 반영하여 투자함으로써 기업의 ESG 경영을 강화하는 촉매제가 될 것이다.

Environmental

부록 3

실전 ESG 공시 - 이것만은 알자

Social

Governance

KICPA

The Korean Institute of Certified Public Accountants

Environmental
Social
Governance

생물다양성, 생태계와 생태계 서비스 관련 이니셔티브

부록 3

생물다양성, 생태계와 생태계 서비스 관련 이니셔티브

1. 생물다양성의 개념과 국내외 동향

1) 생물다양성의 역할

자연은 크게 육상, 담수, 해양과 대기로 구성되어 있으며 우리 사회는 각 영역별 자연자본을 이용하는 과정에서 자연에 대한 의존성을 가지게 된다(EY, 2022). 생물다양성은 이러한 자연자본을 생산적이고 회복 탄력적이며 변화에 적응할 수 있도록 함으로써, 인간이 이용할 수 있는 생태계 서비스[95]를 유지하는 역할을 수행한다(국토교통부, 2020). 반대로 영향 동인[96]에 의해 자연이 변화하면, 인간은 자연 관련 위험에 직면하게 된다. 이처럼 인간과 자연은 유기적으로 영향을 주고받는 의존적 관계를 형성한다.

2) 생물다양성 관리의 필요성

세계경제포럼은 'Global Risks Report 2023' 보고서에서 향후 10년간 인류가 맞이할 가장 큰 10대 리스크 중 '자연자본 및 생물다양성 손실'을 4위로 꼽았다. 현재 세계 GDP의 절반 이상인 55%가 자연에 높은 수준으로 의존하고 있으며 자연 손실로 인한 잠재적 위협에 놓여 있다.

뿐만 아니라 2022년 영국 케임브리지대학교에서 발간된 '자연손실과 국가신용등급(Nature Loss and Sovereign Credit Ratings)' 보고서에서는 생물다양성 손실이 경제에 직접적으로 어떤 영향을 미치는지를 분석하여 자연이 제공하는 서비스의 저하가 막대한 경제적 비용을 초래할 수 있음을 경고하고 있다. 자연파괴에 따른 시나리오 분석에 의하면 전 세계 국가의 20%는 생물다양성 감소로 인해 생태계가 붕괴되고 국가 신용등급의 악화로 경제가 파산할 위험에 처해있다. 즉, 자연 손실은 재무적 위험으로 이어지며, 생물다양성 관리는 자연보호와 인류 생존 차원뿐만 아니라 기업의 비즈니스 운영 측면에서도 중요한 요소로 작용한다.

95) 생태계 서비스(Ecosystem Services)는 생태계와 생물종이 지속가능하고 인간 생활을 영위하게 하는 상태와 과정, 인간이 생태계 기능으로부터 직접 또는 간접적으로 얻는 재화와 서비스 혜택 등으로 다양하게 정의된다.

96) 영향 동인(Impact drivers)은 자연 상태를 변화시키는 기후변화, 자연재해, 자원사용, 환경오염 등을 의미한다.

3) 국내외 생물다양성 전략

생물다양성 손실을 멈추기 위한 전 지구적 행동이 촉구되면서 보다 구체적인 생물다양성 전략이 마련되고 있다. 2010년 일본 나고야에서 열린 제10차 생물다양성협약 당사국총회(COP10)에서 생물다양성을 보존하기 위해 당사국들은 아이치 목표(Aichi Targets)[97]를 설정하였으나 2020년까지 국제적 차원에서 총 20개의 아이치 목표를 모두 달성하지 못하였다(EY, 2021).

아이치 목표 이행기간이 2020년을 기점으로 종료되면서 후속 목표 및 전략 수립을 위해 2022년 제15차 유엔 생물다양성협약 당사국총회(COP15)가 개최되었다. 생물다양성협약 당사국들은 이행 수단의 부족과 사회 전 분야의 행동을 이끌어내지 못한 점을 아이치 목표를 달성하지 못한 주된 원인으로 분석하고 이를 반영한 목표를 설정하기로 합의하였다. 이에 제15차 유엔 생물다양성협약 당사국총회에서 제시된 쿤밍-몬트리올 글로벌 생물다양성 프레임워크(Global Biodiversity Framework, GBF)는 구체적이고 도전적인 실천목표를 세우며 보다 높은 수준의 환경적 책임을 요구하고 있다.

제15차 유엔 생물다양성협약 당사국총회: 2030/2050년 글로벌 생물다양성 목표

비전 2050: 자연과 조화로운 삶			
1. 생태계와 종 및 유전적 다양성	2. 자연이 인간에게 주는 혜택 가치화, 유지, 강화	3. 유전자원의 접근 및 이익 공유	4. 글로벌 생물다양성 프레임워크(GBF) 이행 방안 마련

미션 2030: 생물다양성 손실 최소화 및 복원		
생물다양성 위협 해소	지속가능한 이용 및 이익 공유	이행 및 여론 수렴을 위한 도구 및 솔루션
1. 토지 및 해양 이용과 효과적인 관리절차 2. 훼손된 육지, 담수, 해양 및 연안 생태계 30% 복원 3. 육지, 담수, 해양, 연안지역의 30% 보호 및 보전 조치 4. 멸종 위기종 보전·복원 5. 지속가능한 야생종의 이용, 수확, 거래 6. 침입 외래종의 생물다양성 영향 최소화 7. 환경오염 최소화 8. 기후 변화 및 해양 산성화 영향 최소화	9. 야생종 이용 및 이익공유에 대한 지속가능성 관리 10. 지속가능한 농업, 양식업, 어업, 임업 11. 인간에 대한 자연의 기여 복원·유지·강화 12. 도시 및 인구밀집지역의 그린 및 블루 인프라 면적 확대 13. 유전자원의 이용, 유전자원에 관한 디지털 서열정보 및 전통지식으로부터 발생한 이익의 공정·공평한 공유	14. 생물다양성 관련 정부의 기존 정책, 규제, 계획과 통합 15. 자연에 미치는 부정적 영향 축소, 긍정적 영향 제고. 리스크, 의존도, 영향에 대한 정기적 모니터링 16. 지속가능한 소비 보장, 소비 발자국 저감 17. 모든 국가에 충분한 생명안전조치 수립 18. 2030년까지 환경에 유해한 보조금 축소 19. 2030년까지 재정자원 2천억 달러 이상 증가 20. 역량 강화, 기술 접근 및 이전 강화 21. 의사결정자 대상의 데이터 및 지식에 대한 접근성 강화 22. 토착민과 지역사회의 의사결정 참여 23. GBF 이행 시 성별 불문 동등한 기회 부여

출처: 국가생물다양성센터 웹페이지(2024)

국내에서는 쿤밍-몬트리올 글로벌 생물다양성 프레임워크에 담긴 23개의 실천목표와 연계성을 유지하며 국내 여건에 맞추어 제5차 국가생물다양성 전략을 수립하였다. 특히 생물다양성 ESG 경영 확대를 통한 기업 경쟁력의 제고를 위해 자연자본 주요 목표 등 정보 공시의 표준을 마련하고 있다(환경부, 2023).

97) 아이치 목표(AiChi Targets)는 2010년 일본 나고야에서 열린 제10차 생물다양성협약총회에서 채택된 향후 10년간의 로드맵을 담은 '생물다양성 보전전략계획'의 구체적인 이행목표이다. 서식지 손실저감, 보호지역 확대, 멸종위기종 관리 등 20개 목표로 이루어져 있다.

4) 기업의 생물다양성 관리

국제 사회의 움직임에 따라 기업의 생물다양성 관리에 대한 필요성도 함께 높아지고 있다. 유럽연합 집행위원회에서 ESRS를 채택하면서 기업 보고 이슈 중 하나로 '생물다양성과 생태계(E4)'를 포함하였다. 또한 ISSB의 IFRS S1 일반 요구사항, S2 기후 관련 공시에 이어 차기 공시기준으로 생물다양성이 선정될 가능성이 높은 상황[98]에서 기업들의 자연 관련 국제 규제 준수에 대비할 필요성이 높아지고 있다.

국제 공시 규제뿐만 아니라 ESG 평가 측면에서는 한국ESG기준원(Korea institute of Corporate Governance and Sustainability, KCGS)의 평가 고도화, S&P CSA(Corporate Sustainability Assessment)와 MSCI ESG Rating에서의 생물다양성 평가 강화, CDP 평가 내 생물다양성 별도 모듈 분리 등 생물다양성 관리 필요성이 높아지며 이에 대한 전략 수립과 실질적이고 구체적인 활동이 요구되고 있다. 뿐만 아니라 국제적으로 생물다양성에 대한 중요성 인식이 높아지며 자연에 미치는 영향 식별 및 개선목표, 목표 미달성 시 대응방안 수립 및 이행에 대한 고객사와 공급망 측면에서의 요구도 함께 높아지고 있다.

이러한 동향들은 기업이 생물다양성에 대한 이해를 바탕으로 비즈니스 이익과 생태계 보전을 조화롭게 추구하는 것이 단순한 윤리적 의무가 아닌 기업의 장기적 경쟁력과 회복력을 갖추기 위한 전략적인 필수 요소가 되고 있음을 의미한다. 따라서 기업은 생물다양성을 기업의 비즈니스와의 연관성의 맥락에서 식별 및 정의하고 ESG 전략 내에 통합하여야 한다. 이에 자연 관련 위험 및 기회를 효과적으로 관리하고 공시할 수 있는 프레임워크에 대한 요구가 높아지고 있으며, TNFD는 기업들이 관련 위험과 기회 관리에 대한 표준을 설정하는데 핵심적인 역할을 수행하고 있다.

2. TNFD

1) TNFD 개요 및 참여 현황

TNFD는 자연자본 정보 공시에 대한 프레임워크를 제공하는 국제적인 이니셔티브이다. TNFD 권고안은 글로벌 자연·생물다양성 관련 목표와 연계하여 자연자본 손실에 대한 기업의 재무적 영향을 공시하기 위한 프레임워크를 제공한다. 2022년 3월 첫 번째 베타버전 공개에 이어 2023년 3월 마지막 베타버전 이후 의견수렴 과정을 거쳐 2023년 9월 최종 가이드라인이 발표되었다(한국자본시장연구원, 2023). 또한 2024년 6월 기준으로 전 세계 393개 기업이 2024에서 2025 회계연도 내 TNFD 권고안 기반의 정보 공시를 선언하였으며, 국내에서는 총 5개 기업이 참여하고 있다.

2) TNFD 권고안 핵심요소

TNFD 권고안은 TCFD 권고안과 마찬가지로 지배구조, 전략, 위험 및 영향 관리, 지표 및 목표로 구성되어 있으나, 기존 TCFD 권고안 대비 일부 내용이 조정되거나 신규로 추가되었다. 특히 직접 운영 활동 지역뿐만 아니라 업스트림과 다운스트림을 포함한 전체 가치사슬 관점에서 자연자본의 의존성[99] 및 영향을 파악하도록 권고하고 있으며, 전 세계적으로 통용되는 기후 관련 지표와 달리 지역 특수성을 고려하도록 요구하고 있다(EY, 2023b).

98) 2024년 4월, IFRS는 차기 공시 주제로 '생물다양성'과 '인적 자본'에 대한 연구를 시작하였다.

99) 의존성(Dependencies)은 기능을 수행하기 위해 개인이나 조직이 의존하는 환경 자산 및 생태계 서비스를 의미한다.

TNFD 공시의 핵심요소

지배구조	전략	위험 및 영향 관리	지표 및 목표
자연 관련 의존성, 영향, 위험과 기회에 대한 조직의 지배구조	자연 관련 위험과 기회가 조직의 사업, 전략, 재무 계획에 미치는 실질적 및 잠재적 영향	조직이 자연 관련 의존성, 영향, 위험과 기회를 식별, 평가 및 우선순위화, 모니터링하는 과정	조직에게 중요한 자연 관련 의존성, 영향, 위험과 기회를 평가하고 관리하는데 사용된 지표와 목표
1. 자연 관련 의존성, 영향, 위험과 기회에 대한 이사회의 감독	1. 조직이 단기, 중기 및 장기에 걸쳐 파악한 자연 관련 의존성, 영향, 위험과 기회	1. ① 조직의 운영과 직접적으로 연관된 자연 관련 의존성, 영향, 위험과 기회를 식별하고 평가하는 프로세스	1. 조직이 자연 관련 위험과 기회를 평가하기 위해 사용한 전략 및 위험관리 절차와 동일선상에 있는 지표 공개
2. 자연 관련 의존성, 영향 위험과 기회를 평가하고 관리하는 경영진의 역할	2. 자연 관련 의존성, 영향, 위험과 기회가 조직의 비즈니스 모델, 가치사슬, 전략, 자금조달 계획에 미치는 효과	1. ② 업스트림과 다운스트림 가치사슬 내에서 자연 관련 의존성, 영향, 위험과 기회를 식별, 평가, 우선순위화하기 위한 조직의 프로세스	2. 자연 관련 의존성 및 영향을 평가하기 위해 조직이 사용한 지표 공개
3. (자연자본 관점) 원주민, 지역사회 이해관계자와 관련된 조직의 인권 정책, 참여, 이사회와 경영진의 모니터링	3. 다양한 시나리오 내에서 자연 관련 위험 및 기회와 관련된 조직 전략의 회복탄력성	2. 조직이 자연 관련 의존성, 영향, 위험과 기회를 관리하는 방법	3. 자연 관련 의존성, 영향, 위험과 기회를 관리하기 위해 조직이 세운 목표(Targets and goals)와 실제 성과
	4. 직접 운영 자산 및 활동과 업스트림, 다운스트림 및/또는 자금지원이 있는 지역과 우선순위 공개	3. 자연 관련 위험의 식별, 평가, 관리 프로세스를 조직의 전반적인 위험관리 프로세스에 통합하는 방법	

주1: 굵은 테두리 부분은 TCFD와 범위와 내용 등이 일부 조정된 항목 또는 신규 항목을 뜻함

출처: TNFD(2023a)

3) 자연 관련 정보 식별 및 평가를 위한 방법론: LEAP 접근법

TNFD에서는 자연 관련 정보를 식별 및 평가할 때 LEAP 접근법 사용을 권고하고 있다. LEAP은 Locate, Evaluate, Assess, Prepare의 약자로 기업과 자연과의 접점을 식별(Locate)하고, 자연에 대한 의존성과 영향을 평가(Evaluate)한 후, 기업의 자연 관련 위험과 기회를 평가(Assess)하여 이에 대한 대응방안과 공시를 준비(Prepare)하는 것을 의미한다.

LEAP 접근법

자연과의 접점 식별(Locate)	민감지역의 의존성 및 영향 평가(Evaluate)	자연 관련 위험 및 기회 평가(Assess)	위험 및 기회에 따른 대응 현황 파악, 공시 준비(Prepare)
L1 사업 모델 및 가치사슬 범위 식별	E1 자연자본 및 생태계 서비스 식별	A1 위험 및 기회 식별, 평가	P1 공시 전략에 따른 자원 분배
L2 의존성 및 영향 스크리닝	E2 의존성 및 영향 식별	A2 기존 위험관리에 통합	P2 목표 수립 및 성과 평가
L3 의존성 및 영향이 높은 지역과 사업으로 영향을 받는 생태계 파악	E3 의존성 및 영향 측정	A3 의존성 및 영향 우선순위화	P3 보고서 작성
L4 생태학적 민감지역 식별	E4 영향 중요성 평가 실시	A4 위험 및 기회 중요성 평가	P4 정보 공시

출처: TNFD(2023b)

(1) Locate

Locate 단계에서는 위험과 기회를 파악하기 위한 대상 지역을 식별하는 것이 핵심이다. 이를 위해 기업의 전체 가치사슬 관점에서 직·간접 사업활동이 어느 지역에서 수행되는지 명확하게 파악하고, 자연자본과의 접점을 확인하여 생태학적 민감지역을 식별하는 것이 중요하다. 이를 위해 TNFD 권고안에서 민감지역 식별을 위해 제시하고 있는 기준에 따라 평가를 실시하여야 하며, 이때 글로벌 생물다양성 평가 툴인 WWF Risk Filter(물 및 생물다양성 리스크 분석), IBAT(생물종 및 보호지역 분석), Global Forest Watch(삼림 파괴, 화재, 기후, 재화에 대한 데이터 전달), Critical Habitat Screening Layer(보호해야 할 중요 생물학적 서식지를 식별하고 관리하기 위해 사용되는 지리 정보 시스템), (UNEP-WCMC), Ocean+(해양 보호구역 식별 정보 제공) 등이 활용될 수 있다.

(2) Evaluate

Evaluate 단계에서는 자연자본금융동맹(Natural Capital Finance Alliance)과 UNEP-WCM이 공동 개발한 ENCORE 툴을 기반으로 주요 산업별 의존성 및 영향 요인을 진단할 수 있다. 글로벌산업분류기준(Global Industry Classification Standard, GICS)에 기반하여 기업이 영위하고 있는 산업의 생산 공정이 자연에 어느 정도로 의존하고 있고, 영향을 미치고 있는지에 대한 정보를 '매우 높음'부터 '매우 낮음'까지 총 5단계로 구분하여 제공한다. 기업은 다음과 같은 프로세스를 거쳐 ENCORE 툴을 적용할 수 있다.

산업별 의존성 및 영향 요인 진단

단계	내용
1 단계	분석 대상 카테고리 및 산업영역 선택 - GICS 기반 산업별 의존성 및 영향 식별
2 단계	산업 및 비즈니스 특성에 따른 의존성 분석 - 해당 산업/비즈니스가 의존하는 주요 자연자본 및 생태계 서비스 식별
3 단계	산업 및 비즈니스 특성에 따른 영향 분석 - 주요 영향 동인이 자연자본에 미치는 영향 식별
4 단계	데이터 계층(Data Layer) 기반의 의존도 및 영향 시각화 - 지역 및 주요 의존성/영향을 시각화하여 확인

(3) Assess

Assess 단계에서는 자연이 기업에 미칠 수 있는 물리적 위험(예: 생물종의 손실 및 자연 훼손) 및 전환 위험(예: 천연자원 관리 정책 강화)과 기회를 정의한다. 이후 영향 규모와 발생가능성을 중심으로 중요성 평가를 실시하여 자연자본 관련 위험과 기회에 대한 우선순위를 파악한다. 또한, 시나리오 분석을 기반으로 영향시점(Time Horizons)을 식별하고, 최종적으로 평가 결과에 따른 기업의 핵심 자연자본 위험 및 기회 요인을 선정한다.

(4) Prepare

Prepare 단계에서는 앞서 Assess 단계에서 도출된 위험 및 기회 요인별 대응 활동 및 성과를 파악하고 이에 대한 대응 전략을 마련하여야 한다. 대응 전략은 구체화된 목표와 성과 평가를 위한 지표를 포함하여야 하며, 과학 기반 목표 네트워크

(Science Based Targets Network, SBTN)[100]의 목표 설정 방법론 적용을 권고하고 있다. 이후 관련 정보들은 TNFD 권고안을 기반으로 보고서 작성 및 공시가 진행되어야 한다(EY, 2023a).

4) TNFD 공시 사례

(1) 보레가드 ASA

보레가드 ASA사는 노르웨이에서 화학업을 영위하고 있는 회사로 TNFD Early Adopter(2024 회계연도 공시)이며, 2022년 첫 TNFD 보고서를 발간하였다. 보레가드 ASA사는 경영진에게 자연 관련 책임과 역할을 명확하게 부여하고, 글로벌 생물다양성 평가 도구를 바탕으로 자연자본 요소별 의존성과 영향, 위험과 기회를 식별하였다. 또한 지속가능한 조달과 순환경제로의 전환을 위해 자연 관련 위험을 적극적으로 모니터링하고 있으며, 중장기 관점에서의 핵심 원자재인 물과 나무에 대한 양적 및 질적인 목표를 단계적으로 수립하였다.

사 례 TNFD 보고서 주요 내용: 보레가드 ASA

구분	내용
거버넌스	- 이사회의 자연 관련 전략, 위험관리, 예산 감독 역할 및 책임 명시 - CEO가 '감사 및 지속가능성 위원회' 및 이사회에 자연 관련 이슈 보고(연 6~8회)
전략	- 글로벌 툴(WWF 등) 기반으로 자연자산 요소별 의존성 및 영향과 위험, 기회 식별 - 물리/전환 리스크 시나리오 분석, 재무적 영향 분석
위험 및 영향 관리	- 우선순위가 높은 자연자산(물/나무) 대상 위험관리 방안 별도 수립 - 전체 리스크와 자연자본 리스크 통합 관리, 최고 위험 책임자가 위험 통합 관리
지표 및 목표	- 중장기 관점의 양적·질적 목표 설정 및 투자계획 수립 - 주요 지표별 관리활동 및 폐기물/오염물질 저감활동 등 양적 성과 기술

출처: 보레가드(2022), 보레가드(2023), 저자 재구성

(2) 미츠비시 UFJ 파이낸셜 그룹

미츠비시 UFJ 파이낸셜 그룹는 일본에서 금융업을 영위하고 있는 회사로 TNFD Early Adopter(2024 회계연도 공시)로 2024년 4월 TNFD 보고서를 공시하였다. 해당 보고서를 통해 미츠비시 UFJ 파이낸셜 그룹의 주요 자연자본 정책과 방향성을 제시하고 있으며, TNFD 권고안에 따라 지배구조, LEAP 접근법 기반의 분석, 주요 투자와 대출 관련 위험관리, 주요 지표 및 목표를 공개하였다.

사 례 TNFD 보고서 주요 내용: 미츠비시 UFJ 파이낸셜 그룹

구분	내용
지배구조	- 이사회를 중심으로 자연자본을 포함한 지속가능성 관련 이슈를 관리 감독하는 지배구조 체계 수립 - 자연자본을 포함한 환경과 사회 이슈 관련 지식을 보유한 외부 전문가들로부터 정책과 제도 개선을 위한 권고의견 수렴 - 자연자본과 밀접하게 연관된 지역사회 및 주민 등의 이해관계자를 포함하여 인권 측면에서의 지배구조와 제도 고도화

100) 2019년 설립된 비영리 단체로, 육지, 해양, 담수, 생물다양성에 관한 규칙을 개발하는 것을 목표로 활동해 왔으며, 2023년 SBTs for Nature 가이던스를 통해 해양, 담수, 육지, 생물다양성에 대한 영향을 수치화하고 악영향을 주는 부분을 줄이기 위한 목표 설정 방법 제시한다.

전략	- 미츠비시 UFJ 파이낸셜 그룹의 강점을 발휘할 수 있는 5개 자연자본 관련 사업에 집중(컨설팅, 파트너십, 스타트업 지원 및 협업, 청색금융[주1)], 식품업 이니셔티브) - LEAP 접근법에 따라 위험 및 기회 식별을 위한 업종별 의존성과 영향 분석 - 그룹 사업장 정보를 활용한 의존성 및 영향 시범 분석
위험 및 영향 관리	- 미츠비시 UFJ 파이낸셜 그룹의 환경 및 사회 정책 프레임워크에 기반하여 자연에 대한 잠재적 부정 영향을 식별하기 위한 프로젝트 실사 진행 - 인프라와 천연자원 개발 같은 대규모 프로젝트 파이낸싱(PF)의 경우, 적도원칙에 근거한 환경 및 사회적 관점의 실사 진행
지표 및 목표	- 투자 및 대출 시, 지속가능금융에 대한 양적 목표(2030 회계연도까지 누적 100조 엔)와 더불어 의존성 및 영향 분석에 기반한 고객 지원과 식품업에서의 솔루션 확대 예정 - 폐기물 감축, 플라스틱과 종이의 효과적 사용, 온실가스 감축을 위한 지표 및 목표 수립

주1: 해양의 지속가능한 발전을 지향하는 청색경제(Blue Economy)에 대한 지원자금 조달을 뜻한다.

출처: 미츠비시 UFJ 파이낸셜 그룹(2024), 저자 재구성

ESG

Environmental

실전 ESG 공시 - 이것만은 알자

Social

Governance

KICPA

The Korean Institute of Certified Public Accountants

참고문헌

참고문헌

고정연, 2024, 국내외 ESG 보고와 인증현황, 한국공인회계사회 '제10회 ESG인증포럼' 발표자료.

관계부처 합동, 2023, 탄소중립 녹색성장 국가전략 및 제1차 국가 기본계획.

구글, 2022, Google Supplier Responsibility Report 2022.

국가생물다양성센터 웹페이지, https://www.kbr.go.kr/content/view.do?menuKey=793&contentKey=173, 2024년 6월 13일 접속.

국가온실가스 종합관리시스템 웹페이지, https://ngms.gir.go.kr:8443/subMain.do?link=/cop/bbs/selectArticleList.do?bbsId=BBSMSTR_000000000032&menuNo=509003, 2024년 6월 3일 접속.

국제감사인증기준위원회(IAASB), 2013, International Standard on Assurance Engagements(ISAE) 3000(Revised), Assurance Engagements Other than Audits or Reviews of Historical Financial Information.

국제감사인증기준위원회(IAASB), 2020, International Standadrd on Quality Management(ISQM) 1, Quality Management for Firms that Perform Audits or Reviews of Financial Statements, or Other Assurance or Related Services Engagement.

국제감사인증기준위원회(IAASB), 2021, Non-Authoritative Guidance on Applying ISAE 3000(Revised) to Extended External Reporting (EER) Assurance Engagements.

국제감사인증기준위원회(IAASB), 2023, Proposed International Standard on Sustainability Assurance 5000, General Requirements for Sustainability Assurance Engagements.

국제공인회계사윤리기준위원회(IESBA), 2023, Proposed Handbook of the International Code of Ethics for Professional Accountants- including International Independence Standards.

국제공인회계사윤리기준위원회(IESBA), 2024, Proposed International Ethics Standards for Sustainability Assurance(Including International Independence Standards)(IESSA) and Other Revisions to the Code Relating to Sustainability Assurance and Reporting.

국제증권감독기구(IOSCO), 2023, Report on International Work to Develop a Global Assurance Framework for Sustainability related Corporate Reporting.

국제회계사연맹(IFAC), 2021, Enhancing Corporate Reporting: Sustainability Building Blocks.

국제회계사연맹(IFAC), 2023, The State of Play: Sustainability Disclosure & Assurance, 2019-2021 Trends & Analysis.

국제회계사연맹(IFAC), 2024, The State of Play: Sustainability Disclosure & Assurance, 2019-2022 Trends & Analysis.

국토교통부, 2020, 대한민국 국가지도집.

권세원, 하원석, 2021, ESG 관련 인증 제도 및 기준 조사 연구, 한국공인회계사회 연구용역보고서.

금융위원회, 2021, 기업공시제도 개선방안, 2021년 1월 14일자 보도자료.

금융위원회, 2023, 「ESG 금융추진단」 제3차 회의 개최, 2023년 10월 16일자 보도자료.

기상청, 2019, '기후변화 2014: 종합보고서, 기후변화에 관한 정부간 협의체(IPCC) 제5차 평가 주기(AR6) 제1, 2, 3 실무그룹 보고서' 한글 버전.

기상청, 2021, '정책결정자를 위한 요약본 - 기후변화 2021: 과학적근거, 기후변화에 관한 정부간 협의체(IPCC) 제6차 평가 주기(AR6) 제1실무그룹 보고서' 국영문 통합본.

기상청, 2023, '기후변화 2023: 종합보고서, 기후변화에 관한 정부간 협의체(IPCC) 제6차 평가 주기(AR6) 제1, 2, 3 실무그룹 보고서' 한글 버전.

김용균, 2022, 미국 「인플레이션 감축법」의 주요 내용과 영향, 국회예산정책처 나보포커스 제52호.

대한상공회의소, 2023, 국내 ESG 공시제도에 대한 기업 의견조사, 2023년 8월 28일자 보도자료.

두산, 2022, 2021 ESG보고서.

두산인프라코어, 2021, 전기굴착기 가치평가 보고서.

마이크로소프트, 2021, Human Rights Annual Report Fiscal Year 2021.

미국 SEC, 2020, Modernization of Regulation S-K Items 101, 103, and 105: Final Rule.

미국 SEC, 2022, The Enhancement and Standardization of Climate-Related Disclosures for Investors: Proposed Rule.

미국 SEC, 2024a, Fact Sheet-The Enhancement and Standardization of Climate-Related Disclosures: Final Rules.

미국 SEC, 2024b, The Enhancement and Standardization of Climate-Related Disclosures for Investors: Final Rules.

미츠비시 UFJ 파이낸셜 그룹(Mitsubishi UFJ Financial Group), 2024, MUFG TNFD Report Initiatives for Natural Capital.

박경원, 2023, EU 탄소중립산업법 주요 내용과 시사점, 대한상공회의소 ESG뉴스레터 제25호.

보레가드(Borregaard), 2022 TNFD Report.

보레가드(Borregaard), 2023, Climate and Nature Risk Report.

사회적가치연구원, 2020, SK DBL 사회적 가치 측정 가이드북.

사회적가치연구원, 2022, SK DBL 사회적 가치 측정 가이드북.

사회적가치연구원, 2022, SK 기자간담회 발표자료.

사회적가치연구원, 2023a, 실무자를 위한 스코프 3 측정 가이드북.

사회적가치연구원, 2023b, SK SV측정 특징.

산업통상자원부, 2024, 제11차 전력수급기본계획 실무안 공개, 2024년 5월 31일자 보도자료.

삼성웰스토리, 2023, 2023 삼성웰스토리 ESG 보고서.

삼성전기, 2023, 2022-2023 지속가능성 보고서.

삼성전자, 2023, 삼성전자 지속가능경영보고서 2023.

삼성전자 웹페이지, https://www.samsung.com/sec/sustainability/main/, 2024년 6월 3일 접속.

삼일회계법인, 2023, EU CSRD·ESRS 이해 및 대응방안.

삼일회계법인, 2024, 미국 SEC 기후 공시 규칙 최종안.

삼정회계법인, 2020, Doosan Infracore Concept-X True Value.

세계경제포럼(WEF), 2010, Global Risks Report 2010, 5th Edition.

세계경제포럼(WEF), 2019, Global Risks Report 2019, 14th Edition.

세계경제포럼(WEF), 2020, Global Risks Report 2020, 15th Edition.

세계경제포럼(WEF), 2021, Global Risks Report 2021, 16th Edition.

세계경제포럼(WEF), 2022, Global Risks Report 2022, 17th Edition.

세계경제포럼(WEF), 2023, Global Risks Report 2023, 18th Edition.

세계은행(The World Bank) 웹사이트, https://carbonpricingdashboard.worldbank.org/compliance/instrument-detail, 2024년 6월 3일 접속.

세계자연기금(WWF), 2022, 2050 Net-Zero를 위한 한국 산업의 숙제 1: SBTi를 통한 탄소 감축 가이드라인.

신한금융그룹, 2023, 신한금융그룹 2022 ESG 보고서.

심재경, 2023, TCFD 권고안 이행 및 비금융 기업을 위한 시나리오 분석 지침서 강독, 한국공인회계사회 '제8회 ESG인증 포럼' 발표자료.

싱가포르 지속가능성보고자문위원회(SRAC), 2023, Turning Climate Ambition into Action in Singapore – Recommendations by the Sustainability Reporting Advisory Committee.

알리안츠 그룹(Allianz Group), 2022, Sustainability Report 2021.

애플(Apple), 2023a, Environmental Progress Report.

애플(Apple), 2023b, Product Environmental Report: Apple Watch Ultra 2.

외교부 웹페이지, https://www.mofa.go.kr/www/brd/m_20152/view.do?seq=365390, 2024년 6월 3일 접속.

유럽연합 집행위원회(EC), 2001, Green Paper – Promoting a European framework for Corporate Social Responsibility.

유럽연합 집행위원회(EC), 2011, Communication from the Commission to the European Parliament, The Council, The European Economic and Social Committee and the Committee of the Regions – A Renewed EU Strategy 2011-14 for Corporate Social Responsibility.

유럽연합(EU), 2014, The Non-Financial Reporting Directive (Directive 2014/95/EU, the NFRD).

유럽연합(EU), 2019, Sustainable Finance Disclosure Regulation (EU) 2019/2088 (SFDR).

유럽연합(EU), 2020, Taxonomy Regulation (EU) 2020/852.

유럽연합(EU), 2022, Corporate Sustainability Reporting Directive (CSRD).

유럽연합(EU), 2024, Directive (EU) 2024/825 of the European Parliament and of the Council of 28 February 2024, Amending Directives 2005/29/EC and 2011/83/EU as Regards Empowering Consumers for the Green Transition through Better Protection Against Unfair Practices and Through Better Information.

유럽재무보고자문그룹(EFRAG), 2023a, EFRAG IG 1: Materiality Assessment Implementation Guidance.

유럽재무보고자문그룹(EFRAG), 2023b, European Sustainability Reporting Standards(ESRS).

이상현, 2022, 지속가능금융의 의의와 통계 현황, 국민계정리뷰, 2022년 제1호.

이웅희, 윤나영, 2021, 지속가능성 보고의 현황: 국제 표준화를 앞두고, 한국회계기준원 '개원 22주년 기념 웹세미나'

발표자료.

이정은, 2023, EU 그린딜 산업계획의 주요 내용, KDB 리포트, 제1018호.

일본 지속가능성기준위원회(SSBJ), 2024, The Sustainability Standards Board of Japan Issues Exposure Drafts of Sustainability Disclosure Standards to be Applied in Japan.

전규안, 권세원, 선우희연, 하원석, 2024, 글로벌 ESG 인증제도 현황과 시사점, 회계저널, 제49권 제1호.

전규안, 선우희연, 하원석, 2023, ESG 인증인 자격제도 도입 필요성 검토 및 도입방안 연구, 한국공인회계사회 연구용역보고서.

전자공시시스템 웹페이지, https://dart.fss.or.kr/dsab007/main.do?option=corp, 2024년 6월 3일 접속.

정아름, 허승준, 송기광, 김보영, 2020, 사회적 가치 측정방법의 특징 분석 및 최신 동향, Korea Business Review, 24(3), 145-171.

정준혁, 정준희, 이영한, 유정민, 2022, ESG 관련 공시환경 및 제도개선 방안 연구-ESG정보의 공시, 평가, 인증을 중심으로, 조선비즈 '2022 The ESG포럼' 발표자료.

차경민, 2023a, ESG 공시대응을 위한 ESG Data 관리 및 내부통제 구축방안, 조선비즈 '2023 The ESG포럼' 발표자료.

차경민, 2023b, ESG data 관리를 위한 Process·Control 설계 및 System 연계, 삼일회계법인 'ESG 2.0 탄소 관리와 공시 고도화 세미나' 발표자료.

최재철, 2021, 2050 탄소중립 목표와 파리협정의 역할, 글로벌행정포럼, 제2호.

카카오, 2023, 2022 카카오의 약속과 책임.

탄소중립 정책포털 웹페이지, https://gihoo.or.kr/netzero/, 2024년 6월 3일 접속.

포스코 웹페이지, https://www.posco.co.kr/homepage/docs/kor7/jsp/climate/s91c6000010a.jsp, 2024년 6월 3일 접속.

프레스닐로(Fresnillo), 2022, Fresnillo plc Annual Report and Accounts 2022.

한국거래소 ESG 포털 웹페이지, https://esg.krx.co.kr/, 2024년 6월 3일 접속.

한국공인회계사회, 2022, 역사적 재무정보에 대한 감사 및 검토 이외의 인증업무기준.

한국공인회계사회, 2023a, 'TCFD - 기후변화 관련 재무공시에 관한 태스크포스의 권고안 이행' 한글 버전.

한국공인회계사회, 2023b, 'TCFD - 비금융 기업을 위한 시나리오 분석 지침' 한글 버전.

한국자본시장연구원, 2023, 자연 관련 재무정보 공개 태스크포스(TNFD)의 주요 내용과 향후 전망.

한국회계기준원, 2021, SASB 개념체계.

한국회계기준원, 2023, IFRS S1 및 S2 주요 내용 요약.

한국회계기준원, 2024, 유럽지속가능성보고기준(ESRS) 최종본 주요 내용 및 기준원 지원 계획 보고, 2024년 제1회 지속가능성기준위원회 회의안건.

현대모비스, 2022, 현대모비스 지속가능성 보고서 2022.

현대자동차, 2023, 2023 현대자동차 지속가능성 보고서.

호주 감사인증기준위원회(AUASB), 2024, Consultation Paper: Assurance over Climate and Other Sustainability Information.

호주 재무부(The Treasury), 2023, Climate-related Financial Disclosure: Second Consultation.

호주 재무부(The Treasury), 2024a, Climate-related Financial Disclosure: Exposure Draft Legislation

호주 재무부(The Treasury), 2024b, Climate-related Financial Disclosure: Exposure Draft Explanatory Materials.

호주 재무부(The Treasury), 2024c, Mandatory Climate-related Financial Disclosures.

호주 회계기준위원회(AASB), 2023, Exposure Draft ED SR1 Australian Sustainability Reporting Standards - Disclosure of Climate-related Financial Information.

홍콩공인회계사회(HKICPA), 2024, Development of the HKICPA's Sustainability Disclosure Standards.

환경부, 2023, 제5차 국가생물다양성전략(요약본) (2024~2028년).

환경부, 한국환경공단, 2023, 온실가스 배출권거래제의 배출량 보고 및 인증에 관한 지침.

환경부, 한국환경공단, 2024, ETS Insight: 온실가스 배출권거래제 & 탄소시장 정보지, 제66호.

황근식, 2023, ISSA5000 주요 내용과 시사점, 한국공인회계사회 '제6회 ESG 인증포럼' 발표자료.

황근식, 박성원, 2024, ESG 인증 제도 관련 글로벌 동향, BFL, 제123호.

AccountAbility, 2015, AA1000 AccountAbility Stakeholder Engagement Standard.

AccountAbility, 2018, AA1000 Assurance Standard v3.

Albuquerque, R., Koskinen, Y., Yang, S. Zhang, C., 2020, Resiliency of Environmental and Social Stocks: An Analysis of the Exogenous COVID-19 Market Crash, The Review of Corporate Finance Studies, 9(3): 593-621.

BHP, 2020, BHP Climate Change Report 2020.

BP, 2023, Annual Report and Form 20-F 2022.

Brand Finance, 2023, Global Intangible Finance Tracker 2023.

CDP, 2021, Putting a Price on Carbon: The State of Internal Carbon Pricing by Corporates Globally.

CDP, 2023a, CDP Climate Change 2023 Questionnaire.

CDP, 2023b, CDP Technical Note: Relevance of Scope 3 Categories by Sector.

Diaz, V., Ibrushi, D., and Zhao, J., 2021, Reconsidering Systematic Factors During the COVID-19 Pandemic-The Rising Importance of ESG, Finance Research Letters, 38.

EY, 2018, Embankment Project for Inclusive Capitalism.

EY, 2021, Waking Up to Nature - The Biodiversity Imperative in Financial Services.

EY, 2022, Why Biodiversity may be More Important to Your Business than You Realize.

EY, 2023a, How Financial Institutions can Help Solve the Biodiversity Crisis.

EY, 2023b, TNFD - Making It Real Taskforce on Nature-related Financial Disclosures(TNFD) Pilot Testing a Guide for Financial Institutions to Get Started on the TNFD.

GHG 프로토콜 웹페이지, https://ghgprotocol.org/standards-guidance, 2024년 6월 3일 접속.

GHG 프로토콜, 2004, A Corporate Accounting and Reporting Standard.

GHG 프로토콜, 2011, Corporate Value Chain(Scope 3) Accounting and Reporting Standard.

GHG 프로토콜, 2013, Technical Guidance for Calculating Scope 3 Emissions(Version 1.0).

GRI, 2021, GRI 1: Foundation 2021.

GRI, 2022, GRI Sector Program - List of prioritized sectors Revision 3.

HD현대사이트솔루션, 2023, Hydrogen Forklift Impact Valuation Report.

HD현대인프라코어, 2023, 2022 통합보고서.

IFRS 재단(IFRS Foundation), 2023a, IFRS S1 General Requirements for Disclosure of Sustainability-related Financial Information.

IFRS 재단(IFRS Foundation), 2023b, IFRS S2 Climate-related Disclosures.

IFRS 재단(IFRS Foundation), 2023c, IFRS S2 Industry-based Guidance on implementing Climate-related Disclosures.

IFRS 재단(IFRS Foundation), 2023d, Proposed IFRS Sustainability Disclosure Taxonomy Webinar.

IFRS 재단(IFRS Foundation), 2024, IFRS Sustainability Disclosure Taxonomy.

ING, 2022, 2022 Climate Report.

IPCC 웹페이지, https://www.ipcc.ch/reports/, 2024년 6월 3일 접속.

IPCC, 2014, Climate Change 2014: Synthesis Report, Contribution of Working Groups I, II and III to the Fifth Assessment Report of the Intergovernmental Panel on Climate Change.

IPCC, 2021, Climate Change 2021: The Physical Science Basis, Contribution of Working Group I to the Sixth Assessment Report of the Intergovernmental Panel on Climate Change.

IPCC, 2023, Climate Change 2023: Synthesis Report, Contribution of Working Groups I, II and III to the Sixth Assessment Report of the Intergovernmental Panel on Climate Change.

ISO, 2019, ISO 14064-3:2019 Greenhouse Gases - Part 3: Specification with Guidance for the Verification and Validation of Greenhouse Gas Statements.

ISO, 2020, ISO 14065:2020 General Principles and Requirements for Bodies Validating and Verifying Environmental Information.

ISO, 2023, ISO 14066:2023 Environmental Information - Competence Requirements for Teams Validating and Verifying Environmental Information.

KB금융그룹, 2023, 2022 KB금융그룹 지속가능경영보고서.

KPMG, 2014, A New Vision of Value: Connecting Corporate and Societal Value Creation.

KPMG, 2020, The True Returns of Large-Scale Final Report Holistic Landscape Restoration(4 Returns).

KPMG, 2023, True Value: ESG Impact Assessment.

Paris Aligned Asset Owners, 2022, Paris Aligned Asset Owners 2022 Progress Report.

PwC, 2021, Cyprus Impact Report.

PwC, 2022, PwC's 2021 Global Investor Survey.

PwC, 2023a, Measuring and Managing Total Impact: A New Language for Business Decisions.

PwC, 2023b, Navigating Sustainability Reporting: Practical Application and Analysis.

PwC, 2023c, PwC's Global ESG Operations Survey: ESG Empowered Value Chains 2025.

PwC, 2024, SEC Adopts Climate-Related Disclosure Rules.

RE100, 2023, RE100 Annual Disclosure Report 2022.

SASB, 2017, SASB Conceptual Framework 2017.

SASB, 2018, SASB's Sustainable Industry Classification System(SICS).

SASB, 2020a, Proposed Changes to the SASB Conceptual Framework & Rules of Procedure 2020.

SASB, 2020b, Webinar: Automating Sustainability Data with XBRL.

SBTi 웹페이지, https://sciencebasedtargets.org/companies-taking-action#, 2024년 6월 3일 접속.

SBTi 웹페이지, https://sciencebasedtargets.org/standards-and-guidance#sectors, 2024년 6월 3일 접속.

SBTi, 2023, SBTi Criteria and Recommendations for Near-term Targets Version 5.1.

SK ESG Platform 웹페이지, http://esg.sk-inc.com/ko/performance?cat=1, 2024년 6월 3일 접속.

SK렌터카, 2022, 2021 SK렌터카 지속가능경영보고서

SK이노베이션, 2022, SK이노베이션 Net Zero Special Report 2022.

SK이노베이션, 2023, SK Innovation ESG Report 2022.

SK텔레콤 웹페이지, https://news.sktelecom.com/196199, 2024년 6월 3일 접속.

SRL, 2024, Australian Sustainability Reporting Standards(ASRS) & Mandatory Climate Disclosures - The Who, What and When of Mandatory Sustainability Disclosures in Australia.

TCFD 웹페이지, https://www.fsb-tcfd.org/publications/, 2024년 6월 3일 접속.

TCFD, 2017a, Recommendations of the Task Force on Climate-related Financial Disclosures.

TCFD, 2017b, The Use of Scenario Analysis in Disclosure of Climate-Related Risks and Opportunities.

TCFD, 2020a, Guidance on Risk Management Integration and Disclosure.

TCFD, 2020b, Guidance on Scenario Analysis for Non-Financial Companies.

TCFD, 2021a, Guidance on Metrics, Targets, and Transition Plans.

TCFD, 2021b, Implementing the Recommendations of the Task Force on Climate-related Financial Disclosures.

TCFD, 2022, Overview of the Task Force on Climate-related Financial Disclosures.

TNFD 웹페이지, https://tnfd.global/engage/tnfd-adopters-list/, 2024년 6월 13일 접속.

TNFD, 2023a, Getting Started with Adoption of the TNFD Recommendations(Ver1.0).

TNFD, 2023b, Guidance on the Identification and Assessment of Nature-related Issues: The LEAP Approach(Ver1.1).

VBA, 2021, VBA Methodology V0.1 Impact Statement - General Paper.

index

2

A

C

D

E

G

I

ㅅ

ㅇ

ㅈ

저자소개

• 권미엽 • PwC삼일회계법인 Sustainability Team 파트너, 공인회계사

공인회계사로 삼일회계법인 Sustainability Team에서 ESG 공시 전략 및 체계 구축 자문, ESG 보고서 인증, 사회·환경적 가치평가, ESG 경영전략 자문 등을 제공하고 있다. 한국지속가능성기준위원회(KSSB)의 자문위원으로 국내 지속가능성 공시기준 제정을 위한 자문을 제공하고 있으며, 한국공인회계사회 ESG 위원회, 탄소중립녹색성장위원회 녹색금융 전문위원, 예금보험공사 ESG 위원으로도 활동 중이다. 한국공인회계사회 ESG 아카데미에서 ESG 개요 및 국내외 ESG 동향 등의 강의를 담당하였다.

• 김상노 • 한길회계법인 파트너, 공인회계사

서울대학교 경영학과를 졸업하였으며, 공인회계사로서 삼일회계법인에서 감사 및 컨설팅 분야에서 활동했으며, 현재는 한길회계법인에서 감사 및 XBRL 컨설팅을 담당하고 있다. 사단법인 XBRL본부에서 비상임이사로 활동하며, 기업지배구조보고서 택사노미 구축 및 Dart XBRL 택사노미 유지보수 업무를 수행하였다.

• 박경상 • PwC삼일회계법인 Sustainability Team 파트너

영국 런던대학교(School of Oriental and African Studies, SOAS)에서 개발 금융학 석사 학위를 취득했고, 삼일회계법인 Sustainability and Climate Change 팀, 삼성전자 지속가능경영추진센터, EY ESG팀 파트너로 근무했다. 삼성, SK, HD현대, 두산, 네이버 등 국내 제조 및 IT기업과 KB, 하나금융지주 등 금융그룹을 대상으로 탄소중립 및 환경경영 전략, 자연자본 전략 컨설팅 및 ESG 실사 프로젝트를 수행했다. 한국공인회계사회 ESG 아카데미에서 유럽 지속가능성보고 동향과 기후변화 강의 등을 담당하고 있으며 CDP 한국 파트너와 한국공인회계사회 ESG연구TF 위원 활동도 활발히 펼친 바 있다.

• 박성원 • 한국공인회계사회 ESG연구팀 선임조사역

한양대학교 경영학부 졸업 후 동 대학원에서 경영학 박사를 취득했다. 현재 한국공인회계사회 ESG연구팀에서 선임조사역으로 근무하고 있다. 국내외 ESG 제도 및 기준 연구를 담당하고 있으며, 한국공인회계사회에서 발간한 'ESG 바로보기', 'ESG, 한 권에 담았다' 등의 기획·편집에도 참여하였다.

• 박재흠 • EY한영회계법인 ESG Impact Hub 리더 및 CCaSS 리더, 파트너

EY한영에서 ESG서비스를 총괄하고 있다. 카이스트 MBA를 졸업하고, 연세대학교 경영학 박사과정을 수료했다. 20년 이상 공공기관 및 PwC, KPMG 등에서 ESG부서를 리딩하며, 국내 주요 기업 대상 자문업무를 수행하였다. 국민연금 석탄 채굴·발전산업 투자제한 TF 자문위원, 환경부 자연관련재무공시(TNFD) 협의체위원, 한국회계학회 ESG위원으로 활동 중이다. 국내 주요대학 및 최고경영자과정 등에서 다수의 강의 및 특강을 진행하였고, 관련 서적 집필 및 언론 기고도 진행 중이다.

박태호 Deloitte안진회계법인 ESG 통합서비스그룹 파트너

안진회계법인에서 ESG 전략, 공시 및 평가, ESG 관련 디지털 솔루션 개발, ESG 운영 관련 이노베이션 컨설팅을 담당하고 있다. 10년 이상 국내 주요 기업을 대상으로 지속가능경영 전략 수립 및 보고서 발간 자문을 수행하였으며, ESG 관련 국내외 평가 및 이니셔티브 대응 분야의 자문 경험을 보유하고 있다. 현재 한국공인회계사회 ESG 아카데미에서 ESG 경영 및 기업의 ESG 대응 방안 등의 강의를 담당하였다.

손주현 KPMG삼정회계법인 시니어 매니저

고려대학교 행정학과를 졸업하고 KPMG에서 ESG/전략 컨설턴트로 근무 중이다. SK SUPEX 추구협의회, 삼성전자, NAVER, 롯데그룹 등 국내 유수 기업의 ESG 전략 수립, 기업지배구조 고도화, 기후변화 재무영향 분석 및 넷제로 이행 전략 수립, 신규 공시 규제 대응 전략 수립, ESG 투자체계 수립 등의 프로젝트를 이끌었고 한국공인회계사회 ESG연구TF 위원으로 활동 중이다. 한국공인회계사회 ESG 아카데미에서 ESG 평가 등의 강의를 담당하였다.

신성현 EY한영회계법인 CCaSS 시니어 매니저

EY한영회계법인 기후변화 및 지속가능성 서비스(Climate Change & Sustainability Services)에서 근무 중이다. 국내 유수 기업을 대상으로 지속가능경영보고서 작성 자문, 기업 경영 및 제품·서비스의 사회적 가치 측정, ESG 전략 컨설팅을 수행하고 있다. 한국공인회계사회 ESG 아카데미에서 GRI 2021에 대한 일반, 심화 과정 강의를 담당하였다.

심재경 PwC삼일회계법인 Sustainability Team 파트너, 공인회계사

삼일회계법인 감사본부에서 금융 및 소비재 산업에서 감사 및 비감사업무를 수행하였으며, 현재는 삼일회계법인 Sustainability Team에서 ESG 보고서 작성자문 및 인증, 환경·사회적 가치평가, ESG 경영전략 자문 등을 제공하고 있다. 한국상장사협의회 ESG 실무교육 및 한국공인회계사회 ESG 아카데미에서 지속가능경영보고서 인증 강의 등을 담당하였다.

유준혁 Deloitte안진회계법인 ESG 통합서비스그룹 파트너

독일 로이틀링겐 대학교에서 경영학 학사, 석사 과정을 졸업하고, 2011년부터 지속가능 및 기후전략 컨설팅 분야에서 일하고 있다. EY, ERM에서 근무하였으며 현재는 딜로이트 ESG 통합서비스그룹에서 ESG와 기후전략 서비스를 담당하고 있다. 발전 및 유틸리티, 철강 소재, 화학, 통신, 모빌리티 분야의 기후전략 및 탄소중립 전략 자문을 수립하였으며, 세계은행, IFC 등 국제개발 프로젝트를 통한 인도네시아, 베트남 등 주요 개도국의 녹색성장 전략을 자문하였다. 2017년 기후변화 정책 자문으로 환경부 장관상을 수상하였다.

유하은 한국회계기준원 지속가능성기준실 책임연구원, 공인회계사

한영회계법인 감사본부에 근무하였으며, 현재는 한국회계기준원 지속가능성기준실에 재직 중이고, 국내 지속가능성 공시기준 제정 프로젝트에 참여하고 있다. SASB 기준서 국문 번역과 ISSB 기준 공개초안 번역에 참여하였다. 한국공인회계사회 ESG 아카데미에서 ESG 회계와 ISSB 지속가능성공시기준 공개초안 부분 강의를 담당하였다.

• 윤영창 • PwC컨설팅 파트너, 공인회계사

고려대학교 통계학과와 동 대학원 경영학 석사를 졸업하였으며, PwC컨설팅의 ESG 컨설팅 전담 파트너로서, 지속가능경영을 지향하는 주요 기업 고객을 대상으로 ESG 경영전략 수립, 기후 및 탄소 관련 자문(탄소중립/ RE100 전략, 기후위험의 재무영향 측정)과 ESG 공시 시스템 구축 등 다양한 컨설팅 서비스를 제공하고 있다. 한국공인회계사회 ESG 아카데미에서 LCA(Life Cycle Analysis) 기반 제품 탄소배출량 측정 강의 등을 담당하였다.

• 이보화 • PwC삼일회계법인 Sustainability Team 파트너

삼일회계법인 입사 후 민간기업 및 공공기관 대상 경영컨설팅을 수행하였으며 현재 Sustainability Team에서 근무하고 있다. 최근에는 연결기준 ESG 공시 대응 전략, 기후변화가 기업에 미치는 재무적 영향 분석, ESG 전략 수립, Net Zero 이행 로드맵 및 RE100 이행컨설팅을 주로 제공하고 있다. 한국공인회계사회 ESG연구 TF위원으로 활동하고 있으며, 한국공인회계사회 ESG 아카데미에서 ESG의 발전과 역사 등의 강의를 담당하였다.

• 이옥수 • Deloitte안진회계법인 ESG 통합서비스그룹 파트너, 공인회계사

Deloitte안진회계법인 ESG 통합서비스그룹에서 파트너로 ESG 및 기후 전반에 대한 자문을 제공하고 있다. 공인회계사로 2010년부터 10년 이상 다수의 기업, 금융기관, 정부, 국제기구를 대상으로 지속가능성 및 기후 분야에 특화된 컨설팅을 제공하였다. 기후금융 관련 정부 자문 공로를 인정받아 2013년 경제부총리 표창을 수상하였고, 현재 카이스트 경영대학 겸직교수로 활동 중이며 한국공인회계사회 ESG 아카데미에서 지속가능금융 등의 강의를 담당하였다. 주요 저서로는 그린워싱 주의보, 기후변화와 금융, 기후변화와 비즈니스 전략 등이 있다.

• 이진규 • PwC삼일회계법인 Sustainability Team 파트너, 공인회계사, 온실가스검증심사원

연세대학교 경영학 및 한양대학교 MBA ESG 트랙을 이수하고 삼일회계법인 Sustainability Team 파트너로 근무하고 있다. 기업의 ESG 경영 진단 및 전략 수립, ESG 실행과제 이행, ESG 리포팅 전략 수립 및 ESG 보고서 작성 자문을 담당며 온실가스검증심사원으로 연결기준 전 과정 온실가스 산정 및 검증 업무를 제공한다. 한국 상장사협의회 ESG 담당자 실무 교육 및 한국공인회계사회 ESG 아카데미에서 SASB 부문 강의를 담당하였다.

• 장상훈 • NH투자증권 부장

University of Edinburgh에서 기후변화법 석사학위를 취득 후 PwC삼일회계법인과 한영회계법인에서 기후변화 부문 컨설턴트로 근무하였고, 현재 NH투자증권 Client솔루션본부 탄소금융부에서 근무 중이다. 과거 현대건설, 삼성물산, 한국남동발전, 한국수출입은행, DL에너지 등 여러 산업 부문의 국내외 기업이 추진하는 기후변화대응 자문 프로젝트에 참여한 바 있다. 한국공인회계사 ESG 아카데미에서 기후변화와 TCFD 권고지침 등의 강의를 담당하였다.

정아름

사회적가치연구원 ESG연구팀 팀장

중앙대학교에서 경영학부 졸업 후 동 대학원에서 회계학 분야 석사, 박사학위를 취득하였으며, 현재 SK그룹 비영리연구재단인 사회적가치연구원 ESG연구팀 팀장으로 근무 중이다. ESG 경영 및 공시뿐 아니라 임팩트 측정 연구를 담당하고 있으며, 한국공인회계사회 및 한국주택금융공사, 카이스트청년창업투자지주 등 다수의 기관에서 ESG 분야 자문위원으로 활동 중이다.

정재욱

KPMG삼정회계법인 감사본부 파트너, 공인회계사

KPMG삼정회계법인 감사본부 및 KPMG Singapore(3년)에서 에너지 산업의 회계 및 감사와 비감사업무를 수행하였으며, 2020년부터 한국보건교육개발원, 한국전선협회 등에서 ESG에 대한 교육 전문위원을 담당하였다. 현재는 KPMG삼정 ESG CoE Audit Function에서 지속가능경영보고서에 대한 자문을 포함하여 지속가능성 정보에 대한 인증업무를 담당하고 있다. 한국공인회계사회 ESG 아카데미에서 지속가능경영보고서 인증 사례 강의 등을 담당하였다.

차경민

PwC컨설팅 Finance, Risk & Compliance 본부 파트너, 공인회계사

PwC컨설팅의 Finance, Risk & Compliance 본부에서 경영관리 컨설팅을 제공하고 있다. 서울대학교 경영학과 및 동 대학원을 졸업하고 1998년부터 삼일회계법인 및 PwC컨설팅에서 국내외 유수의 기업에 재무선진화, 해외법인관리, 리스크관리 등 다양한 영역의 컨설팅과 더불어 글로벌 ESG 규제 대응 및 지속가능한 경영을 위한 ESG 관련 컨설팅 서비스를 제공하고 있다. 지속가능경영보고서, 탄소중립 전략 수립, 글로벌 ESG 평가 대응, 협력사 공급망 평가 등 ESG 컨설팅을 통해 축적된 Know-how를 탑재한 ESG 솔루션을 개발하여 기업의 ESG 실행을 지원하고 있다.

황근식

한국공인회계사회 감사인증기준본부 본부장, 공인회계사

서울대학교 산업공학과를 졸업하고 한영회계법인 감사본부에서 감사 및 비감사업무를 수행하였다. 현재는 한국공인회계사회 감사인증기준본부 본부장으로서 회계감사기준 제개정 업무, 지속가능성인증기준을 비롯한 각종 인증기준의 제개정 업무, 감사인·인증인 지원 업무를 총괄하고 있으며 ISSA 5000 공개초안을 검토하고 국내 이해관계자의 의견을 수렴하는 업무를 담당하였다.

황정환

KPMG삼정회계법인 감사본부 파트너, 공인회계사

연세대학교 경제학과를 졸업하고 공인회계사로서 KPMG삼정회계법인과 KPMG London office에서 감사 및 컨설팅 분야에서 활동하였다. 현재는 KPMG삼정회계법인 ESG CoE 정보 공시 및 인증 팀장과 KPMG ASPAC ESG Assurance Head를 담당하고 있으며 주요기업을 대상으로 지속가능성 공시체계 구축, 지속가능성 보고서 작성 및 인증 자문을 제공하고 있다. 한국지속가능성기준위원회(KSSB) 자문위원, 주택금융공사 ESG 자문위원, G7 Korea ESG 분과위원, 한국임팩트가치평가원 실무자문위원, 한국공인회계사회 ESG 연구 TF 위원으로 활동 중이다. 한국공인회계사회 ESG 아카데미에서 녹색분류체계와 ESG 채권·펀드 인증 사례 강의 등을 담당하였다.

KICPA 한국공인회계사회

1954년 창립된 국내 최고의 회계·세무 전문가 단체로서 국민 경제 발전과 함께 성장해왔다. 2024년 2월 기준 26,000여 명의 공인회계사가 회계·감사·조세·경영자문·M&A·ESG 등 다양한 분야에서 전문가적 역량을 펼칠 수 있도록 지원하고 있다.
한국공인회계사회는 경제 전반의 회계투명성을 향상시키는 역사적 소임을 달성하기 위해 최고 수준의 전문가적 역량과 윤리를 갖추어 기업을 비롯한 민간 부문은 물론 공공 부문의 투명성을 제고하는 데 기여하고, 이를 통해 우리 경제가 지속적인 발전을 이루어나갈 수 있도록 노력하고 있다.

실전 ESG 공시 이것만은 알자

발행일 2024년 7월

발행인 최 운 열
한국공인회계사회
서울시 서대문구 충정로 7길 12 (공인회계사회관)
02-3149-0100

인쇄처 경성문화사
02-786-2999

ISBN 979-11-5698-454-2